中国旅游业高等教育教材
Tourism Management Series

旅游市场营销
（第3版）

Tourism Marketing

沈雪瑞　李天元　曲　颖　编著

中国人民大学出版社
·北京·

前　言 / FOREWORD

《旅游市场营销》初版由李天元教授执笔并由中国人民大学出版社出版，后经曲颖教授精心修订，本书第 2 版面世。多年来，《旅游市场营销》广受读者的青睐，被很多高校旅游管理专业选为旅游市场营销课程教材，反响颇佳。因此，中国人民大学出版社决定推出第 3 版。经李天元教授和曲颖教授的许可，由我来主笔完成第 3 版的修订。我与曲颖教授同出李天元教授门下，我们深知《旅游市场营销》初版凝结了李天元教授多年来从事旅游教育和科研工作的心血与经验，故修订时都会保留初版严谨的知识体系，力争做到锦上添花。例如，第 2 版在初版核心内容的基础上新增了第 13 章“数字化直复营销对旅游市场的影响”，及时反映了旅游营销的发展趋势和最新研究成果。第 3 版沿用了第 2 版的内容编排体例，在以下方面进行了补充和更新。

首先，融入了课程思政元素。为响应《国家教材委员会关于印发〈习近平新时代中国特色社会主义思想进课程教材指南〉的通知》的要求，本书做到了章章有思政内容。

第 1 章思政要点：

- 树立营销导向，服务“双循环”新发展格局构建；
- 新发展理念对旅游市场营销工作的启示。

第 2 章思政要点：

- 服务业高质量发展有助于满足人民美好生活需要；
- 把旅游业培育成人民群众更加满意的现代服务业。

第 3 章思政要点：

- 新冠肺炎疫情防控与经济社会发展工作稳步推进；
- 当前我国社会主要矛盾对旅游营销工作的启示。

第 4 章思政要点：

- 绿色消费是我国生态文明建设的重要组成部分；
- 进一步推动老龄事业高质量发展，落实本行业服务国家应对老龄化问题的战略部署。

第 5 章思政要点：
- 本土旅游企业市场细分案例；
- 以辩证思维指导目标市场选择工作。

第 6 章思政要点：
- 调查研究的“五个过程”和“五个要求”；
- 习近平总书记在地方工作期间的调研方法。

第 7 章思政要点：
- 《孙子兵法》中的战略思维；
- 深悟“执行力”要义，力促旅游营销计划落地。

第 8 章思政要点：
- 本土化品牌个性量表的开发及应用案例；
- 与时俱进谋突破，强化旅游产品创新意识。

第 9 章思政要点：
- 《中华人民共和国价格法》的相关要求；
- 避免宰客行为，树立良好旅游形象。

第 10 章思政要点：
- 旅游广告要遵循诚信原则；
- 旅游广告宣传要坚持社会责任导向。

第 11 章思政要点：
- 善用电商布设营销渠道，扩大旅游业服务地方发展的积极效应；
- 文旅企业线上传播旅游文化和中国旅游故事。

第 12 章思政要点：
- 担负旅游宣传重任，积极推介旅游新理念和中国文化旅游资源；
- 以“美丽中国”主题系列旅游产品彰显美丽中国形象。

第 13 章思政要点：
- 紧扣数字经济时代新特征，开拓旅游数字营销新局面；
- 《关于深化“互联网＋旅游”推动旅游业高质量发展的意见》的政策内涵。

其次，扩充了相关知识点。第 4 章对微社会群体等外在影响因素的作用做了进一步解释，同时在介绍旅游消费者的购买过程的六个阶段时，补充了旅游营销人员在各个阶段应采取的行动；第 7 章补充了 SWOT 分析矩阵这一知识点；第 8 章在“品牌个性”部分增加了对国内外权威品牌个性维度结构的介绍，并在“品牌建设”之后增加了“品牌化效果的评价”；第 10 章增加了“公共关系的类型”；第 12 章在“国家层次的旅游目的地营销组织”部分增补了文化和旅游部的营销职责。

再次，丰富了案例与延伸阅读。第 5 章在“选择市场细分依据时的注意事项”与“目标市场策略”两个部分分别增加了稻草人旅行社和 VIVA 旅行家的案例；第 8 章在“品牌个性”部分增加了滑雪目的地品牌个性测量案例，还在讨论“尝试将新产品开发融入国家和地方的发展战略”时增加了有关乡村旅游创新发展的延伸阅读；第 9 章在“基于需求的定价法”部分增加了 Priceline 的逆向定价案例；第 10 章在“旅游业中开展销售促进活动的常用手段”部分增加了携程网的案例，并在讨论“选择最有效的广告媒体”时增加了新媒体营销的延伸阅读；第 11 章在“互联网”部分增加了浙江杭州世界旅游博物馆利用线上展览传播旅游文化和中国旅游故事的案例，还在讨论“旅行代理行业不会消亡的原因”时增加了 OTA 布局线下门店的案例；第 12 章在“实现旅游目的地营销目标的途径与手段”部分增加了“美丽中国”主题系列旅游宣传活动案例；第 13 章在“数字化直复营销的兴起”部分增加了重庆洪崖洞旅游景区案例，并在讨论“数字化直复营销下的旅游营销策略”时增加了《关于深化“互联网＋旅游”推动旅游业高质量发展的意见》解读的延伸阅读。

最后，更新了各类统计数据。对第 2 版中的统计数据进行了必要的更新，以反映较新的趋势。

通过以上修订，希望本书进一步助益读者对相应知识点的掌握和理解。限于个人的水平和能力，书中难免有不足之处。我们诚恳地希望各位同仁和读者批评指正、不吝赐教。

沈雪瑞

目　录 / CONTENTS

/ 第1章 /

认识市场营销

学习目标

- 理解市场营销涉及的范围。
- 熟悉市场营销的实质和经营思想的演进阶段。
- 熟悉市场营销的定义。
- 理解营销与推销的区别。
- 掌握市场营销职能的基本框架及与之对应的企业工作任务。
- 了解营销导向型组织的特点。
- 熟悉组织/企业实现营销导向型发展所需具备的条件。

思政要点

- 树立营销导向，服务“双循环”新发展格局构建。
- 新发展理念对旅游市场营销工作的启示。

第 1 节　何为市场营销

一、“市场营销”一词的由来

“市场营销”一词来源于英文“marketing”。20 世纪 80 年代初，随着改革开放和商学教育在我国高等院校中的重建，现代管理学中的“marketing”这一概念开始进入我国。1982 年，国家旅游局邀请由美国夏威夷大学旅游管理学院院长朱卓仁（Chuck Gee）教授率队的一批学者和旅游业界专家，为全国各地旅游行政部门及旅游业界的高层管理者举办为期一周的“高级旅游管理系列讲座”，其中一项重要内容是讲授旅游业中的“marketing”。由于国人此前较少接触“marketing”一词，协助授课的中方翻译当时将其译作“销售学”。不过，人们很快便发现，“marketing”实际涉及的内容远非“销售学”这一表述所能真正涵盖或全面反映。此后有人尝试将“marketing”译作“市场推销”或“市场学”。到了 80 年代中期，“市场营销”这一译名开始出现，并逐渐发展为对“marketing”的规范中文表述。人们在使用“市场营销”这一术语时，为了行文方便，常会简称为“营销”。

我国台湾地区将“marketing”译为“市场行销”。其实，不论是“市场营销”还是“市场行销”，都是学界为翻译“marketing”这一舶来概念而刻意创造的中文词语。之所以这样说，是因为我们很容易发现，在此前问世的任何一部权威性的汉语辞书中——不论是《辞海》《词源》《康熙字典》等久负盛名的传统经典，还是 20 世纪 90 年代之前出版的《现代汉语词典》，都不曾有“营销”或“行销”这样的词条。或许正是由于这些创新表述并非传统的中文用词，加之人们对“销”字含义的惯常联想，因此会给人们认识和领会“市场营销”或“市场行销”这些创新表述所要传递的本义带来一定的困难，人们很容易将其误解为或等同于传统概念的“推销”或“销售”。

二、市场营销涉及的范围

如今，在世界上所有实行市场经济的社会中，市场营销现象可以说无处不在。这主要表现在，或者是自己身为市场营销活动的主体，或者是作为他人市场营销活动的影响对象，几乎人人都在以某种方式参与市场营销。然而，正是由于人们参与市场营销的方式不尽相同，人们才对市场营销这一概念有自己的认识或解读。譬如，面对激烈的市场竞争，各行各业的厂商无不重视促销宣传活动，以至于各种各样的广告宣传随处可见。在大街上，来自众多厂商的促销广告令人目不暇接。因此，当谈及对市场营销这一概念的理解时，很多人会将市场营销与推销宣传或销售活动相联系，以为市场营销是厂商为推销其产品而开展的促销宣传活动。这种认知不无道理，但是并不正确。说其不无道理，是因为从某种意义上说，促销宣传确实属于市场营销活动。况且，即便是英文中的

“marketing”一词，人们在将其作为日常用语使用时——尤其是在 20 世纪中期以前，所指的含义确实大多与推销产品或促进销售的活动有关。说其并不正确，是因为自 20 世纪中期以来，“marketing”一词作为现代管理意义上的专业术语，其内涵已不局限于商家开展的推销或促销宣传活动。对于这一点，正如不少国际知名学者曾指出的那样：倘若将市场营销比喻为一座海上冰山，那么，普通消费者看得见的那些推销或促销宣传活动，充其量只是庞大山体露出水面的一角。换言之，这一山体更大的部分隐蔽在水面之下，普通消费者通常难以直接目睹。

为了便于理解这一点，我们不妨以实例来具体说明。假设你打算兴建和经营一家酒店，那么，在动工兴建该酒店之前便会有很多需要考虑和开展的工作。譬如，你首先要考虑和回答如下问题：

- 该酒店拟选在何地兴建？
- 消费者市场对该地住宿服务的需求状况如何？需求规模是否足够大？换言之，该地是否确实需要增建新的住宿设施？
- 该地住宿业的竞争状况如何？
- 该地需要增建哪些类型的住宿设施？是需要增建能够提供全方位侍应服务的高星级酒店，还是需要增建自助式的经济型旅馆？
- 该酒店针对的目标客源市场将会有哪些人群？
- 该酒店的规模以多大为宜？是设有 500 间客房，还是设有 50 间客房？
- 该酒店应提供哪些类型的接待设施和服务项目？
- 该酒店对这些产品或服务项目应确定何种价位？

显而易见，为回答这些问题而开展的各项工作都发生在该酒店建成之前。就这些工作的性质而言，它们显然不是促销宣传活动，更不属于销售活动，而是属于市场营销活动。如果我们将一个旅游企业的全部工作划分为产前、产中、产后三个阶段，那么，市场营销工作不仅会涉及上面所列举的产前阶段，而且会涉及诸如售后服务等产后阶段，而并非仅涉及产中阶段。通过以上简单分析不难发现，就微观层面的旅游企业而言，市场营销实际上涉及一个企业从筹建、开发直至开业后生产和运营的整个管理过程，而不是仅限于产中阶段的促销和销售工作。

三、市场营销与自愿交换

对于市场营销这一概念，我们该怎样去理解呢？从最简单同时也是最根本的意义上讲，所谓市场营销，实为一种通过一系列管理职能的实施，去促成市场供需双方实现自愿交换的工作过程。在计划经济条件下，市场供需双方之间的交换通常都缺乏彼此自愿这一前提。这意味着，市场营销作为一种管理思想，无疑是市场经济的产物。这也是市场营销这一概念直到 20 世纪 80 年代才传入我国的原因。

就旅游产品的供需而言，与经济学中的相关解释一样，供给方指的是旅游产品或旅游服务的生产者或供应商；需求方则是指这些旅游产品或旅游服务的消费者或购买者。在促成供需双方实现自愿交换的过程中，旅游市场营销工作关注的重点包括以下两个方面。

（1）消费者或购买者方面：

● 旅游消费者市场目前有哪些方面的需要？今后的变化趋势如何？（原因在于，满足自己的某种需要是促使旅游消费者产生购买行为的最根本的内在动因。）

● 消费者会选择购买哪些类型的旅游产品或服务？他们的购买或预订会在何时进行？购买量会有多大？会以何种价位进行购买？

● 消费者如何获知这些产品或服务的信息？他们会在何处、以何种方式进行购买或预订？

● 他们消费完这些产品或服务之后的感受或满意度如何？

（2）生产者或供应商方面：

● 本企业应生产/提供何种类型、何种规格档次的旅游产品或服务？为什么？

● 这些产品或服务应于何处进行生产或提供？

● 对于这些产品或服务，本企业生产/提供多少为宜？

● 这些产品或服务应确定何种售价？

● 应于何处、以何种方式销售这些产品或服务？

● 怎样才能有效地将有关这些产品或服务的信息传递给目标消费者或购买者？

通过分析上述两个方面的问题，我们可以发现，市场营销就是旅游组织或企业通过识别消费者市场的需要、适应目标消费者人群的需要、满足目标消费者人群的需要，从而促成供需双方实现自愿交换的一整套管理过程。

四、经营思想的演进

在管理学研究中，人们普遍将市场营销看作一种哲学或思维方式（Baker，1985；Kotler et al.，1996）。从这个意义上说，市场营销所代表或者所反映的，实为一种经营思想或管理导向。自第一次产业革命成功和机器大工业出现以来，随着经营环境的变化，企业所奉行的经营思想或管理导向也在不断演进。根据大多数研究文献中的观点，企业经营思想或管理导向的演进历程可概括为三个主要阶段（Gilbert and Bailey，1990），即生产导向时期、销售导向时期和市场营销导向时期。

1. 生产导向时期

生产导向是实业界中最早出现的一种经营思想或管理导向。在管理学的研究中，常会见到“导向”这一表述，它来自英文的“orient”一词，意思是说以××为侧重点，或者以××为目标。因此，生产导向指的是在需求大于供给、产品销路顺畅的市场背景下，企业管理者将提高本企业的生产能力和增大产量作为关注重点。也就是说，生产导向这种经营思想得以产生和流行的市场背景是：需求大于供给，产品供不应求，几乎不存在竞争。在这一市场背景下，对于任何一个企业来说，无论生产什么产品，都不愁没有销路。

生产导向的基本特点表现为：眼光向内（inside looking）或内向思考（inward thinking），实行以产定销。这意味着，管理者偏重于关注企业自身的需要（如扩大生产能力、增加产量、降低成本、增加盈利等），而不大关心和考虑外部因素（如消费者的需要、竞争者的行动、外部经营环境因素的变化等）。

一般认为，自第一次产业革命成功和工业企业问世，一直到 20 世纪 20 年代，是这种经营思想最典型的流行时期。由于社会生产能力有限，因而需求大于供给、产品供不应求，形成卖方市场，这成为生产导向时期最突出的市场特点。在这种背景下，受增加盈利的驱使，如何提高企业的生产或供应能力成为生产者或供应商的关注重点。在卖方市场条件下，生产者和供应商无须担心市场需求不足，因而也就不大关注满足消费者的需要以及其他外部情况。

2. 销售导向时期

与生产导向不同，销售导向是指在供给大于需求、竞争者为数众多、产品出现积压的市场背景下，企业管理者将加大销售工作力度、寻求更为有效的销售手段作为关注重点。也就是说，销售导向这种经营思想得以产生和流行的背景是：市场供大于求，同业竞争者增多，产品出现积压。在这样的市场背景下，企业管理者开始意识到，面对产品积压问题，倘若不加大销售工作的力度并设法改进销售技术，企业将难以在竞争中继续生存。为此，他们开始将管理工作中关注的重点转向销售，以影响市场需求，让更多的消费者选用企业的产品或服务。

销售导向的基本特点亦是眼光向内或内向思考，实行以产定销。换言之，管理者仍重点关注企业自身的需要，特别是消除产品积压和实现销售目标的需要，而不是眼光向外或外向思考；既不去考虑自己的产品是否符合消费者市场的需要或能否满足消费者的需要，也不大关心竞争者的行动和外部经营环境因素的变化。

一般认为，20 世纪 20 年代末到 50 年代初，是销售导向这一经营思想最典型的流行时期。就欧美地区的情况而言，在这一时期，随着生产技术的进步，社会生产力有了较大的提高。与此同时，在市场供给方面，新的进入者不断增多。这一时期的市场供给能力比过去有了很大的提高。然而，市场需求的规模不但未能实现同步增长，反而由于 20 世纪 20 年代末 30 年代初美国经济大萧条的影响出现了萎缩。在这些因素的综合作用下，供大于求、产品积压成为这一时期显著的市场特点。在这种市场背景下，通过加大销售力度和改进销售技术去刺激市场需求，以解决企业所面临的产品积压甚至生存危机问题，就成为企业管理工作的重点。不过，由于销售导向这种经营思想的基本特点是眼光向内或内向思考，企业管理者不大关注顺应和满足消费者市场的需要，因而尽管这种经营思想的出现在一定程度上迎合了当时市场状况的变化，但也只起到暂时治标的作用，无法从根本上解决问题。

3. 市场营销导向时期

市场营销导向常简称为营销导向。与生产导向和销售导向相比，市场营销导向指这样一种经营思想或管理导向：在供过于求、同业者为数众多、市场竞争激烈，从而使消费者在购买自己所需的产品或服务方面有了更多选择的背景下，管理者将适应和满足消费者市场的需要作为企业工作的重点。也就是说，作为一种新的经营思想，市场营销导向得以产生的市场背景是：供给大于需求，市场竞争激烈，能满足消费者需要的同类产品为数众多，因而消费者在购买产品时有充分的选择自由。面对这种买方市场的出现与深化，企业管理者开始考虑以销定产，而不再像过去那样根据企业自身的长处去以产定销。这意味着，在企业的经营和管理上，管理者开始实行消费者导向，并将不断改善营销组合作为企业工作的重点，因为企业管理者已经认识到，在这种市场背景下，唯有设法适应消费者市场的需要并使顾客满意，方能实现企业的长期生存和长期成功。

与生产导向和销售导向形成鲜明对照的是，市场营销导向的基本特点在于眼光向外（outside looking）或外向思考（outward thinking），即企业管理者首先重点关注消费者市场的需要及其变化趋势，同时也留意同业竞争者的行动以及外部经营环境因素的变化对本企业的影响。在这种经营思想的指导下，企业开始从过去的以产定销转向以销定产。用菲利普·科特勒的话来说，市场营销导向与生产导向和销售导向的最大不同就在于："市场营销观念认为，实现组织目标的关键在于确定目标市场的需要，并比竞争者更为快速、更为有效地去实现消费者所希望获得的满足"（Kotler et al.，1996）。

根据大多数研究文献中的观点，市场营销导向作为一种经营思想或管理导向得以形成和确立是在20世纪50年代。当时，第二次世界大战已经结束。随着世界政治环境趋向缓和，多数国家的重点工作开始转向经济建设。同时，科学研究和生产技术的发展也在不断取得新的突破。所有这些都使得社会供给能力进一步增强，市场竞争更加激烈，消费者在购买自己所需的产品或服务方面有了更多的选择。在这一过程中，企业管理者发现：首先，倘若企业提供的产品与消费者市场的需求不对路，则不论如何加大销售工作的力度，都将难以实现销售目标；其次，如果企业在识别、适应和满足消费者需要方面落后于竞争者，则势必难以在竞争中取胜。所有这些情况都意味着，企业需要从根本上改变过去那种眼光向内或内向思考的管理导向。于是，一种以眼光向外或外向思考为特征、以能够比竞争者更快速有效地适应和满足目标市场需要为出发点的经营思想，最终在实业界得以形成和确立。

牢固树立市场营销导向已经成为旅游企业和旅游目的地有效应对环境变化的必要之举。特别是新冠肺炎疫情爆发以来，旅游业所受影响仍在持续，入境和出境旅游市场所遭冲击尤甚。鉴于此，旅游企业和旅游目的地更应敏锐把握旅游需求变化动向，及时调整营销战略方向，在保障自身生存的前提下，为我国旅游行业稳步渡过危机作出贡献。2020年4月10日，在中央财经委员会第七次会议上，习近平总书记就强调要构建以国内大循环为主体、国内国际双循环相互促进的新发展格局。① 这对旅游行业有着明确的指导意义。事实上，疫情冲击下国内旅游消费者的偏好已发生一定的改变，健康风险、旅游品质等愈加引起旅游消费者的重视，小规模、自组织、家庭型旅游线路渐成市场新宠，户外休闲、个性化定制、小团队深度游等旅游产品更受欢迎。旅游企业和旅游目的地必须秉持市场营销导向，敏锐把握旅游市场需求变化动态，在产品开发、价格制定、促销宣传、渠道布局等多方面作出恰当调整，紧扣国内旅游需求新特点，服务于激活内需、畅通"双循环"的战略需要。

了解上述演进阶段，有两点需要注意。

---

① 汪晓东，李翔，邝西曦．迈好第一步 见到新气象．人民日报，2021-08-03(1).

第一，对于上述三种经营思想或管理导向的出现时间，特别是对其具体年代的划定，事实上是存在争议的。譬如，“现代管理学之父”彼得·德鲁克（Drucker）认为，市场营销导向作为一种经营思想或管理导向出现，应该始于 19 世纪中叶日本三井家族经营的百货公司。理由是，该公司实行的很多经营方略——例如根据顾客的需要组织进货，一切工作的开展皆为顾客的利益着想，顾客购买商品之后若不满意，可无条件退货等——反映的实际上就是市场营销导向。这类个案在历史上确实存在过，但在当时的实业界并不具有普遍的代表意义。或许正是由于这一原因，在已有的相关研究文献中，大多数研究者的观点是，市场营销导向作为一种普遍流行的经营思想，真正得以形成和确立的时间应该是 20 世纪 50 年代。

第二，在阐释企业经营思想或管理导向的演进历程时，往往会涉及这些不同的经营思想得以形成或流行的历史年代。之所以会这样，主要是为了有助于分析和认识这些经营思想或管理导向得以形成的市场背景。但是，这并不意味着这些经营思想的价值或有效性完全附着于这些特定的年代。换言之，我们不能因人类社会已进入 21 世纪，就轻易断言如今任何一个旅游企业不论在何处开展经营，都不宜再实行生产导向或销售导向。

事实上，不论是生产者还是供应商，对经营思想或管理导向的有效选择都取决于组织实际所处的市场背景，而不是其所处的年代。关于这一点，以我国旅游业的发展为例来说明。改革开放之初，我国发展旅游业所面临的客观事实是：一方面海外旅游者大量涌入，另一方面旅游供给严重短缺。入境旅游者在我国游历期间行路难、住宿难，有人感叹“桂林山水甲天下，我来桂林睡地下”。面对当时供不应求的市场现实，旅游业界理所当然地将增加供给作为工作重心。也正因为如此，在 20 世纪 80 年代中期之前，我国不少地方曾两次出现兴建旅游住宿设施的热潮。这在很大程度上反映出，我国旅游业界当时奉行的经营思想实际上就是生产导向。虽然当时已经是 20 世纪 80 年代，但我们不能因此就断言实行生产导向是错误的。事实证明，我国旅游业界根据当时的市场背景实行生产导向的做法不仅无可厚非，而且完全正确。诸如此类的例子在世界各地都可见到（Middleton，1988）。当然，随着此后我国旅游业规模的迅速扩张和市场竞争的加剧，旅游业也由改革开放之初的卖方市场很快转变成买方市场。就我国旅游业发展的整体情况而言，20 世纪 90 年代，随着供需两方所处背景的根本转变，实行市场营销导向成为我国旅游经营者的正确选择。

关于企业经营思想或管理导向的演进历程，大多数研究文献表明，生产导向、销售导向和市场营销导向是为人们所公认的三个发展阶段（Gilbert and Bailey，1990）。另据有关研究，关于企业经营思想演进历程的这一“三段说”，最早是 1960 年由凯斯（R. J. Keith）在研究一家美国公司（Pillsbury 公司）时提出的（Enis and Cox，1981）。凯斯当时就断言，企业对实行消费者导向越来越认可，“将会对经营工作产生十分深远的影响，最终将形成经济思想上的一次革命”。

除了上述“三段说”，对于此后企业经营思想或管理导向将会如何继续演进，人们也尝试提出了若干新的发展阶段，譬如，生态营销导向或生态市场营销观念（ecological marketing concept）、社会营销导向或社会市场营销观念（societal marketing concept）

等等。其中，影响较为广泛，尤其值得旅游管理者关注和重视的当属社会市场营销观念。

4. 社会市场营销观念

社会市场营销观念由菲利普·科特勒于20世纪80年代提出（Kotler，1983）。作为一种经营思想，它有时也称为社会营销导向。在谈到提出这一观念的背景时，科特勒强调，如今的情况是消费者市场对社会、健康以及环境问题的关心程度已越来越高。目前，社会市场营销观念已为世界各地越来越多的地区、社团和企业所接受，并被纳入组织文化或企业文化。

社会市场营销观念认为，在当代社会，对于一个组织或企业来说，在注重识别消费者市场的需要、使自己能够比竞争者更为有效地满足市场需求的同时，还应注意维护和推进自己所在地社会的整体利益。换言之，社会市场营销观念主张，一个组织或企业不仅有必要去适应和满足目标消费者的需要，而且有义务对自己所在地的社会负责。因此，我们可以认为，面对当代社会中诸如环境污染、资源紧张、各种有害需求客观存在等一系列现实问题，社会市场营销观念的提出很大程度上是对偏重强调以消费者为导向的市场营销观念的一种挑战，或者说是对偏重强调消费者导向的传统市场营销观念是否仍能适合当今时代的一种质疑。正如菲利普·科特勒在后来的研究中所指出的，从根本上讲，社会市场营销观念的实质在于：认为单纯强调以消费者为导向的市场营销观念（实际上）忽略了消费者的短期利益与社会的长期利益这两者之间有可能存在的冲突（Kotler，2002）。

从可持续发展观和企业伦理的角度来看，这种社会市场营销观念无疑是一种更理想从而更值得人们推崇和倡导的经营思想或管理导向。特别是就当今的旅游业发展而言，对于社会和环境方面出现的各种问题，旅游经营者日益敏感，很多旅游组织和企业已采取实际行动。譬如，面对全球性的气候变暖问题，不少航空公司推出了低碳减排计划，主动为造成温室气体排放量增加承担责任。它们推出相关的具体举措，鼓励乘客为自己的旅行活动导致温室气体排放量增加作出补偿，并将因此而筹集到的资金捐赠给致力于解决这一问题的环保企业或环保项目。例如，国泰航空公司在推出其低碳减排计划时明确表示，全球气候变暖是当今人们必须予以正视且刻不容缓需要解决的重大议题，国泰航空公司是对社会负责任的企业，会竭尽自己所能，为解决因航空业而造成的温室气体排放问题作出努力，支持业界为大幅减少二氧化碳排放量而倡导的措施。

这些情况的出现一方面与旅游实业界自身觉悟的提高有关，另一方面与社会以及旅游消费者的要求和压力有关。大量的调研结果显示，在世界各地，特别是在身为国际旅游主要客源地的发达地区，消费者对旅游接待地的社会文化及环境方面的负面问题的关注日益增加。在选择出游目的地时，很多消费者已开始"用脚投票"，拒绝前往那些缺乏社会责任心、忽视环保的旅游目的地，拒绝选择那些缺乏社会责任心、忽视环保的旅游企业。面对这一社会潮流，一些学者指出，旅游经营者"不仅要学会应对消费者新的价值追求，还要学会遵守新的社会价值准则，并将自己的思想和行为纳入整个地球的管理范畴"（Vandermerwe，1993）。这意味着一个国家或地区要想发展旅游业，不论是旅游企业还是政府主管部门，都既要考虑适应消费者需求的新变化，又要考虑履行自己的社会责任。

对照前述“三段说”，我们也可将企业经营思想或管理导向的演进历程归纳为四个阶段：生产导向→销售导向→市场营销导向→社会营销导向（见表 1-1）。

表 1-1　经营思想/管理导向的演进历程

演进阶段	市场背景	关注重点	基本特点
生产导向	产品供不应求 几乎不存在竞争	提高生产能力 提高生产效率 降低成本	眼光向内/内向思考 以产定销，强调产品生产
销售导向	产品供大于求 竞争者增多	加大销售力度，改进销售技术	眼光向内/内向思考 以产定销，强调销售工作
市场营销导向	产品供过于求 市场竞争激烈 消费者有了多种选择，且变得挑剔	消费者需要，消费者满意 竞争者的行动 经营环境的变化	眼光向外/外向思考 以销定产，强调消费者导向
社会营销导向	产品供过于求 市场竞争激烈 消费者更加挑剔，且关心社会、健康和环境问题	消费者需要，消费者满意 竞争者的行动 经营环境的变化 本组织的社会责任	眼光向外/外向思考 兼顾消费者导向和本组织的社会责任

资料来源：根据 Perreault and McCarthy（2006）；Kotler，Bowen，and Makens（1996）；Morrison（2010）汇总整理。

不过，考虑到这四种管理导向的主要流行年代，仍可将经营思想或管理导向的整个演进历程划分为三个时期，即生产导向时期→销售导向时期→市场营销导向与社会营销导向并行时期。目前正处在市场营销导向与社会营销导向并行的时期（见表 1-2）。

表 1-2　不同经营思想/管理导向的形成及流行年代

演进阶段	形成和流行的大致年代
生产导向时期	19 世纪 70 年代至 20 世纪 20 年代
销售导向时期	20 世纪 20 年代至 50 年代中期
市场营销导向与社会营销导向并行时期 其中：市场营销导向时期 　　　社会营销导向时期	 20 世纪 50 年代中期至今 20 世纪 80 年代中期至今

资料来源：根据 Perreault and McCarthy（2006）；Kotler，Bowen，and Makens（1996）；Morrison（2010）汇总整理。

五、市场营销的定义

关于市场营销有多种界定和解释，尽管在表述上各不相同，但究其内涵，大同小异，并不存在原则性的差异。为了说明这一点，我们尝试分析其中两个比较典型的例子。

谈到市场营销的定义，不能不提及“现代营销之父”菲利普·科特勒所做的解释。科特勒对市场营销所做的界定是：“一种社会和管理过程。借助这一过程，个体以及群体通过创造并与他人交换产品和价值，从而获得自己的所需和所求”（Kotler，1988）。

在解释这一定义的背景时，科特勒曾特别说明，这一定义主要是基于消费者（consumer）、营销者（marketer）、需要（need）、欲求（want）、顾客满意（customer satisfaction）等概念提出的，因为所有这些都是与市场营销有关的核心概念。

另一个例子是英国特许营销协会对市场营销所下的定义：“（一个组织或企业）以获取盈利为前提，负责去识别消费者需要、预测消费者需要和满足消费者需要的管理过程”（Chartered Institute of Marketing，1984）。

观察以上两个市场营销的定义，我们会发现两者在表述上确实有很大的不同，然而仔细分析，两者的内涵其实是一致的，具体反映在：

- 两者都是将市场营销界定为一种管理过程。
- 两者都认为市场营销是实现供需双方自愿交换的途径。对于营销者来说，首先需要去识别和预测消费者的需要，并据此去组织相应产品或服务的生产与销售。
- 对于这一管理过程所要达到的目的或所要实现的结果，这两个定义有相同的见解，即让供需双方都能“获得自己的所需和所求”。对于营销者来说，最终结果是在满足顾客需要的基础上实现组织所追求的目标。

值得一提的是，人们在讨论市场营销时习惯强调消费者导向。这无疑是正确的。不过需要注意的是，从市场营销的定义来看，其中反映的并不仅仅是消费者导向，同时还强调组织或企业自身的目标导向。换言之，市场营销的定义中真正强调的是兼顾这两个方面的“双导向”，而非单一的消费者导向。人们在讨论市场营销时之所以着重强调消费者导向，是因为这一导向的实施是实现组织或企业自身目标的根本途径，因而也是市场营销导向与生产或销售导向的本质区别之所在。

上面列举的两个定义的不同之处在于，英国特许营销协会的定义明显是基于微观角度对市场营销进行界定，因而属于微观层面的市场营销（micro-marketing）定义。换言之，英国特许营销协会的定义适用于解释旅游企业的市场营销。与之相比，科特勒对市场营销所作的界定则是着眼于宏观角度的认识，因而属于宏观层面的市场营销（macro-marketing）定义。也就是说，科特勒的定义适用于解释非营利组织开展的市场营销，就旅游业而言，比较适合用于解释旅游行政组织基于整个目的地旅游业开展的市场营销。

旅游市场营销既涉及以旅游企业为基础的微观旅游市场营销，也涉及基于整个目的地层面的宏观旅游市场营销。在兼顾这两种视角或兼顾这两个层面的基础上，可对旅游市场营销的定义作如下表述：旅游市场营销是旅游企业和旅游目的地在自身发展目标的驱动下，借以实现比竞争者更为有效地识别、适应和满足消费者市场需要等目标的管理过程。

总而言之，在对市场营销进行界定时，无论怎样表述，核心都在于强调消费者导向，强调适应和满足目标顾客的需要是所有组织或企业借以实现自身长期生存和长期成功的出发点和根本途径。在开展市场营销活动的具体实践中，尽管各个组织或企业用以表达这一核心要点的方式不尽相同，譬如，汉堡王快餐公司面向顾客喊出的口号是“一切听从您的吩咐”（You are the boss），美国联合航空公司的口号是“随您所便”（Have it your way），等等，但显而易见的是，这些口号都强调本组织一切工作的开展是以消费者为中心。由于适应和满足消费者的需要是一个组织或企业设计全部经营活动的出发点，是借以实现长期生存和长期成功的唯一长效途径，因此，以消费者为中心成为现代市场营销观念的根本基础。根据这一观念，一个组织或企业若想实现长期生存和长期成功，不仅要能够比竞争者更为有效地识别目标消费者的需要，而且要能够领先于竞争者去提供令顾客满意的产品或服务。

当然，鉴于对营销工作绩效的评价需要以组织为此付出的代价为依据，或者说需要以组织为此支付的营销费用为衡量基准，因此，在确保能够赢得消费者并令顾客满意的同时，市场营销工作还必须讲求成本效益，使有限的营销预算能够最大限度地发挥效用，并最终实现组织的发展目标。旅游营销专家密德尔敦（Middleton，1988）所称的“marketing the margin”的语义即在于此。

六、市场营销与推销的区别

我们已经知道，市场营销与传统意义上的推销或销售在观念上显然并不等同。不过，两者之间的区别究竟何在？究竟该如何去认识市场营销与推销之间的区别？美国哈佛大学商学院的莱维特教授（Levitt）指出，市场营销与推销的不同之处就在于：推销的着眼点是卖方的需要，市场营销的着眼点则是买方的需要。推销关注的是卖方需将其产品转换为现金；市场营销考虑的则是通过该产品，连同与该产品的创制、交付以及最终消费相关联的一整套活动的开展，去满足消费者的需要。

继莱维特之后，彼得·德鲁克（Drucker）在分析市场营销与推销之间的区别时进一步指出：推销与市场营销在概念上是对立的，两者非同义，更非互补。有人可能认为无论如何推销都是必要的，然而，市场营销的目的就是使推销活动的开展成为多余之举。

根据国际学术界的共识，市场营销观念与推销或销售观念所代表的是两种不同的管理哲学。具体地讲，推销观念或销售导向的着眼点是现有的产品。这一观念强调依靠促销和销售手段去实现产品的销售，从而实现组织或企业的获利目的。但是，这种观念的潜在问题就在于，其结果未必能使消费者的需要获得满足，因而充其量只能使一个组织或企业获得短期成功，而无法确保一个组织或企业的长期生存和长期成功。与之相比，市场营销观念则着眼于消费者市场的需要。这一观念强调满足消费者的需要这一前提，通过多种营销组合手段的协同整合去实现产品的长期畅销，从而确保一个组织或企业实现长期成功和长期获利（见表1-3）。应该指出的是，市场营销与推销在内涵上存在的这些差异很大程度上暗示了调研工作和营销计划编制工作在市场营销中的重要性。

表1-3　市场营销观念与推销观念的比较

观念	着眼点	手段/途径	目的/结果
推销	产品	促销/销售	达成销售目标，实现眼下获利
市场营销	消费者需要	整合营销	满足消费者需要，使顾客满意，实现长期获利

资料来源：根据 Cooper C，Fletcher J，Gilbert D，and Wanhill S（1993）改编。

第2节　市场营销的职能与管理

市场营销作为一种经营思想或管理哲学在实际工作中的落实，需要由一系列的管理职能加以支撑。或许正是因为如此，人们普遍将市场营销界定为一种管理过程或管理职能。为了便于理解，我们可将市场营销职能看作通过一系列管理工作的开展来实现企业与顾客对接的一种体系。对于这一体系中所涉及的各项市场营销工作在旅游业中的开展方式，我们将在此后的相关章节中详细讨论。

一、市场营销职能的基本框架

作为实现企业与顾客对接的一种体系，市场营销职能的基本框架主要有六个组成部分（见表1-4）。

表1-4　基于消费者导向的市场营销职能及对应的企业工作任务

市场营销职能	企业工作任务
◆ 营销调研 ↓	◆ 识别消费者市场的需要 ↓
◆ 市场细分和目标市场的选择 ↓	◆ 分析组织/企业的市场机会 ↓
◆ 产品研发 ↓	◆ 针对所选目标市场人群的需要设计产品 ↓
◆ 产品定价 ↓	◆ 制定产品的价格及不同时期的价格策略 ↓
◆ 分销（组织和完善销售渠道） ↓	◆ 创造条件以方便消费者购买产品 ↓
◆ 促销宣传（营销传播）	◆ 将产品信息告知目标消费者以刺激需求

资料来源：根据 Cooper C，Fletcher J，Gilbert D，and Wanhill S（1993）改编。

从表1-4中可以看出，按照旅游企业开展经营工作的逻辑顺序，市场营销职能基本框架中的六个组成部分依次如下：

1. 营销调研

为了实现企业与消费者市场的对接，市场营销工作的第一项任务就是通过市场调研活动的组织和开展，识别消费者市场的需要，从而确定企业应生产或提供哪些类型的产品或服务。就旅游业而言，无论是旅游企业还是旅游目的地，市场营销的任务及其直接目的归根结底在于两个方面：一是保持目前已有的客源市场；二是开拓新的客源市场。显然，不论是保持现有的顾客还是开拓新的客源，了解旅游消费者市场的需要、预见市场需求的变化方向和变化速度都至关重要。不然，不仅难以发现和开拓新的客源市场，连现有的顾客也可能因竞争者的争夺和蚕食而丧失。因此，就识别消费者市场的需要这一战略性工作任务而言，与之相对应的市场营销职能是营销调研。

2. 市场细分和目标市场的选择

对于一个旅游组织/企业来说，在根据调研结果确定了所应生产和提供的产品或服务类别之后，要开展的工作便是分析组织/企业的市场机会，即通过分析一系列相关因素，挑选并确定适合组织/企业经营的目标消费者人群。就这方面的工作任务而言，与之相对应的市场营销职能是市场细分和目标市场的选择。

3. 产品研发

在确定了适合组织/企业经营的目标市场之后，要开展的工作便是根据这些目标消费者人群的需要和利益追求，确定组织/企业所应提供的产品或服务项目，以及这些产品或服务项目的具体档次与规格，并据此设计和开发具体的产品或服务项目。就这方面的工作任务而言，与之相对应的市场营销职能是产品研发。

4. 产品定价

在研发出产品或服务项目之后，旅游组织/企业接下来要开展的工作便是制定这些产品或服务项目的常规或标准价格，在经营这些产品或服务项目的过程中，根据不同时期的变化对产品售价进行策略性调整。就这方面的工作任务而言，与之相对应的市场营销职能是产品定价。

5. 组织和完善销售渠道

为了方便目标消费者购买或预订组织/企业的产品或服务，营销者需要为这些产品或服务去开辟、组织和维系合适的销售渠道，以使目标消费者能够在方便的地点、方便的时间以方便的方式实现对这些产品或服务的购买或预订。就这方面的工作任务而言，与之相对应的市场营销职能是组织和完善销售渠道。

6. 促销宣传

随着市场竞争的加剧，特别是随着旅游企业规模的扩张，旅游经营者可能不再像过去那样仅靠消费者市场的自然吸收便能顺利地完成产品或服务项目的销量指标。在这种情况下，旅游经营者有必要对市场需求施加人为刺激，通过各种营销传播活动将产品或服务信息告知目标消费者，并刺激和劝诱他们选用组织/企业的产品或服务。就这方面的工作任务而言，与之相对应的市场营销职能是促销宣传。

上述市场营销工作的接续开展以及整个过程的循环往复，在某种意义上也可称作市场营销周期（marketing cycle）（Medlik，1980）。

二、营销管理的基本内容

营销管理（marketing management）包括一个旅游组织或企业在计划、调研、执行、控制和评价市场营销工作方面所需开展的全部工作。换言之，营销管理的工作框架由五个方面构成，分别是组织市场营销的计划工作、调研工作、执行工作、控制工作和评价工作。为了便于记忆，有学者根据这五个方面工作的英文单词首字母缩写，将营销管理的内容框架称为PRICE模型（Morrison，2010）。

其中的前三项工作——计划工作、调研工作和执行工作——主要与营销计划的编制和营销计划的执行有关。具体地讲，这三项工作所形成的产物主要包括制定出来的计划期内的营销战略、营销目标和营销计划文本。

尽管营销计划编制工作至关重要，但有了营销计划并不等于找到了成功的妙方。还有一些其他方面的营销管理工作同样需要予以关注，其中包括营销机构的设置、人员配备、营销队伍的监管与督导、有关经费预算的安排以及控制和评价营销工作的开展情况。这些都属于营销管理内容框架中的控制和评价工作，目的在于确保营销战略和营销计划的执行不走样，确保能够依照既定的营销目标去测评营销工作的绩效或成功度。在当今旅游业的竞争环境中，营销管理是一个组织或企业必不可少的工作。至于如何有效开展上述各方面的营销管理工作，我们将在后面的相关章节介绍。在这里，只需要对营销管理工作所包括的基本内容有一个初步的了解。

第3节　营销导向型组织的特点

在与业界人士座谈旅游业的发展时，我们常会听到，几乎所有的组织和企业都表示自己重视奉行市场营销导向，甚至声称自己是营销导向型的组织或企业。应当说这是一个可喜的现象，因为这至少反映出市场营销作为一种先进的管理导向已为我国旅游业界所认可。然而，当我们对某些旅游组织或企业进行调查和评价时，却往往发现其行为表现与真正的营销导向型组织或企业有很大的差距。要想对市场营销导向有深入的理解，旅游组织和企业仍有很长的路要走。

对于营销导向型组织的表现特点，国内外不少研究文献中都有详细而深入的论述。考虑到国内多数旅游院校开设本课程的目的，本着简明务实的原则，这里对其中一些需重点理解和把握的表现特点做简要介绍。

一、主要表现

1. 实行外向思考的管理导向

市场营销观念要求一个旅游组织或企业的经营和管理工作必须做到眼光向外，坚持外向思考。这意味着，旅游企业在生产和经营中必须心系顾客，以消费者为中心，对组织结构和决策过程进行整合。在所经营的产品或服务项目方面，必须依照客源市场的需要及其变化情况，围绕目标消费者的利益去研发和提供。此外，市场营销观念作为一种眼光向外的经营思想或管理导向，还要求旅游企业的管理者一方面要了解本企业的竞争对手，关注其竞争行动，另一方面要随时注意监控和预测外部经营环境中各种影响因素的变化，以抓住机遇、弱化威胁，在满足目标市场需要方面领先于竞争者作出反应。

2. 积极应变和善于创新

市场营销是促成市场供需双方自愿交换的过程。对于旅游经营者来说，这一过程需要通过各项营销管理职能的实施来促成。就战术层面而言，这意味着，旅游经营者开展营销工作的直接目的是针对目标客源市场的特点，影响他们对企业现有产品的态度和购买决策，使其在众多同类产品中选择购买企业的产品或服务项目。为了达到目的，旅游经营者要通过创新营销组合技术，激发目标消费者对企业现有产品的兴趣，并促使其购买。从这个意义上说，积极应变和善于创新乃是现代营销管理思想的基本内涵。

3. 妥善协调远期任务和近期任务

应当看到，包括市场营销导向这一概念在内，所有有关市场营销的理论都是基于实现一个组织或企业的长期生存和长期成功这一战略层面提出的。然而，千里之行，始于足下。通过观察旅游业的市场营销实践，我们很容易发现，虽然市场营销理论的提出是基于长远的战略考虑，但事实上大量营销实务是在近期的战术层面上发生的。这反映出，市场营销导向的具体实施既涉及长远的战略规划工作，也涉及近期的战术行动安排。就战略层面而言，一个旅游组织或企业要想长期取得成功，就要针对目标客源市场的需要及其变化情况，围绕目标顾客所追求的利益，去配置资源和研发产品。然而在近期的战术层面上，市场营销工作的重点则是为本组织或企业目前已有的产品去寻找足够的旅游客源。这两个层面相辅相成，不可偏废任何一个，因而必须进行协调。

4. 持续开展营销调研

营销调研工作是旅游市场营销系统的命脉（Morrison，2010），因为正确的营销决策通常有赖于对有关信息的全面掌握。所以，营销调研工作的根本任务就是为营销决策提供所需的信息。通过营销调研，组织或企业可详细了解和掌握现有顾客以及潜在客源的情况，明了自己在满足目标市场需要方面的现状和今后的努力方向，识别自己的主要竞争者及其优劣势，知晓自己在市场中所处的地位，从而在识别、适应和满足目标市场的需要方面领先于竞争者。特别是在当今社会，不论是国内旅游市场还是国际旅游市场都处在不断变化的状态，不论是旅游消费者的需要还是其期望值都在随着市场的日益成熟以及社会潮流的变化而变化。只有那些真正属于营销导向型的组织或企业才有可能跟上这些变化，营销调研的持续开展是实现这一点的基础。

5. 全体员工共同参与

市场营销导向作为一种经营思想或管理哲学在一个组织或企业中实施，并不只是营销部门或少数人员的职责，必须成为全体员工自觉贯彻的企业文化。就一个旅游企业而言，各部门业务的设计与开展都必须适应和满足目标顾客的需要。这意味着，企业各部门的员工都应在自己的岗位上以不同的方式参与企业的整体营销，努力提高顾客的满意度，消除任何不利于实现顾客满意的障碍。这便是市场营销研究文献中通常所称的全员营销。

6. 注重对营销绩效的监测、评价与控制

不论是在旅游业中的哪一个领域，市场营销工作都要以符合成本效益的方式有效地开展。营销管理者必须关心如何以尽可能小的代价，或者说以组织所能接受的代价，去实现对目标消费者的最大满足和组织的长远利益。对于这一原则，人们理解起来似乎并不困难，然而付诸营销管理实践并不容易。我国旅游业中普遍存在的现象是，旅游行政组织或旅游企业投入巨资开展了大量的促销宣传活动，然而对于各项活动在何种程度上有助于营销计划目标的实现、取得了哪些成效以及开支是否值得，却很少去测量和评价。国际经验证明，营销导向型的旅游组织或企业都记录了营销活动的成败情况，对于那些收效良好的营销举措，在日后的营销工作中将会重复采用并予以强化，对于那些效果欠佳的营销活动，则会分析和评价，以便及时采取管理行动加以控制，或者在日后的营销工作中予以放弃。所有这些监测、评价与控制举措的推出都有助于确保营销资源的有效利用。

二、实现营销导向型发展的前提

如果一个组织或企业的管理者（特别是高层管理者）只是为了赶时髦而空谈市场营销观念，并不真正认可，在行动上也未切实执行，则不可能使市场营销职能在该组织或企业中得到有效体现。在这种情况下，纵然该组织或企业的员工队伍中有精通市场营销业务的专门人才，他们也难有用武之地。因此，管理者（特别是高层管理者）对市场营销观念所持的态度，将成为能否引导该组织或企业朝营销导向型发展的关键性前提（Middleton，1988）。这意味着，要引导一个组织或企业朝营销导向型发展，其管理者（特别是高层管理者）需要有特定的态度。这些态度主要包括：

1. 具有主动进取的竞争意识

这意味着，管理团队（特别是高层管理者）能够做到眼光向外，重视观察和预测市场需求、竞争态势以及外部经营环境中各种影响因素的变化，在采取应对举措方面能够不断创新；而不是囿于内向思考，或被动地去应对变化，在采取应对措施方面因循守旧。

2. 始终坚持奉行顾客导向

这意味着，管理团队始终坚信，一切业务工作都必须围绕目标顾客的利益去开展。

3. 对外部经营环境的变化保持敏感

这意味着，管理团队对于外部经营环境中各种影响因素的变化（尤其是竞争者的举动）始终保持敏感，并随时准备作出反应。

4. 注意近期需要与长远需要的权衡与兼顾

这意味着，管理团队能够妥善考虑两种需要的平衡，一方面利用现有资源实现近期盈利的需要，另一方面调整资源配置以谋求实现长远盈利和长期成功的需要。

思政专栏

新发展理念对旅游营销工作的启示

在当今时代，所有组织和企业在经营过程中都应积极树立社会营销观念，注意维护所在地的整体利益，承担起对社会应尽的义务。唯有如此，组织和企业才能在一个可持续的社会大环境中长久生存并健康发展。如果说社会营销观念侧重从经营行为与环境保护的关系角度倡导组织和企业的社会责任，那么我国当前所提出的新发展理念对旅游企业和旅游目的地的营销工作有着更为系统和深刻的指导意义。

1. 新发展理念的内涵

党的十八届五中全会提出的创新、协调、绿色、开放、共享的新发展理念，是以习近平同志为核心的党中央对我国发展规律新认识的集中体现。新发展理念是在我国经济发展进入新常态，发展环境、条件、任务、要求都发生深刻变化的大背景下提出来的，具有鲜明的问题导向：创新发展旨在解决发展方式和发展动力问题；协调发展旨在解决发展不平衡、不协调问题；绿色发展旨在解决人与自然的和谐问题；开放发展旨在解决经济全球化背景下的发展路径问题；共享发展旨在解决发展成果分配的公平正义问题。新发展理念是具有内在联系的集合体，其包含的各个发展理念相互贯通、相互促进。[①]

2. 以新发展理念指导旅游营销工作

新发展理念无疑有着战略性、纲领性以及引领性作用，必然成为指导我国旅游业未来实现高质量发展的重要思想源泉。事实上，旅游业也是最能完整体现五大发展理念的产业之一，在大众旅游日益成为人们的一种基本生活方式的今天，应把握好新发展理念与旅游业的最佳结合点，把新发展理念贯穿到旅游产业发展的各个环节，这对旅游业发展的脱胎换骨至关重要，也是增加旅游业有效供给从而把旅游推向新境界的根本路径（黄奇帆，2016）。旅游市场营销作为旅游企业和旅游目的地参与经济活动的一项重要职能，完全有望立足自身的业务角度贯彻好新发展理念，助力旅游业高质量发展。旅游营销人员在把握营销管理的基本职能的基础上，可考虑从以下方面着手践行新发展理念：

（1）立足前沿科技成果，谋求旅游营销方式创新。充分吸纳前沿科技成果，在旅游产品和服务创新、旅游宣传载体创新、营销渠道创新等方面谋求突破。例如，主动

---

① 张军扩．牢固树立和深入贯彻新发展理念．人民日报，2016－08－11(7).

拥抱5G技术，进一步普及并优化旅游体验中的智慧导览服务，以便利旅游者的游览过程；在景区体验中设置更多虚拟现实技术的应用场景，创造更多沉浸式旅游的体验机会；在旅游宣传中以360度全景虚拟展示为旅游者的目的地选择决策提供更为真实的信息内容；深入研究旅游消费者的互联网和移动网络使用习惯，构建精准化、智慧化和个性化的营销渠道。

（2）构建多维协调环境，提升旅游体验的愉悦感。在旅游产品设计与开发中，注重体验项目与生态环境的协调、“食住行游购娱”六大要素的协调、观光游憩与文化熏陶的协调等，从而构建多维协调的旅游体验环境，提升旅游体验的愉悦感和畅快感（黄奇帆，2016）。

（3）遵循绿色发展原则，放大旅游业的生态效能。旅游业相比制造业有着先天的生态友好潜质，但旅游业发展过程中对环境产生的消极影响也并不鲜见。绿色发展作为新发展理念的重要内容，要求旅游业在未来发展中应注重加强与自然环境的和谐共生。因此，在旅游产品开发中应避免对生态环境的破坏；在游客管理方面，加大对游客环境责任行为及其驱动因素的研究，积极引导游客，减少游客破坏环境行为的发生；在营销渠道管理方面，加强与渠道伙伴的沟通合作，凝聚多方力量，共同加大旅游环保意识的宣传力度。

（4）优化营销资源分配，助推实现旅游双循环格局。开放的发展理念要求用好国际国内两个市场、两种资源，解决内外联动问题。尤其在外部环境发生深刻复杂变化，世界经济持续低迷、全球市场萎缩、贸易保护主义上升的背景下，以国内大循环为主体、国内国际双循环相互促进的新发展格局已成为我国经济社会发展的必然趋势。旅游市场营销工作中，要更合理地分配营销资源，调整面向国内、国际市场的旅游供给，营造更为良好的国内旅游环境。旅游宣传促销也应把进一步激发国内旅游需求作为侧重点，尤其在新冠肺炎疫情的影响下，高密度、异地远程旅游在一段时期内仍将受到抑制，这意味着旅游市场营销工作有必要对产品、价格、促销以及渠道等方面的策略作出合理调整。

（5）加强旅游营销合作，促进旅游发展成果共享。旅游企业和旅游目的地之间也可以借助旅游线路组合、旅游联合推广等多种方式开展广泛的营销合作，以达成共创旅游市场机遇、共享旅游发展成果之目的。旅游目的地营销组织还可努力促成知名热点旅游目的地与非知名冷门旅游目的地之间的联合营销，对旅游客流进行适当引导，通过“以热带冷”的手段，使非知名冷门旅游目的地的旅游吸引力得以增强，促进旅游企业及相关行业从业人员收入的提升，助力旅游发展成果在更大范围人群中的共享。

关键术语

市场营销（marketing）　社会市场营销观念（societal marketing concept）

眼光向外（outside looking）　外向思考（outward thinking）

市场营销周期（marketing cycle）　营销管理（marketing management）

思政阅读材料

1. 张军扩．牢固树立和深入贯彻新发展理念．人民日报，2016-08-11(7).

2. 黄奇帆．以新发展理念开创旅游发展的新境界．中国旅游报，2016-09-14(1).

3. 钟林生，曾瑜皙．绿色发展理念给我国旅游业带来的新论题．旅游学刊，2016，31(10)：1-3.

4. 蔡家成．进一步认识旅游业的新发展理念．中国旅游报，2016-09-27(3).

5. 魏鹏举．以高质量旅游服务供给激活内需畅通“双循环”．中国旅游报，2021-06-08(3).

复习与思考

1. 解释下列概念：市场营销、生产导向、销售导向、市场营销导向、社会市场营销。

2. 在消费者/购买者方面，市场营销主要关注哪些问题？

3. 在生产者/供应商方面，市场营销主要关注哪些问题？

4. 如果要你给市场营销下一个定义，你将如何表述？其中应强调的要点有哪些？

5. 试析市场营销观念与推销或销售观念的区别。

6. 市场营销是促成供需双方自愿交换的过程。对此你如何理解？

7. 市场营销涉及远期任务和近期任务的协调策划。对此你如何理解？

8. 在实现企业与顾客的对接方面，涉及哪些主要的工作任务？说出与之相对应的营销职能。

9. 营销管理工作包括哪些方面的基本内容？

10. 如何判别一个组织或企业是否属于营销导向型？

11. 在引导一个组织或企业朝营销导向型发展方面，其高层管理者要有哪些态度？

/ 第2章 /

旅游供给的特点及其对营销工作的意义

学习目标

- 掌握旅游服务产品的主要特点及其对市场营销工作的意义。
- 掌握旅游业务经营的主要特点及其对市场营销工作的影响。
- 理解针对旅游供给特点的营销对策。
- 了解旅游营销有别于实物产品营销的原因。

思政要点

- 服务业高质量发展有助于满足人民美好生活需要。
- 把旅游业培育成人民群众更加满意的现代服务业。

第1节 服务营销的出现

一、服务业的成长

回顾有关的研究文献可能会发现，在现代市场营销理论的形成过程中，甚至在其确立之后的很长一段时间内，人们关注的几乎全是基于实物产品的消费者市场营销，特别是对制造业生产的日用消费品的市场营销。据此，我们有理由认为，在20世纪70年代以前，人们对服务营销（service marketing）以及服务管理的研究不够重视。当然，这并不是说在此之前没有与市场营销有关的服务管理研究。文献资料显示，在70年代以前也曾出现过与市场营销有关的服务管理的讨论。然而，尽管现实中服务产品的市场供给涉及众多不同的类型——例如，属于个人或生活服务类的家政服务、美容美发服务、日用品维修服务等；属于商业服务类的金融服务、保险服务、物流服务、餐饮服务、旅行服务等；属于专业服务类的医疗保健服务、法律服务、会计服务、管理咨询服务等；属于公共服务类的教育服务、环卫服务等，但是，在70年代以前的服务研究中，人们对于这些不同类别的服务并不加以区分，仅就某些与市场营销有关的服务管理问题做一些笼统的探讨。

自20世纪中期开始，特别是70年代之后，在很多国家，随着社会经济的发展、国民可支配收入的增加、居民闲暇时间的增多、国内及国际交通运输业和电信业的快速发展，以及计算机信息管理及控制系统的问世等，服务业开始加速成长，不仅外延扩展，而且规模不断扩大，在国民经济中越来越重要。尤其是在经济发达的工业化国家，服务业在国民经济中的地位更是快速攀升。

以一些发达国家为例，2019年，占美国GDP 80.6%的服务业提供了79.41%的工作岗位，英国和德国服务业的就业人口比例也分别达到80.8%和71.9%。改革开放以后，我国服务业增加值占GDP的比重逐年上升，并于2015年首次超过50%。国家统计局的数据显示，2019年我国第三产业增加值占GDP的比重为53.9%，连续八年超过第一、第二产业增加值之和，在经济结构中占主导地位。截至2019年底，我国服务业从业人数占比也增至45.17%。无论是在总价值占比上，还是在就业人数比重上，服务业已成为我国经济增长的主要推动力量（戴李，2021）。即便在新冠肺炎疫情的冲击下，2020年我国现代服务业发展活力仍不断释放，从增加值来看，信息传输、软件和信息技术服务业的增加值比上年增长16.9%，有力地支撑了总体经济的恢复。从生产指数看，2020年12月，信息传输、软件和信息技术服务业生产指数同比增长16.4%。

我国服务业能有如今的体量和质量，与国家对服务业的政策推进是息息相关的。早在2008年，《国务院办公厅关于加快发展服务业若干政策措施的实施意见》就部署了服务业发展的新目标和新任务。2019 年 10 月，国家发展改革委、市场监管总局印发的《关于新时代服务业高质量发展的指导意见》进一步指出，要坚定践行新发展理念，深化服务业供给侧结构性改革，支持传统服务行业改造升级，大力培育服务业新产业、新业态、新模式，加快发展现代服务业，着力提高服务效率和服务品质，持续推进服务领域改革开放，努力构建优质高效、布局优化、竞争力强的服务产业新体系，不断满足产业转型升级需求和人民美好生活需要，为实现经济高质量发展提供重要支撑。可见，推进服务业发展的一个重要目的是满足人民美好生活需要，也正因为如此，我国服务业在整个经济和社会体系中将扮演更为重要的角色。

二、服务营销的发展背景

随着服务业的成长和服务供给规模的增大，服务业竞争加剧。为了在日趋激烈的市场竞争中获取优势，很多服务企业出于对规模经济的追求，在经营上开始朝集团化方向发展，集团化发展成为半个世纪以来服务业中一个十分明显的现象。对于大型服务企业来说，由于经营规模的扩大和管理结构的变化，企业管理者特别是高层管理者已没有条件像过去那样经常直接接触顾客。也就是说，随着企业管理者与顾客之间的距离拉大，前者已不再像过去那样能够随时了解和把握顾客的需求及其变化。另外，由于企业经营规模的扩大和所需客源量的增加，使得“地点，地点，地点”这一确保服务企业成功经营的传统经验法则不再具有先前那般效力。

与此同时，在市场需求方面，随着服务产品供给规模的增大和同业竞争者的增多，消费者在购买服务产品方面不仅有了更多的选择，而且需求特点也不断出现新的变化（见表 2-1）。此外，半个多世纪以来，现代科学技术的发展，特别是信息技术及控制系统的创新和改进，一方面使传统的服务业经营与管理方式不断面临新的挑战，另一方面也给服务业管理者带来了变革和更新经营管理方式的机会。这些方面的发展和变化使市场营销在服务业经营中的作用变得日益重要，也促使学术界将市场营销研究的关注点转向服务业。自 20 世纪 70 年代末开始，人们越来越重视对服务营销的研究，有关服务营销的研究成果不断涌现，出现了不少为国际学术界普遍认可的成型理论和方法，其中一些服务营销理论和方法的提出与以旅游企业为背景的经验分析有关。

表 2-1 旅游市场需求的变化趋势

对产品供给的要求：固定→灵活 寻求：预订产品，组合型产品的量身定制，并且具有尽可能大的弹性。
对配套产品的档次要求：统一→混成 倾向于选用价位不同的产品进行配套。例如，选用廉价的交通服务，同时选用豪华的住宿产品。
对旅游的负面影响的态度：不关心→关心 越来越关注旅游的负面影响，要求旅游目的地具有优质的旅游环境。
对外出旅游目的的追求：逃避压力→生活的延伸 寻求：原汁原味的真实体验，求知，与异乡民众的交流和交往。

对度假活动内容的追求：沐浴阳光→融入自然
寻求：安全的阳光度假，外加其他以自然为基础的参与型活动。
开展活动方面：被动接受→主动参与
希望身心得以愉悦，习得新的技能，或更新自己的兴趣爱好。追求娱乐型产品、刺激型产品、教育型产品，或这些方面兼而有之的产品。
出游经验：没有经验→经验老到
旅游者变得老练，对接待服务的要求提高，不再为陌生环境所约束，追求个性。
出游决策过程：慢→快
全球旅游的管制和限制减少、货币融通、科技手段的利用将会加快旅游业务的处理速度。
时间要求：时间紧张→时间散碎
在城镇化程度较高的发达国家，人们的时间越来越紧张，出行需要顾及自己多种不同的任务和所需扮演的角色。人们将会在一个 24 小时的社会中生活，很多服务会全天 24 小时提供。因此人们难免会以此去要求旅游业的服务，外出旅游度假的安排将会涉及更多的考虑。
选择旅游产品时的关注重点：基于价格→基于形象
形象将成为一个旅游目的地能否吸引旅游者来访的决定性因素。旅游者会像使用名牌时尚产品那样去选择自己出游的目的地，旨在显示自己的形象与众不同。

资料来源：根据 WTO（1991），WTO（1997）等有关资料整理。

第 2 节　旅游服务产品的一般性特点及其意义

旅游业作为服务业中的一个组成部分，所生产和供应的产品自然应归属于商业服务类产品，并且在很大程度上堪称最典型的商业服务类产品。或许正是因为如此，在讨论服务管理和服务市场营销的文献中，有很多研究将某些类别的旅游服务企业作为分析的对象，或者将某些类别的旅游服务产品用作具体的分析案例。

与实物产品相比，服务产品有很多不同的特点，从而决定了服务市场营销在某些具体做法上有别于基于实物产品的消费者市场营销。旅游产品作为服务产品，不仅与大多数其他类别的服务产品一样，具有某些不同于实物产品的一般性特点，还有某些有别于其他类别服务产品的独有特点（Morrison，2010）。正是由于这些特点的存在，旅游市场营销工作的很多具体做法既不同于实物产品营销，也有别于其他类别的服务产品营销。这意味着，对旅游产品特点的理解和把握是旅游市场营销工作得以成功开展的重要前提之一。在本节中，我们主要介绍和讨论旅游产品作为服务产品所固有的有别于实物产品且永远不会消失的一般性特点。

在讨论服务产品与实物产品的差异时，曾有学者一语道破，即“实物产品是（通过物质材料）制造出来的，服务则是（通过劳务）表演出来的”（Rathmell，1974）。也就是说，与实物产品相比，服务产品的诸多特点皆是由此而衍生。表 2－2 给出了这一根本差异所涉及的一些主要方面。

表 2-2　实物产品与大多数服务产品之间的差异

实物产品	大多数服务产品
使用物质材料进行制造，表现为有形的物品	以劳务方式提供，表现为无形的服务
消费者隔离于生产现场，不涉及生产过程	顾客置身于生产现场，并参与生产过程
可运销于消费者所在之地	顾客需前往生产地点当场消费
产品售出之后，所有权发生转移	顾客所购得的仅是暂时的使用权
消费者可事先查验品质，然后决定是否购买	顾客在决定购买之前难以先行查验品质
能够仓储	无法储存

资料来源：根据 Rathmell（1974）归纳整理。

表 2-2 列举了大多数旅游产品的主要特点，从各个特点对旅游市场营销开展方式的影响程度来看，旅游营销者最需要关注和理解的是——旅游产品的无形性、生产与消费的同步性和不可储存性（见表 2-3）。

表 2-3　旅游产品作为服务产品的主要特点及其对市场营销工作的意义

主要特点	解释	意义
无形性	消费者购买旅游产品时，在作出购买决策之前，无法通过自己的感官对该产品的品质或性能进行查验。	● 不利于刺激消费者购买。 ● 营销者有必要借助诸如宣传册、录像资料、网站等可视化手段，尽力使无形的产品有形化。
生产与消费的同步性	旅游产品的生产与消费同时发生，并且产品交付过程涉及双方的互动。由于生产过程中涉及消费者的介入，旅游服务的标准化实施起来有一定的难度。	● 旅游企业应通过改进服务交付系统的设计，争取实现双方的轻松互动。 ● 培训工作的重点在于教会一线员工如何把握这种互动。
不可储存性	旅游产品无法储存。不论是客运座位还是饭店客房，一旦出现空置，当日的价值就将永远丧失。	● 营销管理的重点在于采取各种措施去刺激市场需求，以使服务设施尽可能得到充分利用。

一、无形性

与其他大多数的服务产品一样，旅游产品具有无形性（intangibility）。众所周知，人们在购买实物产品时通常能通过多种方式对该产品的品质或性能进行查验和评价，包括对该产品进行触摸、嗅闻、查看、摆弄、品尝等，甚至可以先试用再决定是否购买。人们之所以能够这样做，是因为这些产品皆为有形的实物。然而，对于无形的服务产品，人们在购买时则无法以上述方式进行查验和评价，只有在实际消费之后才能知道其品质如何。

对于消费者来说，旅游产品的无形性决定了购买旅游产品会有较高的风险，因为消费者在购买前既无法对其品质进行当场查验和评价，更没有机会试用。譬如，旅行社在销售其包价旅游产品时，不会允许消费者先试后买。同样，饭店经营者也不会允许顾客在决定购买或预订住宿产品之前先体验。所有这些都决定了消费者购买或预订旅游产品会有较高的风险。

对于旅游经营者来说，无形性这一特点意味着旅游产品的推销工作会有较大的难度。主要原因在于以下两个方面：

（1）旅游服务属于无形产品，加之其生产和交付都附着于特定的时间和空间，使得旅游营销者无法像实物产品营销者那样，在推销产品时借助实际样品，向远在客源地的潜在购买者展示或证实该产品的品质或性能。所以，在面向消费者市场推销旅游产品时，如何有效地将这些无形的旅游产品有形化是一个现实问题。为解决这一问题，旅游营销者一般会推出产品宣传册或音像资料。

（2）由于消费者在购买或预订旅游产品时无法进行查验或先行试用，因而在决策的过程中往往会参考他人体验之后的评价，即参考口碑信息进行决策。从这个意义上说，口碑信息对于旅游消费者的购买决策起着非常重要的作用。然而，消费者中流传的口碑信息既可能是正面的，也可能是负面的，营销者无法掌控。

由此可见，品牌形象和市场声誉对于旅游企业或旅游目的地来说之所以至关重要，与旅游产品的无形性有关。

二、生产与消费的同步性

对于旅游产品的生产与消费的同步性（inseparability）这一特点，人们有时也称为生产与消费的不可分割性。我们知道，以制造业产品为典型代表的实物产品的生产和消费通常分别发生于不同的时间和空间。换言之，在实物产品的生产过程中生产者与消费者通常彼此隔离。消费者不在生产现场，看不到实物产品的生产过程。这意味着，在实物产品的生产过程中，生产人员的任何表现与行为都不会影响消费者的购买决策，更不会对购买者消费该产品的过程产生任何影响。在旅游业中，旅游服务产品的生产与消费则是同时发生的，呈现不可分割的特点。这就给旅游服务产品的交付以及消费者对产品的评价带来很大影响，主要包括以下几点：

第一，顾客对旅游服务产品品质的评价很大程度上取决于一线服务人员与顾客接触过程中的表现。服务人员的待客态度、工作技能以及个人仪表和言行方式都会直接影响顾客对服务的感受和满意度。这意味着，旅游企业管理者有必要制定本企业的服务质量保障计划。与作为服务对象的顾客一样，服务人员也有情感，因而在接待顾客的过程中有时会出现感情用事的情况。为了尽可能避免服务交付过程中因这类情况带来的不利影响，要确保一线员工遵守标准化的服务程序。这种标准化的工作要求是旅游企业衡量和控制员工服务质量的内部依据，也是实施个性化服务的基础。换言之，旅游企业应通过改善本企业服务交付系统的设计，在服务程序和操作方面建立标准化的制度，对员工进行必要的培训。采取这些举措的根本目的在于争取在服务中实现主客双方的轻松互动。

需要注意的是，对于旅游服务标准的设定，必须以旅游者的认识为准，必须能反映旅游者的期望。这种标准便是有些国际文献中所称的游客认定标准（tourist-defined standards)。服务工作的标准一般可分为两类，一类是硬性标准，另一类是软性标准（Zeithaml and Bitner，1996）。硬性标准（hard standards）是指那些能够以各种可能的量化方式表述和衡量的工作标准。属于这类标准的常见例子包括：对于旅游消费者的查询或投诉，规定在多少天之内必须作出回复；对于前来光顾的顾客，规定接待人员不得怠慢，必须在多长时间之内向其打招呼；规定工作人员必须在电话铃声响几遍之内作出应答；等等。软性标准（soft standards）则是指那些无法以量化方式表述和衡量的工作标准。这类标准的提出与测量依据的是旅游消费者的意见与评价，因而只能通过开展专项调研加以收集。属于这类标准的例子包括：待客友善，言行礼貌，善解人意，知识水平，解决问题的能力，等等。

另外要注意的是，长期以来，在国内的一些相关研究中，有人割裂个性化与标准化的关系，一味地主张提供个性化的旅游服务。实际上，不宜无条件地片面强调旅游服务的个性化。个性化服务有其前提，必须以标准化服务为基础，锦上添花。抛开标准化要求而盲目强调个性化是不切实际的，很可能会给企业带来风险。

第二，在很多情况下，旅游服务的交付是在某种公共场合进行的，因此，在交付过程中一些顾客的行为有可能会使另一些顾客心生不快，从而影响后者对该项服务交付的满意度。在很多旅游服务项目的交付过程中都可能存在这种风险，甚至可能引发实际问题。譬如，在候机大厅或酒店的大堂，某些顾客高声喧哗，其他顾客不满，进而对该项服务不满。

第三，对于一线员工在向顾客交付服务过程中的行为表现，管理人员没有机会进行预先核查，也不可能随时在现场进行监督。因此，一线服务人员向不同的顾客交付同一项旅游服务的实际结果会有差异。在这方面经常出现的情况是，一线服务人员在每一次交付服务的过程中有相同的工作表现，但服务对象不同，加之生产与消费同时发生所带来的影响，对于同一项旅游服务，有的顾客可能会非常满意，有的顾客可能不太满意，甚至意见很大。对于这种情况，有些研究人员称为旅游服务的异质性（heterogeneity）或不纯一性。出现这类情况的根本原因在于，旅游服务产品的生产与消费同时发生，置身服务现场的消费者在客观上会成为该产品生产系统的组成部分。在交付服务的过程中，每位顾客的情况不尽相同，服务效果出现差异在所难免。由此带来的现实问题是，对于同一项服务的交付，旅游企业很难确保所有的顾客都感受到同等程度的满足或满意。

还有一点值得关注，在旅游服务的交付过程中，尽管服务人员主观上愿意努力做好自己的工作，但由于某些客观情况的存在，也有可能会影响其实际表现，从而影响到服务对象的情绪及其对该项服务的满意度。

三、不可储存性

对于旅游服务产品的不可储存性（perishability）这一特点，人们有时也称其为不耐久性。这一特点指的是，旅游服务产品并不像实物产品那样，在没能售出的情况下可储存起来留待日后继续销售。譬如，不论是客房、航班座位还是会议设施，一旦出现空置就会失去营业收入。考虑到旅游活动的季节性或需求波动，旅游服务产品的不可储存性在很大程度上反映了旅游业务经营的高风险性。旅游营销者若想在淡季争取到足够多的客源或实现足够大的产品销量，就必须合理制定产品定价策略和营销传播策略。

此外，为了降低由这一特点带来的经营风险，同时降低人工成本，旅游企业有可能需要根据淡旺季的营业状况适当调整员工配备数量，使其与市场需求的波动保持同步。

另外要强调的是，旅游营销者应清醒地意识到，理解和把握旅游服务产品的诸多一般特性是提供令旅游者满意的旅游产品的关键。旅游营销工作的重要内容之一便是以旅游者的满意为宗旨，利用各种营销策略去消除旅游产品固有特性中可能影响旅游者满意度的各类因素。2009 年《国务院关于加快发展旅游业的意见》将把旅游业培育成国民经济的战略性支柱产业和人民群众更加满意的现代服务业设定为一项重要战略目标。旅游营销者应意识到旅游营销工作的有效开展还发挥着提升旅游者满意度和增进旅游者福祉的作用，旅游营销工作在旅游业成长为人民群众更加满意的现代服务业的进程中有着重要意义和价值。正因为如此，旅游营销者应该树立使命感和责任感，激励自己不断提高工作水平。

第 3 节　旅游业务经营的主要特点及其意义

如前所述，旅游业作为服务业的一个组成部分，其产品具有大多数服务产品所共有的基本特点。这些特点无疑会对旅游市场营销的开展方式产生影响。实际上，除了产品特点，旅游市场营销的开展方式还会受其他因素的影响。这些因素在不同程度上与旅游业务经营的特点有关。就大多数类型的旅游企业而言，对其市场营销方式具有影响旅游业务经营的主要特点包括：产品交付地点的固定性、业务量的波动性或市场需求的季节性、不同旅游行业之间的相互依赖性以及成本结构的特殊性——高固定成本（见表 2-4）。

表 2-4　旅游业务经营的主要特点及其对市场营销工作的意义

主要特点	解释	意义
产品交付地点的固定性	顾客必须亲自前往生产者所在的特定场址进行消费。坐落地点会影响所能吸引的顾客类型，从而决定客源的构成。非常时期只能凭借营销能力加以应对。	• 坐落地点对旅游企业的成功经营具有重要影响。 • 企业选址十分重要。 • 营销能力在非常时期十分重要。
季节性	市场需求量或业务量不稳定。旺季或高峰时段存在“吃不了”的问题。淡季或低谷时段存在“吃不饱”的问题，从而使接待设施出现闲置。	• 会影响设施设备的充分利用。 • 需努力克服需求波动或减小需求波动的程度。 • 加大淡季促销、为即将到来的淡季争取更多的需求，是旅游企业市场营销工作的当务之急。

续表

主要特点	解释	意义
相互依赖性	在一个旅游目的地中，所有旅游企业都息息相关。任何一个供给环节的发展滞后或服务失误，都会造成旅游者对该地整体旅游产品品质的不良评价，制约其他相关行业或企业的成功经营。	● 各相关行业之间有必要相互配合，有必要基于共同利益开展联合营销。 ● 考虑到旅游消费者对简化购买过程的需要，应将开发和组织包价产品作为一种重要的营销工具。
高固定成本	在旅游企业的成本结构中，固定成本所占的比重很高，变动成本所占的比重则相对很低。	● 产品销量达到保本水平后，每增加接待一位顾客，所发生的变动成本增量很小。 ● 产品定价的自由度范围较宽。 ● 应注重开拓和争取更多的需求。

一、产品交付地点的固定性

在旅游业中，大多数类型的旅游企业都有固定场址（fixed location），都是在固定场址向顾客交付其产品或服务。这意味着，旅游业的经营不像制造业那样可将产品运销于消费者所在的市场地域，消费者必须亲自前往旅游生产者所在的特定场址，才能消费或体验自己所购买或预订的旅游产品。也正是因为如此，对于大多数类型的旅游企业来说，经营地点的选择对经营工作的成败往往具有重大影响。

基于这些经验和事实，投资者在决定投资兴建新的住宿设施之前，往往会开展项目可行性研究，反复调研和评价每一处备选场址的价值。在这类旅游开发项目的可行性研究中，每一处备选场址所能带来的需求潜力都是重点分析和评价的内容。

一旦该住宿设施建成并开业，这一经营地点就永远地固定下来。对于某些类型的旅游企业来说，如果在经营一段时期之后发现业绩欠佳，则可能会放弃这一经营地点，转往新的有利地点去经营。以航空公司为例，在经营过程中，公司管理者若发现某条航线不能继续盈利，则可根据市场需求的变化，放弃该条航线而改飞其他的航线。相比之下，有些类型的旅游企业，譬如饭店，一旦建成和开业，便会永远在该地经营而无法随意迁移。即使日后出现不利因素，饭店经营者也只能凭借自己所掌握的营销技术和技巧去应对，而无法像航空公司那样转移经营地点。新加坡饭店业在 20 世纪 80 年代中后期所经历的情况常被国际旅游学界看作一个典型案例。80 年代初，新加坡预测国际游客来访量将会有大幅增长。根据这一预测，新加坡出现了兴建饭店设施的热潮，很快增建了很多新饭店。然而，国际游客的来访量并未像之前所预测的那样高速增长，新加坡的饭店业出现供过于求的问题。面对客房出租率的严重低迷，饭店经营者叫苦不迭却无力扭转。这主要是因为：第一，由于饭店设施固着于特定的地点，人们无法将其迁离新加坡转往其他地方经营。第二，从表面上看，若要避免更大的损失，将这些饭店房产变卖出手似乎是一种可行的选择。然而在当时的情况下，这一选择不可取，而且很难行得通。由于饭店建筑结构的特殊性，人们很难将其改作他用，既无法用作厂房，也无法改作民居，因而难有购买者。另外，如果以当时房地产市场的低廉价格将这些饭店变卖出手，那么饭店的业主将损失惨重。面对这些现实，饭店企业当时只能依靠自己的营销努力去苦苦维持，以求“留得青山在”。直到20世纪80年代末，国际游客来访量开始大量增加，新加坡的饭店业才逐渐走出低谷。

二、季节性

在旅游业的经营中，市场需求或业务量的季节性波动是绝大多数旅游目的地和旅游企业都不得不面对的现实问题。为此，人们通常认为旅游业的经营具有季节性（seasonality）的特点。严格地讲，季节性并不是旅游业本身固有的特点。在那些全年温差不大的旅游目的地，譬如在加勒比地区，季节性并不突出。

对于大多数旅游目的地和旅游企业来说，季节性问题的根源在于市场需求波动（demand fluctuation）与生产能力的相对固定这两大因素同时存在和共同作用。虽然市场需求波动也不同程度地存在于其他很多行业中，但是在旅游业中要严重得多。因此，市场需求波动不仅是整个旅游目的地需要面对的重大问题，而且是很多旅游企业需要认真面对的现实问题。这主要是因为，对于很多旅游企业来说，顾客接待量不仅会随着季节的不同而发生变化，而且即便是在一周之内甚至是一天之内，也会因具体日期、具体时段的不同而发生波动。世界各地很多城市饭店经常遇到的情况是，每逢星期六和星期日，商务客人便会大量减少，导致客房大量空置。然而，无论是旅游目的地还是旅游企业，旅游服务设施的供给量或接待能力在一定时期内都是相对固定的。也就是说，不仅无法随着市场需求的波动随时增减服务设施的供给，而且不可能像制造企业那样采取加班加点、动用库存之类的措施去应对一时超高的需求。正因为如此，在旅游旺季或需求高峰时段，旅游企业往往会遇到“吃不了”的问题。在这种情况下，通常只有两种可能的选择：一是通过调高产品的价格，在对市场需求量加以控制的同时增加盈利；二是出于某种战略性的长远考虑，继续保持产品价格的稳定，而宁愿让顾客排队等候。然而，到了旅游淡季或需求低谷时段，旅游企业往往又会面临“吃不饱”的问题，致使其接待设施出现不同程度的闲置。

由于上述季节性问题，加之旅游产品不可储存，旅游营销者的一项根本性任务就是通过优化配置营销组合，尽可能使需求曲线保持平缓，避免需求量的剧烈起伏。这意味着，在需求淡季以及在预计需求淡季将会来临的情况下，设法争取更多的需求将是旅游市场营销工作的当务之急（Middleton，1988），而且，加大淡季促销已成为旅游市场营销工作中的一项法则（Morrison，2010）。

三、相互依赖性

从需求角度来看，消费者赴某地旅游或度假，所购买的旅游产品实为一次完整的旅游经历，所消费的旅游产品实为该目的地的整体旅游产品。这一整体旅游产品的提供会涉及该地不同行业的企业，从而使一个旅游目的地所提供的整体旅游产品具有综合性的特点。也正是这一综合性特点决定了这种整体旅游产品不仅不同于制造业的实物产品，而且有别于其他服务行业的产品。由于这一整体旅游产品的提供需由不同行业的供应商协同完成，因此其中任何一个行业供应部门的发展滞后或服务失误都会造成旅游者对该地旅游产品的不良评价，在客观上制约其他相关行业或企业的成功经营。只有各相关旅游供应商的产品和服务都能令旅游者感到满意，该地旅游业才能实现良性发展。这反映出，在一个旅游目的地中，旅游业各部门的业务经营具有相互依赖性（interdependence）。例如，不论该地的饭店设施及其服务多么好，倘若该地的交通运输条件很差，或者在提供客运服务方面不可靠（例如航班经常延误，甚至动辄取消），那么其他的旅游部门也将难以成功经营。从这个意义上说，一个旅游目的地中所有旅游企业的命运实际上是联结在一起的。相互依赖性在很大程度上决定了各旅游企业之间同步发展、相互配合以及开展联合营销的必要性。

例如，很多国家和地区的旅游业将具有互补性的多项旅游服务组合为包价旅游或包价度假产品进行经营，这已成为一种非常实用且广泛流行的市场营销战略。虽然这类包价产品的典型组织者主要是经营批发或组团业务的旅行社，但对这类包价组合式旅游产品的经营并非旅行社的专利。随着旅游活动涉及的内容与相关服务的增多，旅游消费者对简化购买过程的需要也由此而生。多年来，产品打包业务在各旅游部门中的广泛推行正是为了满足旅游消费者的这一需要。在识别目标市场需要的基础上，很多饭店、度假村、主题公园、航空公司等已将开发和组织包价产品作为一项重要的营销工具。为此，一些学者明确提出，应将“产品打包”（packaging）作为旅游营销组合的一项手段（Morrison，2010）。

基于对相互依赖性和共同利益的认识，在旅游业中，一些有着共同目标市场的互补性企业联手合作开展广告宣传。比较常见的做法是，两家或多家不同类型的旅游企业在签订协议的基础上协同开展广告宣传。具体做法包括：参与合作的各家企业在自己做产品广告时，附带宣传合作方的互补产品或服务；由参与合作的各方共同出资，就这些互补的产品或服务开展促销宣传。一些旅游度假区经常开展这类广告宣传活动，一方面对旅游度假区进行推介，另一方面也宣传该区域中某些旅游企业的产品或服务（Nykiel，2002）。

四、高固定成本

在旅游业中，大多数旅游企业的成本结构都表现出这样一种特点：高固定成本（high fixed costs），变动成本所占的比重则相对很低。固定成本是指不会随着营业量的变化而增减的成本项目。也就是说，不论顾客接待量如何变化，这些成本都必须照例支付。在旅游企业的经营中，大部分的固定成本——例如房租、设备维修保养费、供热及照明等能源费用、固定编制员工的工资、行政管理费以及营销费用等——通常都是按年度进行核算。变动成本则是指会随着营业量的变化而相应增减的成本项目。

对于经营服务产品的旅游企业来说，高固定成本、低变动成本这一成本结构特点对于市场营销工作的开展有多方面的意义。在讨论其意义之前，我们首先了解一下有关保本分析的基本知识。保本分析（break-even analysis）是一项可用于帮助营销者选择最优价格策略的工具。对于一个旅游企业来说，保本分析就是分析总营业收入或销售总额与总成本或开支总额之间的关系。具体来讲，通常是借助一张简单的坐标图（见图 2－1）来分析总营业收入或产品总销量的变化将会给企业的经营带来何种影响或将会产生何种效应。保本分析图中一般使用两条线，分别表示总成本和总营业收入。总成本为固定成本与变动成本之和。当产品销售量为零时，总成本与固定成本的数额相等。总成本线与总营业收入线的相交处即为保本点（break-even point），表示此时的营业收入刚好能够偿付成本。这一保本点既表示保本营业收入或保本销售额，也表示产品的保本销售量。两者的计算公式分别为：

$$保本销售量=\frac{总固定成本}{单位产品售价-单位产品变动成本}$$

$$保本营业收入或保本销售额=保本销售量\times 单位产品售价$$

就旅游企业中高固定成本、低变动成本这一成本结构特点对市场营销工作的意义而言，最根本的是，当产品销售量达到保本水平从而使成本得以补偿之后，每增加接待一位顾客所发生的变动成本的增量很小，在有些情况下甚至几乎不增加。这意味着，当产品销售量超过保本点之后，产品销售所能实现的毛利率通常会变得很高。对于经济型饭店来说，这一点表现得更为突出。原因在于，与提供全方位侍应服务（full service）的高档饭店相比，经济型饭店的边际成本或变动成本更低。

对于高固定成本、低变动成本这一成本结构特点所带来的影响，可用图2-1来说明。

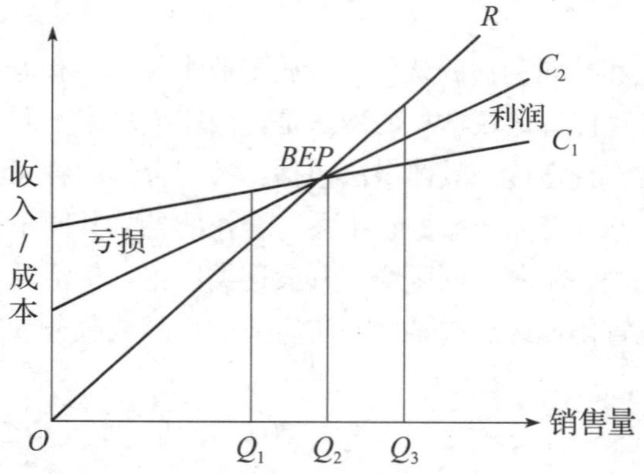

图2-1 高固定成本对旅游企业经营的影响

资料来源：Cooper（1993）.

在图2-1中，R 代表营业收入。其走向是自左下方朝右上方延伸，表明营业收入会随着产品销售量的增加而增加。图中的 C_1 为总成本线，代表旅游企业A在经营过程中所发生的包括固定成本和变动成本在内的全部成本开支。从图中可以看到，总成本线 C_1 与代表收入/成本的纵轴相交于原点（O）上方的较高处。出现这一情况的原因是，该旅游企业经营工作中的固定成本高于变动成本。借用财务术语来讲，该企业的营业杠杆作用大。营业杠杆作用亦称营业杠杆率，指净收益与营业收入不按同比变动的程度。固定成本在总成本中所占的比重越高，营业杠杆作用就越大，即营业杠杆率越高。也就是说，营业收入一旦出现某一幅度的增长，便会引起净收益出现更大幅度的增长。反之，固定成本在总成本中所占的比重越低，营业杠杆作用越小，即营业杠杆率越低。图中的 C_2 反映的就是旅游企业B的营业杠杆作用相对较小的总成本线，因为该企业的这一总成本线与代表收入/成本的纵轴相交于原点（O）上方的较低处。

在图 2－1 中，总成本与总营业收入这两条线的相交之处（BEP）称为收支相抵的损益平衡点，即保本点。假定旅游企业 A 全年的保本产品销售量为 Q_2，而全年实际实现的产品销售量为 Q_3，那么很显然，由于产品的实际销售量超过了保本销售量，旅游企业 A 会获得相当大的利润，在图 2－1 中表现为营业收入线 R 与总成本线 C_1 之间的三角形区域。对于旅游企业 B 来说，由于固定成本在其总成本中所占的比重相对较低，因此，即便该企业的全年保本销售量也是 Q_2，并且其全年实际实现的产品销售量同样是 Q_3，其所能实现的利润也会远远不如旅游企业 A，在图 2－1 中表现为营业收入线 R 与总成本线 C_2 之间的三角形区域。

不过，图 2－1 也显示出，倘若旅游企业 A 全年实际实现的产品销售量没能达到保本水平，譬如实际实现的产品销售量仅为 Q_1，那么企业将会损失惨重，甚至有可能因难以维持经营而破产。而在同样的情况下，旅游企业 B 的亏损则不会像旅游企业 A 那样严重。

总而言之，就大多数旅游企业而言，固定成本在总成本中所占的比重很高，营业量的变化将会对营业收入产生很大的影响。为了便于理解，我们举例说明。

在航空公司的航班经营中，不论座位利用率如何，每一次航班飞行所需分担的固定成本都是相同的，因为每一次航班飞行所发生的飞机维修费、机场费、机组人员的工资、地面服务人员的工资等完全相同。此外，即便是属于变动成本的燃油费用，各次飞行之间的差异也非常小。因此，我们可以认为，无论该航班各次飞行搭载多少名乘客，运营成本基本相同。但是，每次飞行搭载的乘客人数不尽相同，带来的营业收入往往会有相当大的差异。例如，假定该航班每次飞行所需分担的固定成本为 20 000 美元，机票的平均价格为 200 美元，那么，倘若某次飞行搭载的乘客人数为 100 人，则该次飞行实现的营业收入为 20 000 美元。显然，这意味着考虑到变动成本，该次飞行会出现亏损。与之相比，如果某次飞行搭载的乘客人数为 150 人，那么该次飞行会实现 30 000 美元的营业收入。这意味着该次飞行可能会有毛利。

鉴于成本结构中固定成本所占的比重很高，旅游企业在经营中必须注重发掘需求，特别是要在确保实现保本销售量的基础上，努力争取尽可能多的额外销售量，因为这些额外销售量所带来的营业收入中的很大一部分将成为只需付出很少的变动成本——有时甚至不发生追加变动成本——便可实现的收益。正是由于这一原因，人们常常会发现，在天色已晚、尚未售出的客房很可能会空置的情况下，对于临时光顾的顾客，饭店往往愿意降低房价去促成销售。在航班起飞时间临近、尚未售出的座位很可能会空闲的情况下，对于前来购票的乘客，航空公司往往也会愿意提供较大幅度的价格折扣。正如有些专家所指出的，“固定成本在总成本中所占的比重越高，价格自由度的范围也就越宽”（Kotas，1975）。

第 4 节　针对旅游供给特点的营销对策

旅游供给方面的产品特点和业务特点会对旅游营销的开展方式产生影响。世界各地的成功经验表明，不论是旅游营销者为满足消费者市场的需求以及为顺应外部经营环境的变化而设计的营销战略，还是为影响目标客源市场选用本组织的产品/服务而采取的营销战术，几乎无一不是针对旅游产品和旅游业务的特点而作出的营销反应。

一、影响和驾驭需求

我们已经了解到，与制造业相比，旅游业的产品和业务经营有很多不同的特点，而且如今的旅游业已发展成买方市场下的需求主导型产业。这些都决定了旅游业的市场营销不宜照搬制造业的做法。一个旅游目的地整体旅游产品的营销更是明显不同于制造业。在制造业中，市场营销的开展必须无条件地实行消费者导向，一切生产和经营工作都必须基于消费者市场的需要，顺从消费者市场的意愿。然而对于旅游目的地营销者来说，在贯彻消费者导向方面却不得如此拘泥。关于其中的原因，读者可参阅本书第12章。在这里，我们只需了解下面一点。对于一个旅游目的地来说，旅游业的开发和旅游体验的提供不可避免地会涉及使用该地的旅游资源。对于大多数旅游目的地来说，不论是该地的自然资源还是人造资源，都会有一些属于不可再生的遗产性资源。无论是从遗产保护还是从可持续发展的立场出发，对于这些遗产性资源的开发与使用不能机械地实行市场导向，否则可能会导致这些资源被破坏，甚至会永远失去这些资源。世界各地在开展目的地营销时都是根据该地的资源特点和产品供给能力，去寻找和发现那些对该地现有旅游产品感兴趣的客源人群，而不是一味地依从消费者市场的需要去开发旅游产品。这一客观事实是旅游营销与众不同的一个反映。

所有这一切都决定了旅游市场营销工作的根本性对策：影响和驾驭需求。其中既包括着眼于旅游企业或旅游目的地长期生存和长期成功的战略性对策，也包括着眼于近期成功的战术性对策。不论是哪一层面的营销工作，旅游营销者对目标市场的需要、目标消费者的态度以及行为了解得越透彻，就越能通过营销活动去刺激和影响需求，越能有效地诱导目标消费者选用企业或目的地的旅游产品或服务。

前面已多次提到，虽然旅游市场营销工作千头万绪，涉及的具体内容繁多，但其任务归根结底在于两个方面：一是保持现有的客源市场；二是开拓新的旅游客源。显然，在有效地对市场需求施加影响和刺激方面，不论是实现对现有客源市场的保持，还是实现对新的旅游客源的开拓，发现目标消费者人群的需求和预期市场需求的变化都是至关重要的前提。

从逻辑上讲，保持现有的客源市场和开辟新的旅游客源都很重要，但是，除了那些刚成立的旅游企业和新开发的旅游目的地之外，大多数经营多年的旅游企业和旅游目的地应将保持现有游客（visitor retention）作为其营销工作的基点和重点。原因在于：（1）大量的经验研究已证实，与保持一位现有顾客相比，赢得一位新顾客付出的代价会高得多（Reichheld and Sasser，1990）。这意味着，基于成本效益原则，保持现有的客源市场通常比寻觅新客源更为重要。（2）随着时间的推移和社会潮流的变化，现有游客中也会产生新的价值认识、出现新的体验要求，这在很大程度上反映了新的游客市场的期望与追求。如果一个旅游企业或旅游目的地连自己现有的客源市场都保持不住，那么开发新客源的工作通常也难以成功。国内外旅游业中有不少这样的案例，例如有些旅游企业片面地强调开发新的客源市场，而忽视了满足现有顾客的需求，结果导致现有顾客不断流失。旅游营销专家密德尔敦将这一现象称为“漏桶症”（Middleton，1995），其寓意类似于我们通常所说的“狗熊掰棒子”。

二、实施途径

针对旅游产品以及旅游业务经营的特点，为了有效地刺激和影响市场需求，旅游市场营销的开展通常都是以调研工作为基础。在战略层面上，通过编制中长期战略性营销计划，确定整个计划执行期内的营销目标、重点客源市场、产品定位、所采取的各种营销战略，并粗略地勾勒出这一执行期内拟重点开展的各项营销活动。这种战略性营销计划的根本任务在于规定这一时期内滚动编制战术性营销计划时的目标方向。在战术层面上，则是在开展调研的基础上，通过编制战术性（年度）营销计划，根据企业或目的地的目标客源结构以及近年来市场需求的波动情况，对年度营销目标进行分解，并据此策划和安排在不同时间段内面向目标人群开展营销传播或促销活动。

为了便于读者理解，下面举一实例作简要说明。

某饭店位于某工商业发达的大城市附近的一个度假区，总共设有 120 间标准客房。在对近 5 年来的经营情况进行总结，并对未来的市场需求及外部环境进行分析和预测的基础上，该饭店管理部门得出结论，认为在下一年度整个市场环境将有利于该饭店的经营。据此，该饭店高层管理部门在研究制定下一年度的营销计划时，决定将客房出租率提升 5 个百分点作为下一年度的营销目标。具体地讲，该饭店计划将下一年度的目标客房出租率由目前的 60%提升至 65%。假定你是该饭店的营销主管，该如何对目标客源人群施加影响和刺激去实现这一营销目标?

总的来讲，如果你确实理解了前述有关旅游产品及旅游业务经营的特点及其对市场营销工作的意义，那么作为该饭店的营销主管，你至少需要考虑并做好以下几个方面的工作。

第一，你需要根据计划实现的目标客房出租率计算出该饭店在下一年度应实现的目标客房销售量（为了简化说明，本例假定只考虑客房销售量，而不涉及床位销售量），即

全年应实现的目标客房销售量＝120 间×365 夜×65%(目标客房出租率)
＝28 470 间夜

也就是说，在下一年度，全年实际实现的客房销售量至少要达到 28 470 间夜，才有可能实现 65%这一目标客房出租率。

第二，你需要对目标客房销售量进行分解。考虑到市场需求的季节性波动，你需要参考近年来有关市场需求淡旺季波动情况的经验数据，并根据对该年度内市场需求淡旺季波动情况的预测，将总体目标客房销售量按不同的时间段进行分解，计划全年各个月份（甚至各周）所应实现的目标客房销售量。

第三，除了按不同的时间段对全年应实现的目标客房销售量进行分解，你还需要将总体目标客房销售量在不同的目标市场间进行分解。如前所述，作为普遍规律，一个饭店的坐落地点很大程度上决定了其客源结构及需求潜力。因此，在饭店市场营销工作

中，最基本的战略决策之一就是为该饭店确定最恰当的目标市场组合。饭店客源构成中顾客基本上分为两大类，一类是商务型顾客，另一类是消遣（度假）型顾客。为便于说明，我们假定该饭店计划在商务型市场与消遣型市场实现的目标客房销售量各占50%。在此基础上还需要对这两类顾客做进一步的区别和细分。譬如，通过分析该饭店近年来的营业档案，对下一年度营销计划执行期内有关市场需求变化情况进行预测，可确定该饭店的目标市场组合中共包含五个细分市场，分别为：商务散客市场、团体会议市场、度假型散客市场、度假型团体市场、周末包价度假市场。由于各个细分市场的需求规模不尽相同，因此需要将计划实现的全年目标客房销售量在各个细分市场之间进行分解，确定在每一个细分市场上所应实现的目标客房销售量。假定最终的分解结果如表2-5所示。

表2-5　饭店客源构成分析及相应的目标客房销售量分析

目标市场组合	在总目标客房销售量中所占的比重（%）	年度目标客房销售量（间夜）
商务散客市场	30	8 540
团体会议市场	20	5 695
度假型散客市场	10	2 847
度假型团体市场	10	2 847
周末包价度假市场（a）*	15	4 270
周末包价度假市场（b）**	15	4 270
合计	100	28 469

* 由该饭店自己直销的周末包价度假市场。

** 将周末客房批发给有关的组团旅行社，由这些组团旅行社纳入其包价度假产品。

对于大多数饭店来说，理想的目标市场组合通常涉及多个细分市场，而不仅仅是一两个细分市场。根据世界饭店业的普遍经验，对于一家饭店来说，目标市场组合中涉及的细分市场至少为四个。倘若少于四个，通常将难以实现住宿设施的充分利用，并因此影响其他服务项目的销售量，使该饭店难以成功经营。就本案例而言，之所以要如此组合目标市场，原因主要有两个：一是旨在借助多个目标市场的组合使该饭店实现营业收入的最大化；二是旨在通过这种目标市场组合将接待业务中的淡旺季问题以及其他常规性营业量波动的影响减至最小，尽可能实现饭店设施的充分利用。

第四，除了针对各个细分目标市场的情况分别制定产品及定价策略，你还需要在上述各项工作的基础上制定并组织实施战术性的营销传播或促销行动方案。根据行动方案的安排，你需要在各个特定的时间段内面向各个细分目标市场分别推出有针对性的营销举措，从而刺激和影响这些目标消费者的购买兴趣和购买行为。如此安排的目的在于：一是确保全年各个月（甚至各个周）的目标客房销售量都能如期实现；二是以此为基础争取实现更多的超额销售量。当然，在饭店业营销实务中，具体的营销方案多以按月或按周滚动的方式进行计划和实施。

第 5 节　旅游营销与一般营销的异同

一、原理相同，应用有别

关于旅游营销与一般营销的异同可用一句话来概括，即原理相同而具体应用方式有差异。市场营销作为一种管理哲学，其原理普遍适用于各个领域。不论是旅游业中的市场营销，还是其他领域中的市场营销，强调的都是眼光向外或外向思考，尤其是消费者导向。长远来讲，对于任何类型的组织特别是工商企业来说，实现长期生存和长期发展的根本途径是能够比竞争者更有效地辨识消费者市场的需要，预测和适应消费者市场需求的变化，并满足目标消费者的需要。换言之，在了解和把握市场需求及其变化的基础上，根据经营环境中出现的机会和制约因素去组织或调整企业产品或服务项目的设计、生产、促销和销售，是所有领域中消费者市场营销活动的共同之处，也是市场营销理论的基础。这意味着，不论是旅游业中的市场营销，还是其他领域中的市场营销，基本原理完全相同。不少国际知名的旅游企业的营销主管在加盟旅游企业之前曾在制造企业负责市场营销工作，他们从事旅游业市场营销工作依然很成功。这些事实都有力地证明，不论是哪一个领域，市场营销工作所依据的原理相同。但我们也应看到，这些营销主管进入旅游业之后都经历了了解和熟悉旅游产品以及研究旅游业务经营特点的过程。

之所以有必要对旅游市场营销进行专门研究，主要是因为在旅游业的营销实践中，不论是在营销原理的具体应用方式上，还是在营销及管理工具方面，都与以制造业为代表的其他领域有所不同。旅游产品以及旅游业务经营方面的诸多特点都决定了，要成功开展旅游市场营销工作，必须对营销组合手段的应用方式进行调整。

20 世纪 80 年代以来，人们为了适应旅游市场营销工作的需要而对营销组合手段所做的各种拓展（Booms and Bitner，1981；Morrison，2010），都属于这方面的积极尝试。菲利普·科特勒专门就旅游市场营销撰写了大部头著作（Kotler，Bowen，and Makens，1996）。这说明人们已普遍认识到，旅游业在开展市场营销方面的很多具体做法不同于制造业，在某些举措上有别于其他类型的服务行业。

二、旅游营销与众不同的主要原因

关于致使旅游市场营销在做法上与实物产品营销多有不同的原因，人们有详略不同的归纳。一般来讲，涉及的因素主要包括：

第一，旅游业属于服务业，所生产和提供的产品实为无形的访问经历或度假体验，而不是可由消费者先行查验然后决定是否购买的有形实物。由于旅游产品的本质是服务，并且是一种需要消费者亲临生产现场去消费的服务，因此旅游产品的生产与消费会同时发生。众所周知，在制造业中，生产者往往是先将产品制造出来，经过一系列中间环节，最后才出售给最终消费者。在这一过程中，产品往往需要入库储存。由于旅游产品的交付固着于特定的时间和地点，因而不能像制造业产品那样，倘若今天没有售出，明天还可继续出售。更重要的问题是，旅游产品不仅无法储存，而且不能依市场需求的波动随时调整供应量。尽管如此，提供这些旅游产品的生产能力却必须提前准备到位，并随时待命进行生产。这就给旅游企业和旅游目的地有效地计划旅游设施的兴建数量或供给规模带来困难，也会给这些设施建成之后的充分使用带来压力。

第二，旅游业所提供的整体旅游产品或全套旅游服务是由若干种类不同的产品或服务项目打包而成的集合产品，其中涉及交通客运服务、住宿服务、餐饮服务、景点游览服务、娱乐服务等。作为整体旅游产品的组成部分，各项服务通常是由为数众多的企业分别提供。各旅游企业既可将本企业的产品或服务自行向旅游消费者销售，也可将这些产品或服务汇集到该目的地整体旅游产品之中对外推销。各具体服务项目的提供仍由相关企业分别负责。这些原本分散而不同的产品或服务之间存在一种相互依存的连带关系，因此，一个旅游目的地整体旅游产品的品质优劣实际上取决于所有参与方提供的服务。也就是说，只有该地参与提供整体旅游产品的各方都提供了令旅游者满意的服务，该地所提供的旅游经历或体验才会被认为是令人满意的。由此可见，每一个旅游企业的营销状况都会影响该地其他相关企业的营销效果。这一方面暗示了各相关旅游企业开展联合营销的必要性，另一方面也反映出旅游目的地管理者必须对该地整体旅游产品的品质加以控制。要想实现旅游产品的质量始终如一十分困难。所有这些都会给目的地旅游产品的品牌管理带来难度，因为其品牌形象最终取决于各旅游企业的服务质量。

第三，目的地整体旅游产品的开发和提供不可避免地会涉及该地的旅游资源。对于这些自然资源或人造资源中属于遗产性资源的部分，无法无条件地实行市场导向，因为这很可能会导致这些资源的破坏和不可再生。世界各地在目的地营销中大多都是根据自身的资源特点和产品供给能力来寻找合适的客源人群，而非一味地随市场需求而调整。

第四，旅游中间商所扮演的角色使旅游市场营销有自己的特点。大多数旅游供应商的经营地点远离客源地，对于目的地旅游业来说，通常需要专门化的旅游中间商去充当该地旅游供应商与客源市场之间的桥梁。即便是在以互联网为代表的现代信息技术不断发展和普及的今天，这一情况依然存在。比如，在世界各地旅游供应商的营业收入中，通过旅游中间商实现的销售额仍占相当大的比重。此外，虽然旅游业的集中化程度不断提高，然而客观事实是，世界各地的大多数旅游企业都是中小型企业。受自身实力的制约，它们通常无力在客源地组建和拥有自己的零售网络。旅游产品的生产和销售并不能完全由旅游供应商自己控制，大量的事实表明，旅游中间商至今仍具有很大的影响力。无论是旅游目的地营销组织还是旅游供应商，在就应提供哪些类型的旅游产品、向哪些人群提供、何时提供以及以何种价位提供等作出决策时，都需要参考甚至倚重旅游中间商的意见。这些原因决定了旅游中间商会成为旅游目的地营销组织和旅游供应商开展市场营销工作时的另一个重要对象。

第五，旅游市场营销与众不同与旅游消费者市场需求的特点有关。我们知道，旅游需求的弹性很大。消费者对旅游产品的需求不仅会受产品价格、自身支付能力等客观因素的影响，而且会随人们的情趣和社会时尚等主观因素的变化而变化。很多调研结果显示，消费者对旅游产品的购买多为情感型购买（Morrison，2010）。人们之所以会决定购买某实物产品，是因为知道该产品有特定功能。换言之，人们在决定购买某实物产品时是基于理性思考，而极少是出于情感原因。人们对旅游服务产品的选择和购买则常常与情感有关联，因为旅游业毕竟是一项有关人的产业——旅游服务的提供者是人，接受者也是人，而且人际接触随时都在发生。消费者的个人情感不仅会因这些服务接触而产生，而且会影响其日后的购买行为。此外，人们在购买旅游产品时往往倾向于选择与自我形象相匹配的产品。所有这些事实都反映出，人们在选择和购买旅游产品时不只是基于理性思考，还与情感因素有关。近年来的调研结果还显示，随着旅游消费者市场日臻成熟，在很多情况下，消费者真正寻求的是特定类型的旅游活动，而不再特别强调该类活动是由哪一个旅游目的地或哪一个旅游企业提供。由于能够满足这类需求的旅游目的地或旅游企业往往为数很多，因而旅游营销者在培育和保持顾客忠诚方面的难度较大，并且不能照搬和套用制造业的做法。

关键术语

服务营销（service marketing）
无形性（intangibility）
不可储存性（perishability）
异质性（heterogeneity）
同步性（inseparability）
季节性（seasonality）
需求波动（demand fluctuation）
固定场址（fixed location）
高固定成本（high fixed costs）
相互依赖性（interdependence）

思政阅读材料

1. 席建超．旅游业成为人民群众更加满意的现代服务业的关键点．中国青年报，2014－02－14.

2. 吴文学．旅游景区要成为旅游业建设战略性支柱产业和人民群众更加满意现代服务业的中流砥柱．中国旅游报，2011－12－19(7).

复习与思考

1. 服务产品与实物产品之间的区别主要涉及哪些方面?

2. 与实物产品相比，旅游产品有哪些主要特点? 你如何理解这些特点对旅游市场营销的影响?

3. 旅游企业在业务经营上有哪些突出特点? 这些特点对旅游市场营销的开展有何意义?

4. 为什么说影响和驾驭需求是旅游市场营销中针对供给特点的根本对策? 对于实施这一对策的基本思路，你如何理解?

5. 旅游营销与一般实物产品的营销有何异同? 导致差异的主要因素有哪些?

/ 第3章 /

客源地市场潜力的评价

学习目标

- 熟悉影响客源地居民旅游需求的主要因素。
- 理解这些影响因素对旅游市场营销工作的意义。
- 掌握评价客源地旅游需求规模和需求潜力的常用指标。

思政要点

- 新冠肺炎疫情防控与经济社会发展工作稳步推进。
- 当前我国社会主要矛盾对旅游营销工作的启示。

第1节　影响客源地居民旅游需求的因素

我国很多地方在旅游业的开发和经营中注重通过扩大旅游供给去影响和创造市场需求。确实，世界各地有不少情况表明，与需求决定供给一样，旅游供给的发展也会影响需求。回顾改革开放以来我国旅游业的发展会发现，入境游客来访量的大规模增加很大程度上源于我国旅游供给的不断增加和接待设施的不断完善。换言之，如果没有旅游资源的大力开发和接待设施的大规模建设，或者说我国的旅游供给能力仍然停留在几十年前的水平，“行路难”“住宿难”“吃饭难”“白天看庙，晚上睡觉”之类的供给短缺问题不能得到有效解决，那么入境游客来访量的大规模增长是不可能出现的。

深入观察和分析不难发现，不论在国内还是在国外，各地对旅游资源以及旅游接待设施的开发和建设通常都是基于对旅游供需状况的评价。也就是说，这些扩大旅游供给的努力并非没有考虑市场需求，事实上，这些努力往往都是旅游目的地根据对市场需求的评价和预测而采取的管理决策。从这个意义上讲，了解客源市场、了解客源地居民旅游需求规模的决定因素、依据目标客源市场的需求及其变化情况制定相应的旅游供给或产品决策，是旅游市场营销工作永恒的主题。

由于旅游是人们离开自己的惯常环境前往异地开展的活动，因而在旅游目的地的市场营销工作中，对客源市场的开拓通常是针对特定的客源地进行的。对于一个旅游目的地来说，旅游者的来访量及其规模的增长，通常是该目的地方面的拉力因素（pull factor）与客源地方面的推力因素（push factor）共同作用的结果。在这两大因素中，客源地方面的推力因素决定着该地居民作为旅游需求市场的发育程度、需求规模和需求潜力，旅游目的地方面的拉力因素所起的作用则主要表现为对客源地居民选择出游目的地的影响或吸引程度。因此，在旅游市场营销的研究中，对于客源市场的需求状况大都是围绕客源地和目的地这两个方面的影响因素进行分析。在本章中，我们重点讨论客源地方面影响该地居民的出游需求的主要因素。

在旅游市场研究中，根据具体工作的需要，用作分析对象的客源地可以是某个国家，也可以是某个地区，或者是某个城市。不过，按照国际上的普遍做法，人们在讨论和分析客源地的旅游需求时通常都是以一个国家及其居民的出国旅游需求为例。在旅游营销实务中，具体的做法可举一反三，即通过适当的变通使之适用于讨论地方层级的旅游客源地，适用于分析影响该客源地居民国内旅游需求的主要因素。

在任何一个作为旅游客源地的国家中，居民对出国旅游的需求及其整体规模会受多种因素的影响。根据这些因素所起影响作用的时效长短，我们可将其划分为两大类（见表3-1）。一类属于长期性影响因素，这些因素在相当长的时期内将表现得比较稳定，短期内一般不会出现重大改变，因而对该国居民的旅游需求有长期性的影响。另一类则属于即时性影响因素，这些因素随时有可能突然出现或者发生突发性的变化，并迅速影响该国居民外出旅游的需求规模。所有这些长期性影响因素和即时性影响因素都是旅游目的地的旅游营销者在客源市场开拓工作中需要考虑和评价的内容。这不仅是因为这些因素将决定该客源市场的规模与质量，还因为所有这些因素具有以下共同特点：第一，它们都是旅游目的地的旅游营销者所无力控制的外部因素；第二，其中任何一项因素——连同其变化情况——都将对该客源地居民旅游需求的规模和出游格局造成重大影响。

表 3-1　影响客源地居民旅游需求的主要因素

长期性影响因素	经济因素：经济发展水平、经济状况、居民收入等 人口统计因素：人口规模、人口年龄构成、受教育程度等 地理因素：气候特点、旅行距离、人口集聚度等 社会文化因素：价值观念、对外出旅游度假的态度等
即时性影响因素	比较价格因素：直观价格、汇率、通货膨胀率、油价等 政策法规因素：居民出国旅游的政策、出入境法规等 大众传媒：广播、电视、报刊、互联网等

资料来源：根据 Middleton（1988）归纳。

一、长期性影响因素

长期性影响因素是指在短期内一般不会发生重大变化，对客源地居民的旅游需求具有长期性影响的因素。该因素与客源地居民的旅游需求潜力之间会形成一种相对稳定的关系。这类长期性影响因素主要有四个，分别为该客源地的经济因素（economic factor）、人口统计因素（demographic factor）、地理因素（geographic factor）和社会文化因素（socio-cultural factor）。

1. 经济因素

在对一个客源地的旅游需求潜力具有长期性影响的诸多因素中，首要的因素便是该客源地的经济发展水平。原因在于，拥有足够高的可支配收入是消费者产生和实现其消遣型旅游需求的首要条件。从全球国际旅游活动的统计数据来看，大部分国际旅游客源都是来自那些人均收入名列前茅的发达国家。在任何一个国家中，国内旅游客源的地域分布与之类似。以我国居民的国内旅游为例，全国国内旅游需求总量的绝大部分来自经济相对发达的东部地区。

倘若按时间顺序去查阅改革开放以来我国居民国内旅游以及出境旅游的统计数据，并与同期我国经济发展状况以及居民人均可支配收入水平进行比较，不难发现国民可支配收入与国民旅游需求（旅游人次、旅游消费）之间的关系。例如，改革开放以来，伴随着我国经济的快速发展和人均可支配收入的不断增加，我国居民旅游需求规模持续增长。旅游需求与可支配收入水平之间之所以会呈现这样一种关系，很重要的一个原因是人们的消遣型旅游需求有明显的收入弹性，也就是说，如果人们的可支配收入增长幅度为 1%，那么消遣型旅游消费将会以超过 1%的幅度增长。

客源地的经济发展水平影响该地旅游需求潜力的另一个表现是：随着该地经济的发

展与繁荣，除了该地居民的消遣型旅游需求会增加，该地工商企业、社会团体以及政府机构的差旅性出访活动也会增多。

由于这些原因，假定不考虑其他方面的影响因素，一个客源地的经济发达程度——特别是该地居民的人均可支配收入水平——与该地的旅游需求潜力之间的直接关系会表现得非常明显。关于旅游发展前景的预测显示，在任何一个客源地中，旅游需求的规模都将继续随着该地经济发展和居民可支配收入的变化而变化。

对于目的地的旅游营销者来说，了解和评价旅游客源地的经济发展水平和经济发展状况的意义主要表现在：第一，有助于挑选正确的目标客源（地域）市场。第二，有助于提醒旅游营销者，随着目标客源地的经济发展和社会富裕程度的提高，该地居民在外出旅游时对体验以及服务品质的期望值也会发生变化。为此，旅游营销者必须及时采取相应的举措。

在探讨经济因素时，不可否认的是，新冠肺炎疫情使就业及收入水平受到一定冲击，这对依赖人们可支配收入的旅游业无疑是一个打击。不过，旅游营销者应看到我国在保障国内经济稳定运行方面亦是毫不松懈。习近平总书记在2020年2月23日统筹推进新冠肺炎疫情防控和经济社会发展工作部署会议上的讲话就明确指出，要实施好就业优先政策，根据就业形势变化调整政策力度，减负、稳岗、扩就业并举，抓好社保费阶段性减免、失业保险稳岗返还、就业补贴等政策落地，针对部分企业缺工严重、稳岗压力大和重点群体就业难等突出矛盾，因地因企因人分类帮扶，提高政策精准性。① 旅游营销应加紧修炼内功，补充知识、提升能力，以更加饱满的热情投入旅游事业。

2. 人口统计因素

人口统计因素指的是一个客源地的居民人口在人口统计指标方面的表现特征。经验表明，假定不考虑其他方面的影响因素，一个客源地的旅游需求潜力会受到该地人口规模的影响。例如，我国有14亿多人口，出境旅游需求的绝对量很大。国际社会对我国经济发展以及居民可支配收入增长情况预期较好，越来越多的旅游接待国对中国的国际旅游客源市场产生兴趣（Turner and Witt，2006）。

除了人口规模这一常用于测量和评价客源地旅游需求潜力的基础指标之外，影响客源地居民的旅游需求潜力的其他人口统计因素还有很多，特别是客源地的居民家庭规模、人口的年龄构成以及受教育程度等。在这些方面，不论在我国还是发达国家都可观察到下面一些趋势。

（1）家庭规模小型化。在欧美发达国家中，家庭规模小型化的发展趋势很明显。家庭规模的小型化，首先意味着居民家庭数量的增多。其次，由于人口出生率的下降，有小孩的传统家庭在数量上较过去大为减少。以英国为例，根据20世纪80年代末的统计数据，有小孩的传统家庭仅占全英家庭总数的1/4。与此同时，非传统家庭（即单亲家庭、独身家庭、丁克家庭等）的数量却在增多。有关调查显示，在这些国家中家庭规模

① 习近平．在统筹推进新冠肺炎疫情防控和经济社会发展工作部署会议上的讲话．人民日报，2020-02-24(2).

小型化对居民旅游需求的影响主要表现在：1）当地社会对以儿童兴趣为中心的传统家庭度假产品的需求大大减少，从而使家庭旅游（度假）产品的内容以及家庭旅游（度假）活动的形式出现新的变化；2）随着家庭数量的增多，以探亲为首要目的的旅游需求较过去大为增加。

在我国，家庭规模小型化的发展趋势同样很明显。尤其是在城市，三口之家在城市家庭总数中占了相当大的比重。然而，这一趋势对我国国民旅游需求的影响与欧美发达国家有所不同。在我国，家庭对子女普遍重视，这在很大程度上决定了以儿童兴趣为中心的家庭旅游（度假）产品占据重要地位。

（2）人口老龄化。在许多国家，老龄化趋势明显。根据第七次全国人口普查的数据，我国60岁及以上的老年人口总数约为2.64亿，在全国总人口中所占的比重高达18.7%。不过，在旅游研究中，人口老龄化通常是指一个社会中达到退休年龄的人数在人口中所占比重趋于增大的现象。若依照这一标准进行统计或估算，随着很多国家为解决社保负担问题而推迟在职人员的退休年龄，老年人在人口中所占的比重可能会有所下降，但在未来20年内仍将呈增长趋势。

对于旅游业来说，人口老龄化是一个正面的趋势（Morrison，2010）。由于生活品质的提高和医疗保健技术的进步，与过去相比，如今老年退休者在很多方面发生了变化。他们当中的多数人不仅闲暇时间充足，经济条件宽裕，而且体能不衰，心理年龄普遍小于生理年龄。更重要的是，老年退休者对待生活的态度变化很大。国内外的很多研究都表明，如今老年退休者正在形成一个重要的“银色”旅游市场。

这意味着，不论是旅游目的地还是旅游企业，都有必要针对这一人群的特点和利益追求开发和提供旅游产品。在这方面我国旅游界有不少成功的尝试。譬如，天津一家旅行社针对这一市场开发了“爸妈游”包价旅游产品，其营销传播的目标受众不仅包括老龄消费者，而且包括其子女。

（3）受教育程度提高。在很多国家和地区，随着教育事业的发展，国民的受教育程度普遍提高。改革开放以来，我国接受过高等教育者所占的比重不断增加。一个人的受教育程度越高，萌生出游需求的可能性越大。这一点已经为世界各地大量的调研结果所证实。形成这一情况的原因主要有：1）受教育程度的提高有助于增加一个人对外部世界的了解，易于诱发对外界事物的兴趣和好奇心；2）受教育程度的提高意味着知识的增多有助于一个人克服对异乡陌生环境的心理恐惧。

3. 地理因素

我们知道，旅游活动的开展以不同地域间的人员流动为根本特征。因此，客源地居民的旅游需求，尤其是旅游需求的规模和潜力以及旅游者外出时的流向，不可避免地受到地理因素的影响。影响作用较为明显的地理因素主要包括：客源地的气候、客源地与旅游目的地之间的旅行距离、客源地的人口集聚度。

（1）客源地的气候。客源地的气候特点不仅会影响该地居民对外出旅游或度假的需求，而且会在很大程度上决定该地居民出游活动的主要流向。例如，长期以来，北欧以及西欧各国的居民普遍喜欢前往地中海地区享受“阳光假期”，一个重要原因就在于：

北欧和西欧地区阴湿寒冷，日照期短，而在地中海地区，则有温暖宜人的阳光、海水和沙滩。美国东北部各州的居民在冬季外出度假时，大多将温暖的佛罗里达州作为首选。在我国，每当酷暑来临，人们会选择凉爽的地方避暑；在冬季，人们则会选择去温暖的南方旅游。

这些现象都说明，对于大多数旅游目的地来说，宜人的气候往往是最重要的旅游吸引源之一。旅游目的地在选择自己的目标客源市场时，应特别留意气候差异明显的那些客源地。

（2）旅行距离。不论是国内旅游活动还是国际旅游活动，在旅游客流总量中近距离旅游的客流量总是占据较大比重。

文化和旅游部的数据显示，2019年我国入境外国游客人数中，亚洲占比超七成，达75.9%，而欧洲占13.2%，美洲占7.7%，大洋洲占1.9%，非洲占1.4%。按入境旅游人数排序，我国国际客源市场排前10位的国家如下：缅甸、越南、韩国、俄罗斯、日本、美国、蒙古国、马来西亚、菲律宾、新加坡，距离较近的亚洲国家占多数。

事实上，以往各年的旅游统计中，近程来访者在我国入境旅游接待量和国内旅游接待量中所占的比例没有太大的变化。世界其他各国的情况也显示，随着一个旅游目的地日益成熟，在该地的旅游接待量中，近程来访的游客通常都会占据较大的比重。与旅游目的地的距离较近，是客源地居民选择前往目的地旅游的推力因素。

（3）人口集聚度。客源地的人口集聚度也会影响该地居民的旅游需求潜力。世界各地的大量事实表明，旅游客源大都产生于居住人口集聚度较高的地方。因此，我们不妨简单地认为，在需求市场发育条件已经具备的前提下，居住人口集聚度比较高的地方通常也是需求潜力比较大的旅游客源地。在世界上任何一个作为旅游客源地的国家或地区，旅游消费者主要产生于居住人口集聚度较高的城市。而且，一个城市的居民人口规模越大，该城市作为旅游客源地的重要程度也就越突出。我们只要观察一下世界各国驻外旅游办事处的选址，就不难发现这一点。

对于旅游营销者来说，认识和评价上述地理因素对客源地居民旅游需求潜力的影响具有重要意义。在战略层面上，会有助于指导旅游营销者对重点客源国或重点客源地域的选择；在战术层面上，则将有助于旅游营销者在开展营销传播时有效地使用有限的营销资源。

4. 社会文化因素

社会文化是一个内涵很广的集合概念。在市场营销研究中，人们对社会文化这一概念有着公认的界定，即“为一个社会（中的全体民众）所共有且世代传承的一整套信念、价值观、态度、习惯和行为方式”（Bennett and Kassarjian，1972）。也就是说，社会文化即在信念、价值观、态度、习惯和行为方式等方面，为一个社会中的全体成员所共识并信守的社会规范。就旅游市场营销研究而言，社会文化因素通常用于反映一个客源地社会中人们对外出旅游（度假）所持态度的主要倾向。

早在1980年通过的《马尼拉世界旅游宣言》中，世界旅游组织就提出：与享有工作的权利一样，享有休闲特别是外出旅行和度假的权利，应成为现代社会中的一种基本人权。为了使旅游活动能够与其他方面的社会基本需要得到协同发展，各国政府有义务将创造条件以使国民能够参与到旅游活动中作为本国社会发展的一项内容，使外出旅游度假成为人人享有的权利。尽管世界旅游组织的这一倡导得到了联合国的支持和国际社会的普遍赞同，然而在现实中，受本国或本地区长期以来所形成的社会文化的影响，世界各地的人们“对生活所持有的观念、担忧、抱负和信仰”不尽相同（Middleton，2001），对待外出旅游度假的态度也会有差异。例如，在多数国家和地区，当地社会普遍接受的观点是：适时地外出旅游度假是一种生活必需。然而在个别国家和地区，人们认为外出旅游度假很奢侈，是不必要的。人们对外出旅游度假的态度的差异在当地社会的法定休假制度上会得到反映。

由于一个国家或地区的社会文化具有相对稳定的特点，因而该地居民对待外出旅游度假的态度短期内一般不会发生大的转变。换言之，即使有可能出现转变，也要经历相当长的时间。

从务实的意义上讲，由于旅游营销者无力控制或改变客源地居民对外出旅游度假的态度，因而没有必要去评价这些态度正确与否。对于营销者而言重要的是，正视这些客观存在的现实，特别是应当认识到，不同的态度是客源地社会文化环境长期熏陶的结果，代表着该地居民对外出旅游度假的认识或信念，因而可通过对旅游动机的促进去影响该地居民对外出旅游的需求。对于旅游目的地的营销者来说，这意味着：

（1）从近期来看，在挑选目标客源市场时需要了解和分析该客源地的社会文化因素，并据以判断该地旅游需求的规模和潜力。

（2）从长远来看，在面向现有的地域客源市场开展经营的过程中，应当观察和跟踪客源地社会的有关态度变化情况（例如该地在法定休假制度方面的政策变更，该地居民在环境意识以及利益追求等方面所持态度的变化，等等），并通过策划相应的市场营销组合及时地作出反应。

改革开放以来，我国人民物质文化生活得到极大改善，物质文化生活需要得到了充分满足。党的十八大以来，中国特色社会主义进入新时代。之后，习近平总书记在党的十九大上明确指出“我国社会主要矛盾已经转化为人民日益增长的美好生活需要和不平衡不充分的发展之间的矛盾”。这一论断反映出我国人民对美好生活的向往已经成为我国社会文化氛围的一个突出特点。旅游营销人员应密切关注：人们是如何理解美好生活的？旅游活动在人们追求美好生活的过程中发挥着何种作用？什么样的旅游活动才会被人们认为有助于其对美好生活需求的实现？总而言之，旅游营销人员应找准旅游活动与美好生活的契合点，通过合理、适时的旅游产品创新，将旅游打造成人们通往美好生活的一条有效路径。

二、即时性影响因素

即时性影响因素是指那些随时有可能突然出现或者发生突发性的变化，并且会立竿见影地对该地居民的旅游需求产生影响的各种因素。这种类型的影响因素有很多，值得旅游目的地营销者重点关注的因素主要有三个，即比较价格（comparative price）、政策法规（government regulatory）和大众传媒（mass media）。

1. 比较价格因素

在消费者看来，旅游产品的价格往往象征着该旅游产品的档次或价值，并且，消费者对产品价格的接受程度往往与消费者的购买力密切相关。因此，为了有效地影响客源地居民对特定旅游产品的需求，旅游目的地对其产品的定价既应强化客源地方面经济因素的影响作用，也需要顾及客源地的社会文化因素对居民态度的影响。

经济学理论告诉我们，就消费者市场对某一产品的需求量而言，价格是最重要的近期决定因素——价格下降，需求量便会随之增大；价格上扬，需求量则会随之减小。从实践来看，产品价格与需求量之间的这种关系已得到验证。在对比较价格因素的理解方面，旅游营销者尤其应当注意的是：第一，消费者在购买旅游产品时普遍追求物有所值；第二，由于提供同类旅游经历或同类旅游体验的旅游目的地为数众多，提供同类服务项目的旅游供应商往往也不止一家，消费者在挑选和购买旅游产品时通常会货比三家。

因此，不论是挑选出游目的地，还是挑选旅游供应商，旅游消费者在对旅游产品的价格进行比较时，既会横向比较，也会纵向比较。这里所称的横向比较是指消费者在购买旅游产品时，往往会就不同目的地或不同供应商的同类产品的价格进行比较。这种横向比较意味着，不论一个旅游目的地或一家旅游供应商认为自己的产品定价多么合理，只要报价明显高于竞争者，都无异于将顾客推向竞争者。这里所称的纵向比较是指消费者在考虑购买某个旅游目的地或旅游供应商的产品时，往往会将该产品的现行价格与其历史价格进行比较，特别是同该产品上一年度的报价进行比较。这种纵向比较意味着，不论该目的地或供应商认为上调该产品价格的理由多么充分，不论自己认为该产品的现行定价多么合理，一旦现行的报价较上一年度的报价涨幅明显，就会引起消费者市场的消极反应，甚至使顾客转向提供同类产品的竞争者。对于旅游营销者来说，基于需求或基于目标消费者的感知对产品进行定价十分重要。

此外，就实现一次完整的旅游经历而言，旅游消费者最终购买的产品实际上是以在特定目的地的访问活动为核心内容的整体旅游产品。也就是说，在消费者看来，这一整体旅游产品的价格等同于自己为实现该次旅游经历所需的全部开支。这意味着，消费者在挑选出游目的地时，不只是比较各竞争目的地旅游产品的直观报价，还会考虑和比较自己所需支付的实际价格——自己为实现该次旅游经历实际所需的全部开支。原因在于，就一个旅游目的地而言，其整体旅游产品的实际价格之高低，除了与直观报价有关，还会受很多其他因素的影响。这些因素会成为消费者在比较和评价目的地旅游产品价格时所考虑的内容。以出国旅游为例，这些因素通常包括：

- 本国货币与旅游目的地国家货币之间的汇率变化。
- 本国与旅游目的地国家在通货膨胀率方面的差异。
- 国际油价的变化（对交通运价的影响）等。

由于上述这些因素都会影响旅游者在整个出游期间的实际开支，因此，旅游目的地营销者在面向国际客源市场开展工作时，还应考虑和评价这些因素，以及这些因素对客源地居民的价格感知和需求格局的影响。

2. 政策法规因素

对客源地居民的旅游需求产生即时性影响的另一个因素是政策法规。这类因素集中表现为客源地国家政府在国民出境旅游方面的政策。如果这方面的政策出现变化，那么，既有可能对该国民众的出国旅游需求形成推力，也有可能对该国民众的出国旅游需求形成阻力或制约。

从第二次世界大战结束以来出国旅游活动在世界各地的发展情况来看，在客源地方面，各国政府通常会根据本国特定时期的国情，通过制定和颁布有关的政策和法律法规，限制或鼓励本国国民出国旅游。一些主要的国际旅游客源国，如法国、日本、韩国等，在战后曾颁布有关政策限制甚至禁止本国国民出国旅游。此外，在 20 世纪 70 年代，面对美国的经济状况以及国际旅游账户中的高额赤字，美国政府也曾试图通过推出有关征税的政策限制国民出国旅游，只不过迫于民间的普遍反对和由此形成的强大社会压力，这一政策最终没有正式出台。

在对待国民出国旅游的政策演变方面，最典型的例子大概要数日本。20 世纪 60 年代以前，日本政府出于国家经济的考虑，曾经严格禁止国民出国旅游。此后，日本经济逐渐强盛，日本政府取消了对国民出国旅游的限制，但并不积极鼓励国民出国旅游。到了 80 年代中期，为了缓解因长期巨大贸易顺差而与贸易伙伴国产生的摩擦，日本政府大力倡导和鼓励国民出国旅游，并为此制定了《海外旅游倍增计划》，即在 1985—1990 年这 5 年间，争取使日本国民出国旅游的规模翻一番，达到年出游量 1 000 万人次。如今，随着日本经济转向低迷，日本政府不再积极鼓励国民出国旅游。

另外一个比较明显的例子是韩国。1990 年之前，来我国的外国旅游者中鲜有韩国游客的踪影。1992 年 8 月中韩建交，当年韩国游客的来访量较上一年猛增了 40%。此后，特别是从 1994 年开始，随着韩国游客来华旅游人次持续增长，韩国一跃成为我国旅游业的主要国际客源国之一。促成这一变化的最直接原因就是韩国政府政策的改变，即从 1994 年 4 月起全面解除对国民出国旅游的限制。

在我国，随着改革开放以来国民经济的发展，以 1997 年 7 月开始实施的《中国公民自费出国旅游管理暂行办法》为标志，我国政府对待居民出境旅游由过去的“不提倡”转向“适度发展”，在出境旅游手续的办理以及对出游目的地的选择等方面的限制不断放宽。由于这些政策变化的影响，我国居民出境旅游的规模不断增大。时至今日，我国已进入全球十大国际旅游支出国的行列，成为世界上很多旅游接待国关注的国际旅游客源地。

除了客源地方面的政策，旅游目的地国家政府所颁布的各种政策法规，特别是出入境管理、防止出现垄断和鼓励公平竞争、保护消费者权益，以及加强环境保护等方面的政策法规，客观上也会对客源市场的需求产生影响。但一般来讲，这些政策法规的出台大都旨在控制境外来访者的规模，或者规范本国旅游业的发展。

3. 大众传媒

随着现代科学技术的发展，各大众传媒的传播技术手段有了很大的发展和进步，媒体的数量也在不断增多。人们可以迅速地获知异国他乡的信息，以及该地正在发生的事情，很多信息会对人们的旅游需求产生影响。在这方面，最具影响力的传播媒体首推电视和互联网。以电视为例，这主要是因为：

● 在所有具有旅游需求潜力的客源地，电视机在居民家庭中已非常普及，从而使电视媒体的信息传播受众规模大、受众层面广。

● 世界各地的很多调查结果都显示，收看电视已成为当今最为大众化的休闲活动之一。高清晰、高音质、大尺寸屏幕可满足用户追求极致体验的需求，看电视占据了他们较多的休闲时间。

● 电视媒体的直播或转播画面生动，图像真实，从而使电视信息最具感染力和可信度。

● 电视媒体的信息传播比较及时。随着传输技术的发展，电视台能够及时高质量地播放世界各地的信息。

随着互联网的普及，网民的规模迅速增大，互联网信息传播对居民旅游需求的影响也越来越大。与电视相比，互联网的信息发布速度更快，而且可随时查阅。

大众传媒的信息传播对居民旅游需求的影响集中体现在两个方面：

（1）累积性影响。大众传媒不断推出的对世界各地的自然地理、社会文化以及居民生活方式等情况的报道和介绍，久而久之会产生一种累积性的影响，在客观上培育居民对某些旅游活动的期望，并且影响潜在消费者对有关旅游目的地的认知。譬如，与多年前不同，如今很多韩国人都很钟情高尔夫球运动。最重要的原因是韩国媒体经常介绍高尔夫球运动，报道重大高尔夫球赛事，转播高尔夫球职业联赛。随着这种影响的长期累积，韩国人对高尔夫球运动属于贵族运动的传统认识逐渐转变，打高尔夫球成为一种时尚。

（2）即时性影响。大众传媒对新闻事件的报道，往往能够迅速影响旅游消费者对某些类型的旅游活动及特定旅游目的地的兴趣。大众传媒对旅游市场需求产生的即时性影响可能是正面或有利的，也可能是负面或不利的。不论是哪一种情况，都会使旅游消费者市场作出迅速反应。以下是几个比较典型的例子。

从正面影响的案例来看，不论是20世纪70年代美国各大广播电视公司对美国副总统蒙代尔访华活动的现场报道，还是90年代对美国总统克林顿访华期间有关参观活动的实况转播，都迅速激发了美国民众对来华旅游的兴趣。虽然这些美国媒体主观上关注的是美国政要的访华行踪，但客观上也会将到访之地的街市景观和社会生活场景收入镜头，从而激发了受众对前往这些地方亲身体验的兴趣。

在有关负面影响的案例方面，最常见的情况是，无论是在哪个国家，一旦媒体上出现重大空难事故的报道，人们对航空旅行的需求马上会减少。这种影响不仅会迅即产生，而且往往会持续相当长一段时间（Plog，2005）。有关负面影响的其他案例同样不胜枚举。譬如：

● 20世纪80年代中期，各国媒体对切尔诺贝利核电站核泄漏事故的连续跟踪报道，迅速抑制了当时人们对访欧旅游的需求，致使欧洲旅游业蒙受了惨重的损失。

● 1993年国际媒体对英国旅游者在美国佛罗里达州遭遇抢劫的报道，导致当年美国入境旅游接待量大幅下降。

● 2001年，全球各地媒体对“9·11”事件的报道迅即使大批国际游客中断了前往美国的计划。

对于旅游营销者来说，突发事件带来的负面影响通常都无力控制，只能是提前制定好应急预案。对于旅游营销者来说，认识大众传媒的作用的真正意义主要在于：

（1）了解如何借助大众传媒的影响力，抓住有利时机开展营销传播或促销宣传。

（2）了解如何通过公关工作的有效开展，维持好与新闻界的关系，以便在发生负面事件时将负面影响减至最小。

三、旅游营销者的对策

对于影响客源市场需求的上述主要因素，旅游营销者应有清楚的认识，并根据有可能出现的情况作出及时反应。在这方面，目的地旅游营销者的工作任务主要包括：

● 对影响目标客源地旅游需求的各种因素进行持续监测和跟踪调查。

● 及时发现有关因素正在出现的变化，并预测其变化的方向和速度。

● 分析和预测有关因素的变化对目标客源地居民旅游需求格局的影响，包括在出游规模、客流流向、出游时间、出游形式、产品偏好以及消费水平等方面的变化。例如，随着消费者的环境意识不断增强，越来越多的人开始拒绝前往那些不重视环境保护的旅游目的地。

总之，对于旅游目的地营销组织和旅游企业来说，这些影响因素的变化往往意味着外部环境中正在出现机会或威胁。基于对机会或威胁的识别，旅游营销者应提早制定应对措施，以适时地采取行动。

第2节　常用的测量和评价指标

在测量和评价一个旅游客源地的需求规模或需求潜力时，可选的指标有很多。本节重点介绍一些比较常用的指标，包括：该地民众在特定时期内的出游人数或人次、出游率、出游频率，以及该客源地市场潜力指数。

一、出游人数与出游人次

在很多有关旅游统计的报告中，人们在描述一个客源地旅游需求规模的现状或潜力时，常常会将出游人数与出游人次这两个指标混用。严格地讲，出游人数与出游人次是内涵并不完全相同的两个概念。

出游人数指的是在特定时期内（通常为某一年度），某一客源国或客源地居民人口中外出旅游的人数。譬如，假定2019年某客源地城市的居民人口总数为100万人，其中有10万人在该年内曾前往国内其他地区旅游或度假，那么该城市2019年的国内出游人数便为10万人。

出游人次则是指在特定时期内（通常为某一年度），某一客源国或客源地的居民外出旅游的人次数。也就是说，这一指标表现为在特定时期内，该地居民中出游的人数与人均出游次数的乘积，用公式表达为：

出游人次＝出游人数×人均出游次数

譬如，假定2019年某客源地城市的居民人口总数为100万人，其中有10万人在该年内曾前往国内其他地区旅游或度假，并且人均出游2次，那么该城市2019年的国内出游人次为：

10万人×人均出游2次＝20(万人次)

由于有些人在特定时期内会多次出游，因此出游人次的数值通常大于实际出游的人数。在旅游文献特别是旅游行政机构的工作报告中，常用“出游人数”去描述某客源地给定时期内的旅游需求规模，实际上应用“出游人次”。

除了出游人数和出游人次，人们在测量和评价某一客源地旅游需求的规模时还会使用出游人天数，即在特定时期内该客源地居民的出游人次与人均出游活动的天数之乘积，用公式表达为：

出游人天数＝出游人次×人均出游活动的天数

譬如，假定2019年某客源地城市的居民人口总数为100万人，其中有10万人在该年内曾前往国内其他地区旅游或度假，并且人均出游2次，每次出游期间的人均在外停留时间为3天，那么该城市2019年的国内出游人天数则为：

10万人×2次×3天/次＝60(万人天)

若是基于旅游目的地的立场测量来自某一地域客源市场的游客实际到访规模，那么，与客源地方面的出游人天数相似的一个测量指标则是接待该客源地游客的人天数。这一测量指标表现为特定时期内该客源市场的来访人次与平均每次来访的停留天数之乘积，用公式表达为：

接待人天数＝来访人次×人均停留天数

譬如，假定我国某城市2019年的居民人口总数为100万人，其中有1.5万人曾在该年内前往北京市旅游，并且人均前往北京市2次，每次在京旅游的平均停留时间为3天。那么对于作为旅游目的地的北京市来说，2019年接待游客人天数为：

1.5万人×2次×3天/次＝9(万人天)

二、出游率

在我国的旅游研究文献中，有人将“出游率”称为“旅游倾向”。在国外的旅游研究文献中，北美学者多使用“travel propensity”这一表述，英国学者则惯用“holiday propensity”这一表述，但所代表的内涵并无差异。

在测量和评价某一客源地居民的旅游需求时，出游率这一指标用来表示该客源地居民参加外出旅游活动的程度。具体地讲，这一指标反映的是，在特定时期内（通常按年度进行测量），外出旅游人数在该客源地居民人口中所占的比例。

在这些旅游者中，有些人在该时期内可能仅出游一次，有些人可能多次外出旅游。因此，人们对于出游率的表达有两种不同的方式，即净出游率或总出游率。

净出游率（net propensity）是指在特定时期内（通常按年度进行测量），该客源地居民外出旅游的人数在该地人口总数中所占的比例，用公式表达为：

$$净出游率=\frac{出游人数}{总人口数}\times 100\%$$

譬如，假定某客源地城市 2019 年的居民人口总数为 100 万人，其中有 10 万人曾在该年内前往国内外其他地方旅游，那么该城市居民 2019 年的净出游率为：

$$\frac{10万人}{100万人}=10\%$$

总出游率（gross propensity）是指在特定时期内（通常按年度进行测量），该客源地居民外出旅游的人次与该地人口总数之比，用公式表达为：

$$总出游率=\frac{出游人次}{总人口数}\times 100\%$$

譬如，假定某客源地城市 2019 年的居民人口总数为 100 万人，其中有 10 万人曾在该年内前往国内外其他地方旅游，并且人均出游 2 次，那么该城市居民 2019 年的总出游率为：

$$\frac{10万人\times 人均出游2次}{100万人}=20\%$$

三、出游频率

在旅游市场研究中，出游频率（travel frequency）是指在特定时期内（通常按年度进行测量），某客源国或客源地居民中外出旅游的人次与外出旅游的人数之比，即在给定时期内，出游者的人均出游次数，用公式表达为：

$$出游频率=出游者的人均出游次数=\frac{出游人次}{出游人数}$$

譬如，假定某客源地城市 2019 年的居民人口总数为 100 万人，其中有 10 万人在该年内曾前往国内其他地方旅游，出游人次为 20 万人次，那么该城市居民 2019 年的出游频率为：

$$\frac{20万人次}{10万人}=2(次)$$

四、客源地市场潜力指数

客源地市场潜力指数（country potential generating index，CPGI）有时也称为客源地出游潜力指数或旅游者产生潜力指数。

在国际旅游研究文献中，客源地市场潜力指数作为测量客源地旅游需求的一个指标，通常反映的是某一客源地（国家或地区）在特定时期内（通常按年度进行测量）产生出境旅游需求的能力。在计算方法上，这一指标为该客源地（国家或地区）给定时期内的出境旅游人次与同期全球国际旅游总人次之比和该客源地的居民人口数与全世界人口总数之比的商数，用公式表达为：

$$\mathrm{CPGI}=\frac{Ne/Nw}{Pe/Pw}$$

式中，CPGI——客源地（国家或地区）市场潜力指数；

Ne——给定时期内该客源地的出境旅游人次；

Nw——同期全球国际旅游总人次；

Pe——同期该客源地的居民人口数；

Pw——同期全世界人口总数。

例如，2019 年全世界人口总数为 77 亿人，全球国际旅游活动的总体规模为 15 亿人次。假定某客源国的人口为 2 亿人，该年的出境旅游规模为 800 万人次，那么 2019 年该客源国的出境旅游市场潜力指数为：

$$\text{出境旅游市场潜力指数}=\frac{0.08/15}{2/77}=0.21$$

客源地市场潜力指数这一测量指标的设计最初针对的是国际出境旅游，用于测量作为国际旅游客源地的某一国家或地区在给定时期内产生出境旅游需求的能力。我们对有关变量的解释稍做修改，用于测量作为国内旅游客源地的某省、某地区或某城市在给定时期内产生国内旅游需求的能力。在将这一指标用于测量国内某旅游客源地产生国内旅游需求的能力时，对上述公式中有关变量的解释可做如下变通。

用于测量某一客源地在给定时期内产生国内旅游需求的能力时：

$$\mathrm{CPGI}=\frac{Ne/Nw}{Pe/Pw}$$

式中，CPGI——某客源地（省/地区/城市）市场潜力指数；

Ne——给定时期内该客源地的国内出游人次；

Nw——同期全国国内旅游总人次；

Pe——同期该客源地的居民人口数；

Pw——同期全国人口总数。

例如，2019 年，我国某城市的居民人口为 400 万人，其中有 80 万人于该年在国内旅游，并且人均外出出游 2 次。另据统计，2019 年，我国人口为 13.98 亿人，全国国内旅游活动的总规模为 60.06 亿人次。基于这些数据，2019 年该城市的国内出游市场潜力指数应为：

$$\text{国内出游市场潜力指数}=\frac{160/600\,600}{400/139\,800}=0.093$$

就出境旅游需求而言，如果某一客源国/地区市场潜力指数的数值等于 1，则意味着该国/地区产生出境旅游需求的能力达到世界平均水平，因而属于市场发育程度一般的国际旅游客源国/地区。如果该客源地市场潜力指数的数值大于 1，则意味着该国/地区产生出境旅游需求的能力高于世界平均水平，因而属于市场发育程度较高、值得旅游营销者关注和重视的国际旅游客源国/地区。反之，如果该客源地市场潜力指数的数值小于 1，则意味着该国/地区产生出境旅游需求的能力低于世界平均水平，因而属于出境旅游市场发育程度偏低的国家或地区。

同理，就国内旅游而言，倘若某省/地区/城市的市场潜力指数的数值等于 1，则意味着该省/地区/城市产生国内旅游需求的能力达到全国平均水平，因而属于市场发育程度一般的国内旅游客源地。倘若其市场潜力指数的数值大于 1，则意味着该省/地区/城市产生国内旅游需求的能力高于全国平均水平，因而属于市场发育程度较高、值得旅游营销者予以关注和重视的国内旅游客源地。反之，倘若其市场潜力指数的数值小于 1，则意味着该省/地区/城市产生国内旅游需求的能力低于全国平均水平，因而属于市场发育程度偏低的地区。

关键术语

客源地市场潜力指数（CPGI）

拉力因素（pull factor）

推力因素（push factor）

经济因素（economic factor）

人口统计因素（demographic factor）

地理因素（geographic factor）

社会文化因素（socio-cultural factor）

比较价格（comparative price）

大众传媒（mass media）

出游率（travel propensity）

出游频率（travel frequency）

思政阅读材料

1. 习近平．在统筹推进新冠肺炎疫情防控和经济社会发展工作部署会议上的讲话．人民日报，2020－02－24(2).

2. 陈琳琳，雷尚君．后疫情时代休闲旅游业发展新模式探索．价格理论与实践，2021(4)：149－152＋171.

3. 闻言．夺取疫情防控和实现经济社会发展目标双胜利的科学指引．人民日报，2020－10－31(6).

复习与思考

1. 旅游营销者在评价一个客源地的市场需求时应考虑哪些因素？哪些是长期性影响因素？哪些是即时性影响因素？

2. 如何理解这些因素对客源地居民旅游需求的影响？

3. 如何理解这些影响因素对旅游营销工作的意义？

4. 旅游营销者在衡量和评价旅游客源地的需求规模或出游潜力时，常用的指标有哪些？

5. 说出以下指标的计算公式：出游人数、出游人次、出游率、出游频率、客源地市场潜力指数。

/ 第4章 /

旅游消费者行为

学习目标

- 了解旅游消费者行为研究的主要内容和基本途径。
- 熟悉影响旅游消费者购买动机的三类因素。
- 了解基于内在驱动因素对旅游消费者进行分类的情况。
- 熟悉旅游消费者购买的一般过程。
- 熟悉旅游消费者行为模型的研究目的和基本框架。

思政要点

- 绿色消费是我国生态文明建设的重要组成部分。
- 进一步推动老龄事业高质量发展，落实本行业服务国家应对老龄化问题的战略部署。

第1节 旅游消费者行为的研究内容

一、重要性和制约因素

实行消费者导向和实现消费者满意是现代市场营销理论的基石。对于旅游营销者来说，了解旅游消费者的需要，进而满足目标市场的需要和利益追求，是全部工作的出发点。研究旅游消费者行为的重要性也在于此。

一般来讲，除了初创的旅游企业和初始开发的旅游目的地，多数旅游企业和旅游目的地营销组织对自己的客源市场都有一定程度的了解。它们通常会了解可能影响顾客购买动机的宏观因素（如目标客源地的社会经济状况、客源地社会的价值观念等），以及顾客的购买过程。但很少有旅游组织或企业会跟踪消费者行为格局的变化，而这一点恰恰关系到它们能否真正满足顾客的需要。这种情况的存在有多方面的原因，或者说是多种因素制约的结果，其中比较常见的制约因素包括：

（1）思想认识方面的问题。这方面的问题首先表现在，不少旅游经营者认为，由于自己每天都在与顾客打交道，当然了解顾客的情况，没有必要专门组织力量开展消费者调研。这种情况在中小型旅游企业中尤其常见。还有一种比较常见的表现是，不少旅游组织和旅游企业认为利用二手资料做些研究已经足够了。它们在开展消费者调研时往往依靠自己的营业记录和日常工作中的观察，不组织正式的一手调研。然而，随着外部经营环境的变化，二手资料或数据很容易失去价值。数年前收集的资料或数据有可能已经过时，不能够作为制定营销决策的可靠依据。

（2）技术难度方面的问题。消费者调研工作不仅耗资费时，而且有一定的难度。例如，如何才能发现顾客之所想？在对顾客的购买动机开展调查时，调查结果是否反映了消费者的真实意图？在调查消费者的态度和购买动机时，调研人员只有对调查对象的作答情况认真解析，方能获得真正有意义的信息。然而，开展这类调研需要有专门的技术，很多旅游组织和企业在这方面并不专业，实施起来会有一定的难度。

（3）经费方面的问题。由于营销预算有限，很多旅游企业和旅游目的地管理机构并无专款去开展正式的调研。在营销预算很少的情况下，营销调研工作难以有效开展。一些旅游企业和目的地管理机构认为，搞与不搞营销调研，结果都差不多，即使投入资金开展调研，也不一定会使游客接待量增加。

二、研究内容和基本途径

对于旅游营销者来说，理解旅游消费者的行为是一项非常重要的工作，因为它有助于打造目的地或企业的竞争优势。如今越来越多的旅游经营者认识到，在采取营销举措激发消费者购买方面，充分地了解和认识那些对旅游消费者的购买动机具有影响的因素十分关键。消费者行为研究工作旨在使旅游营销者能够回答以下问题：

- 企业/目的地旅游产品的购买者会是哪些人？
- 他们的购买过程是如何进行的？
- 他们在挑选旅游产品时会受哪些主要因素的影响？
- 他们会在何处购买，会以何种方式购买？
- 他们的购买决定于何时作出？

归纳起来，上面这些问题反映的是旅游消费者行为研究中所涉及的三大基本内容——旅游消费者的购买动机、基于购买行为驱动因素的旅游消费者类型划分以及旅游消费者的购买过程。

综观这一领域的研究文献可以发现，对于旅游消费者行为的研究，人们主要通过三种途径进行，因此，这三种研究途径构成了旅游消费者行为研究的基本框架（见表4-1）。

表4-1 旅游消费者行为研究的基本框架

研究途径	研究目的
研究购买动机	探讨人们外出旅游或外出度假的原因；分析个人内在心理因素和外在社会因素对旅游消费者购买行为的影响；对旅游消费者进行类型划分
研究购买过程	研究和评价各种影响因素在旅游消费者购买过程中的关联关系；对旅游消费者的购买过程进行阶段划分
研究消费者行为模型	构建旅游消费者行为模型；解释旅游消费者个人方面的内在驱动因素及其所处环境方面的外在影响因素在激励旅游消费者购买行为方面共同作用的方式

这三种研究途径分别是：

（1）研究购买动机。这类研究的主要目的是探讨人们参加旅游活动的原因，通过解释动机、态度、信念、知觉、文化、生活方式等内在心理因素和外在社会因素，分析这些因素对旅游消费者购买行为的影响。此外，这类研究中还包括基于购买行为的内在驱动因素对旅游消费者进行类型划分。

（2）研究购买过程。这类研究的主要目的是探究和评价旅游消费者购买行为的诸多影响因素在消费者购买过程中如何相互关联。在这些影响因素中，既涉及旅游消费者个人方面的内在驱动因素（如人格等），又涉及消费者所处环境方面的外在影响因素（如所属的群体、传媒的作用等）。这类研究中的重点内容在于对旅游消费者的购买过程进行阶段划分。

（3）研究消费者行为模型。这类研究的主要目的是探究和解读消费者个人方面的内在驱动因素和所处环境方面的外在影响因素在激励购买行为方面共同作用的方式。所构建的模型往往都是按旅游消费者购买过程发展阶段的逻辑顺序，以示意图的方式去展现旅游消费者的整个购买过程。

在消费者行为研究领域，人们曾提出多种不同的消费者行为模型。对于这一情况，常会有人感到困惑。特别是在我国，由于传统思维习惯，有人会问其中哪一种模型才是最正确的或最理想的。实际上，这些模型大都是人们基于某一视角（如基于经济学视角、心理学视角、社会学视角等）构建起来的认识框架，因而有不同的应用参考价值（Chisnall，1985）。

第2节　影响旅游消费者购买动机的因素

首先有必要说明的是，旅游消费者购买动机实际上是指旅游消费者购买行为或购买决策，在有关消费者行为研究的国际文献中习惯使用消费者购买动机这一表述。

影响旅游消费者购买动机的因素大体上可分为三类，即旅游消费者个人方面的内在驱动因素、外在影响因素和购买情境因素（见表4-2）。

表4-2　影响旅游消费者购买动机的因素

类别	说明
内在驱动因素	旅游消费者个人方面的动机、学习、信念与态度、知觉、人格
外在影响因素	文化、年龄与性别、社会阶层、生活方式、人生生活周期、微社会群体
购买情境因素	该项购买的性质；参与者在整个购买过程中的角色扮演

一、内在驱动因素

根据相关研究，在影响旅游消费者购买动机的诸多因素中，属于消费者个人方面的内在驱动因素主要包括动机、学习、信念与态度、知觉以及人格等心理因素。

1. 动机

动机（motivation）是心理学中的一个概念，通常的解释是，“动机是引发一个人为满足自己的某种生理需要或心理意愿，而去做某件事情的内在驱动力”（Fridgen，1991）。按照这一解释，行为动机的产生显然与一个人希望满足自己的某种需要有关。但是，心理学界有多种流派（Pearce，1993），心理学家对于动机的认识和解释不尽相同。例如，有些心理学家认为，行为是本能决定的，是本能驱使的结果。行为动机源自人们必须予以解除的内心紧张状态。这一观点的基本原理在于，人需要努力维持自己的某种心态平衡，因而不可避免地会去寻求缓解紧张的办法。另一种基于弗洛伊德学说的解释则认为，激励人行为的是一些藏于内心深处的潜在力量。这些力量通常不为人所意识，因而不能轻易地从表面行为上加以辨识。这一观点认为，人的行为格局并非完全可以预言。譬如，一个人可能会说自己外出旅游是为了获得放松和休息，然而其真实的内心状态却是：此举是为了摆脱家庭生活中那些在行为上所受的约束（Krippendorf，1987）。

（1）需要层次理论。与上面列举的两种观点不同，人本主义心理学派认为，人的行为是一种理性选择，动机与需要之间存在密切的关联，这体现在一个人的行为动机永远都是为满足自己的某种需要而萌生的。因此可以认为，动机是需要的表现形式，一个人有什么样的需要，便会产生与之相应的行为动机。从这个意义上说，人的行为格局有规则可循，因而是可以预知的。反映这一观点的代表性理论便是由马斯洛（Abraham Maslow）提出的需要层次理论（theory of hierarchy of needs）。这也是为当今营销者广泛引用的一种动机理论。这一理论的基本要点包括：

1）人有多种不同的需要。

2）这些不同的需要有层次高低之分。

3）只有较低层次的某一需要得到满足之后，才会产生更高层次的需要，换言之，这些不同的需要在层次上不能跳跃产生。

马斯洛将人的需要划分为五个层次，分别为：生理需要、安全需要、爱的需要（群体归属需要）、受尊重的需要和自我实现的需要。这五个层次的需要由低至高的排列关系如图 4－1 所示。

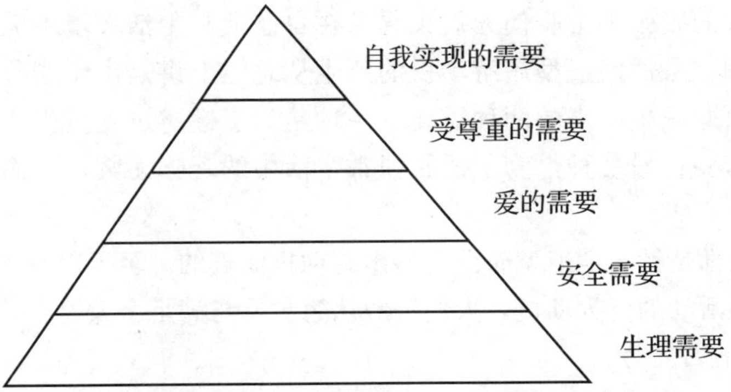

图 4－1　马斯洛的需要层次理论示意图

长期以来，人们广泛引用马斯洛的需要层次理论来解释人的行为动机的产生，包括用于解释旅游消费者的购买行为（McIntosh，Goeldner，and Ritchie，1995）。但这一理论也存在某些局限性，主要表现在：1）人们难以证明这五种需要在层次排列上的合理性，因为马斯洛对这一排列层次的提出主要是基于逻辑分析，而不是基于广泛的经验研究。2）对于这些不同层次的需要注定会由低向高地按顺序递进和发展，人们也会有疑问。譬如，在研究人的旅游动机时，有些学者就对生理需要与心理需要之间的这种假定关系明确表示质疑，认为更符合现实的情况是，这些不同层次的需要之间实际上存在一定程度的相互依赖性，因为有证据表明，旅游者在寻求满足其中较高层次的需要的同时，也会要求满足较低层次的需要（Mill and Morrison，1992）。

（2）最佳觉醒理论。另一种动机理论则是英国心理学家伯莱因（Daniel Ellis Berlyne）提出的最佳觉醒理论（optimal arousal theory），也称为最适刺激理论。在旅游动机的研究中这一理论也很常用。这一动机理论的基本要点包括：

1）人生需要有刺激。

2）所需要的刺激有其最适程度。

3）如果超出这一最适程度，或者达不到这一最适程度，则会诱发一个人旨在摆脱刺激或寻求刺激的行为。

这一动机理论的基本原理是，一个人在生活中总是会寻求最适程度的刺激。如果一个人因日常的工作和生活过于平淡而感到乏味无聊，便会通过参与某些活动去寻求刺激。反之，如果一个人因日常生活过于忙碌而感到压力大，则会力求摆脱刺激而到一个平静宽松的环境中寻求解脱。外出旅游度假是一个人实现最适程度刺激的理想手段。这意味着，疲于紧张工作与生活的人往往会选择前往宁静安逸的环境去休养和度假，以便释放和缓解身心压力。反之，在惯常工作和生活中感觉平淡乏味的人则往往希望寻找能给自己带来更多刺激的地方去旅游。

国际旅游学术界普遍认为，人们外出旅游动机的产生从根本上讲是出于逃避紧张或摆脱压力的需要。这主要是因为，根据这一理论，造成紧张和身心压力的原因要么是惯常工作和生活中的刺激过度，要么是惯常的工作和生活令人感到乏味。由前一种情况所造成的紧张会驱使人们去寻求在自己惯常生活环境中无法获得的平静与安宁；由后一种情况所造成的紧张则会驱使人们去寻求在自己惯常生活环境中无法获得的兴奋和刺激。由此可知，虽然消遣型旅游动机的产生从总体上讲是出于摆脱紧张的需要，实际上却是出于由此派生出来的两种需要：一种是为了逃避过度紧张或刺激，从而获得解脱和放松的需要；另一种是为了摆脱惯常生活中的乏味无聊，从而寻求猎奇和刺激的需要。

当然，以上都是针对消遣型旅游者的出游动机而言的。至于以商务旅行者为代表的差旅型外出访问活动的行为动机，人们一般认为主要与满足个人追求地位与声望的需要有关（McIntosh，1984）。

2. 学习

学习（learning）是人的一种基本能力，在心理学研究中通常是指人们“基于经验而产生的行为更改或行为变化”（Albert Harrison，1961）。

作为旅游消费者行为的内在驱动因素之一，学习指的是旅游消费者借以接收和领悟刺激因素的一种方式，也是旅游消费者获取有关旅游经验的一种途径。这方面的经验既可来自自己外出旅游过程中的亲身经历，也可来自他人对有关旅游经历的介绍。在学习过程中，人们会形成自己对旅游目的地或者旅游产品的看法，这些看法会形成基本的习得标准，作为今后挑选旅游目的地或旅游产品的依据。

3. 信念与态度

信念与态度这两个概念颇为相似，但严格地讲，信念（belief）是指人们在生活中对某一事物的认识或想象。消费者对于某一旅游企业、旅游目的地或者旅游产品会有自己的认识，既有可能是正面的认识（例如认为某家饭店值得信赖），也有可能是负面的认识（例如认为深夜时乘坐公共交通工具不安全）。

态度（attitude）是指一个人因受其所处的成长环境及社会文化的长期熏陶，在谈及某人或某事物时在思想情感上的反应。简单地讲，态度就是一个人对某人或某事物所持有的根深蒂固的看法。在一些情况下，这一看法可能确实符合该人或该事物的真实情况。但在另一些情况下，这一看法也有可能是对该人或该事物的偏见（stereotype）。以对待外出旅游的态度为例，在一些国家，人们认为外出旅游度假很奢侈，是不必要的浪费；在另一些国家，人们认为外出旅游度假是现代社会的一种生活必需。

旅游营销者应当看到，态度的形成是一个漫长的过程，因此，态度一旦形成便难以转变。这并不是说人们对某人或某事物的态度永远都不会更改，而是说，与态度的形成一样，态度的转变同样需要经历一个漫长的过程。

4. 知觉

知觉（perception）亦称感知，指的是一个人将感官所受刺激（例如见闻）转化为有意义的信息这样一个认知过程。换言之，知觉是一个人通过对自己所接触的信息进行筛选，形成对某人或某事物的看法的认知过程。由于知觉具有主动性的特点，因此难免会受个人偏好（bias）和曲解（distortion）等因素的影响。此外，一个人对信息（刺激因素）的接收一般都会有选择性。具体地讲，面对众多的信息，一个人关注一些信息的同时，会对另一些信息视而不见或听而不闻。

5. 人格

人格（personality）是一个人内心自我的反映，指的是会对个人行为产生影响的个性心理特点，通常表现为，一个人的性格会决定其偏好，从而影响他的行为。

与人格相关联的另一个概念是自我肖像或自我形象（self image），指的是一个人对自己人格的主观认识而非客观评价。一般认为，一个人的旅游行为与其自我肖像往往是一致的。譬如，不少旅游研究人员认为，选择高尔夫球或游艇度假地的旅游者往往有阳刚之气、充满自信。但是，也有一些学者对人格类型与旅游行为之间的关系表示质疑，认为这种关系的证据不足（Mill and Morrison，1992）。

二、基于内在驱动因素的旅游消费者类型划分

在有关旅游消费者行为的研究中，人们对上述各种内在驱动因素进行分析的主要目的往往是借以对旅游消费者进行类型划分（Lowyck，Van Langenhove，and Bollaert，1992）。在这类研究中比较典型的例子有两个。

1. 帕洛格对旅游消费者的分类

在基于内在驱动因素对旅游消费者进行类型划分方面，最著名的当属享有“旅游目的地专治医师”之雅号的旅游咨询专家斯坦利·帕洛格（Stanley Plog）对旅游消费者所做的分类（Plog，2003）。帕洛格研究的主要特点在于结合对消费者心理类型的分析，研究旅游消费者的类型划分。其研究成果的主要价值之一是使旅游营销者能够根据旅游消费者的行为特点进行市场细分。帕洛格依据不同旅游消费者在所属心理类型上的差别，将旅游消费者划分为若干不同的类型（见图4-2），其中最基本的三种类型分别是：依赖型旅游者、冒险型旅游者和中间型旅游者。

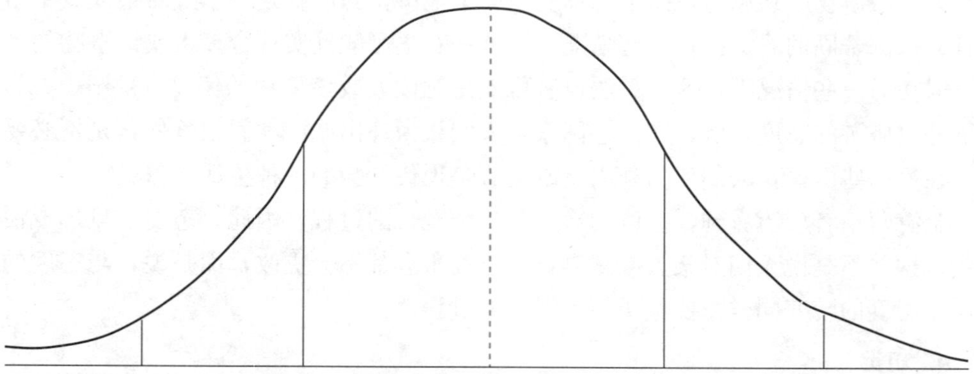

图 4-2　旅游消费者的人格心理类型

说明：括号中为帕洛格在早期研究中对相关心理类型的用词。
资料来源：Plog（2003）.

（1）依赖型旅游者。在帕洛格的早期研究中，这种依赖型心理类型曾被称为自我中心型。这类旅游消费者共有的人格特征包括：

● 思想封闭，不愿接受新观念或不愿去体验陌生的经历。他们平时看电视较多，而很少看书读报。他们的人际圈很小，仅限于自己周围的人群。一言以蔽之，这种类型的人缺乏冒险和探索精神。

● 处事谨慎、心态保守，宁肯生活平庸，也不愿作出重大决策。

● 总是担忧未来情况生变，因而在花钱方面刻意节制。虽然节俭是一种美德，但这种心理类型的人之所以节俭，是因为对未来的担忧而非良好的开支计划。

● 偏好购买名牌产品。他们认为，这些名牌产品意味着它们是安全可靠的购买选择。

● 在对待生活的态度方面，缺乏自信心和进取精神。每当遇到困难，往往退缩避让，而不是主动解决。

● 甘愿仰仗名流去引导自己的生活。由于对自己的决策能力缺乏自信，这类人往往愿意听从公众人物的建议，或者仿效他们的行为。

● 喜欢循规蹈矩的生活方式。由于其行为具有可以预见并且循规蹈矩的特点，这类人在很多组织中都能成为优秀的、可信赖的基层管理人员，因为他们能够确保所在的班组或部门遵照上级的要求开展工作。

● 偏好恋群。喜欢在熟悉的人群环境中生活，而不愿结交陌生人，因为在自己熟悉的人群中生活会令他们感到放松和安全。

根据帕洛格多年来的调查和分析，这类旅游消费者共有的行为特点主要包括：

● 不会经常外出旅游。

● 在旅游目的地停留天数较少。

● 在外旅游期间的人均消费较低。

● 偏好自驾车出游，很少乘飞机外出。原因在于自驾车外出时能随身携带很多东西，使出游期间如同在家时那样方便，从而可减少旅程中的忧虑。

● 喜欢寄宿于亲友家中，或者选择廉价的住宿设施，而不愿选择高档饭店。

● 偏爱前往开发程度高的旅游热点地区。在他们看来，游客众多这一事实就表明该地是值得游览的地方，否则不会有如此多的游客。此外，他们认为这种旅游热点地区会设有很多快餐店和便利店，从而可以有在家一样的舒适和熟悉感。

● 在目的地停留期间，往往会选择自己熟悉的娱乐活动，例如玩游戏机、看电影、打迷你高尔夫球、逛商店等等。

● 偏爱去温暖的地方度假。这种地方使游客有机会躺在沙滩上或游泳池边的躺椅上晒太阳，符合这种类型的人天生不好动的特点。

● 前往陌生之地旅游时，倾向于参加有导游陪同的旅行团，很少以自助方式前往。

● 喜欢购买对该目的地具有标志性意义的纪念品，也就是说，对物品的选择主要集中于那些具有强烈视觉效果的纪念品，别人一看便知他去过哪些地方。

● 对于自己喜欢的旅游目的地，这类旅游者多会故地重游。原因在于，他们认为去该地旅游或度假是一种不错的选择，更重要的是自己不必劳心费神地另选新的旅游目的地，新的目的地未必更加理想。

（2）冒险型旅游者。帕洛格的早期研究将这种类型称为多中心型。这类旅游消费者共有的人格特征主要包括：

● 天性好奇，喜欢探索。这种类型的人天生好动，偏好猎奇，乐于尝试新鲜体验。

● 做事果断、毫不犹豫。他们认为人生中难免会有风险，不论作出何种选择都是如此，因此应学会适应。

● 花钱比较随意。他们相信天生我材必有用，认为人生在世就该及时行乐，不要等到人老体衰时后悔。

● 喜欢选择新出现的旅游产品，而不是那些脍炙人口的流行产品。他们一心追求猎奇与发现，根本不在乎购买这类新产品可能会有哪些风险，不在乎此举有可能会带来何种后果。

● 生活中充满自信和活力。这种类型的人热衷于冒险，喜欢亲身考察新鲜事物，以便了解某些技术的最新发展，或者了解某些新的思想和观念。

● 对待生活有自己的主见，不盲从。

● 处事主动，富有进取精神。遇到意外情况时（如外出旅行遭遇航班取消，或者所购买的产品有缺陷），他们会努力要求予以纠正。

● 喜欢充满挑战的多样性工作，而不喜欢日复一日的例行工作。不论是在开展业务工作方面，还是在开展文化活动方面，他们往往会提出一些很好的点子，却不善于去具体实施，因为他们不喜欢每天都去做那种单调乏味的执行性工作。

● 偏爱个人独处和静默沉思。他们笃信自己的主见，有时甚至认为周围的人思想迟钝，因而不愿出席社交场合。

根据帕洛格多年来的调查和分析，冒险型旅游者的行为特点主要包括：

● 经常外出旅游。

● 喜欢远程旅游。

● 在外旅游期间的人均消费较高。

● 喜欢航空旅行，因为乘飞机抵达目的地所需时间较短，可减轻旅途疲劳，并且能在目的地停留相对久一些。

● 强烈偏好去环境独特、尚未充分开发、依然保留原始魅力的旅游目的地。更重要的是，这类旅游者在外出旅游时往往会尽力避开那些拥挤的旅游热点。

● 愿意接受条件虽差但非同一般的住宿设施。对于这类旅游者来说，下榻这种住宿设施实为旅游体验的必要组成部分。

● 偏好入乡随俗。在旅游期间，他们往往会避开那些专为旅游者表演的节目。

● 喜欢自助式旅游。这类旅游者自信且喜欢冒险，在很多情况下都能做到轻松应对。即便有语言障碍，也不愿参加由导游陪同的旅行团。

● 旅游过程中表现活跃。在外出旅游期间，除了睡觉之外，大部分时间都用于考察和探访。

● 在购物方面，这类旅游者倾向于选择当地的艺术品和工艺品，而不是一般的旅游纪念品。

● 为了增加自己的阅历，他们每年都会寻找新的旅游目的地，而不愿故地重游。

（3）中间型旅游者。这类旅游消费者在人格特征和行为特点上介于上述两种类型的人群之间。

根据帕洛格的理论，对于一个新开发的旅游目的地来说，最初能吸引来的游客主要是冒险型的旅游消费者，因为此时选择去该地旅游很大程度上意味着冒险，而这类旅游消费者刻意寻求的恰恰是冒险-探索类旅游活动。随着时间的推移，当该旅游目的地的发展步入成熟期时，所吸引来的游客会转为偏向于依赖型的旅游消费者。

帕洛格的理论一经提出，很快便得到旅游学术界和实业界的普遍认可。特别是在20世纪80年代，帕洛格的这一理论广为人们推崇。进入90年代后，帕洛格的研究成果曾遭到一些人的批评，认为这一研究结论只适用于美国，对于很多其他国家来说并不适用（Smith，1990）。对此，帕洛格予以反驳，认为这些批评者之所以得出这一结论，主要是因为他们在调研中并没有复制帕洛格原本使用的方法（Plog，1991）。无论如何，一个不容置疑的事实是，帕洛格提出的心理类型理论在旅游研究领域一直有很大的影响力，并且这一影响力可能会持续存在。

2. 美国运通公司对旅游消费者的分类

在基于内在驱动因素对旅游消费者进行类型划分方面，另一个知名度较高的例子是美国运通公司于1989年委托盖洛普公司开展的专项调研。在该项调研中，调研人员通过调查和分析样本人群在外出旅游过程中的行为表现，将旅游消费者划分为五种类型。

（1）冒险型旅游者。这类旅游消费者的特点是：有很强的独立性和自信心，喜欢尝试新奇的活动，喜欢体验不同的文化。总体上讲，这类旅游消费者的受教育程度比较高，经济条件比其他群体富裕，外出旅游度假在其生活中占有重要地位。此外，这类旅游消费者多为男性，并且比其他类型的旅游消费者年轻，其中44%的人都处于18～34岁这一年龄段。

（2）忧虑型旅游者。这类旅游消费者的特点是：对到他乡旅游多有顾虑，对自己应对问题的能力缺乏信心，一般惧怕乘飞机旅行。总体上讲，这类旅游消费者的受教育程度比较低，经济条件不如其他各类旅游消费者。因此，在各类旅游消费者群体中，这类人群外出旅游的次数最少，并且多为国内旅游。此外，这类旅游消费者多为女性，年龄偏大，近半数在 50 岁以上。

（3）梦想型旅游者。这种类型的旅游消费者对于外出旅游往往抱有很多浪漫的幻想，并且非常重视外出旅游度假对其人生的意义。这类旅游消费者在前往某地旅游或度假之前，多会阅读资料、向有经验者请教以了解该目的地的情况。在旅游过程中，这类旅游者大多追求娱乐、放松，而不是参与冒险。这类旅游消费者的家庭收入和受教育程度多居中等水平，消费者多为 50 岁以上的女性。这类旅游者在陌生之地旅游期间大多是凭借地图和旅行指南自行开展活动。

（4）节俭型旅游者。对于这种类型的旅游消费者来说，外出旅游度假是其休息放松的常规途径，而不是为自己的人生增添阅历。这种类型的旅游消费者注重追求实惠，即便自己具备足够的支付能力，也认为不值得多花钱去使用那些不必要的特别设施和特别服务。这种类型的旅游消费者以男性居多。与其他类型的旅游消费者相比，这类旅游消费者的年龄稍大，收入水平中等，受教育程度稍低。

（5）放纵型旅游者。这种类型的旅游消费者一般都比较富有，并且愿意多花钱享用高档的旅游接待设施和特别服务，因此在外出旅游时大多选择下榻豪华饭店。在出游次数方面，这类旅游消费者仅次于冒险型旅游者。在这类旅游消费者中，男性和女性所占的比例大致相等。

该项研究的主要意义在于，旅游营销者可借助上述这些分类来判断各类旅游消费者可能的出游格局及其对出游目的地的选择。

三、外在影响因素

除了内在驱动因素，旅游消费者个人方面的一些外在因素也会对其购买动机产生影响，因此，旅游营销者也需要了解和认识这些外在影响因素。这些外在影响因素主要包括：文化、年龄与性别、社会阶层、生活方式、人生生活周期和微社会群体。

1. 文化

对于文化（culture）这一概念，人们有不同的解释。有些解释过于抽象，致使人们对文化这一概念的内涵难以有效把握。

在市场营销学的意义上，文化通常指“为一个社会所共有且世代传承的一整套信念、价值观、态度、习惯和行为方式”（Bennett and Kassarjian，1972）。换言之，在市场营销研究的意义上，文化是指在信念、价值观、态度、习惯和行为方式等方面为一个社会中的全体成员所共识并信守的社会规范。

文化对旅游消费者行为具有影响作用是显而易见的，主要表现为，无论是在追求自我形象方面，还是在消除身心紧张方面，大多数人都会以符合社会规范的方式去满足自己的个人意愿。例如，在很多国家，人们对于旅游提倡绿色消费；对于那些有悖社会道德的活动，人们普遍会持鄙视的态度。

对于旅游营销者来说，了解文化变迁同样也很重要。

在我国，党的十八大以来，生态文明建设稳步推进，成效显著，党的十九大报告明确提出“形成绿色发展方式和生活方式，坚定走生产发展、生活富裕、生态良好的文明发展道路”①。2020年3月，中共中央办公厅、国务院办公厅印发了《关于构建现代环境治理体系的指导意见》，要求“引导公民自觉履行环境保护责任，逐步转变落后的生活风俗习惯，积极开展垃圾分类，践行绿色生活方式，倡导绿色出行、绿色消费”。可见绿色消费已经成为党和国家大力倡导的一种消费方式。绿色消费既能满足人们的基本需求、提高生活质量，又能降低环境破坏，是适应经济社会发展水平和生态环境承载能力的一种新型消费方式。随着经济社会的发展，消费总量和消费强度仍将不断增加，缓解资源环境压力、建设生态文明都在呼唤绿色消费。② 因而，在党的号召和国家及地方部门的大力倡导下，绿色消费必将构成人们生活、消费方式的重要指导理念。旅游营销人员应顺应这一趋势，在旅游产品的开发和创新、旅游宣传和促销等具体工作中抓住并引导旅游者的绿色消费心理。

2. 年龄与性别

年龄（age）是一项常用的市场细分依据。随着年龄的增长，处于不同年龄段的人往往有不同的需要，并且有不同的价值准则。例如，很多调查结果显示，在55岁以上的旅游消费者群体中，人们会大大减少体能消耗大的旅游活动，倾向于参加活动量较小的旅游活动。

性别（gender）也是一项常用的市场细分依据。在市场营销的意义上，性别的重要性主要表现为：在不同的社会中，人们对男性和女性所应扮演的角色可能有不同的认识。譬如，有些调研分析认为，有些国家（如奥地利、德国、日本等）属于男性主导的社会，北欧国家则多为女性主导的社会（Hofstede，1985）。这种一般性的结论可能会令人产生误解，但确实可为旅游促销活动的策划与开展提供参考。

3. 社会阶层

社会阶层（social class）指“其成员的价值观、利益和行为都基本相同的社会人群”（Kotler et al.，1996）。在划定一个人从属于哪一个社会阶层时，所使用的依据主要涉及两个因素：一是这个人所从事的职业；二是这个人的收入水平。一般来讲，在一个社会中，高收入者往往同时也是接受过高等教育的人。而且，一个人或一个家庭的可支配收入越高，就越有可能外出旅游。所以，社会阶层成为影响旅游消费者行为的因素。尽管有人对此持批评态度，认为将社会阶层用作衡量消费者的指标未免有些牵强，但是在市场营销实务中，社会阶层一直都是营销者用于划分消费者人群的基本依据之一。这主要是因为，处在同一社会阶层的人在价值观念、生活习惯、消费行为等方面都有较大的相似性（徐惠群，2009）。

---

① 李岩．以绿色消费推动绿色发展．光明日报，2018-10-26（6）．

② 韩秀华，陈雪松．积极倡导推广绿色消费．光明日报，2020-10-09（11）．

在当今社会，消费作为一种社会行为，不再仅仅被视为用来获取产品功能性价值的一种手段，同样发挥了获得群体归属的社会文化功能，尤其是大众媒体、广告信息的宣传以及消费者自己的社会生活体验都赋予了一些品牌的使用者群体在年龄、性别、生活方式、社会阶层、价值观等方面的集体性特征，从而使消费者借由品牌的选择和消费建构其社会群体成员身份成为可能（Thomsen and Sorensen，2006）。因而，在旅游营销工作中重视旅游消费者所处的社会阶层，将有助于超越功能性价值去探究塑造旅游产品吸引力的新路径（沈雪瑞等，2016）。

4. 生活方式

研究生活方式（lifestyle）对旅游消费者购买动机的影响，实际上就是国外有些专家所称的心理类型分析（psychographic analysis）。这种分析旨在测量不同心理类型人群的行为、兴趣和观念。这样做的原因在于，通过了解不同人群的生活方式，旅游营销者有可能预知这些人群外出旅游的动机。

在这一研究领域，最著名的成果是由美国加利福尼亚州的 SRI 国际调研公司（SRI International）提出的“价值观与生活方式”（values and lifestyles，VALS）分类框架（Mitchell，1979）。该项研究依据人们所追求的自我形象、愿望、价值标准以及所选用的产品，将美国人口划分为九种类型的生活方式群体，分别是：

（1）勉强生存者。这一群体约占美国人口的 4%，其成员的基本特征是：生活贫困，精神苦恼，常为自己的生计而担惊受怕，总觉得自己被排斥于社会主流之外，因而对自己生活的改善不抱希望。这一群体中的成员皆为老年人（平均年龄 66 岁），其中以老年妇女居多。这些人几乎没有收入，没受过多少教育。

（2）暂时忍受者。这一群体约占美国人口的 7%，其成员的基本特征是：无稳定经济收入，无社会地位，并且没受过多少教育。这一人群多为做临时工的年轻人（平均年龄 28 岁），但他们肯努力工作，对自己的未来发展抱有希望。

（3）社会归属者。这一群体的规模最大，约占美国人口的 1/3，其成员的基本特征是：有群体归属感，信守美国社会的传统，有社会责任感，爱家爱国。这一人群正步入老年（平均年龄 52 岁），收入丰厚，受教育程度较高。

（4）渴求上进者。这一群体约占美国人口的 10%，由那些胸怀大志并发愤工作的青年人所组成（平均年龄 28 岁）。这些人有较高的收入和良好的教育背景。之所以将其称为渴求上进者，是因为他们希望自己日后能成为事业成功者。

（5）事业成功者。这一群体约占美国人口的 22%，其成员通常都是那些领袖式的事业成功者。这一群体自信，思想传统而保守，敬业务实，敢于应对挑战。其成员多为中年人（平均年龄 42 岁），受过良好的高等教育。

（6）我行我素者。这一群体的规模很小，约占美国人口的 5%，其成员多为在校就读的年轻大学生。这一人群的特点是年轻、单身、有反抗精神，并且很可能是那些事业成功者家庭的子女。人们多认为这是一个过渡阶段的群体，因为其中的多数人很快便会走出这一逆反心理很强的人生阶段。

（7）追求阅历者。我行我素者发展的下一个阶段就是追求阅历者。这一群体中的成员都是青年人（平均年龄 28 岁）。他们注重人际关系、社交经历，追求工作之外的业余满足。这些人的事业心虽不如事业成功者，但从事的都是报酬丰厚并且有发展前景的职业。这一群体约占美国人口的 7%。

（8）胸怀社会者。与追求阅历者相比，胸怀社会者这一群体在心理上更为成熟。他们不仅关心自己的家人和亲友，而且关心社会，关心国家及国际事务。这些人多为中年人士（平均年龄 37 岁）。他们经济上收入丰厚，但在对待自己的本职工作方面，不像事业成功者那样专注和投入。这一群体约占美国人口的 8%。双职工家庭在这一群体中所占的比例最大。

（9）心理完善者。这一群体在美国人口中所占的比例非常小（仅为 2%），而且难以单独区分。这些人的生活方式为上述（3）～（8）的混合型。这一人群在心理上最为成熟，胸襟开阔，能够容忍不确定的事务，对未来抱有信心。

此外，与 SRI 国际调研公司提出的价值观与生活方式分类框架类似，也有一些研究人员将北美社会中的生活方式群体划分为八种类型（Farnsworth Riche，1989），分别为：

（1）抱负实现者。这一群体的成员经济富裕，以家庭生活为中心，受过良好的教育。他们对社会很熟悉，善于顺应变化，在消费方面注重物有所值，并且重视道德原则。

（2）抱有信心者。这一群体的成员同样也很重视道德原则，但不像抱负实现者那样富有。他们的购买格局较具刚性，喜欢选择名牌产品。

（3）事业成功者。这一群体的成员以自己的事业为重，但并非不顾及家庭。他们对未来的看法往往比较保守。他们喜欢购买名牌产品，喜欢炫耀自己在社会中的地位，换言之，他们注重追求社会地位。

（4）努力奋斗者。这一群体的特点与事业成功者相似，也重视追求社会地位，但在经济基础或收入水平方面不如事业成功者。因此，他们在行为上往往会效仿事业成功者。

（5）追求阅历者。这一群体的特点是比较年轻，社交积极，喜欢体育锻炼。他们希望自己能影响周围的人群，喜欢追求时尚，做事雷厉风行，并且喜欢尝试新的产品和服务。

（6）生活务实者。这一群体的关注重点是自己的家庭、职业及本地事务。与追求阅历者相比，这些人比较知足，但仍希望自己能影响周围人群。与追求阅历者有所不同的是，这些人不大为时尚所影响，而是注重选择实用的产品和服务。

（7）自我实现者。这一群体的收入非常高，因而能够随心所欲地开展探险活动。他们极其看重能够反映其品格和风度的个人形象，因此乐于接受新的观念和新的产品。

（8）挣扎生活者。这一群体的经济条件很差。由于收入很低，他们只购买自己使用过并且已经证明质量可靠的品牌。这一人群不会成为市场先驱。

需要注意的是，随着时间的推移，一个人的生活方式也会发生变化，因而会在不同的时期从属于不同的生活方式群体。由此可见，在市场营销实践中，营销者在依据生活方式对消费者市场进行细分时必须开展消费者调查，以便对上述价值观与生活方式的信息进行补充。

5. 人生生活周期

人生生活周期（life cycle）在国内有关研究文献中又称家庭生命周期。人生生活周期理论的基本观点是：随着人的成长和家庭的建立，一个人的生活方式也会发生变化。

很多针对旅游消费者开展的调查和分析表明，一个人的旅游需求——尤其是对旅游活动类型的选择——往往与其家庭年龄（domestic age）有密切的关系。家庭年龄是指一个人所处的人生生活周期阶段。随着所处生活周期阶段的演进，一个人的旅游需求以及出游的次数也会发生变化。因此，人们常常使用家庭年龄这一概念去辨析人生生活周期阶段与旅游需求之间的关系。

对于人的一生中会经历哪些生活周期阶段，研究人员因具体的研究目的有不同的划分。为了便于讨论人生生活周期中各个阶段与旅游需求之间的关系，我们将人生所经历的生活周期大体上划分为五个阶段，分别为童年期、少年/青年期、已婚期、空巢期和老年期（见表 4-3）。

表 4-3 人生生活周期模型

生活周期阶段	主要特点	旅游行为
童年期	完全依赖父母或监护人，但可影响家庭旅游决策	喜欢有儿童娱乐设施的旅游目的地
少年/青年期	随同父母生活，但开始追求独立、社交和自我形象；无事务束缚，有自由时间和好奇心；财力有限	出游率高；倾向于廉价旅游，使用自助式旅游设施；喜欢有夜生活的度假地；喜欢冒险和活动体验
已婚期	家庭负担出现；关注点开始转向家庭建设和长远性投资；时间和财力制约增大，旅游需求受到抑制	家庭旅游；无子女时出游率高；有子女后旅游需求受到抑制；多参加短期度假和探亲旅游
空巢期	子女离家独立；自由度和财力增加	旅游需求重新增大；高消费的旅游度假（出国旅游、海上巡游）次数增多
老年期	已经退休；有固定收入和自由时间	继续追求高品质的旅游活动；随着年龄的增长，转向休养式度假；时间不再是外出旅游度假的制约因素

说明：此为一般情况，其中未涉及独身家庭、单亲家庭等特殊家庭。

资料来源：根据 Cooper et al.（1993）改编。

其中各个阶段与旅游需求的关系可简述如下：

（1）童年期。在这一人生阶段，儿童需要依赖长辈的抚养和监护，因而不具备独立外出旅游的能力。在随同家长一起外出旅游或度假的情况下，儿童对出游目的地以及活动内容的选择虽然没有决定权，但对其家长的决策会有很大的影响。儿童在没有家长陪护的情况下外出旅游一般始于 10 岁左右，但通常都是参加学校或社会团体组织的集体出游活动。

（2）少年/青年期。到了青少年阶段，个人开始追求独立，重视社交和自我形象。青少年在没有父母陪同的情况下自行外出旅游一般始于 15 岁左右。他们的旅游需求虽然会受到经济能力的制约，但是他们无拘无束、拥有很多自由时间，加之对外部世界有着强烈的好奇心，出游率往往很高。不过，他们参加的多为廉价旅游。例如，他们很少选择航空旅行，通常倾向于选择价格相对低廉的车船旅行方式，多会选择自助式的住宿设施，而很少选择提供全方位服务的宾馆饭店，等等。在外出旅游决策方面，他们首先考虑并且最为看重的是自己能够“离家外出”，至于前往何处旅游，对他们来说通常并不重要。

（3）已婚期。一个人一旦结婚，便有了需要为之负责的家庭，因而不得不调整生活中的关注重点以及自己的兴趣和行为。一般来讲，一个人结婚之后，生活中的关注重点开始转向小家庭的建设和长远性投资。与婚前“一人吃饱，全家不饿”的情况相比，此时其旅游决策不再随心所欲。尽管如此，当年轻夫妇尚无子女，家庭人均收入很高时，出游率依然会很高，并且会选择远程旅游或出国旅游。

随着家庭责任和生活负担的加重，夫妇二人受时间和财力的制约增大，其旅游需求受到抑制。很多国家的市场调查结果显示，家中有4岁以下婴幼儿的家庭在外出旅游者中所占的比重很小。虽然这并非意味着这类家庭不会外出旅游，但这类家庭的旅游需求通常都会因“婴幼儿拖累”这一客观因素的影响而出现调整。例如，有调查结果显示，他们此时的出游活动多为国内旅游，多使用自助式住宿设施，因探亲而外出所占的比重很大。

（4）空巢期。进入生活周期的空巢阶段后，由于子女都已经长大成人并成家自立，不再有抚养子女的重担，对外出旅游度假的需求增大。就一般情况而言，处于这一生活周期阶段的群体比较富裕，精力旺盛，因此这一人生阶段往往是远程旅游的好时机。例如，在欧美国家，游船旅游的客源市场主要由这一群体构成。

（5）老年期。在旅游研究中，老年期通常始于退休年龄。在很多国家，老年人是旅游市场中一个十分活跃的群体。这些退休者不仅拥有充裕的时间和财力，而且具备足够的体能条件参与旅游活动。由于这一群体的年龄特征和旅游消费潜力，旅游业界常常称其为“银色”市场。

当然，到了退休生活的晚期，随着积蓄减少、体力不支、配偶过世等不利情况陆续出现，老年人的旅游需求会再次受到抑制。这一时期的老年人外出旅游时，大多会选择度假酒店，并且出游频率明显呈下降趋势。

虽然老年期人口在旅游出行方面有诸多不便，但若旅游企业能推出专门服务，老年群体仍不失为一个有价值的潜在市场。实际上，随着我国人口老龄化问题日益凸显，我国正在加大应对老龄化的战略的实施力度。2021年11月18日，《中共中央 国务院关于加强新时代老龄工作的意见》已经将老龄事业的高质量发展再次提上日程，提出把积极老龄观、健康老龄化理念融入经济社会发展全过程，加快建立健全相关政策体系和制度框架，大力弘扬中华民族孝亲敬老传统美德，促进老年人养老服务、健康服务、社会保障、社会参与、权益保障等统筹发展，推动老龄事业高质量发展，走出一条中国特色积极应对人口老龄化道路。旅游企业和旅游目的地可积极探索，识别自身资源和业务中可为老龄群体提供优质旅游服务的有利条件，开发专门的旅游产品。此举既能为旅游企业拓宽营收来源，也能够提升老龄人口的获得感、幸福感，促进老年群体更好地融入社会，从而落实本行业服务国家应对老龄化问题的战略部署。

总之，一个人的旅游需求之所以会因所处生活周期阶段的不同而呈现差异，原因是多方面的。主要的原因有三个：第一，在不同的生活周期阶段，一个人需要优先关注的事务会有差异；第二，在不同的生活周期阶段，一个人的兴趣倾向会发生变化；第三，在不同的生活周期阶段，一个人处事的行为方式也会发生调整。

在生活周期的每一个阶段，这三个方面都会有不同的特点。例如，在少年/青年期，一个人优先关注的是自己的社交和对独立自主的追求。到了已婚期，家庭建设、买保险以及储蓄会成为优先关注和考虑的重点。随着生活周期阶段的推进，这些因素各自的情况以及整合的情况都将发生变化。在某些关键点上，这些因素原有的整合状态可能会完全解体，因而需要彻底重组。例如，一个人一旦有了子女，先前影响其旅游决策的各项因素都有可能发生变化。此时，旅游度假成为家庭活动而有组织、有计划，不再是过去那种随心所欲的个人行为。

应用人生生活周期理论去分析旅游需求是一种很有效的方法。这一方法可用于分析某些人群（例如空巢市场、老龄市场等）的旅游需求的特点，进一步研究如何改进旅游供给，很多旅游企业特别是旅行社应用这一理论来细分市场。要注意的是，目前相关文献中关于人生生活周期与旅游需求关系的研究和讨论，特别是针对不同生命周期阶段一个人的思想及行为变化特点所做的观察和分析，大多以西方发达国家的调研为基础。至于这些研究结论是否完全适用于解释我国居民的旅游需求，有待进一步探讨。此外，在探讨人生生活周期与旅游需求的关系方面，目前所得出的结论一般都是基于对大多数常规家庭（一对夫妇带一两个小孩）的研究，换言之，这些研究结论并不适用于解释单亲家庭和独身家庭等特殊群体的情况（Bojanic，1992；Lawson，1991）。

6. 微社会群体

微社会群体（micro-society）亦称参照群体（reference group）或社交群体。这类群体通常包括一个人在日常生活和工作中经常接触的家人、亲友、邻里、同学、同事等。对个体而言，与这类群体交往的过程实际上是一种学习过程，在考虑采取何种行为时会将这些人的意见和态度作为参考。

消费者在消费产品或品牌时会渴望亲人、朋友或其他与其有着密切关系的他人给予积极的反馈，从而实现对自我形象的巩固和加强（Grubb and Grathwohl，1967），个体的这种对自我形象不断强化的需求也会对个体的行为包括旅游行为产生影响。例如国内学者的研究就已经证实，在旅游消费者的感知中，当旅游目的地可有效协助其进行自我表达、关系巩固以及获取群体归属感时，旅游目的地更容易进入旅游消费者的选择范围（沈雪瑞，2016）。

总之，旅游消费者的购买行为会受到内在因素和外在因素的综合影响。由于这两类因素都属于消费者个人方面的因素，因此可统称为旅游消费者购买行为的推力因素。

四、购买情境因素

除了上述各种推力因素，旅游消费者的购买动机或购买行为在一定程度上还会受到某些拉力因素的影响。这些拉力因素主要包括旅游消费者所处的购买情境（buying situation），以及旅游企业或旅游目的地组织的促销宣传活动。在此主要讨论旅游消费者所处的购买情境。

旅游消费者所处购买情境的不同主要涉及两个方面：一是该项购买的性质；二是该消费者在整个旅游活动过程中所扮演的角色。

就消费者购买旅游产品的性质而言，一般分为三种：

第一，高风险性购买。这是指该项购买所涉及的费用很高，并且风险很大。例如，与购买旅途较近的一日游产品相比，购买远程旅游产品有很大的不同。后者不仅开支很大，而且风险很高，因而购买者需花较多的精力去收集尽可能多的信息，并且需要在可供选择的同类旅游目的地之间进行认真的比较。

第二，低风险性购买。这是指消费者对自己打算购买的旅游产品已有相当程度的了解，甚至有过亲身体验，因而觉得该项购买基本上不存在风险。在这种情况下，购买之前的信息收集工作会简单很多。例如，人们在打算去自己喜欢的某一旅游目的地重游时，往往不会花很多精力做决策。

第三，习惯性购买。这是指对于自己经常购买并且开支不大的某些产品或服务，消费者往往会不假思索地作出购买决策。消费者重复购买自己熟悉的某一短期度假产品或一日游产品时大多如此。换言之，旅游消费者在购买这类旅游产品时不需要花费心思去评价，作出购买决策主要是基于自己对该产品的了解，或者是基于自己过去使用该产品之后的满意度（Howard-Sheth，1969）。

就一个人在同全家人一起外出旅游的整个过程中所扮演的角色而言，一般分为五种：

（1）提议者。提议者提出全家外出旅游的计划，并负责收集有关的信息。换言之，这一角色的扮演者是全家成员中率先意识到有必要去满足某一出游意愿的那个人。

（2）影响者。影响者在选择出游目的地方面提供推荐意见，并帮助收集有关信息。这一角色扮演者的意见对该项购买决策会有一定的影响（Spiro，1983）。

（3）决策者。决策者负责拍板决定该项购买。这一角色的扮演者往往是家庭中的权威人物，并握有家庭的财权。例如，这一角色很可能由家庭中的女主人担当。

（4）购买者。购买者负责出面购买该旅游产品，例如，负责联络旅游企业并进行预订。

（5）使用者。使用者是该项旅游产品的消费者，即参加外出旅游或度假的人（Engel，Blackwell，and Miniard，1990）。

在全家人一起外出旅游或度假的情况下，整个购买决策工作很少由某一个家庭成员孤立地进行，通常都会有其他成员参与。由于这一原因，原本看上去简单的事情变得更加复杂。此外，不论是整个购买过程所经由的各个阶段，还是人们在这一过程中所扮演的各种角色，实际上并非完全割裂开来。也就是说，购买过程中的某些阶段往往会有重叠，人们所扮演的角色也会随着购买阶段的不同而出现变化。譬如，人们通过查看对该项购买的评价，很可能会形成对旅游目的地的态度，或者重新确认对该旅游目的地的态度。此外，对于出游目的地的选择，影响者的态度可能不同于决策者，譬如，某家庭中的儿童（即影响者）可能倾向于选择去某个热闹的海滨度假地，因为该地有他喜欢的娱乐设施，其母亲（即决策者）则可能倾向于选择去附近某个较为安静的度假地。

第 3 节　旅游消费者的购买过程

一般来讲，消费者对旅游产品的购买过程大同小异。整个购买过程大体上可划分为六个阶段（见图 4－3）。

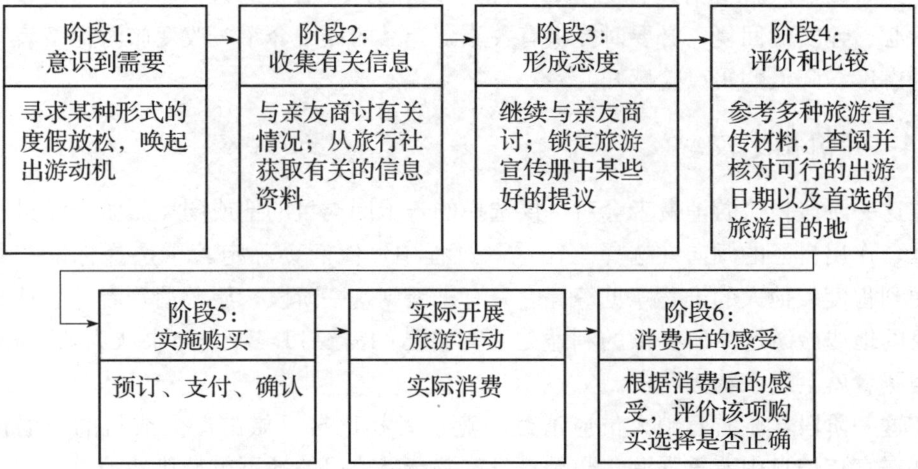

图 4－3　旅游消费者的一般购买过程

阶段 1：意识到需要

消费者在考虑外出旅游之前，首先须唤起自己的潜在动机，即打算外出旅游以缓解身心紧张。但是，即使有了外出旅游的意愿，某些抑制性因素也可能会同时存在，譬如缺少可用于外出旅游的闲暇时间，或者有其他类型的度假方式可供考虑，等等。这些抑制性因素的存在有可能导致出游计划的拖延。因此，在这一阶段人们的出游计划通常比较模糊，对自己感兴趣的旅游目的地或旅游产品的了解有限。

在这一阶段，旅游营销人员应善于借助有利信息激发和强化潜在旅游消费者的旅游需要。例如强调旅游产品在缓解工作压力、调整生活节奏方面的重要作用，使人们充分意识到有必要通过旅游活动调节身心。

阶段 2：收集有关信息

在这一阶段，旅游消费者希望通过对有关信息的收集，评价相关目的地有可能提供的利益。由于可满足自己需要的旅游目的地为数很多，因而信息收集工作有可能会涉及若干同类的旅游目的地。

针对这一阶段，旅游营销人员应努力掌握旅游目标市场获取旅游产品信息的渠道、信息媒介使用习惯等情况，从而做到旅游宣传信息精准投放，以便旅游目标市场迅速获取有关旅游产品的信息，提高旅游产品可见度，提升旅游产品被选中的概率。

阶段 3：形成态度

旅游消费者对于自己拟购买的旅游产品或拟选择的旅游目的地持何种态度，既取决于从阶段 2 中获得的信息，也取决于该项购买属于高风险性的购买还是低风险性的购买。通过咨询他人、核对信息、参考先前的经验，旅游消费者要么强化自己对该项购买的原有态度，要么改变对该项购买的态度。

在此阶段，旅游营销人员要注重与目标市场的持续信息沟通，对旅游消费者的咨询给予耐心、翔实的回复，必要时提供有关旅游产品的详细介绍，改变旅游消费者对旅游产品的态度，降低购买风险感知。

阶段 4：评价和比较

在这一阶段，旅游消费者会对可供选择的若干同类目的地或同类旅游产品进行详细的比较，作出自己的倾向性选择。在这一过程中，他们会确定若干选择标准，譬如价格、便利程度、他人的推荐意见等等。只有进展到这一阶段，旅游消费者才会认真考虑旅游目的地或旅游产品所提供的利益是否与自己的需要相匹配。如果认为两者相匹配，旅游消费者就会进入购买阶段。

在这一阶段，旅游营销人员应清楚与竞争者相比自身旅游产品或目的地的优势所在，并在宣传信息中着重强调，凸显自身旅游产品或目的地不可替代的理由。

阶段 5：实施购买

在这一阶段，旅游消费者会购买所选旅游产品。以购买某包价旅游产品为例，旅游消费者会去旅行社办理预订，支付所需缴纳的款项。此后，旅游消费者会根据旅行社的要求，在发团之前的规定期限内对预订进行确认。

旅游营销人员应根据旅游消费者的支付习惯，建立合适的支付渠道，维护好支付渠道的安全性，必要时针对不同支付方式给予适当的优惠激励，促成最终购买行为的发生。

阶段 6：消费后的感受

一般来讲，如果这次旅游或度假的经历令人满意，旅游消费者很可能愿意再次购买该旅游产品。如果旅游消费者不考虑继续购买该旅游产品，一般可能有两种情况。一种情况是，该次旅游或度假的实际体验与消费者的预期不符。另一种情况是，虽然该次旅游或度假的实际体验与消费者的预期基本相符，但消费者认为其他同类产品更具吸引力。不论是哪一种原因，都会使消费者对日后继续购买该旅游产品产生顾虑。对于旅游消费者的这种感受或顾虑，有些研究称为“认知冲突”（cognitive dissonance）。

由于事关满意度和忠诚度，旅游营销人员不可忽视旅游购买（或消费）后行为，应做好售后服务，对旅游消费者的抱怨给予积极回应，同时要注意收集和分析消费者的意见，以便改进旅游服务质量。

第 4 节　旅游消费者行为模型

一、基本共识

与其他领域的消费者行为研究一样，在旅游研究领域，人们也提出过多种旅游消费者行为模型。这些模型大多是在借鉴早期消费者行为研究成果（例如 Engel et al.，1968；Howard and Sheth，1969；Nicosia，1966）的基础上，结合旅游消费的具体情况改编而成。所有这些模型的提出都是基于这样一种假设：旅游消费者的购买决策过程会经历一系列的阶段，并以理性方式向前推进和发展，直至最终实施购买（或者放弃购买）。换言之，所有这些模型中都有某些共同的认识（Cooper et al.，1993）。这些共识包括：

● 将旅游消费者行为理解为旅游消费者的购买决策过程。

● 所针对的都是个体消费者对旅游产品的购买。

● 旅游消费者的购买决策过程是一种理性的过程，涉及对很多信息的收集和评价。

● 旅游消费者首先了解有关的旅游目的地或旅游产品，继而转向具体的选择标准；涉及消费之后的反馈以及这种反馈与日后重复购买的关系。

在这些模型中，较具代表性的是由麦西森和沃尔（Mathieson and Wall）设计的旅游消费者购买决策过程模型（见图 4-4）。

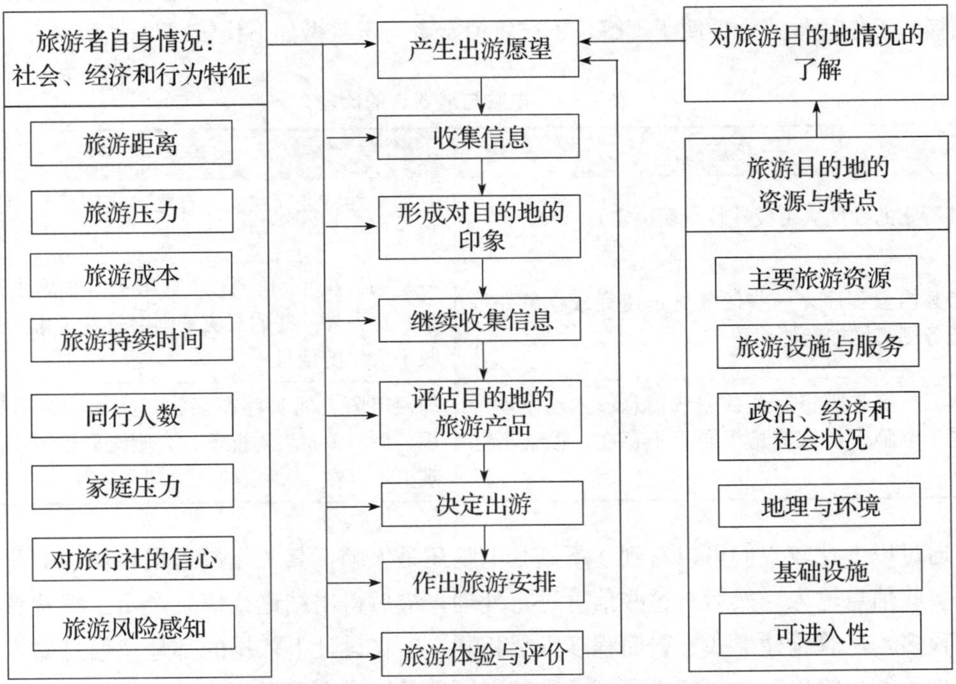

图 4-4　旅游消费者购买决策过程模型

资料来源：Mathieson and Wall（1982）.

二、刺激-反应模型

也有一些批评意见认为，包括麦西森和沃尔所构建的模型在内，很多旅游消费者行为模型都没能反映各种信息过滤器或信息屏障因素在消费者购买决策过程中所起的影响作用（Lumsdon，1997）。与这些模型相比，由密德尔敦（Middleton）设计的关于旅游购买者行为的刺激-反应模型（见图 4－5）不仅较好地解决了这一问题，而且使人们对旅游消费者行为原理的理解更加清晰。

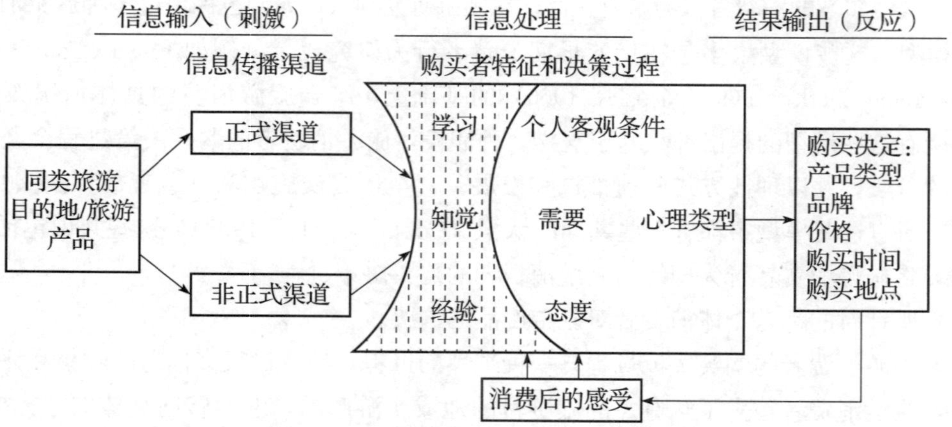

图 4－5　旅游购买者行为的刺激-反应模型

资料来源：Middleton（2001）.

密德尔敦指出，就旅游消费者购买决策的思维过程而言，在某些重要的方面类似于一台电脑的工作过程。为了便于理解，不妨将消费者与电脑做如下比较（见表 4－4）。

表 4－4　电脑与消费者的比较

电脑	消费者
有其特定的性能（由设计特点所决定）	有其个性特点（或先天有之，或因后天经历而形成）
凭借其内置程序，一些任务可迅速完成；另外一些任务则需增加新的编程	一些购买决策可全凭习惯几乎不假思索地完成；对另外一些购买决策则会反复考虑，并需收集大量的信息
操作人员首先需将有关数据或信息输入电脑，否则对于电脑来说该信息等同于不存在，也就不能工作	即便市场上确实存在某一理想的产品可供选用，倘若消费者对此不知，则无异于该产品客观上不存在

通过以上比较我们可以看到，不论是电脑还是人脑，其工作过程很相似，都是首先需要接收信息输入，然后对这些信息进行处理，最后得出结论或信息产出。消费者行为模型很多，尽管构建形式、繁简程度不尽相同，但在设计上依据的都是“信息输入→信息处理→结果输出”这一基本原理。该基本原理是所有消费者行为模型的核心。

从刺激-反应模型中我们可以看到，有关各竞争旅游目的地或旅游产品的信息基本上都经由两条渠道向潜在旅游消费者传播。一条是正式渠道（formal channel），即旅游营销者通过正式开展的营销传播或促销宣传活动，采用广告、销售促进、人员推销、公共关系、印刷品、网站宣传等促销组合手段，面向客源市场传递信息。这一渠道之所以被视为正式渠道，是因为营销者对这一渠道传播的信息能够有效控制。另一条是非正式渠道（informal channel），即消费者人群中对有关旅游目的地或旅游产品情况通过口碑传播。这一渠道之所以被视为非正式渠道，是因为这一渠道中传播的既可能是正面的信息，也可能是负面的信息，营销者无法控制。

但是，所传播的这些信息并非都能够为潜在消费者所关注和吸收。原因在于，面对不断涌来的大量信息，消费者方面的个人经验、学习、知觉等因素会形成一个知觉防卫式的过滤层，对信息进行过滤。这一过滤层的作用在于对信息进行筛选，只关注和保留自己看重、感兴趣的信息。

至于穿透过滤层的信息能否激发旅游消费者的购买动机，通常取决于消费者在多大程度上认为旅游目的地或旅游产品适合并能满足自己的需要。这一需要的形成通常由三个方面的因素决定：

（1）消费者个人的人口统计特征及其经济和社会等方面的客观条件，譬如年龄、收入水平、职业、受教育程度、社会阶层、家庭规模、所处的人生生活周期阶段，等等。对于旅游营销者来说，这方面的因素易于量化测量。

（2）消费者个人的心理类型或人格特点。市场营销研究人员用来衡量消费者心理类型或人格特点的维度通常包括：喜欢冒险/不愿冒险、为人自信/缺乏自信、喜欢交际/倾向封闭、有责任心/只顾自己、刚愎自用/从善如流、性情急躁/性格沉稳，等等。旅游营销者可参考这些维度去设计有关的旅游产品和促销信息。

（3）消费者对待旅游度假以及特定旅游产品的态度。对于旅游营销者来说，虽然态度并无绝对的正误之分，但是态度所涉及的信念和情感势必会影响人们的行动倾向。

需要或购买动机一旦形成，旅游消费者便会去比较所接收的信息，选择旅游目的地或旅游产品，作出购买决策，内容包括所选定的产品类型、产品品牌、价位、实施购买的时间和地点等等。

密德尔敦提出的刺激-反应模型不仅有助于人们理解影响旅游消费者购买行为的基本因素以及这些因素的关联关系，而且有助于指导旅游营销者在研究和把握目标市场特点的基础上，通过对旅游产品及营销传播手段的设计去影响目标市场人群的购买动机。

关键术语

动机（motivation）
态度（attitude）
人格（personality）
家庭年龄（domestic age）
心理类型分析（psychographic analysis）
文化（culture）
学习（learning）
知觉（perception）
生活周期（life cycle）
生活方式（lifestyle）
社会阶层（social class）
参照群体（reference group）

微社会群体（micro-society）　价值观与生活方式（VALS）
需要层次理论（theory of hierarchy of needs）　最佳觉醒理论（optimal arousal theory）

思政阅读材料

1. 马振涛. 绿色消费的旅游实践大有可为. 中国旅游报，2016-04-22(3).
2. 韩秀华，陈雪松. 积极倡导推广绿色消费. 光明日报，2020-10-09(11).

复习与思考

1. 在理解旅游消费者行为方面，旅游营销者需要回答哪些基本问题？
2. 旅游消费者行为研究涉及哪些基本内容？
3. 人们主要通过哪些途径研究旅游消费者行为？
4. 在影响旅游消费者购买动机或购买决策的因素中，哪些因素属于内在驱动因素？哪些因素属于外在影响因素？哪些因素属于购买情境因素？
5. 在基于内在驱动因素划分旅游消费者的类型方面，帕洛格是如何做的？
6. 简述旅游消费者的一般购买过程。
7. 消费者行为模型主要由哪些部分构成？试根据旅游购买者行为的刺激-反应模型加以说明。

/ 第5章 /

旅游市场细分与目标市场策略

学习目标

- 了解市场细分的概念和意义。
- 熟悉旅游市场细分工作中应遵循的原则。
- 掌握旅游业常用的市场细分依据或标准。
- 学会选择目标市场的基本方法。
- 掌握三种基本的目标市场策略。
- 了解选择目标市场策略所需考虑的因素。

思政要点

- 本土旅游企业市场细分案例。
- 以辩证思维指导目标市场选择工作。

第 1 节　旅游市场细分

一、市场细分

市场细分（segmentation）是指营销者根据不同消费者在人员特征、需要、利益追求、购买习惯等方面的差异，将整体消费者市场划分为若干不同消费者群体的工作过程。所划分出来的每一个消费者人群就是一个市场部分，称为细分市场（segment）。在国内的很多研究文献中，人们常将市场细分和细分市场这两种表述互换使用，但是严格地讲，市场细分与细分市场是两个并非完全同义的概念。事实上，市场细分是动词性的表述，指的是对整体消费者市场进行细分的过程；细分市场则是名词，表述的是这一工作过程的产物或结果。

因此，就旅游市场营销而言，旅游市场细分就是旅游营销者根据不同旅游消费者在人员特征、需要、利益追求、购买习惯等方面的差异，将整体旅游市场分解为若干细分市场的过程。旅游市场细分工作是一个以市场调研为基础的分析和判断过程，是旅游营销者深入分析不同消费者人群的特点，以判定并满足其追求或需要的战略性营销工作。

二、市场细分的必要性

长期以来，市场细分是世界各地的旅游经营者一直都非常重视的一项战略性营销工作。这一工作之所以为旅游营销者普遍重视，原因主要有两个：(1) 对于大多数旅游经营者来说，由于自身条件或供给能力的限制，通常不大可能做到有求必应，适应和满足所有旅游消费者的需要。(2) 对于有些旅游目的地或旅游企业来说，尽管它们在客观上可能具备足够的实力，有能力去满足不同类型旅游消费者的需要，但出于优化经营的考虑，主观上也无意为所有的旅游消费者人群提供服务。因此，大多数旅游目的地和旅游企业通常都需要对整体的旅游需求市场进行细分，以使自己尽可能有效地开展经营。

有的旅游企业可能认为，所有类型的旅游消费者对自己的产品或服务都有共同的需要，因此在营销工作中并不对消费者市场进行细分，而是采用无差异的目标市场策略。这种情况在现实中也是存在的。但是旅游业发展的实践表明，成功的旅游企业无一不是将市场细分作为其营销工作的基础。

三、市场细分的意义

在旅游业的经营中，市场细分工作具有多方面的积极意义。

- 市场细分是选择目标市场的基础。市场细分有助于旅游营销者在对不同细分市场的需求潜力和营销机会进行评价的基础上，选择适合自己的目标市场组合。
- 市场细分有助于旅游营销者有效地确定旅游企业或目的地的产品定位。

● 市场细分有利于旅游营销者有针对性地开发产品和服务项目，实现产品适销对路，满足顾客需要。

● 市场细分有利于旅游营销者有针对性地策划和开展促销活动，使有限的营销预算最大限度地发挥效用。

以经济型住宿设施的发展为例。通过市场细分，一些开发者认识到，在旅游消费者中有相当多的人在选择住宿设施时对全方位的侍应服务不感兴趣，而是希望在服务项目有限、交通便利的旅馆中获得价廉、整洁、舒适的住宿服务。为此，这些住宿设施开发者决定将自己的产品定位于一种简单实用、价格低廉的标准化住宿服务。于是经济型旅馆应运而生，并很快发展成住宿业中一个全新的组成部分。由于将追求低价的旅游消费者作为目标市场，因此经济型旅馆能够集中精力针对这类消费者的需要去设计产品，针对他们的特点有效地开展促销活动，从而在经营上取得成功。

第 2 节　旅游市场细分的原则和依据标准

一、旅游市场细分的原则

为了避免流于形式，使市场细分工作能够真正有效地开展，旅游营销者在对消费者市场进行细分时有必要遵循一定的原则。对于这些原则，有关研究文献所做的归纳并不完全相同。其中较具共性的认识是，所划分出来的旅游细分市场必须具有以下特点：

● 可识别性。可识别性是指所划分出来的消费者人群必须具有某些清晰可辨的共同特点，更为重要的是，该人群中所有成员对某一旅游产品或服务有相同的利益追求。假定某一人群中的所有成员都对某一旅游产品感兴趣，然而他们的兴趣是出自不同的需要或不同的利益追求，则不宜将其划作同一个细分市场。

● 可测性。对于所划分出来的任何一个细分市场，旅游营销者都应能够测量和评估其人群规模和购买潜力。否则，细分市场的划分将毫无意义，因为营销者只能猜测人群规模和消费潜力，而无法知道进行何种程度的营销投入才算合理，甚至无法知道是否值得投入。

● 规模性。这通常是指所划分出来的细分市场必须有足够大的规模。然而多大的规模才算足够大？衡量规模是否足够大的标准是企业是否值得投入资源针对这一人群开展营销。换言之，该细分市场必须能够为企业带来足够大或令人满意的投资回报，即所能实现的收益必须超过所投入的费用。观察旅游业的营销实践不难发现，有些消费者人群规模似乎不大，却能够给经营者带来令人满意的经济回报，因而也被划分出来，成为特定的细分市场。

● 可影响性。可影响性在我国市场营销研究文献中也称可及性、可达性或可接触性。市场细分工作的实质在于能够选定和影响某些特定的消费者人群。对于所识别出来的消费者人群，旅游营销者必须能够通过营销传播和销售活动有效地施加影响，否则，面向该细分市场的营销策划工作将变得毫无把握。以国际旅游市场开发为例，虽然某一国家或地区是理想的客源市场，但是如果旅游目的地营销者无力以自己所期望的程度准确地对该国或该地区的旅游消费者施加影响，或者由于某些缘故而无法对其施加影响，那么不宜将该国或该地区划作具有现实意义的细分市场。

● 持久性。有些消费者人群属于短期或中期市场，也就是说，这些细分市场的存在期不足五年；有些消费者人群则属于短暂流行的时尚市场，如追星族、溜冰迷；还有一些消费者人群的形成是某些不可复发性事件带来的结果，属于昙花一现的市场。尽管少数企业利用这类时尚市场获利不菲，但大部分企业都难如愿。因此，谨慎的营销者应确保自己划分出来的每一个细分市场都具备长期的潜力。

● 内聚性。这是指所划分出来的细分市场在人群特征上必须能够清楚地识别，出于测量的目的，还必须相对独立于其他的细分市场或消费者人群。换言之，所划分出来的细分市场必须是一个离散的群体，旅游营销者能够针对这一特定群体的需要或利益追求进行产品定位。以空巢者为例，这一群体之所以能够作为一个细分市场，是因为其人群特征能够清楚地识别，而且能够构成一个离散的群体。旅游营销者能够将这一人群从中老年群体中分离出来进行测量，并基于这一人群的需要或利益追求去定位有关的产品。

● 可行性。由于受某些实际情况的制约，特别是自身资源或营销能力的限制，旅游经营者可能无力面向某些消费者人群开展经营。这意味着所划分出来的细分市场必须具有可行性或现实性，否则，市场细分工作将会流于形式，变得毫无意义。

二、旅游市场细分工作中的常用依据

旅游营销者在开展市场细分工作时，要对很多变量——特别是可用来评估有关人群消费水平的变量——进行分析。为了尽可能准确地界定细分市场的人员特征，旅游营销者越来越多地采用比较复杂的多变量细分法对旅游市场进行细分。旅游营销者可用于对整体旅游消费者市场进行细分的依据或标准很多。一般会根据地理因素、人口统计因素、购买行为、特定的利益追求、心理类型或人格特点进行市场细分。

（1）按地理因素进行市场细分。在旅游业的市场细分工作中，根据地理边界对客源市场进行划分是最常见的一种方法。

这一方法所依据的理论假设是，“居住在同一地域的人往往会有相似的需要和要求，而且与其他地域居民的需要和要求会有很大的差别”①。采用这种方法时，较为常用的细分标准包括：国家、省（州）、城市、跨行政区划的市场地域等。例如，开展入境旅游业务时，通常都是按国家或地区划分我国的入境旅游客源市场。在开展国内旅游业务时，旅游营销者往往会将国内旅游客源市场划分为需求潜力不同的若干区域市场。

根据顾客的旅行距离对客源市场进行划分是另一种较为常见的方法。这一细分标准可与上述地域标准相结合，用于划分一日游客源市场。

（2）按人口统计因素进行市场细分。在这类市场细分中，较为常用的细分标准包括潜在旅游消费者的年龄、性别、职业、收入、家庭规模、家庭生活周期等。

---

① 马尔科姆·沃纳．工商管理大百科全书．沈阳：辽宁教育出版社，1999：44.

这一市场细分方法的优点主要包括：

● 人口统计资料比较容易获得。

● 与其他细分标准相比，人口统计因素变量更容易测量或量化。

● 分析人口统计因素变量有助于揭示旅游客源地的人口变化趋势，获知该客源地旅游需求的发展动向。

表 5－1 中所列是国际上一些旅游企业按人口统计因素对客源市场进行细分的典型案例。

表 5－1　按人口统计因素细分市场的典型案例

市场类别	主要特点	营销者实例
儿童市场（4～11 岁）	儿童的意愿会影响家长的旅游决策	迪士尼乐园
青少年市场（11～18 岁）	喜欢探险旅游，但需家长准许并予以指导	青年旅舍协会
年轻夫妇/团体（18～30 岁）	喜好欢乐、探险，活动的开展灵活随意，喜欢快节奏旅游	18～30 俱乐部
家庭市场（25～50 岁，带小孩）	以儿童为中心，活动与放松相结合	迪士尼乐园
空巢市场（45～60 岁）	没有孩子拖累，自由消遣行为活跃，喜欢探访新的旅游目的地	邮轮公司
老年市场（55 岁以上）	老龄的夫妇或单身人士，追求疗养度假和文化旅游，但不喜欢快节奏活动	美国老年旅舍

资料来源：Lumsdon（1997）.

（3）按购买行为进行市场细分。这种市场细分方法指的是根据不同消费者人群在购买行为方面的表现对旅游消费者市场进行细分。采用这种方法对市场进行细分时，较为常用的细分标准主要包括购买率、顾客地位以及品牌忠诚度等。

购买率指的是消费者人群购买目的地/企业旅游产品的频繁程度。依据这一标准，旅游营销者可将消费者市场划分为经常性购买者市场、中等程度购买者市场和偶尔性购买者市场。虽然这并不意味着旅游营销者可以忽略甚至放弃偶尔性购买者市场，但一个毋庸置疑的事实是，将经常性购买者作为目标市场是最符合逻辑的选择。这主要是因为，大量的调查与分析显示，对于很多旅游企业来说，80％的营业收入来自仅占其客源市场 20％的经常性购买者。正因为如此，很多旅游企业都倾向于将经常性购买者作为其重点目标市场，而不是耗费大量资金去吸引那些偶尔性购买者。

在这类市场细分中，与上述情况相关联的另一个可采用的标准是顾客地位。顾客地位指的是消费者人群属于初次购买者还是经常性购买者。依据这一标准，旅游营销者可将客源市场划分为初次购买者市场和经常性购买者市场。例如，对于大多数主要经营观光旅游产品的旅游目的地和组团旅行社来说，初次购买者往往是其主要的目标市场。这主要是因为，旅游消费者很少会重复购买同一观光旅游产品。对于大多数地处城市中心区域的饭店来说，以商务旅行者为代表的经常性购买者通常是其重点目标市场。

在将品牌忠诚度作为细分客源市场的标准时，旅游营销者通常先识别对其品牌忠诚的顾客具有哪些特征，然后在确认这些特征的基础上面向更多具有相似特征的潜在旅游消费者开展直接营销。

（4）按特定的利益追求进行市场细分。对于外出旅游或度假，旅游消费者往往有不同的利益追求。有些人希望借此开阔眼界和增长见识，有些人旨在彰显自己的社会地位，有些人则钟情于享受旅游的悠闲与放松，等等。由于追求的利益不尽相同，因此他们对旅游供给中各构成方面的注重程度或追求程度也会存在差异。旅游营销者可在开展市场调研和利益分析的基础上，识别和确定不同利益追求者的人员特征，据此对旅游消费者市场进行细分。

关于消费者外出旅游或度假时所重点追求的利益，旅游营销者需通过市场调研加以识别和分析。表 5－2 是这类调研分析结果的一个例子。

表 5－2　旅游消费者的利益追求

休息放松	增长知识
保健强身	追寻阳光
纵情欢乐	旅伴情谊
挑战探险（包括文化探险和自然探险）	探索发现

资料来源：Lumsdon（1997）.

（5）按心理类型或人格特点进行市场细分。在这种类型的市场细分研究中，最初的研究重点在于寻找消费者的人格特点与产品选择之间的关系，但是在二者之间建立联系很困难，所以这类研究转向通过心理类型调查或生活方式分析去寻找消费者市场细分的主要心理依据。

在开展这类心理类型研究时，调研人员通过提出一组有关信念的陈述，要求参与调查的消费者结合自己的行为、兴趣偏好或个人观点等，对这些陈述表示赞同与否，从而据以分析其心理类型。这种心理类型分析通常都是结合特定产品进行的，以确定该特定产品的使用者或潜在使用者的心理类型或人格特点。在此基础上，营销者结合这些产品使用者或潜在使用者在人口统计方面的特征，划分出不同的心理类型市场。

一般来讲，这种类型的市场细分方法所涉及的细分标准包括：生活方式、人格类型、态度、兴趣、观念、动机等等。价值观与生活方式（VALS）研究便是尝试运用这种市场细分法的一个典型案例。

三、选择市场细分依据时的注意事项

在开展市场细分工作时，旅游营销者需要注意以下三个方面的问题：

第一，在市场细分工作中可用于客源市场细分的依据很多。这些依据只有得当与否，并无优劣之分。旅游企业要根据本企业的具体情况选择市场细分依据，而不宜机械地照搬他人的经验。

第二，但凡有效的市场细分工作，很少单独使用某一市场细分依据，往往将多项依据结合起来使用。以旅游景区景点为例。营销者往往先以空间距离为依据将国内旅游客源市场划分为若干地域市场，然后以人口统计因素或其他适用的变量为依据对各地域市场内的潜在旅游消费者进行细分，最后从中选择自己的目标市场组合。再以住宿企业为例。传统上，住宿企业一般先按客人的出行目的或来访目的对客源市场进行划分，然后以地理因素为依据更精准地锁定自己的目标市场。当然，在实际工作中，某些住宿企业在对客源市场进行细分时会涉及更多的细分依据。有必要说明的是，虽然我们强调多项细分依据的综合使用，但并不意味着不可使用单一依据。中小型旅行社常会采用单项依据（如顾客的出行目的或者人口统计因素）对市场进行细分。

第三，随着时间的推移和社会环境的变化，适用于市场细分的依据有可能会发展和变化。此外，即便是同一标准，在不同的时空条件下对旅游消费者购买行为的影响程度也会不尽相同。因此，对于所选用的市场细分依据，旅游营销者有必要根据时空变化的具体情况适时作出修订。

// 案　例 //

稻草人旅行社是为青年提供旅行活动的专业旅行公司，致力于带来非凡的小团队旅行体验。稻草人旅行社既不是传统的旅行社，也不是户外俱乐部。不同于传统的跟团游和自助游，稻草人旅行社为年轻旅游者提供的是全新的、无购物安排和安全隐患的纯粹旅行，是融入目的地当地生活的原汁原味的真实旅行，是充满了积极活力、青春欢笑的快乐旅行。

稻草人深入挖掘那些值得探索的风景和文化，引领旅游者融入当地的生活，体验每一个目的地的原汁原味。不走马观花，更不探险，而是力求还原旅行的本真。稻草人旅行社打过一个比方，比如前往一座雪山，不会带旅游者去爬山，更不会带旅游者拍张到此一游照就走人，而是走近雪山脚下的美丽村庄，去感受当地人的生活。稻草人旅行社会让专业领队带领年龄相当且有共同语言的旅游者，去品尝当地的美食，避开商业设施，选择当地特色民宿。稻草人旅行社还会给予旅游活动最大的灵活性，让旅游者有足够的自由享受旅行。

稻草人旅行社提供的旅行，致力于使旅游者就像是和几个志同道合的朋友结伴，对周边世界进行一次独立和愉悦的探索，进而使旅游者重新认识自己。

从稻草人旅行社的经营特点不难看出，其选择的市场细分标准是多元化的，用年龄、个性特征、旅游兴趣等多种标准，对其目标市场进行了较为清晰的界定，使得其经营理念、旅游组织方式等独具特色，据此形成了与其他旅行社差异化的商业模式。

资料来源：https://54traveler.com/.

第 3 节　目标市场的选择

一、与市场细分的关系

在市场营销研究文献中，常常将目标市场的选择与市场细分混用。尽管市场细分与目标市场的选择关系密切，甚至可以认为二者实属一项战略性营销工作的两个方面，但是严谨地分析，二者实际上有区别。

简单地讲，旅游市场细分是营销者遵循一定的原则，依据某些标准将整体旅游消费者市场划分为不同人群的过程。目标市场的选择则是旅游营销者在对市场进行细分的基础上，将其中适合旅游目的地或企业的消费者人群选定为营销对象的决策。也就是说，作为市场细分的结果，所识别和划分的各个细分市场不一定能成为目的地或企业的目标市场。只有对各个细分市场进行分析，从中选择适合目的地或企业的消费者人群，才能真正成为目标市场。

从这个意义上讲，市场细分是手段或过程，而目标市场的选择是这一过程的目的或结果。所以，虽然对市场进行细分的最终目的是服务于目标市场的选择，但市场细分工作的直接目的是将整体市场划分为不同的消费者人群，其直接结果是形成可能的细分市场。选择目标市场的直接目的是，营销者通过分析各个细分市场的需求特点和销售潜力，从中选择适合目的地或企业的消费者人群，并将其作为自己的目标市场。这一工作的直接结果是目标市场的确定。当然，就终极目的而言，不论是对市场的细分还是对目标市场的选定，都要有针对性地组织和提供适销对路的产品或服务，以满足目标消费者人群的需要，从而以最有效的方式实现旅游目的地或企业的营销目标。

二、选择目标市场的基本方法

目标市场的选择以市场细分工作的有效开展为基础。旅游营销者在选择目标市场的过程中应做好以下几项工作（见图5-1）。

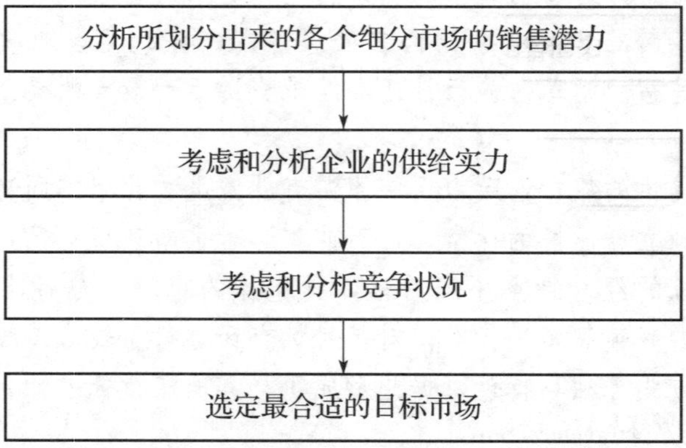

图5-1 选择目标市场的基本过程

1. 分析所划分出来的各个细分市场的销售潜力

在市场细分的基础上，旅游营销者需要针对所划分出来的各个细分市场分别分析和评价其销售潜力，并根据各个细分市场销售潜力的大小对细分市场进行排序。逻辑上讲，假定不考虑其他因素，一个细分市场的销售潜力越大，就越值得将其选为目标市场。然而，能否将其选定为目标市场还取决于是否存在其他制约因素。

2. 考虑和分析企业的供给实力

某一细分市场的销售潜力巨大，并不一定意味着该细分市场就是企业应当选择的目标市场。旅游营销者还需考虑企业是否有实力开发和提供该细分市场所需要的产品或服务，以及是否有足够的营销能力对该细分市场施加影响。如果这些问题的答案是否定的，那么不论该细分市场的销售潜力多么诱人，营销者都应放弃将其选为企业的目标市场。即使这些问题的答案是肯定的，也不一定意味着能够将该细分市场选为企业的目标市场，因为营销者还需要考虑和分析竞争状况。

3. 考虑和分析竞争状况

在某一细分市场的销售潜力可观，并且该细分市场没有被竞争对手垄断、仍有很大竞争空间的情况下，企业应将该细分市场选作自己的目标市场。如果该细分市场在很大程度上已经为竞争对手所垄断，旅游营销者就需要考虑，与竞争对手相比，面向该细分市场经营是否更有利于发挥本企业的优势。如果自己比竞争者更具优势，从而有足够的实力与之竞争，那么企业可将该细分市场选作自己的目标市场。反之，即使该细分市场的销售潜力很诱人，也不宜将其选为目标市场。

总之，旅游营销者应综合上述因素进行全面分析和权衡，选择最适合自己经营的细分市场作为目标市场。所谓最适合自己经营，意味着企业不仅能够比竞争者更有效地服务于该细分市场，而且能够从中获得令人满意的盈利。

三、目标市场策略

在旅游业市场营销中，可供选择的目标市场策略一般分为三种，分别是无差异目标市场策略、差异性目标市场策略和集中性目标市场策略（见图 5-2）。

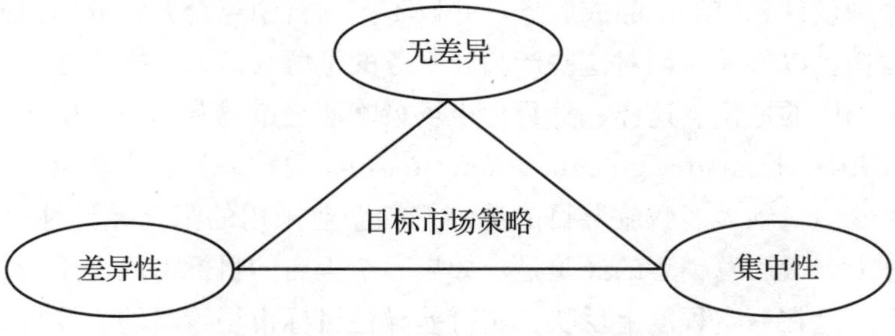

图 5-2 可供选择的目标市场策略

（1）无差异目标市场策略。

1）基本概念。如果一个旅游目的地或旅游企业通过营销调研与分析，认为所有旅游消费者对自己的产品或服务有共同的需要而不存在差异，则往往会决定以同样的价格、同样的促销方式和同样的销售渠道，面向所有的旅游消费者开展经营。这种将所有的旅游消费者都作为自己的同一目标市场，凭借同一套营销组合去吸引和招徕旅游消费者的经营策略，通常称为无差异目标市场策略（undifferentiated segmentation strategy），简称无差异市场策略。

国内外大多数作为旅游目的地的大城市都采用无差异目标市场策略。旅游服务企业中，一些交通客运企业面向所有乘客提供同样的交通代步服务。一些航空公司实行的也是这种无差异目标市场策略，它们以同样的票价面向所有的消费者提供全经济舱旅行服务。

2）优点。对于生产者或供应商来说，选择无差异目标市场策略客观上有一定的优点，主要包括：

● 产品线单一，便于组织大批量生产，有助于降低单位产品的成本，增大产品在市场上的竞争力。

● 将所有消费者都作为自己的目标市场，无须对整体市场进行细分，可以节省相关的调研开支。此外，面向所有消费者人群实施同一套促销方案，促销费用相对较少。

● 采用无差异目标市场策略时比较容易树立产品的市场形象。

3）缺点。对于生产者或供应商来说，选择无差异目标市场策略客观上也会有一定的问题或不足之处，主要包括：

● 该产品或服务实际上不大可能真正适应所有消费者人群的需要。

● 实行无差异目标市场策略时，为了在市场竞争中获胜，生产者或供应商必然要尽力占有最大的市场份额。如果所有的同业竞争者都采用这种目标市场策略，则会导致激烈的竞争和价格战，甚至会带来都受损的结果。

● 就整个市场供给而言，这种无差异目标市场策略的实施势必会忽略规模较小的细分市场，从而丧失可能的市场机会。

（2）差异性目标市场策略。

1）基本概念。在对整体消费者市场进行细分的基础上，将所有细分市场都作为自己的目标市场，或者选择其中多个细分市场作为目标市场，然后针对每一个目标市场的需要和特点分别设计相应的产品或服务，并以不同的营销组合方式分别面向各个目标市场人群开展营销，以加深他们对这些产品或服务的了解与认识，提高旅游企业或目的地在这些目标市场中的地位。这样一种目标市场策略便是市场营销研究中所称的差异性目标市场策略（differentiated segmentation strategy），简称差异性市场策略。

在发达国家中，绝大多数旅游目的地和旅游企业采用的都是差异性目标市场策略。例如，在国际上，饭店营销者的经验是，如果一个饭店的目标市场少于四个，通常难以实现成功经营。这在一定程度上反映了实行差异性目标市场策略的必要性。不过，旅游目的地或企业在选用差异性目标市场策略时需要注意两个基本前提：第一，营销者必须确认旅游消费者的需求存在差异，并且这些差异性需求确实值得旅游目的地或企业予以满足，换言之，确实能带来令人满意的经济回报；第二，在分别满足不同人群的差异性需求方面，旅游目的地或企业必须具备足够的供给实力和营销能力。

2）优点。一般来讲，在所有可供选择的目标市场策略中，差异性目标市场策略是相对理想的目标市场策略。这主要是因为这种目标市场策略有很多优点，主要包括：

● 针对不同的目标市场人群分别设计和组织产品，有助于适应和满足不同消费者人群的需要。

● 有针对性地提供服务，有助于促成目标消费者对企业或目的地旅游产品的重复购买，有助于培育顾客忠诚。

● 这种目标市场策略的实施以市场调研为基础，对目标消费者的需求及其行为格局的变化反应灵敏，有助于增强经营者对市场的适应能力和应变能力，经营中的风险也会因此减小。

● 各目标市场的行为格局（尤其是光顾的时间）不尽相同，有助于旅游接待设施的充分利用，减少旅游季节性的不利影响。

3）缺点。差异性目标市场策略广受推崇，但也有缺点，主要反映在：由于旅游经营者需要针对不同的目标市场人群分别开展调研，需要针对不同目标市场人群的需要和利益追求分别开发相应的产品，需要根据不同目标市场人群的需求变化去增添或改进相应的设施设备，并且需要针对不同的目标消费者人群分别采用不同的营销组合，因而会增大旅游经营者的生产成本和促销费用。这也是很多规模较小、实力较弱的旅游企业无力采用这种目标市场策略的根本原因。

//案　例//

VIVA旅行家是一个定制游旅行服务商，在坚持“小众旅行组织”的总体运作模式的基础上，开发了多种系列主题旅游产品。其旅行产品从最初的上海周边短途旅行，到西部地区、东北地区、西南地区等最具体验价值的长途旅行，还创造性地开发出上海市内的人文体验路线，具有户外体验性质的徒步登山路线，将旅行与单车融合，开发多条满足年轻人需求的骑行路线。

VIVA旅行家根据年轻人的消费习惯和旅行倾向，专门开发了适合年轻人的旅行产品，并且只有35岁及以下的年轻人可以参与，在旅行体验上更加注重青春化的旅行方式，在旅行氛围上注重年轻人的社交属性。VIVA旅行家还将亲子旅行和普通旅行区分开来，将“亲子旅行”视为一个细分市场，开发了亲子限定产品，根据亲子的需求规划路线，缩短车程，增加互动体验，满足孩子游玩的需要，释放父母的精力，让孩子和父母一起享受旅行。此外，“人文旅行”“徒步旅行”“公益旅行”“探索旅行”“美食旅行”“轻长途旅行”等都是VIVA旅行家依据不同人群的个性需求所开发的主题旅游产品。

可见，VIVA旅行家实施的便是一种差异性目标市场策略，其意图在于满足多个细分市场的旅游需求，从而构建其综合性的旅游产品体系。

资料来源：http://www.vivatraveler.com/#/home.

（3）集中性目标市场策略。

1）基本概念。在我国的市场营销研究文献中，集中性目标市场策略有时也称为密集性目标市场策略。在经营实践中，有些旅游企业（特别是一些规模较小的旅游企业）实力较弱、营销能力有限，往往会在整体旅游消费者市场中选择一两个具有经营价值且不被同业竞争者所看重的空隙市场（niche market）（也称利基市场）作为目标市场，将自己的全部资源和能力集中用于这一两个空隙市场开展专门化经营。这种目标市场策略称为集中性目标市场策略（concentrated segmentation strategy），简称集中性市场策略。

选择这种目标市场策略的根本原因在于，对于一些规模较小、实力较弱的旅游服务企业来说，如果与实力雄厚的同业竞争者一起去竞争市场规模较大的消费者人群，即使拼尽全力也只能得到很小的市场份额。与其如此，不如选择实力雄厚的同业竞争者不屑一顾的空隙市场作为自己的目标市场，从而争取在这类规模较小的细分市场中占据较大的市场份额。

旅游业中的这类案例有很多。美国 Motel 6 公司在创办初期所做的战略选择堪称典范。当时美国汽车旅馆行业竞争激烈，该公司根据对汽车旅馆住宿市场所做的调研和分析，结合对自身竞争实力的考虑，决定将那些追求低价的自驾车外出工作的推销员和自驾车外出旅游度假的家庭作为目标市场，推出“每夜房价 6 美元”的低价位营销战略，最终取得成功。

由于中小型旅游企业在旅游业中一直占据多数，因此集中性目标市场策略至今仍为世界各地的旅游企业广泛采用。很多经营包价旅游业务的中小型旅行社往往将某一个或少数几个特定的特殊兴趣人群（例如观鸟爱好者、皮划艇爱好者、绘画爱好者等）作为自己的目标市场，实行有特色的专门化经营。

2）优点。

- 目标市场集中，人群规模较小，营销者比较容易了解目标顾客的需要及其变化。
- 产品相对单一，易于发挥经营者的生产潜力。
- 易于树立企业以及企业产品的市场形象。

3）缺点。集中性目标市场策略的缺点比较明显：目标市场狭窄，一旦该市场人群的需求或兴趣发生变化，或者一旦出现强大的竞争者，企业可能会迅速陷入困境。

四、目标市场策略的选择

本节中关于如何选择目标市场策略的讨论主要是针对旅游企业而言。这主要是因为，相对于旅游企业而言，大多数旅游目的地营销组织对该地的旅游产品及其价格和销售渠道实际上缺乏真正的控制。旅游目的地营销工作的重点大都集中于该地作为旅游目的地的品牌定位，以及与品牌定位有关的营销传播或促销宣传等方面。虽然旅游目的地营销的内容也涉及重点客源地的选择，但在多数情况下，旅游目的地营销组织不一定有能力采取相应的营销组合。旅游目的地的游客来源通常很广，大多数旅游目的地执行的是无差异目标市场策略。

众所周知，市场细分和目标市场的选择是旅游企业的基本营销战略。面对前述三种各有利弊的目标市场策略，旅游企业该如何选择？显然，这并不是一个能够简单作答的问题。对于旅游营销者来说，在为企业选择目标市场策略时有很多因素需要考虑、分析和权衡，其中的主要因素如图 5-3 所示。

1. 企业的供给实力和营销能力

一般来讲，如果企业的供给实力雄厚，营销能力很强，那么在面向旅游消费者市场开展经营时应考虑采用差异性目标市场策略。反之，如果企业的规模较小，供给实力有

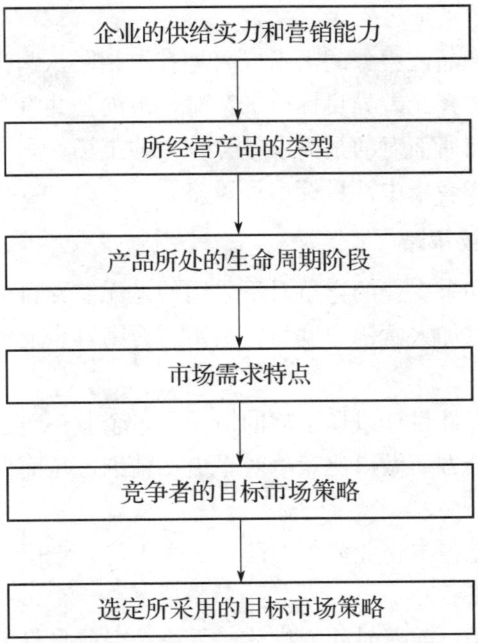

图 5－3　选择目标市场策略所需考虑的主要因素

限，无力与重量级的竞争者在同一客源市场上抗衡，那么最稳妥的选择是既有市场价值又不为竞争者看重的空隙市场，并采用集中性目标市场策略。

2. 所经营产品的类型

根据旅游消费者对有关产品/服务的需求的差异性程度，可将旅游企业提供的产品或服务划分为两种类型：一类是需求差异性大的产品；另一类是需求差异性小的产品。对于一些类型的旅游产品或服务，例如市内公共汽车的交通代步服务以及大多数旅游景区景点的游览项目等，旅游消费者需求的差异性很小。对于另一些类型的旅游产品和服务，例如特殊兴趣旅游、住宿服务、餐饮服务等，旅游消费者需求的差异性往往很大。

所以，旅游营销者在选择目标市场策略时应考虑所经营的产品属于需求差异性大的产品还是需求差异性小的产品。一般来讲，对于市场需求差异性很小的旅游产品和服务，经营者宜选择无差异目标市场策略。对于市场需求差异性较大的旅游产品和服务，则适合选择差异性目标市场策略或集中性目标市场策略。

3. 产品所处的生命周期阶段

在这方面比较典型的情况是，产品或服务在市场上处于初创期或成长期，竞争者较少，经营者一般有两种选择：一种是在自身实力允许的情况下，采用无差异目标市场策略对市场进行渗透，以迅速提高产品的市场占有率；另一种是在自身供给实力不足的情况下，集中全力去吸引特定的细分市场，即采用集中性目标市场策略。

当产品或服务在市场上处于成熟期时，竞争者众多，市场竞争激烈，企业必须以比竞争者更具针对性的营销举措去应对市场需求，方可保持住自己的市场份额。这种情况下，企业适合选择差异性目标市场策略。

4. 市场需求特点

如果旅游消费者对产品或服务的需求或兴趣基本相同，购买者很多，而且购买动机差异不大，则比较适合选择无差异目标市场策略。市内公共汽车客运服务就是典型的例子。反之，如果企业产品所面对的是需求差异较大的市场，则应根据企业的实力考虑选择差异性目标市场策略或者集中性目标市场策略。

5. 竞争者的目标市场策略

就一般情况而言，如果企业的竞争对手采用的是无差异目标市场策略，那么企业应采取同样的策略，并通过加大营销力度与之抗衡。否则，企业将丧失市场份额，使自己处于不利的地位。

在竞争对手采用差异性目标市场策略的情况下，企业一般也应以同样的策略加以应对，并且力争在市场细分方面做得比竞争对手更加精细，从而以更有效的差异性目标市场策略与之竞争。

当然，如果营销者觉得本企业势单力薄，实力不济，难以同竞争者抗衡，则应考虑选择集中性目标市场策略。

最后有必要说明的是，随着时间的推移，无论是企业自身的实力条件、旅游市场的供求格局还是经营所处的外部环境，都有可能发生变化。这意味着一个企业不宜固守原有的目标市场策略，而应根据自身实力条件的变化，在对旅游市场供求格局进行分析和评价的基础上对企业的目标市场策略作出必要的调整。仍以美国 Motel 6 公司为例。该公司在创业初期为了在竞争激烈的汽车旅馆市场中立足，决定将追求低价的自驾车外出工作的推销员和自驾车外出旅游度假的家庭选作自己的目标市场。这一集中性目标市场策略的成功实施使公司不断发展壮大。随着经营实力的增强，该公司的目标市场范围也得到拓展。该公司的营销对象不再只是追求廉价的汽车旅馆市场，所采用的目标市场策略也已转为差异性目标市场策略，全面介入提供全方位服务的住宿业开展经营。虽然该公司仍使用“Motel 6”这一名称，但只是作为品牌沿用而已，不再有低价位的含义。

可见，目标市场的选择表面上看只是一项营销工作，其背后却蕴涵着精妙的辩证法思维和智慧。目标市场的选择不宜僵化，不是在无差异、差异性和集中性三种策略中选择其一即可，而是要动态、综合地分析各类因素，根据旅游企业自身实力、竞争环境、需求趋势等多种因素之间的联系和发展变化作出选择。换言之，采取何种目标市场选择策略，是由特定时期、特定因素之间的关系决定的，这种关系构成了策略选择的客观环境，当客观环境发生变化时，策略也应作出适当调整。

关键术语

市场细分（segmentation）

细分市场（segment）

无差异目标市场策略（undifferentiated segmentation strategy）

差异性目标市场策略（differentiated segmentation strategy）

集中性目标市场策略（concentrated segmentation strategy）

思政阅读材料

1. 乔艳阳．习近平总书记辩证思维的特点及运用．求知，2020(9)：22－24.

2. 杨增岽，张佼佼．习近平关于辩证思维的重要论述研究：回顾与论析．探求，2020(2)：17－24.

3. 董振华．论战略思维的辩证本质：学习习近平总书记关于战略思维的重要论述．学术研究，2019(1)：1－5.

4. 孙业礼．观大势，谋全局：习近平总书记系列重要讲话蕴含的一条重要思想和工作方法．党的文献，2017(1)：16－22.

5. 姜华有．习近平科学的思想方法和工作方法探析．理论建设，2017(1)：5－11.

复习与思考

1. 名词解释：市场细分、无差异目标市场策略、差异性目标市场策略、集中性目标市场策略。

2. 对旅游市场进行细分的必要性何在?

3. 对旅游市场进行细分有哪些实际意义?

4. 对旅游市场进行细分时应遵循的原则有哪些？如何理解这些原则?

5. 列举并解释旅游市场细分的常用标准。

6. 假定你是某旅游企业的营销主管，你会怎样选择企业的目标市场?

7. 旅游企业在选择目标市场策略时应考虑哪些因素?

8. 选择一两个你感兴趣的旅游企业开展调查，了解并评价其目标市场组合。

/ 第6章 /

旅游营销调研

学习目标

- 熟悉营销调研的作用。
- 掌握依据调研信息与凭借经验判断进行决策的关系。
- 熟悉营销调研的基本类型。
- 熟悉开展调研工作的基本过程。
- 掌握调研工作中用于收集一手资料的主要方法。
- 了解调查问卷设计工作中的注意事项。
- 了解调研报告的撰写形式。

思政要点

- 调查研究的“五个过程”和“五个要求”。
- 习近平总书记在地方工作期间的调研方法。

第1节　认识营销调研

一、营销调研的定义

在市场营销研究文献中，“营销调研”（marketing research）、“市场调研”（market research）、“消费者调研”（consumer research）等术语常被混用。在有些语境下不会产生歧义，然而在另一些情况下，这些表述的含义可能存在差别。在本节中，我们无意详细辨析这三个术语在具体语境下的含义，营销调研可以说是这些术语中最具包容性的表述。也正因为如此，在当今的市场营销研究中，除非有需要，人们一般使用营销调研这一表述。

什么是营销调研？简单地讲，营销调研通常是指对有关市场营销工作的问题或现象进行调查和研究，其中既涉及对所需信息或数据的收集与分析，也涉及对某些特定问题或现象的系统探究。对于旅游营销者来说，不论是对市场需求的变化动向、目标消费者的类型与特征、目标消费者的购买行为、有关产品的受欢迎程度、消费者对特定营销举措的反应等诸多情况的了解，还是对营销战略的制定及行动方案的策划，几乎都以营销调研为基础。因此，了解有关营销调研的知识，掌握营销调研工作的手段，对于旅游营销工作的有效开展具有重要的现实意义。

对于营销调研这一概念有多种表述。尽管表述不尽相同，但所反映的内涵并无差异。在这里，我们介绍两个较为典型且广为人们引用的定义。

第一个定义是：营销调研是有组织地开展的一整套信息工作，“其任务是收集、处理、分析、存储和传送信息，以便于作出和改进营销决策”（Seibert，1973）。这一定义的特点是比较实用、概括性很强，并且在表述上最为简洁和直接。

第二个定义是美国市场营销协会（AMA）对营销调研的定义。该协会曾多次作过界定，这些界定基本上大同小异，其中新近的表述是：营销调研是“借助信息将消费者、顾客、公众与营销者联系起来的一项具体工作”，“营销调研工作的任务包括：确定为解决有关问题而需收集的信息，设计用于收集信息的方法，管理并实施这些资料的收集过程，分析调查结果，并传达调研中的发现及其意义”（AMA，2007）。

二、营销调研的作用

营销调研在市场营销工作中的作用主要体现在以下三个方面。

第一，营销调研是市场营销工作有效开展的信息基础。营销调研工作的首要任务是为市场营销工作的开展收集所需的信息，因而是市场营销工作有效开展的先决条件。对于旅游企业或旅游目的地营销者来说，如果不掌握必要的信息，将不得不依赖自己的直觉或猜测进行决策。尽管历史上曾有不少实业家凭借直觉或猜测去决策，引领企业走向成功，但在当今时代这种例子已极其罕见。原因在于如今的市场有以下特点：一是需求随时变化；二是供给竞争激烈，仅凭个人直觉或猜测去决策，不仅难以带来成功，而且往往会招致失败（McCarthy and Perreault，1987）。

通过营销调研，旅游营销者可发现问题和识别机遇，尤其是在把握市场需求方面，旅游营销者能够了解并判定哪些消费者人群是有待开发的潜在市场，现有的顾客在哪些方面尚未获得满足或者还没有感到满意，等等。只有切实了解了这些信息，旅游企业和旅游目的地才有可能把握住自己的客源，并根据市场需求和外部经营环境因素的变化及时作出改变，从而实现自身的成功发展。

相对于其他行业，在旅游业中更需大力强调营销调研工作的必要性和重要性。其中一个重要的原因是，由于传统观念的影响，旅游企业的管理者大都看重经验。旅游业务本身的服务性，加之自己几乎每天都与顾客打交道，使旅游企业管理者自以为很了解顾客。事实上，旅游企业的管理者往往并未真正了解自己的顾客。正如有些管理咨询公司提到的，"在与很多服务企业一道工作的过程中，我们常会发现，其管理者对于顾客内心真正看重的东西究竟是什么其实并不清楚"（Albrecht and Zemke，1985）。

第二，营销调研有助于减小营销决策的误差，从而降低经营风险。如果旅游管理者仅凭自己的直觉或经验去开展工作，那么不仅容易造成决策失误，而且很可能因此给企业带来风险。营销调研可使管理者将营销决策建立在相关调研信息和客观数据的基础之上，有助于减小决策的误差，降低因决策失误而带来的风险。

第三，营销调研有助于提高管理者的决策工作效率。营销调研服务于管理者的决策工作。在多数情况下，营销调研工作的任务是，针对所要解决的问题，在收集相关信息和分析调查发现的基础上提出若干备选方案。这使得管理者在就问题的解决方案进行决策时能够将注意力集中于作出权衡，无须过多地耗费时间和精力分析信息和数据，从而有助于提高决策效率。

提及调查研究的重要性，毛泽东很早就提出了"没有调查就没有发言权"的重要论断。邓小平于1978年6月提出："我们办事情，做工作，必须深入调查研究，联系本单位的实际解决问题。"习近平在治国理政中始终坚持"调研开路"：推动党的建设必调研、作出重大决策必调研、实施重大战略必调研、推进重大工作必调研、破解重大现实问题必调研、关心百姓生计必调研。习近平于2004年在富阳市调研时指出调查研究的过程就是科学决策的过程：调查研究是一个了解情况的过程；调查研究是一个推动工作的过程；调查研究是一个自我学习提高的过程；调查研究是一个联系群众、为民办事的过程；调查研究也是一个自我学习提高的过程。

此外，习近平还提出了调研工作务求"深、实、细、准和效"[1]："深"，就是要深入群众，深入基层，到田间、厂矿、群众和社会各层面中去解决问题。"实"，就是作风要实，做到轻车简从，简化公务接待，真正做到听实话、摸实情、办实事。"细"，就是要认真听取各方面的意见，深入分析问题，掌握全面情况。"准"，就是不仅要全面深入细致地了解实际情况，更要善于分析矛盾、发现问题，透过现象看本质，把握规律性的

---

① 习近平．之江新语．杭州：浙江人民出版社，2007：1.

东西。“效”，就是提出解决问题的办法要切实可行，制定政策措施要有较强的操作性，做到出实招、见实效。

治国理政如是，营销调研亦如此。旅游营销调研需要运用科学的方法收集数据和资料，深入细致地挖掘数据和资料背后隐藏的规律，还要结合经营环境以及旅游企业自身特点，将所得发现精准地用于旅游营销决策问题的解决上。因而，旅游营销人员在调研过程中如能秉持求深、求实、求细、求准和求效这五个要求，将为调研过程的科学性、调研结果的有效性以及调研结果应用的精准性提供全方位的保障。

三、正确理解营销调研的作用

有人说，调研工作的开展是确保决策正确的保障，只有开展了调研才能保证决策正确。其实这是一种误解。毫无疑问，系统有效地开展调研工作确实有助于管理者的决策工作，并且有助于改进决策工作的质量，但营销调研并不像有些人所认为的那样一定能够提供成功解决问题的方案。事实上，开展调研即可保证决策正确的情况并不多见。

营销调研的真正作用在于为管理者的决策工作提供参考依据，减小其决策失误的风险，以及提高决策工作的效率。调研工作的开展以及调研信息或数据的获得并不足以保证决策的正确，这主要是因为决策的制定者是管理者。大量的事实表明，由于个人素质和能力的差异，即便面对同一调研信息或数据资料，不同的人可能会作出不同的分析和判断，从而得出不同的结论。

决策者的个人素质和能力对决策正确与否有重要的影响。也就是说，所做决策正确与否，不仅取决于有关调研工作的质量，还取决于决策者的个人素质和能力。很多研究者指出，如同一名成功的军事指挥员，丰富的想象力、正确判断的能力以及果敢决断的勇气始终是成功的企业管理者所需具备的重要素质。因此，在重视营销调研工作的同时，我们还应明白，无论营销调研工作多么重要，它都只是管理者的辅助工具，而绝不能代替管理者。

四、依据调研信息与凭借经验判断

营销调研是市场营销工作有效开展的先决条件，是管理者进行决策的信息基础。但是，这并不意味着在旅游企业的经营和管理中，任何一项决策都必须建立在专项调研的基础上。在旅游企业的日常经营中，有不少决策实际上是管理者依据并不十分充分的信息作出的，甚至是依靠自己的经验判断。这并不意味着管理者不懂得营销调研的重要性，或者不重视营销调研，而是反映了这样一个事实：在旅游企业的日常经营中，对于某些战术性营销决策，管理者可以凭借经验判断去制定，在有些情况下可能确实有必要这样做。对于营销调研的必要性，不可过于机械地理解。

那么，在就某一问题进行决策之前究竟该不该开展专项调研？在何种情况下应当开展调研？在何种情况下不必开展调研，可凭借经验判断进行决策？所有这些都是实际工作中无法回避的现实问题。

一般来讲，就战术性营销决策而言，对于是否有必要开展营销调研，主要基于两个方面的综合考虑。

一方面，管理者应考虑企业需要为此付出的代价。所要回答的具体问题包括：

（1）该调研项目需要多长时间才能完成，即自己需要等候多长时间才能拿到该项调研的结果？

（2）对于该调研项目的实施，企业需要支付多少费用？

在评价上述两个问题的答案时，管理者的依据是：

（1）完成该调研项目所需的时间是否会贻误营销时机。在假定不考虑其他因素的情况下，如果等候调研结果的时间不会贻误营销时机，则应考虑实施该调研项目。否则，调研将失去意义。

（2）企业是否有足够的财力并且愿意支付该调研项目的费用。如果企业有足够的财力并且愿意为该调研项目支付费用，则应考虑实施该调研项目。否则，就只能放弃调研。

另一方面，管理者需要考虑和权衡开展该项调研的得与失。也就是说，管理者需要就该调研项目所需付出的费用与调研成果可能带来的经济收益进行比较和权衡。如果调研成果带给企业的所得远远大于该项调研的费用，那么在决策之前管理者应安排专项调研。否则，调研就失去了意义。在这种情况下，管理者凭借自己的经验判断去进行决策自然就成了合理的选择。

以上关于是基于营销调研还是借助经验判断进行决策的讨论，只是就一般的战术性营销决策而言的。战略性营销决策则另当别论。战略性营销决策对企业今后的经营与发展具有长远影响。譬如，假定某饭店打算通过增建或改建设施去重组其住宿产品，这一设想是否可行？该饭店该如何增建或改建其住宿设施？再如，假定某旅游景点为了提升市场吸引力而打算斥资更新其游乐设施，那么如何更新其游乐设施，或者需要添置哪些类型的新设施？有关这类问题的决策皆属于战略性营销决策，管理者在进行决策之前，付出一定的代价去开展专项调研是必要的。

第 2 节　营销调研的类型

营销调研的类型很多。在旅游市场营销研究中，人们对于营销调研的类型有不同的划分。在本节中，我们重点讨论最为常见的基本类型——第二手调研与第一手调研，以及定量调研与定性调研。

一、第二手调研与第一手调研

按照开展营销调研工作时所使用的信息来源，可将营销调研分为第二手调研和第一手调研。

1. 第二手调研

第二手调研（secondary research）亦称案头调研（desk research），泛指人们利用

现成的二手资料，就某一需要解决的问题开展的调研工作。二手资料是指由单位、其他组织或个人此前因其他目的而收集，但可为当前调研项目所用的数据和信息资料。简单地讲，二手资料就是研究人员无须开展原始调查便能获得，并值得借用的各种现成的相关数据和信息资料。

二手资料的来源范围很广，既可取自单位内部，也可从外部获得。这类资料的内部来源包括企业的有关营业档案、财务报表、文件记录、数据库等；外部来源则涉及所有公开发表的可供参考使用的信息资料，包括政府机构的有关统计资料、行业协会的有关调查报告，以及由社会团体和个人出版的各种相关的研究成果，等等。例如，经常为旅游调研人员使用的这类信息源包括：

- 联合国世界旅游组织（World Tourism Organization，WTO）公布的各种旅游统计资料（www. world-tourism. org）。
- 联合国组织出版的有关统计年鉴。
- 世界旅游业理事会（World Travel & Tourism Council，WTTC）发布的有关全球旅游业发展情况的研究报告。
- 亚太旅游协会（Pacific Asia Travel Association，PATA）公布的旅游统计资料以及旅游业发展趋势预测报告。
- 我国文化和旅游部发布的《中国文化和旅游年鉴》，以及有关入境旅游、出境旅游和国内旅游发展状况的调研报告。
- 国内各省、自治区、直辖市旅游主管部门公布的旅游统计资料和旅游业调查报告。
- 国内外旅游行业报刊（如《中国旅游报》《旅游调研》《旅游市场》《旅报大中国》等等）。
- 国内外旅游学术期刊［如《旅游学刊》、《旅游科学》、《旅游论坛》、《旅游研究年鉴》（*Annals of Tourism Research*）、《旅游研究杂志》（*Journal of Travel Research*）、《旅游管理》（*Tourism Management*）、《旅游分析》（*Tourism Analyst*）、《旅游评论》（*The Tourist Review*）等等］。
- 有关的会议文献。

第二手调研的主要优点在于：获得信息资料的速度快，节省时间，耗资较少，操作相对容易。一般来讲，任何需要以调查数据或调研信息作为参考依据的决策工作，都应始于收集和分析二手资料。只有以此为基础，人们才可根据所发现的信息不充分或资料缺失等情况，开展原始调查进行补充。

二手资料多是人们此前因其他目的而收集的资料，存在某些局限性。为此，旅游调研人员应特别注意从以下四个方面对拟使用的二手资料进行评价。

（1）资料的相关性。由于可供参考的数据或信息资料很多，因此调研人员必须根据调研项目的目的确定所需资料的范围，并据此对所收集的二手资料的相关程度进行评价和筛选。以饭店营销中经常涉及的市场调研为例，所需使用的基本资料的范围通常包括：

- 市场规模：市场对该地饭店业产品的需求总量，或者该地饭店业接待的顾客总量。
- 市场总值：该地整个饭店业的销售总额。
- 市场结构：该地饭店业中竞争者的数量及其档次比例。

- 市场趋势：客源市场的需求变化动向。
- 市场细分情况：需求市场涉及哪些不同类型的顾客。
- 消费者特征：预期顾客的人员特征以及购买特点。

（2）资料来源的可信性。在使用来自外部的二手资料之前，调研人员必须对其来源的可信性进行查证和评价，主要包括：该资料是由何人或哪个组织收集的？该收集者的可信度或权威性如何？对于那些来源不可信的资料，一般不宜使用和引以为据。

（3）资料数据的可比性。在开展有关旅游发展或经营状况的比较研究时，调研人员应注意数据之间是否具有可比性。由于不同的国家或地区采用的统计口径和统计方法可能存在差异，因此这类数据不宜直接拿来与我国的情况进行比较。如果确实需要进行比较，应在了解有关国家或地区旅游统计方式的基础上，根据统计口径的差异对数据做适当的修订，使之具有可比性。

（4）资料的时效性。二手资料的主要缺点在于反映的都是过去特定时期的情况。旅游市场变化很快，这些历史资料究竟在多大程度上能反映今天的情况，是旅游调研人员必须认真考虑的问题。这意味着旅游调研人员在使用二手资料时应注意时效性。

2. 第一手调研

如前所述，作为营销调研工作的一项基本原则，任何调研项目的开展都应始于第二手调研。问题是，有时调研人员找不到相关的二手资料，或者虽然能找到二手资料，但这些资料要么已经过时，要么来源缺乏可信性，因而不能满足需要。在这种情况下，调研人员不得不做原始调查，专门为调研项目收集全新的资料，并进行处理与分析。针对某一调研课题，利用专门为此开展调查而收集来的资料进行分析和研究，这样一种调研方式就是第一手调研（primary research），亦称原始调研。

第一手调研使用的是一手资料，只要收集资料的方法和工作过程不出偏差，资料的可靠性和时效性通常都很强。这是第一手调研最为突出的优点。此外，所有无法利用二手资料开展的调研课题也是第一手调研的用武之地。

当然，这一调研方式的缺点也显而易见，即调研过程中收集原始资料的任务很重，不仅耗时较长，而且开支较大。由于这一原因，人们通常只在第二手调研行不通或不奏效的情况下才求助于第一手调研。

第二手调研和第一手调研的优缺点如表6－1所示。

表6－1 第二手调研和第一手调研的优缺点

	第二手调研	第一手调研
优点	1. 耗资少 2. 资料现成，操作容易 3. 节省时间，可立即获得资料	1. 适用性强 2. 信息准确，可靠性强 3. 时效性强，可反映最新情况
缺点	1. 有可能行不通 2. 信息质量差，可靠性低 3. 时效性差，信息常会过时	1. 耗资多，代价高 2. 收集资料的任务重、难度大 3. 耗费时间，所需资料不能立即获得

资料来源：根据Morrison（2010）整理。

二、定量调研与定性调研

根据所用调研方法的性质，可将营销调研分为定量调研和定性调研。

1. 定量调研

针对需要进行数量估算的某一调研课题，通过对有关调查统计数据的收集、处理和分析研究，得出调研结论或找出解决问题的方案，这样的调研方式便是定量调研（quantitative research）。例如，某城市有一家主要经营团体包价旅游业务的国际旅行社。为了掌握该市居民近些年来旅游需求的变化情况，该旅行社打算开展市场调研，以便摸清下列情况：

- 该市居民中每年有多少人外出旅游？
- 出国旅游者和国内旅游者分别占多大比例？
- 在参加国内旅游的该市居民中，过夜旅游者和一日游游客各占多大比例？
- 参加旅行团的出游者和自助式出游者各占多大比例？
- 过夜旅游者的在外逗留时间平均每次为多少天？
- 外出旅游者的人均消费额是多少？
- 近年来这些客流的流向变化如何？

显然，上述信息属于需要量化并且能够测量的调研内容。

定量调研通常都以事先设计好的调查问卷为基础。设计的调查问卷要让所有被调查者回答同样的问题。针对每一项需要调查的问题，调研人员会根据调查经验或者事先所做的分析，将一系列可供选择的可能答案附在问题的下面。这样可方便被调查者回答问题，节省调查时间，更重要的是，设置好备选答案可避免被调查者漫无边际地回答问题甚至出现答非所问的情况，有助于保证调查工作的质量。

借助调查问卷开展定量调研时，成功的关键在于：一是调查问卷本身的设计质量；二是所选取的调查样本是否具有代表性。只有在调查样本具有代表性的前提下借助调查中的发现去推断整个市场的情况才会有意义，否则很可能会误导调研的结论。

在调查工作中涉及的调查样本可分为两类：一类是概率性样本（probability sample）；另一类是非概率样本（non-probability sample）。

就概率性样本而言，用于选取样本的技术一般分为三种：

（1）简单随机抽样法（simple random sampling）。这是一种最简便的取样方法，即在样本框（该项调查所需覆盖的人群）中随机地抽取若干个体，将其组成调查样本。采用这种取样技术时需注意，样本框中所有个体被选中的机会应该相同。具体的抽样方法包括：

- 抽签法。先对样本框中的每一个体进行编号，然后随机抽号，最后将抽出的个体组成调查样本。作为其变种，一种更简便的做法是，将写有所有备选调查对象姓名的纸条放入一个容器中，然后随机抽取所需数量的纸条，将选中人员作为调查样本。

- 随机数表法。随机数表是一种由计算机随机生成的数字表，相当于样本框中所有可能的调查对象。具体做法是，先对样本框中的每一个体进行编号，然后选用随机数表上的任意一个数字，按照自上而下或自左而右、逐行或逐列、隔行或隔列的顺序，抽取与该数字相对应的个体，并将所有选出的个体组成调查样本。

● 系统抽样法。每隔一定的数字选取一个个体，将所有选中的个体组成调查样本。开展电话调查时，可以随机挑选某一数字，譬如“7”，那么便可从电话号码簿每一页的顶端开始，选择每页的第七个名字组成调查样本。

（2）分层随机抽样法（stratified sampling）。在简单随机抽样中，样本框中所有的个体都被看作无差别的选择对象，每一个个体被选中的概率完全相同。但是，旅游消费者市场的构成比较复杂，消费者人群既有类型之别，又有层次之分。因此，在面向总体市场开展调研时，为了使样本真正具有代表性，调查人员必须从不同的细分市场中分别任意选取若干样本单位，并将这些样本单位集合为一个能够代表总体市场的调查样本。这种取样方法便是分层随机抽样法。具体做法是，先将样本框中的调查对象细分为不同的子群，然后从每一个子群中随机地选取样本。

（3）分群随机抽样法（cluster sampling）。采用这种方法，先将调查所需覆盖的人群划分为若干群体，然后从各个群体中随机地抽取样本。分群抽样与分层抽样的区别在于：分层抽样所划分的各层群体（例如不同的消费者人群）虽然特征不同，但同一层群体（例如同一个消费者人群）中的所有个体都具有相同或相似的特征；分群抽样则与之相反，所划分的各个群体有大致相近的特征，但同一个群体中包含特征不同的个体。旅游调查实践中的做法是，先将那些拟作为调查对象的人细分为若干子群，然后随机地将某些子群选作调查对象。对这些子群中的所有个体成员都需进行调查。例如，某饭店可能会随机地选择在当年某个日期对下榻的客人开展调查。

除了概率性样本，旅游营销调研中有时也会选用非概率样本。与概率性样本相比，非概率样本的抽取是出于方便或依据判断进行的，样本框中的所有人员并没有相同的中选概率，因而是一种主观的取样方法。用于选取非概率样本的技术统称非随机抽样法，一般包括：

（1）配额抽样法（quota sampling）。先按一定标准将总体样本分类或分层，再确定需要从各类（或层）中抽取的样本数，最后在配额内非随机地抽选样本。例如，针对男性和女性人群各抽取 60 个和 40 个消费者作为调查样本。

（2）便利抽样法（convenience sampling）。为方便调研的实施，调查者于特定的时间和地点选取样本的非随机抽样法。例如，只在商业中心或交通枢纽等人流密集处选取调查样本。

在旅游营销调研中，虽然概率抽样或随机抽样是一种比较理想的抽样方法，但由于相比某地常驻居民，旅游者的流动性很大，掌握旅游者样本总体情况是非常困难的，因而旅游营销调研中常常会综合使用概率抽样与非概率抽样，例如用概率抽样选择抽样地点，再以非概率抽样选取样本。

2. 定性调研

近年来，人们似乎普遍强调定量调研，但也不能忽视定性调研（qualitative research）。事实上，从旅游业营销实务来看，定性研究应用广泛，同样值得重视

（Veal，1993）。定量调研并不适用于探索诸如消费者的态度、感知、兴趣、动机等深层次的认知领域，原因在于，调研人员无法完全预知调查对象会从哪些角度考虑和回答此类问题。在就这类课题开展调查时，有人曾尝试将事先拟定的一些观点陈述呈现给被调查者，要求被调查者对这些观点陈述表示“赞同”或“不赞同”，然后分别统计表示“赞同”和“不赞同”的人数，并通过这类形式上的量化比较得出调研结论。但这一做法存在的问题是，在由调研人员事先拟定的各项观点陈述中，很可能没有将真正为顾客所看重的观点包含进去。所以，在探索有关旅游消费者的态度、感知、兴趣以及动机等深层次问题时，相对可靠的途径是定性调研。

定性调研的最大特点是在没有任何给定的备选答案可供参考的情形下，让被调查者畅所欲言，被调查者往往能够说出自己的观点。也就是说，这种调查可帮助旅游营销者了解目标消费者的真实想法，得知旅游消费者真正看重和关心的是什么。在设计有关旅游产品的广告语及宣传标题方面，定性调研的用处特别大。这主要是因为营销者可根据调查中的发现，借用目标消费者自己的话语与其沟通。这种源自目标消费者语言的产品广告语或宣传标题，不仅在主题上能够表达到位，而且在表述上比较简洁生动，因而容易为目标消费者所注意，并容易让他们记住。关于这方面的具体内容，我们将在第10章详细讨论。

为了进一步验证定性调研中的发现，旅游营销者还可基于这些发现进一步设计和组织定量调研。这是因为调研人员可以根据定性调研中的发现有把握地设计与调查问题有关的各种备选答案。

延伸阅读

调研的类型

调研项目根据开展目的不同可分为三种：

1. 探索性调研

探索性调研即人们通常所说的收集资料性的调查研究。这种类型的调研多用于两种情况。一种情况是，在市场情况比较复杂、难以确认某一问题的实质的条件下，营销者为了解决该问题，往往要先开展探索性调研去探寻该问题的实质，以便确定下一步调研工作的方向和重点。譬如，当产品销量下降时，究竟是价格方面的原因、产品质量方面的原因还是其他方面的原因，营销者可能一时找不到头绪，难以拿出解决问题的方案。此时，营销者首先需要通过探索性调研判断导致产品销量下降的基本原因。根据调研的结果，如果认为产品销量下降是定价有误所致，营销者可针对产品的定价问题进行深入调研。另一种情况是，当企业提出某一新的发展设想或开发项目时，往往先借助探索性调研就该设想或该项目是否值得投资作出初步评价，然后据此确定是否有必要进一步开展可行性研究。总之，探索性调研是一种初步的调研，多用于为今后有可能开展的深入调研提供依据和方向。

2. 描述性调研

描述性调研的用途主要涉及两个方面。一方面是用于描述和分析目标市场人群的社会经济特征及人口统计学特征，譬如旨在对某一客源市场中消费者的年龄、收入水平、性别、职业、受教育程度等情况作出详细的描述和分析。另一方面则是用于对目标市场人群的旅游活动特点作出描述和评估。譬如，通过调查和描述某国游客来华旅游的活动特点，我们有可能归纳出该国游客在华旅游活动的基本格局，以及每一种活动所占的比重等，从而有助于改进我国旅游业针对该国市场的产品开发和产品供给。总之，描述性调研的内容旨在详细回答“何事”“何人”“何时”“何处”“以何方式”等方面的问题。

3. 因果性调研

因果性调研亦称因果分析调研，旨在研究某一变量的变化将会给其他的特定变量带来哪些相应变化。在旅游市场营销方面，因果性调研特别适用于研究旅游目的地或旅游企业某一因素（如价格政策、产品质量、促销方式或促销力度等）的变化将导致消费者市场对其产品的需求出现何种变化。此外，这种类型的调研也常用于分析市场需求出现的变化主要是何因素所致。总之，因果性调研主要用于了解和发现有关变量之间的因果关系，从而回答“何故”或“将会如何”之类的问题。这种类型的调研既可用于了解和分析已经发生的市场现象中有关变量之间的因果关系，也可借助实验法了解和评估某些变量的调整将使市场结果发生何种变化。譬如，为了测试某一产品广告的效果，营销者可先有计划地变更所使用的广告媒体、广告发布的时间或广告发布的频率等，然后收集信息，测量该产品在市场知名度、销售量、市场占有率等方面发生的变化，并据以评价不同广告方案的促销效果。值得注意的是，在开展这类调研时，营销者需留意所做结论的片面性。某一现象的出现（如产品销量的增加）有可能不是某一种原因所致，而是多种因素所致。其中哪些因素是主要因素，哪些是次要因素，哪些是真实因素，哪些是虚假因素，营销者需要认真地分析和甄别。

第3节　调研工作的基本过程

除了前面介绍的营销调研类型，还可根据调研课题所涉及的内容划分营销调研的类型。例如，有些是针对旅游产品的开发问题进行的调研，有些是针对旅游产品的定价、促销方式、销售渠道或市场开发等问题进行的调研。显然，对于不同的调研课题，调研工作的开展程序也会有所不同。这意味着人们不大可能概括出统一的能够涵盖所有营销调研课题的调研工作过程。

在本节中，我们以旅游市场营销工作中最常见的营销调研为例，讨论其基本过程。对于营销调研的开展过程，人们有不同的工作阶段划分，但没有哪一种划分堪称绝对标准。这里主要介绍较具共性的营销调研过程，以及其中涉及的六个主要的工作阶段（见图6－1）。

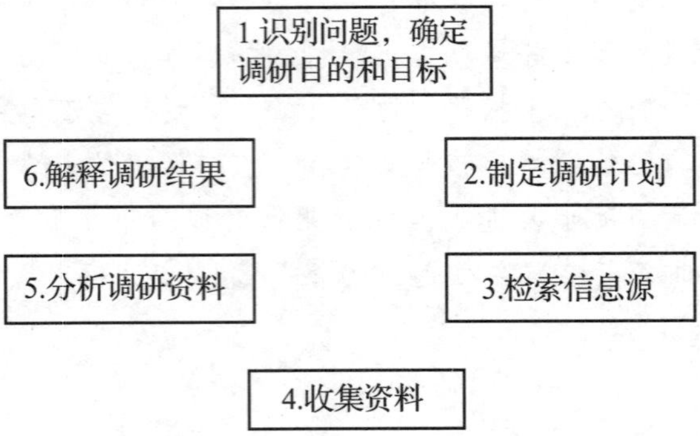

图 6-1　营销调研过程的基本阶段

资料来源：根据 Morrison（2010）改编。

阶段 1：识别问题，确定调研目的和目标

在营销调研过程中，第一阶段的工作任务便是确定调研项目的目的和调研活动范围，从而就调研项目旨在解决的问题形成比较具体的调研目标。这些目标在形式上往往表现为需要在调研过程中加以测量和检验的某个或某些假设。在调研过程中，营销者需要对假设进行测试，并将其作为调研工作的基点。例如，某省会城市有一家经营包价旅游业务的旅游公司，面对人口老龄化趋势，该公司计划就老龄旅游市场的开发进行一次调研。公司营销主管提出假设："与过去相比，如今的老龄人群比较感兴趣的是参与型旅游活动，特别是漫步式游览或骑自行车旅行之类的比较轻松的旅游活动。"该公司希望通过调研来测试这一假设是否成立。换言之，该项调研工作的目标是：对这一假设是否成立进行测试。

阶段 2：制定调研计划

第二阶段的工作是制定调研项目的工作计划。这一工作涉及的内容主要包括：

- 调研项目的时间进度安排。
- 所需的经费预算。
- 目前已有二手资料的情况。
- 需要进一步收集哪些二手资料和一手资料。
- 收集一手资料时拟采用的调查方法。
- 调研项目是由旅游组织或企业自己开展，还是委托外部机构代理，等等。

仍以前述旅游公司为例。该项调研旨在调查和分析哪些活动将为潜在老龄顾客所喜欢。假定眼下是 10 月，按照该公司管理部门的要求，调研项目必须在下一个旅游旺季——春节旅游黄金周——到来之前完成，以便届时能够对该项调研的结果进行市场测试。此外，假定该公司对调研项目的经费预算为 8 万元。显然，由于时间紧，经费预算比较少，因此要对调研的范围加以限制。在这种情况下，公司营销主管可能会决定先由企业自行开展第二手调研，然后根据需要委托代理机构面向老龄人群开展原始调查，收集所需的信息。

阶段 3：检索信息源

第三阶段的工作是检索可利用的信息源。虽然在调研过程中划作第三阶段，但在实践中这一阶段的工作与第二阶段的工作几乎是同时开展的。这一阶段的工作任务是检索和评价各种现有的可用信息源，包括企业内部的信息源以及外部的信息源。这项工作的开展有助于判断是否有必要进一步收集一手资料。

仍以前述旅游公司为例。公司营销主管可能会决定首先借助企业内部已有的资料分析现有老龄顾客的人员特征，以及他们偏好哪些旅游目的地。为了更好地了解老龄旅游消费者的行为特征，该公司还可能需要查阅外部的信息源，或者从外部购买相关的调查报告。

此外，由于该项调研需要了解老龄顾客的出游动机和购买意向，因而可能需要开展第一手调研。为此，公司营销主管可能会决定从经费预算中拨款 6 万元用作开展第一手调研的经费，余下的 2 万元用于从外界购买有关的调查报告等二手资料。

阶段 4：收集资料

第四阶段的工作是着手收集调研资料。在这一阶段，调研人员首先需要决定收集哪些类型的资料。这一阶段的工作实施起来往往有一定的难度。原因在于：第一，除了收集二手资料，调研人员还需要判断是否有必要收集一手资料；第二，在有必要收集一手资料的情况下，由于经费预算的制约，调研人员还须判断哪类资料的收集对于该项调研最重要。接下来的工作便是考虑采用何种方法收集一手资料。商业性调查公司的做法通常是先做小规模的调查试验，对拟采用的各种调查方法进行测试，然后根据测试结果确定正式实施第一手调研时使用的方法。

仍以前述旅游公司为例。由于该公司要求完成调研项目的时间很紧迫，因此，受委托的调查公司在开展第一手调研时采取的做法是：首先，在全省不同地区组织 6 个中心组，以中心组座谈的形式开展调查（具体费用预算是，每个中心组 6 500 元，总计 39 000 元）。此外，从潜在顾客数据库中抽取一个由 250 人组成的样本，对这些人员展开电话调查（具体费用预算为人均 80 元，总计 20 000 元）。

阶段 5：分析调研资料

第五阶段的工作是分析调研资料，即根据所选用的分析方法对获得的各项调研资料进行定性分析或定量分析。例如，在前述旅游公司的案例中，调研人员需根据各个中心组的发言记录，分析老龄人群对待参与型旅游活动的态度，并将分析结果汇总，形成书面的分析报告。此外，在对 250 名电话受访者的调查记录进行分析时，通常需使用计算机软件对经过编码的调查资料进行处理。

为便于后期分析调查资料，调研人员在设计调查问卷时需事先预计这些调查内容需要做哪些方面的分析，否则，很可能给调查资料的分析工作造成麻烦。也正因为如此，对于设计出来的调查问卷，调研人员一般应进行测试。

阶段6：解释调研结果

营销调研过程最后一个阶段的工作是解释调研中的发现，并将调研结果整理成文字报告。营销调研的根本目的在于为营销决策工作提供信息，因此，调研报告的撰写形式必须方便决策者使用这些调研结果，就有关问题作出决策。这意味着调研报告要简明扼要，要点突出。做不到这一点，调研报告很可能会被束之高阁。

仍以前述旅游公司为例。如果调研结果显示，对于老龄旅游消费者是否喜欢参与型的包价旅游产品，被调查者中存在很大的意见分歧，那么，在调研报告中应明确指出这一市场/产品目前尚未成形，很不稳定。根据这一调研结论，公司营销主管可能会决定将这类新产品的开发工作推迟到下一个年度。反之，如果调研结果显示，老龄人群倾向于购买参与型的包价旅游产品，那么，应在调研报告中列出哪些种类的参与型旅游活动将受到老龄旅游消费者的欢迎。

第4节　收集一手资料的基本方法

在旅游营销调研中，调研人员收集资料的方法很多。本节介绍一些供调研人员收集原始资料即一手资料的基本方法，并简要地评价这些方法的优缺点。

一、主要应用于定量调研的资料收集方法

在开展定量调研时，最常用的资料收集方法就是调查法（survey）。由于这类方法通常借助调查问卷进行，即通过要求被调查者回答问题来收集所需的信息，因此也常称作问卷调查法。这类调查的开展方式有很多，其中主要包括面对面访谈、现场自填式问卷调查、电话调查、邮寄式调查以及互联网调查等。不论采用哪一种方式，目的都是通过直接或间接地接触能够代表某一目标市场人群的样本，去收集调研项目所需的一手资料。

1. 面对面访谈

在各种人员访谈（personal interview）技术中，面对面访谈（face to face interview）是应用最普遍的一种调查方法。这种调查可以根据需要在任何选定的地点进行，例如，可由调查人员入户进行，在机场或港口进行，在旅游景点或参观点进行，等等。开展面对面访谈时，所使用的调查问卷既可采用附有备选答案的封闭式问题，也可采用旨在听取被调查者意见的开放式问题。

（1）优点。

● 开展方式比较灵活。具体表现在：除了开展调查的地点可灵活选择，在访谈过程中，调查人员还可根据当时的情境以及被调查者的具体情况，对有关问题的提问方式进行变通。通过变换提问方式，调查人员能够搞清楚对方究竟是不明白所问的问题，还是

有意回避作答。

● 可使调查人员获得额外的相关信息。具体表现在：在开展面对面访谈的过程中，调查人员在询问有关问题的同时，能够顺便观察到某些相关的情况。例如，在开展入户访谈的过程中，调查人员能够顺便观察和记录反映被调查者社会经济地位的某些信息。倘若不观察，这些信息资料根本不可能获得。

● 便于控制样本。在各种调查技术中，面对面访谈具有理想的样本控制力。具体表现在：在针对特定人群开展调查时（例如只调查 18～25 岁这一年龄组），调研人员能够准确地选定调查样本。

● 调查结果质量高。由于这种调查是以当面问答的方式进行的，不仅被调查者的回答质量比较高，而且调查问卷的回收率也比较高。

（2）缺点。

● 成本相对较高。与其他调查方式相比，这种调查方法往往耗资最多。

● 所需时间较长。与其他调查方式相比，这种调查方法往往需要耗费大量的时间。

● 被调查者回答问题时有可能受到访谈人员个人偏见的影响。

2. 现场自填式问卷调查

通过现场自填式问卷调查收集所需的一手资料目前普遍为饭店、旅游景点、航空公司等旅游企业所使用。通常的做法是：在顾客来访停留期间或者行将离开之前，调查人员要求他们填写事先准备好的调查问卷，以获得他们的意见反馈。最典型的用途是，旅游企业可根据顾客填写调查问卷的情况，评价他们对企业服务的满意度。

（1）优点。

● 调查对象为到访的顾客，无须费力设计调查样本。

● 调查时间的安排比较灵活。

● 无须使用很多调查人员，成本较低。

（2）缺点。

● 调查者与被调查者一般不发生直接接触，调查过程不如面对面访谈灵活。

● 有些被调查者填写问卷不够认真，会影响调查结果的质量。

3. 电话调查

电话调查（telephone survey）实为电话访谈调查。在很多旅游客源地，家庭电话和手机的普及率很高，因此通过打电话的方式开展访谈调查在旅游业中十分常见。随着现代科学技术的发展，在计算机的辅助下随机拨号开展电话调查越来越方便。调查人员将调查问卷的内容输入计算机，便可直接从显示屏上读取所要调查的问题，借助某一专用按键，或者仅需轻触一下屏幕，就可及时将被调查者的答案选项录入计算机，留待之后进行整理和分析。

（1）优点。与面对面访谈相比，电话调查的调查速度比较快，成本相对较低。

（2）缺点。电话调查不如面对面访谈灵活，调查过程中调查人员与被调查者交谈的时间通常很短。

4. 邮寄式调查

邮寄式调查（mail survey，postal survey）也是旅游业中常用的调查方式之一。这种调查方式之所以在旅游业得到普遍使用，最主要的原因是它可使调查工作在很大的地域范围内开展。邮寄式调查通常是指调查人员将调查问卷邮寄给经过认真选择的被调查对象，要求他们填写完毕之后，在某一规定日期之前将调查问卷寄回。调查人员在寄送调查问卷时通常会附上一份填写说明、一份为填写者保密的承诺书，并附上一个邮资已付的信封，供被调查者回寄问卷时使用。

在开展邮寄式调查方面，调查人员应注意的事项主要包括：

- 要有一份合适的邮寄名单。
- 调查问卷的内容简短，一般不超过三页。
- 对调查内容的行文措辞应谨慎斟酌，确保被调查者不会误解。

（1）优点。

- 在所需调查的地域范围很大、调查人员难以与被调查者直接接触的情况下，这一调查方式具有很大的优势。
- 调查问卷由被调查者自行填写，不存在面对面访谈中因调查人员的个人偏见而误导被调查者的情况。
- 被调查者能够在自己方便的时候填写调查问卷。

（2）缺点。邮寄式调查的最大缺点是回收率低。按照国际上的一般经验，这种调查问卷的回收率能达到30%就很不错了。即使是经验丰富、谙熟此道的调查人员，也只能使调查问卷的回收率达到50%左右。如果被调查的目标人群大部分没有将调查问卷寄回，有可能该调查样本在对目标受众的界定方面存在问题，也有可能该调查问卷在内容设计上出现偏见。

5. 互联网调查

随着互联网的普及和网民规模的不断扩大，很多调研人员已转向利用互联网调查（Internet survey）收集一手资料。

比如，在线问卷调查就已成为常用的市场调查手段。国内有问卷星、问卷网、调研家、乐调查、云调查、调查派等多家平台向企业和个人提供专业的在线问卷调查服务。

（1）优点。

- 操作更加高效。例如，在线问卷调查具有节约成本、快速回收及数据高效下载、存储与分析等优点。
- 可节约费用。主要体现在对传统纸质问卷打印耗材的节约，以及对因调研产生的人工、交通、住宿、餐饮等费用支出的节省等。

（2）缺点。

- 很多旅游营销者利用互联网开展促销宣传时极力美化自己的产品和服务，导致旅游消费者越来越厌恶那些自我标榜的旅游信息，不论这些信息真实可信还是纯属谎言。由于这一原因，调研人员征募网上调查对象越来越困难。
- 如果采用在线问卷调查，样本的代表性也是一个潜在的问题。已有研究显示，在线问卷调查的被调查者多为中青年，且多为高学历、高收入、高职位人群，这容易导致调研样本偏差（张木子等，2015）。

- 由于利用互联网开展调查耗资很少，操作也比较容易，因此很多资质很差的调查者利用这一方式开展调查，使得互联网调查鱼龙混杂。如果调查人员没有接受过专门的训练，所使用的取样方法有问题，得出的调查结果就不可靠。

尽管存在上述问题，但互联网调查具有经济高效的优点，其应用将继续增长，调查质量也有望不断改进。

二、主要应用于定性调研的资料收集方法

在开展定性调研方面，用于收集一手资料的方法也有很多，包括深度访谈、中心组座谈、德尔菲法、观察法以及实验法等。这些方法主要用于定性调研，不过观察法和实验法也可用于定量调研。

1. 深度访谈

深度访谈（in-depth interview）与面对面访谈很相似，通常也是以面对面的形式开展调查，不同的是，深度访谈中调查人员受命就某一项或某几项调查专题分别与为数不多的几名调查对象进行深入访谈。由于开展定性访谈的目的是了解情况而不是测量，因此调查样本的规模不必很大，只要具有代表性即可。在旅游营销调研中，这一调查方式的典型用途是探寻旅游消费者的购买动机，以及对特定旅游产品的感知和态度等深层次问题。在与调查对象进行访谈的过程中，调查人员虽然也会就访谈内容做必要的引导，但不必事先拟好调查问卷，也没有可供调查对象参考的备选答案，整个访谈过程从始至终都保持自由聊天的轻松氛围，使被调查者能够就有关话题畅所欲言。

虽然深度访谈一般不需要调研人员预先设计完备的结构化调查问卷和备选答案，但为了深度访谈的顺利开展，调研人员最好根据调研任务的实际情况事先拟定访谈提纲，避免访谈中遗漏关键问题。特别是多名调研人员就某一访谈任务分别针对不同访谈对象开展访谈时，访谈提纲将为各调研人员提供操作指南，并且便于访谈结果的有效汇总和横向比较。

2. 中心组座谈

在旅游营销调研中，中心组座谈（focus group）又称焦点小组访谈，是一种经常为旅游营销者使用的市场调查方式。这一调查方式主要应用于有关市场需求问题的探索性调研，具体地讲，用于探讨旅游消费者的动机与购买行为，为日后开展相关的定量调研建立参量。

中心组座谈指的是调查者将为数不多的调查对象（一般为 8～12 人）组织到一起，围绕特定的话题展开座谈和讨论。在旅游调研中，比较典型的座谈话题包括：

- 对于某一拟建的旅游景点或拟开发的服务项目，旅游消费者最看重的是哪些方面？消费者最不看重的又是哪些方面？
- 对于拟推出的某一广告主题或广告活动，旅游消费者将会做何反应？

● 对于拟在某个环境敏感地区开发的某一旅游项目，社会公众有可能会做何反应？

开展中心组座谈时，组织者需要指定一人担任中心组组长，其任务是鼓励大家发言。组长的人选通常要了解心理学知识。

从原则上讲，在组织中心组座谈时，组织者首先需要选择中心组的成员，也就是说，要对参加中心组的人选进行资格甄别，然后再邀请他们参加。这样做的目的在于使中心组的成员具有代表性。但是在有些情况下，中心组成员的组成很难做到完全科学。原因有二：一是某类话题缺乏合适的人选；二是虽然客观上有合适的人选，但该人不愿意参加。所以，调研人员在根据中心组座谈的调查结果去推断当地社会的民意时应当格外谨慎。此外，由于中心组组长能够在很大程度上影响座谈情况，因此，调研工作的组织者需要事先对中心组组长进行必要的培训，使其熟悉座谈的目的。

在全面了解复杂的管理情境以及影响管理决策的因素方面，中心组座谈一直是最具洞察力、最有价值的调查方法之一。

延伸阅读

中心组座谈主持人的工作要点和注意事项

● 与会成员抵达会场时，主持人应向其做自我介绍。

● 开始座谈之前，主持人应邀请每一名与会者向大家做自我介绍。

● 主持人应先做简短的开场白，介绍有关的规则。这些规则一般包括：大家所谈的观点没有正确与错误之分，仅仅是谈论自己对有关问题的看法；每次只允许一个人发言，其他人不要插话打断；要求听到所有与会者的发言；等等。介绍完规则之后，主持人应询问与会者还有哪些不清楚的地方，并回答有关座谈会将如何进行的任何问题。

● 在座谈开始的前5分钟内，主持人首先应鼓励每一名与会者都说上几句话，以消除紧张情绪，然后鼓励大家各抒己见。

● 主持人发问时，所提的问题一定要简明易懂，并且每次只能提一个问题。主持人提问的目的在于引发众人讨论，因此所提的问题最好是开放式问题，而不是使用“是”或“否”来回答的问题。

● 有时，某一问题提出之后，会场可能会一时沉寂。对于这种情况，主持人应谨慎对待，不要一出现这种情况就马上转问另一问题，要给人们留出思考的时间。

● 对待所有的与会者应一视同仁，给予同样的尊重。比如在讨论过程中，主持人应注意随时提及此前有人提到同样的见解或评论意见，并说出这些人的名字。

● 要确保座谈不被少数人支配，以致其他人不再愿意发言。主持人可通过肢体语言鼓励那些不愿说话的人发言，并暗示那些喜欢出风头的人暂且等待。例如，主持人可通过微笑、身体前倾、保持目光接触等鼓励发言者继续讲下去，通过将身体后撤以使那些意图支配会场的人尽快结束发言。此外，主持人可借“这一看法很有意思，我还想听听其他人对此有何见解”之类的话来把控会场。

● 在座谈过程中，主持人应注意观察与会人员是否有疲惫的表现。

● 对于有些问题，主持人不能光靠说话去调动人们发言，因为单靠语言表达有时会有局限性。遇到这种情况，主持人有必要采用其他一些手段。心理学中的投射技术有可能会派上用场，某些刺激物的使用也有可能会起作用。例如，主持人可让人们从所提供的杂志中选取图片，或围绕若干竞争者的宣传册展开讨论，来了解他们对企业或目的地的形象感知。

● 当有人提出某一明显会有争议的观点时，主持人的职责是：在他人反驳之前，率先表示这一认识的提出乃属正当。譬如，主持人可以说："这一看法很有意思，我在别的会议上也曾听到过。"

● 在座谈临近结束时，主持人应至少提前5分钟给出信号。这样做一方面是为了告诉人们抓紧时间讲述未尽之言，另一方面是为了使座谈能够圆满结束，不至于给人留下草草收场的感觉。

● 座谈结束时，主持人不要忘记感谢与会成员付出宝贵时间前来参会。

---

3. 德尔菲法

德尔菲法（Delphi technique）是由美国兰德公司最初为预测未来的科技发展而提出的，因而常为人们用作一种预测技术，实际上也可在营销调研中用于收集原始资料。在旅游业中，人们一直将德尔菲法用作就有关调研问题获取专家意见的一种方式，并认为这一调查方式具有一定程度的客观性（Seaton and Bennett，1996）。

作为一种调查方式，德尔菲法旨在就某一需要解决的复杂问题鼓励一组专家分别发表自己的看法或评价意见，因此也称为专家意见法（knowledgeable panel method）。在调查期间，这些专家既不集合起来开会，也不知道参加者有哪些人。在开展调查时，调查人员要做的第一项重要工作就是物色一组肯为该调查项目尽力，并对该问题有真知灼见的专家（Taylor and Judd，1994）。在此基础上，调查人员将事先设计好的调查问卷分别呈送给每一位专家，然后将专家填写后的问卷按期收回，由该调研项目的主持人对这第一轮的填写结果进行评价。根据评价结果，项目主持人再设计第二份调查问卷，并由调查人员将第二份问卷连同项目主持人对第一轮调查结果的评论意见，再一次分送给各位专家。在这一轮调查中，各位专家可参考项目主持人对第一轮调查结果的反馈意见，重新思考自己最初填写的答案，填写第二份调查问卷。依此类推，调查工作一轮一轮地持续反复，直至各位专家在互不通气、彼此不受影响的前提下，对该问题的答案认识趋同。

德尔菲法的主要优点是能够以合理的代价获得对所调查问题的客观见解（Green，Hunter，and Moore，1990）。当然，这一方法也有不足之处，主要包括：

● 物色理想的专家有一定的难度。

● 整个调查过程历时较长，要说服这些专家坚持下来也有难度。

● 调研项目主持人对每轮调查结果所做的汇总和评论，可能会出现认识偏颇的问题。

4. 观察法

观察法（observation）是调研人员收集一手资料的一种调查方法，因调查结果可靠而被广泛使用。通过这一方法收集的信息资料之所以可靠，是因为与面对面访谈相比，观察法的特点在于“观其行”而非“听其言”，所获得的调查信息比较客观准确。

观察法的实施方式可分为两种：一是直接观察；二是间接观察。

直接观察指的是调研人员到现场对调查对象的行为进行观察以获取信息。例如，著名的“时间与动作”（time and motion）研究法便是一种典型方式。以旅游业中的餐饮经营为例，调研人员在观察一线服务员工各个环节的工作的同时，记录每个工作环节耗用的时间。此后，调研人员对这些观察记录进行分析，以发现那些有待改进的工作环节，从而提高一线员工的工作效率。例如，根据所观察到的问题及其原因分析，餐饮企业有可能会：（1）重新调整工作场地的设计（例如改进餐厅、餐具清洗间、厨房之间的布局，或者优化一线服务人员往来于这三者之间的路径设计），以消除某些制约工作效率的瓶颈；（2）重新调整员工的工作任务，以改进餐饮服务的工作流程；（3）加强对员工服务技能的培训，使其能够更有效率地开展工作。

间接观察指的是调研人员通过对调查对象的行为进行非直接的观察，从而发现和掌握有关的信息。譬如，在欧美地区，餐馆经营者为了及时地了解自己的菜品是否受顾客欢迎，定期去盛放残羹剩菜的垃圾桶前看上几眼，通过观察有关菜品被顾客遗弃的情况，推知哪些菜品可能不太符合顾客的口味，应当撤换。这种“垃圾调查法”（garbage survey）就是一种间接观察法。

以上例子中涉及的都是人员进行的观察。在有些情况下，调研人员也可利用机器设备去观察。譬如，为了测量某城市的客流情况，调研人员往往会在进入该城市的主要路口设置专用的记录器，计算进入该市的外地汽车数量，并记录这些车辆经过的时间。同样，调研人员也可在旅游景区景点的入口处设置自动计数器，以记录来访游客的人数。

观察法的优点是：调查结果准确客观，并能够记录消费者的行为。

观察法的主要缺点是：成本较高。原因在于：（1）并非所有人员都能胜任观察任务，因而需要对相关人员进行培训；（2）不能仅凭一次观察便得出最终结论，一般需经过多次观察，因而整个观察期较长；（3）在有些情况下，需要使用一定的辅助设备。这些都将增大利用观察法开展调查的成本。

5. 实验法

作为收集一手资料的方法之一，实验法（experimentation）主要用于调查或测量某一变量的变化对其他变量的影响。在自然科学研究中，这种方法很常用。在旅游业的营销调研工作中，这一方法的应用还不多。实际上，旅游经营者可通过广告实验、价格实验或者构建仿真模型等辅助有关的决策工作。譬如，在确定旅游宣传册的封面设计方案时，营销者可采用实验法将不同的方案呈现给潜在目标市场人群，测试人们对每一种方案的感兴趣程度，据此确定哪一种封面最具感染力。再比如，在调查旅游产品价格对销售量的影响程度时，可以在试销中逐步变动价格，通过比较不同价格水平下销售量是否存在显著差异来确认价格变动是否对销量有显著影响。事实上，这类测试性营销目前很成功。随着时间的推移，实验法在旅游营销调研中的应用将会逐渐增多。需注意的是，采用实验法获得调研结论常常需要与其他统计分析方法配合使用，如单一样本 T 检验、独立样本 T 检验、方差分析等。

思政专栏

习近平总书记地方工作时期的调研方法

一、问卷法

问卷法是当今社会科学研究中最常用的资料收集方法之一，它是指调研者通过统一设计的问卷来向调查对象了解情况、征询意见的调研方法。美国学者艾尔·巴比称问卷是社会调查的支柱，英国社会学家莫泽认为十项社会调查中有九项是采用问卷进行的。问卷调查也是习近平常用的调查研究方法之一。在正定、福建等地工作时，他多次发起问卷调查。20 世纪 80 年代初，刚刚出任正定县委书记的习近平为了高效地获悉群众中存在的问题，避免层层推诿、部门间扯皮等现象，亲自带领县委办公室同志到街头摆摊，跟群众面对面，搞民意问卷大调查，并运用非概率抽样中的“偶遇抽样法”完成问卷发放和收集，全程参与了面向行政管辖范围的问卷调研。1990 年，习近平到福州任市委书记时，开展了面向一万多名福州市民的问卷调查活动，以全民讨论的方式对福州发展作出顶层设计，在此基础上形成福州市 3 年、8 年、20 年的发展战略规划，主持编制《福州市 20 年经济社会发展战略设想》，即“3820 工程”。

二、文献法

文献法是根据一定的调查研究目的而进行的收集和分析书面或声像资料的方法，通过收集和分析现存的、以文字形式为主的文献资料去获取信息，进行研究。

文献法是习近平常用的第二种调查研究方法。初到一地任职或者调研时，习近平常通过研读地方志快速且较为全面地了解当地历史地理、风土人情，并基于前人的智慧形成自己的施政方向。到正定担任县委副书记后，习近平通过读《正定县志》了解了地方志的“资政”功能，在之后的会议中，他对正定全面且有条理的阐述让与会同志领悟到了阅读地方志的价值。在福州履职之初，习近平通过研读地方志，对福州历史文化、文物古迹形成了深刻的认识，激发了他保护文物、修缮文物的时代责任感，进而完成了对名人故居古建、遗址遗迹等的修复和保护，并建立健全了管理办法。

三、访谈法

访谈法以调研者和调研对象双方面对面的互动过程为主，通过有计划地口头交流，了解情况，达到调研目的。访谈资料是互动的产物，适用性强，调研者对访谈过程的控制性强，通常能达到较高的完成率。

访谈法是习近平常用的第三种调查研究方法。比如，习近平在青年时期经常去请教战略家、军事家雷英夫将军，学习毛泽东在抗美援朝战争时的战略智慧和面对困难的态度、解决方法，求教中印边境自卫反击战中两个亚洲大国的各自战略等等。除了个人访谈，集体访谈即专家座谈会也是习近平广泛征求意见的重要方法。在主政福州时，习近平经常邀请知识分子、专家学者等参加座谈会，首创了“老干部季谈会”“科技季谈会”“军政座谈会”等，听取建议，解决困难。无论是“3820”工程，还是进城农民工生活现状的课题研究，或者是军民共建活动的决策，都离不开集体访谈的社会作用。

四、实地研究法

实地研究法是一种能深入到研究对象所处的真实环境中去研究的方法，调研者通过看、听、问、想、体验、感受、理解等一系列方式与调研对象互动。这种方法有助于调研者获得直接的、生动的一手资料。踏勘、蹲点、田野作业等都属于实地研究法。

实地研究法是习近平常用的第四种调查研究方法。到浙江主持工作初期，习近平用了9个月的时间实地调研了69个市县区，占浙江省总数的76.6%。每赴一地之前，他都明确调研主题，如“下山扶贫”“海洋经济”“机关效能建设”等。通过调研，他全面了解和深入思考，结合自身的工作实践和经验，提出针对性意见。为了提高实地调研的效率，习近平会带领与主题相关的分管领导一起调研，不仅可以充分了解所到之地的情况，同时也了解和考察了干部，并和他们一起发现问题、探讨解决问题的方法，调查现场就是办公现场。除了自己主导调研外，习近平还对浙江的领导干部明确提出要求：当县委书记一定要跑遍所有的村，当市委书记一定要跑遍所有的乡镇，当省委书记要跑遍所有的县市区。

五、案例研究法

案例研究法是通过对个别事物的性质、状态的调查和分析来认识它所代表的同类事物和现象，即“从特殊到一般”。毛泽东把案例研究法比喻为“解剖麻雀”。

案例研究法是习近平常用的第五种调查研究方法。担任福建省省长时，习近平曾对“晋江经验”进行调研、剖析和研究归纳，成为案例研究法运用的经典案例。案例研究第一步是提出问题。我国县域经济发展一直是政府官员关注的核心问题。福建晋江在改革开放前还是依靠政府补贴的县，如何在一二十年间一跃进入全国百强县前列？晋江经济突飞猛进的发展引起了习近平的关注。第二步是理论构建与案例选择。习近平先派一些同志去晋江初步调研“打前站”，在听取汇报后，亲自去晋江企业实地考察，与当地干部群众召开座谈会。第三步是收集数据与分析案例。经过缜密的思考与归纳，习近平把“晋江经验”概括为“六个始终坚持”和“处理好五大关系”。第四步是得出结论。习近平评价晋江探索出了一条符合地区实际的发展道路，“晋江经验”是晋江人民对中国特色社会主义发展道路的大胆探索和成功实践，并且在《人民日报》等刊发了相关文章。第五步是验证理论。至此，“晋江经验”闻名遐迩。

六、实验法

实验法是在研究现场中同步进行资料收集和研究的方法，它可通过控制情境和变量来研究社会行为或者社会现象的变化，建立变量间的因果关系。对领导干部而言，更多的是实地实验。因此，实验法中那些严格的指标，例如自变量和因变量，实验组合控制组、前测和后测等，并非能够一一对应，需要调研者进行科学的控制。

实验法是习近平常用的第六种调查研究方法。20世纪80年代初，我国各地依旧“以粮为纲”，地方政府征购任务较重，导致农村多种经营发展不起来，群众生活贫困。以正定县为例，征购任务高达7 000多万斤。习近平当时看到安徽和四川正在酝酿搞“大包干”来调动农民种田的积极性。因此，他选了离正定县城不远的双店公社做“大包干”试点，一年后便获得了成功：公社农业产值增长到原来的1.5倍，社员年人均收入从210元涨到400元。“大包干”政策得到了群众的拥护和支持。

资料来源：邱然．浅析习近平地方工作时期调研方法．理论视野，2020(9)：31-36.

第5节 设计调查问卷时的注意事项

在收集有关旅游市场信息的一手资料时，调查问卷的设计是最基本也是最重要的工作之一。这是因为大多数用于收集原始资料的方法都是以调查问卷为基础的，如果调查问卷的设计本身存在问题，不仅会影响调查问卷的回收率，而且会令调研人员难以对调查结果作出有效分析。然而，调查问卷的设计往往是旅游市场调研工作中难度最大的一个环节。国外已开发出相关的计算机软件（如SNAP），但是旅游市场十分复杂，完全依赖这类软件设计调查问卷并不现实。因此，了解有关调查问卷设计的基本知识，特别是了解应注意的主要事项，对于旅游营销者来说很有必要。

一、调查问卷的设计原则

调查问卷的设计并没有统一的固定标准。由于调研工作在所针对的课题、收集的信息类型、面向的调查对象等方面不尽相同，调查问卷的具体设计也会有差异。

一般来讲，在调查问卷的设计工作中，调研人员主要应考虑三个方面的问题：

- 如何引导被调查者回答问题，或者怎样才能方便调查对象填写调查问卷？
- 怎样才能方便自己的工作，即怎样才能方便自己对调查结果进行统计处理？
- 最重要的是调查问卷的设计能否同时兼顾前述两个目标？

调查问卷设计工作的指导原则见表6-2。

表6-2 调查问卷设计工作的指导原则

问卷的长度 1. 尽可能简短。 2. 问题的表述简明扼要。
版面的安排 3. 标明调查日期。 4. 将有关个人隐私的问题（如收入、年龄等）安排到最后。 5. 对于调查人员对各项问题的调查情况应如何记录，或被调查者应如何回答，提供指导性说明。 6. 在某些问题的备选答案中，必要时提供“不知道”或“无可置评”之类的选项。
所调查问题的措辞 7. 每例只问一个问题。 8. 问题的内容要尽可能具体。 9. 避免使用常人难懂的技术术语。 10. 使用语义清楚的措辞。 11. 在备选答案的设计上，要确保各项答案之间不存在内容重叠（例如，应设计为1～1.99美元、2～2.99美元，而不宜表述为1～2美元、2～3美元）。

资料来源：根据Morrison（2010）整理。

二、注意事项

就技术层面而言，在调查问卷的设计工作中，调研人员需要牢记的注意事项主要有两类：一类是设计调查问题时应注意的要点；另一类是调查结果出偏差的常见原因（Foster，1984）。

设计调查问题时应注意的要点是：

- 避免语意不明确、没有实际意义、答案不唯一。
- 所提问题的先后顺序应符合逻辑。
- 提问方式要尽可能简单，避免一题多问。
- 对问题的表述应避免使用复杂抽象的学术性语言。
- 对问题的表述应避免使用令调查对象难懂或不熟悉的词语。
- 对问题的表述应避免使用有可能对答案产生提示性影响的措辞和语气。
- 考虑调查对象的背景、经历等方面的情况，避免询问被调查者无法有把握地回答的问题。
- 某些问题的备选答案中可设置“不知道”或“不清楚”这一选项，避免被调查者被迫去猜选所列的其他选项。
- 避免询问要费力回忆才能回答的问题。
- 不宜询问有可能令对方感到伤自尊而不愿回答的问题。
- 避免询问答案范围过宽的问题。
- 所给出的备选答案应充分涵盖各种主要的可能选择，换言之，不宜刻意地压缩备选答案的选项。

导致调查结果出现偏差的常见原因是：

- 调查样本的选取范围有误。
- 所选取的样本不适合该项调查的目的。
- 所使用的样本不具代表性。
- 所使用的样本过大，致使所提供的数据太多，容易掩盖真正有意义的数据。
- 所使用的样本太小，使调查结果没有统计意义。
- 所使用的样本没能覆盖某些重要的细分市场。
- 调查问卷的回收率太低（原因：对问卷中的某些问题，被调查者不愿回答或难以回答；所选样本中的调查对象联系不到人，无法进行访谈调查）。
- 调查人员的偏见带来影响（表现为：在访谈调查过程中，调查人员不经意间过分强调了某个用词或某一问法）。
- 调查工作不够严谨或不够精确。
- 对被调查者的回答存在曲解，或分析有误。
- 过多使用开放式问题，或者封闭式问题备选答案的选项过多。
- 被调查者不经意间误答。
- 问题本身语意不清，或表述不够明确。
- 存在不可避免的偏见问题。
- 对调查资料的处理有误。

第 6 节　调研成果在营销决策中的有效使用

在现实中，有的旅游组织或企业意识到调研工作对于营销决策的重要性，并且为调研工作的开展付出了一定的资源和精力，然而拿到调研报告之后又觉得对指导营销决策的价值似乎不大。这种情况的出现有多方面的原因。一般来讲，假定调查工作本身没有问题，不存在偏差或失误，那么，这种情况的出现往往与两个方面有关：一是调研报告的撰写形式；二是调研报告中的常见问题。

一、调研报告的撰写形式

撰写调研报告的目的是为营销决策提供信息，因此，调研报告的撰写形式必须力求方便决策者使用。这就要求调研报告简明扼要，要点突出。面对厚厚的一大本调研报告，决策者不会有耐心去寻找有用的数据或信息。

这类问题的出现有时也不能完全归咎于调研报告的撰写者。在委托外部开展调研的情况下，对于受委托方提交上来的那种内容精炼、形式简明但篇幅不够大的调研报告，有些委托方感觉花了冤枉钱。他们的这种心境难免会影响受委托方，导致有些调研报告篇幅很大、内容冗长。

二、调研报告中的常见问题

调研报告中比较常见的问题是只罗列了调查过程中发现的事实，却没有进行必要的分析并得出可能的结论。对于某些决策者来说，无须耗费过多精力便能对这些调查结果作出分析和判断。但是许多情况下决策者没有时间去做具体的分析工作，导致调查结果或调查数据没有得到充分利用。

为了说明这一点，我们来看下面的例子。

// 案　例 //

某商业性博物馆为了摸清近年来的客源市场状况，委托某家调查机构做了一次专项调研。调研工作结束后，在提交上来的调研报告中只汇集了调查过程中的一系列发现，其中主要的调查发现包括：

（1）在该博物馆接待的来访游客中，70%的参观者年龄在40岁以上。

（2）在来访的外地游客中，41%的人来自距该博物馆50公里以内的地域。

（3）73%的来访游客反映该博物馆办得不错，认为不虚此行。

（4）有49%的来访游客表示喜欢由讲解员引导的集体参观方式，另有49%的游客表示不喜欢这种参观方式。

对于上述调查发现，如果调研人员不做必要的解释，人们恐怕很难洞察和理解其中的意义，从而很难在营销决策中有效地使用这些调查信息和数据。

所幸该博物馆的馆长是一位能力很强的管理者，他花时间研究了上述调研发现，并作出了如下具体分析：

（1）70%的来访游客年龄在40岁以上，意味着该博物馆应针对儿童和家庭市场加大对有关服务产品的开发和促销宣传的力度。

（2）41%的外地游客来自50公里以内的地域，表明该博物馆应进一步拓展市场地域，特别是拓展周边80公里范围内的一日游市场。

（3）只有73%的来访游客表示满意，说明来访游客的满意率较低，该博物馆目前暂不宜考虑提高门票价格，下一步的营销目标应是来访游客的满意率超过85%。

（4）对于由讲解员引导的集体参观方式，调查结果显示有49%的游客喜欢，另有49%的游客不喜欢。这些情况反映出，一方面现行的接待方式存在不利于游客周转的问题，另一方面近半数游客的参观质量因此受到影响。因此，该博物馆应考虑针对不同类型的游客提供多元化的接待服务，可能需要增设自助语音导览系统以及相关的配套设施。

在对这些分析结果进行研讨的基础上，该博物馆决定采取行动解决调查中发现的问题。在此后几年中，该博物馆的举措富有成效，无论是游客接待量还是营业收入都出现了增长。

关键术语

营销调研（marketing research）
第二手调研（secondary research）
第一手调研（primary research）
简单随机抽样法（simple random sampling）
概率性样本（probability sample）
非概率样本（non-probability sample）
邮寄式调查（mail survey，postal survey）
中心组座谈（focus group）
观察法（observation）
案头调研（desk research）
定量调研（quantitative research）
定性调研（qualitative research）
人员访谈（personal interview）
电话调查（telephone survey）
互联网调查（Internet survey）
德尔菲法（Delphi technique）
实验法（experimentation）

思政阅读材料

1. 李春峰．论习近平对毛泽东调查研究思想的继承与发展．创造，2021，29(9)：18－22.

2. 向贤彪．习近平调查研究“五字诀”．支部建设，2021(13)：32－34.

3. 蒋建农，洪向华．学习习近平总书记关于调查研究的重要论述与实践．毛泽东思想研究，2021，38(1)：9－24.

复习与思考

1. 名词解释：营销调研、一手资料、二手资料。
2. 营销调研的重要性何在？其作用主要体现在哪些方面？
3. 在就某项工作进行决策时，对于是否为此开展专项调研，一般需考虑哪些因素？
4. 试述开展调研工作的基本程序。
5. 开展第二手调研应注意哪些方面的问题？
6. 在开展定量调研时，用于收集一手资料的方法主要有哪些？这些方法分别有哪些优缺点？
7. 在开展定性调研时，用于收集一手资料的方法主要有哪些？这些方法分别有哪些优缺点？
8. 在设计问卷调查中的问题时，应当注意哪些要点？
9. 影响调研成果有效使用的常见因素有哪些？

/ 第7章 /

旅游营销计划

学习目标

- 了解编制营销计划的必要性和意义。
- 了解战略性营销计划与战术性营销计划的区别。
- 熟悉编制营销计划的基本程序。
- 掌握编制营销计划过程中各阶段工作的重点内容。
- 熟悉营销计划文本中一般包括的内容。
- 了解营销计划执行过程中的注意事项。

思政要点

- 《孙子兵法》中的战略思维。
- 深悟“执行力”要义，力促旅游营销计划落地。

第1节　认识旅游营销计划

一、营销计划的概念

“营销计划”这一表述有时会因“计划”一词的词性而在语义上有差异。

一种情况是作为营销管理中的一项工作，即营销计划“marketing planning”作为动名词短语使用，指的是一个组织或企业对未来某一时期营销工作方案的策划和编制工作。就旅游业而言，这一意义上的营销计划是指一个旅游企业或旅游目的地根据对旅游供需市场的发展态势以及自身所处地位的分析，对未来特定时期内所要实现的营销目标以及实现这些目标的战略途径和行动方案进行系统策划的工作过程。这一工作的目的是“使未来的营销决策工作能够迅速而经济地进行，从而尽可能减少对经营时机的延误”（Warren，1966）。

另一种情况是作为上述工作过程的产物，即营销计划“marketing plan”作为名词使用，指一个旅游企业或旅游目的地所制定的、旨在规定和记录自己在未来特定时期内计划实现的营销目标以及为实现这些目标而作出的战略途径和行动方案安排的一种书面文件。结合旅游业而言，这一意义上的营销计划是指“用于指引一个旅游企业或旅游目的地营销组织开展市场营销工作的书面文件”（Morrison，2010）。

为了避免混淆和因此而导致误解，在本章中，我们将作为动名词使用的前者明确地称为营销计划工作或营销计划编制，将作为名词使用的后者则称为营销工作计划或营销计划文本。也就是说，前者是后者的编制过程，后者则是前者的工作产物或工作成果。

二、计划工作的必要性

对于旅游企业或旅游目的地是否需要对未来的营销工作进行系统的分析和计划，人们或许会有不同的认识。例如，有些旅游管理者基于个人经历和工作经验，认为无须系统地对市场营销工作进行计划。他们认为这不过是一种僵化的形式主义做法，不仅耗资费时，而且有可能出错，贻误营销时机。他们的理由往往是“计划赶不上变化”，认为在市场需求和外部经营环境快速变化的今天，系统地编制营销计划并无实际意义。他们甚至会列举旅游业发展史上一些著名实业家凭借个人直觉和预感进行决策而获得成功的实例，作为反对系统地开展计划工作的证据。

然而，如今越来越多的人认识到，不论是在个人生活方面还是在事业发展方面，若要取得成功，都需要科学地进行计划。商业领域也是如此。特别是在市场竞争空前激烈的今天，一个组织或企业仅凭借管理者个人的直觉或猜测去进行决策的做法早已不合时宜，凭借“撞大运”去实现长期成功的可能性几乎不存在。在现代旅游业的发展史上，有些曾经非常兴盛的旅游企业，例如美国泛美航空公司，之所以突然倒闭，一个重要的原因就在于对计划工作的忽视。为了使自己的经营决策不迷失方向，在激烈竞争中求得生存和实现发展，任何一个旅游企业或旅游目的地都应该对其市场营销工作进行系统的研究和计划。

特别是对于旅游企业来说，经营规模越大，所涉及的产品/市场越多，对营销工作进行系统计划的必要性就越突出。众所周知，旅游业经营中所需面对的突出问题之一就是市场需求波动频繁。这一特点的客观存在愈发凸显出旅游企业围绕既定的发展目标开展市场营销活动的重要性。市场需求和经营环境的迅速变化往往会掩盖计划工作的必要性，导致某些旅游企业因忽视计划工作而最终走向失败。所以，对未来的营销工作进行系统的计划已成为旅游企业实现长期生存和长期成功的必经途径。

有必要说明的是，强调计划工作的重要性并不意味着否认企业家的直觉和预感在引领企业成功发展方面的作用。虽然人们习惯于将强调计划工作与看重企业家的直觉对立起来，但若能处理得当，这两者也有可能实现彼此配合和相互支持。一方面，系统科学地制定出来的营销工作计划能够提醒管理者在决策工作中关注组织或企业的发展目标，为管理者提供决策参考；另一方面，营销计划也并非不可更改，不会成为营销工作与时俱进的障碍。在国际学术界很多学者倡导“企业家＋计划”这样一种制定营销计划的工作模式，其目的就在于力求将系统地制定计划的科学性与企业家个人的直觉天赋结合起来。发达国家中很多大型企业一直在尝试将这一思想纳入自己的营销计划编制工作。一些专家学者观察这类实践后认为，“在科学分析与直觉判断之间明显存在某种平衡”（Middleton，1988）。对于一个旅游企业来说，这两者都不可或缺。在采取主动的营销行动方面，直觉判断永远都是营销者至关重要的才能。但如果不受计划目标和既定战略的约束，企业家个人的直觉判断有可能给企业带来毁灭性的灾难。

三、营销计划编制工作的意义

营销计划的编制具有多方面的意义，其中最重要的意义在于，它可为一个组织或企业指明给定时期内的工作方向和前进路线，为其开展营销工作提供行动方案，有助于旅游企业或旅游目的地在风云变幻的经营环境中始终把握正确的方向，并实现发展目标。虽然营销计划文本的篇幅以及所含内容的复杂程度会因旅游企业或旅游目的地的经营规模而不尽相同，但其基本作用和意义是一样的。

具体地讲，在指导市场营销工作的开展方面，旅游营销计划的作用在于帮助一个组织或企业实现一系列的管理效益。这主要反映在以下几个方面：

1. 使营销工作的开展有据可依

营销计划是开展市场营销的工作指南，可为市场营销工作的开展提供明确的方向和指导，从而使其有据可依。营销计划中对执行期内营销工作的总体任务和一系列具体业绩指标的规定，不仅可使参与市场营销的各部门工作人员了解自己的任务和努力方向，避免在工作上出偏差，而且能够使其感受到自己的工作对组织或企业取得成功的重要性，从而有助于增强全体员工的使命感和责任心。

2. 有助于合理配置营销资源

在营销计划中，通过规定组织或企业的重点目标市场，可避免将有限的营销资源误用于不具发展潜力的客源市场。同时，通过排定各个目标市场的优先顺序，可使营销部门在工作中合理地配置人力、物力和财力。

3. 便于对营销绩效进行评价与控制

营销计划中的营销目标可为管理者提供衡量营销工作成败的标准。特别是其中有关游客接待量、营业收入之类的可测量的指标，将成为旅游企业检查和评价员工、部门乃至整个企业营销绩效的核心依据。将实际实现的业绩与计划实现的目标进行比较，有助于管理者发现问题并采取必要措施加以解决。

4. 有助于保障营销政策和发展方向的连贯性

通过编制战略性营销计划，可保障一个组织或企业的营销政策及工作计划的连贯性。营销计划作为开展营销工作的文件依据，不仅便于营销人员随时查阅任务和目标，据以评价营销工作的有效性，而且有助于保障一个组织或企业的营销政策和发展方向不会因高层管理部门的人事更迭而丧失连贯性。

5. 有助于降低经营风险

在编制营销计划的过程中，通过分析旅游企业或旅游目的地所处的内外部环境，可在了解自己的优势和劣势、评价在计划执行期内可能遇到的机会和风险的基础上，就如何扬长避短、如何抓住机遇以及如何规避风险等制定策略，将经营风险降至最低。

第2节　营销计划的类型

营销计划编制工作的根本任务有两项：第一，制定计划执行期内组织或企业所要实现的发展目标（营销目标）；第二，制定实现这些目标的战略和工作方案。其中，营销目标的制定需要以必要的调研与分析工作为基础；营销战略和工作方案的制定则需要考虑营销预算。在营销计划文本中，还需要就如何监控营销计划的执行作出必要的安排。

但是，营销目标的制定会因营销计划执行期的不同而在层次上有差异。也就是说，有的营销目标是未来中长期所要实现的战略性营销目标，有的则是近期内所要实现的战术性营销目标。根据执行期的不同，市场营销计划一般分为两种：一种是战略性营销计划；另一种是战术性营销计划。

一、战略性营销计划

在我国，未来中长期的战略性营销计划有时也称为营销规划。按照国际文献中的流行看法，这种战略性营销计划的执行期通常为未来3～5年或更长。根据目前我国的情况，战略性营销计划的执行期比较可取的安排是5年，以与我国每5年一期的国民经济和社会发展计划对接。

就一个旅游企业而言，这种战略性营销计划与该企业同期内的总体经营计划（business plan）密不可分。而对于一个旅游目的地来说，这种战略性营销计划与该地同期的旅游业发展规划有密切的关联。这主要是因为所有这类战略性营销计划都需要回答三个方面的基本问题：

- 该企业目前的经营状况如何？该地旅游业的发展现状如何？
- 在计划执行期内，该企业或旅游目的地拟达到何种市场地位或实现哪些发展目标？
- 这一市场地位或这些发展目标拟通过何种战略和手段去实现？

不论是一个旅游企业的中长期总体经营计划，还是一个目的地的中长期旅游业发展规划，涉及内容的范围都比市场营销计划大得多。以旅游企业的总体经营计划为例，涉及的内容除了市场营销工作，还包括该企业在筹资、财务、人力资源、业务经营、行政管理等方面的工作。换言之，“企业经营计划（或公司规划）是影响整个企业未来多年总体发展的决策”（Argenti，1980）。显然，市场营销工作仅是一个企业总体经营计划中需包含的内容之一。

不过，对于任何一个组织或企业来说，战略性营销计划都是其整个经营计划中最为重要的组成部分。以企业为例，这主要是因为市场营销工作对其经营起着决定性的作用。企业经营计划中涉及的各个方面的工作都需要资金的支撑，所有提前预支的资金只有在企业日后获得足够的营业收入之后才能得到补偿。然而，在未来时期内，一个企业能否获得足够的营业收入，关键在于该企业能否争取到足够多的业务或顾客。而这一点恰恰是市场营销工作所承担的任务，因为市场营销工作的根本职能就在于识别目标市场，刺激目标顾客对企业产品或服务的需求，并将这些需求转化为企业的营业收入。换言之，倘若该企业未能赢得足够的业务或顾客，那么所有资金预支都将因得不到补偿而最终造成浪费。当然，这并不是说企业经营计划中只应重视市场营销工作，更不是说市场营销计划可取代企业的总体经营计划。不论是旅游企业的总体经营计划，还是旅游目的地的旅游业发展规划，都应将增加经济收入列为首要目标之一，都应正视市场营销工作的核心地位。

战略性营销计划关注的重点内容是：在该营销计划的执行期内，市场需求方面将会出现哪些变化？外部经营环境方面的因素将会出现哪些变化？这些变化对旅游企业或目的地的市场营销工作有哪些意义？采用哪些战略途径去实现营销目标？简言之，战略层次的营销计划永远都着眼于长远性的营销决策。这种类型的营销计划反映的是旅游企业或旅游目的地未来中长期的发展蓝图。从这个意义上讲，战略性营销计划通常具有主动超前的特点。当然，它也是一种针对市场供求的发展趋势制定的策应性计划。

战略性营销计划文本中涉及的主要内容包括：

(1) 战略目标。一般指旅游企业或旅游目的地在计划期内所要实现的市场地位，通常需要就该时期内的目标客源市场、所供产品的类型、目标销售量、目标营业收入、目标市场份额等方面的计划指标作出大体规定。例如，我国各级旅游行政组织和旅游企业在制定其五年发展规划时，通常都会对该时期内的市场营销工作提出定量及定性目标。这些目标都属于该五年规划执行期内所要实现的战略性营销目标。

(2) 定位。战略性营销计划中通常会涉及计划期内旅游企业或旅游目的地所要执行的产品定位，以及所要树立或强化的品牌形象。旅游产品在目标市场心目中的形象一般指在目标消费者心目中的形象，但也涉及在旅游中间商心目中的形象。实际上，这也是一种软性的战略营销目标。例如，英国威尔士旅游局在制定旅游业发展规划时，针对游客来访量淡旺季差异大的问题，提出的战略营销目标之一便是“改变人们对威尔士的现有看法，使其感知到威尔士是一个四季皆宜访问的旅游目的地”（WTB，1995）。

（3）营销预算。指为实现营销工作的战略目标而计划投入的经费。

（4）营销战略。指为实现营销目标而选用的基本战略途径。

战略性营销计划的制定属于企业战略管理工作的重要内容之一。学界普遍认同企业战略管理理论诞生于20世纪50年代末的美国，而诞生于2 500前，享有“兵学圣典”“世界古代第一兵书”之雅称的《孙子兵法》，就已经蕴涵了丰富的战略思维和智慧。《孙子兵法》是中国古代军事文化遗产中的璀璨瑰宝，它富有宏观视野，饱含丰富的战略智慧，是当代战略哲学的重要思想源泉。从《孙子兵法》中汲取战略智慧并运用于企业管理早已成为国内外学术研究和管理实践的风潮。决定企业可持续发展的关键因素之一便是企业的战略决策。《计篇》末尾指出：“夫未战而庙算胜者，得算多也；未战而庙算不胜者，得算少也。多算胜，少算不胜，而况于无算乎！吾以此观之，胜负见矣。”战争胜负可以预见，在战略决策过程中，谁获胜的条件多，谁就可以获胜，谁获胜的条件少，谁就难以获胜；另外，谁的战略决策正确和高明，谁就获胜，谁的战略决策失误或处于劣势，谁就难免失败。企业要实现可持续发展，首先要周密分析可持续发展的条件和竞争获胜的把握，制定符合实际的发展战略。如果在“庙算”这一战略决策思维过程中就失去了先机或没有先胜的绝对把握，则意味着企业在战前就已经输掉了竞争。现实中许多企业的失败并不是输在资源、技术等方面，而是输在没有战略或战略决策出了问题（杨新，2012）。

综上，旅游企业或旅游目的地在开展营销工作时，应对战略性营销计划的制定给予足够的重视，综合考虑宏观环境、竞争环境以及自身条件制定战略性营销计划，以此匹配和支撑整体经营战略。

二、战术性营销计划

与战略性营销计划相比，战术性营销计划是一种短期的营销计划。按照国际文献中的流行看法，这种营销计划的执行期为未来三年以内。在旅游实务中，营销计划通常都是指这类短期性的战术性营销计划，尤以年度营销计划为典型。

战术性营销计划的编制重在安排未来短期内的营销工作。市场营销概念及其理论的提出都是着眼于一个组织的长远未来，主张以消费者需求为导向，以消费者满意为目标，实现组织的持久生存和长期成功。然而大量营销实务是在近期的战术层次上发生的。这两种情况同时存在其实并不矛盾。从战略意义上讲，市场营销理论强调的是一个组织或企业应根据对未来市场需求变化情况的分析和预测更新或改进自己的产品供给，以满足目标消费者的需要，实现发展和长期成功。但是，这一最终目标的实现不可能一蹴而就，只能逐步落实。这主要是因为，不论是旅游企业还是旅游目的地，由于某些因素的制约，近期内只能向消费者市场提供现有的产品或服务项目。这些限制因素既可能来源于外部，也可能来源于内部。在外部因素方面，譬如有些情况的变化很快，旅游管理者难以提前预知。在内部因素方面，不论是由于自身供给能力的限制，还是出于对经济效益的考虑，近期内旅游企业都可能会将现有产品的销售作为生存的基础。为了能够“留得青山在”，它们必须凭借自己所掌握的一切营销手段，刺激客源市场对其现有产品的需求和应对竞争者的挑战。所有这些情况都说明，未来长远目标的实现必须以近期目标的落实为基础。正如有的学者曾指出的，“市场营销计划的编制工作实际上是兵分两路的活动，一部分直接归属总的战略计划名下，另一部分则明显属于负责具体策划现有市场开发工作的执行经理的任务……”（Hussey，1979）。如果说战略性营销计划形成的是一个基本框架，那么战术性营销计划是在这一框架内设计的阶段性工作方案。旅游业实践表明，市场营销部门需要制定并组织执行这种短期的战术性营销计划。

如前所述，在战术性营销计划中以年度营销计划最为常见。在有些情况下，这种战术性营销计划的执行期也可能是一年半或者仅为几个月。从战术意义上讲，这种营销计划编制工作的任务主要是根据近期对未来情况变化的分析和预测——特别是针对竞争者的行动——作出计划期内的对策安排。因此，与战略性营销计划相比，战术性营销计划中有关执行性营销活动的内容通常都应详细具体。

战术性营销计划文本中通常包括以下内容：

（1）营销目标。包括该计划执行期内所要实现的销售量、销售额等可量化的硬目标，以及某些定性表达的软目标。

（2）营销手段与营销预算。即为实现既定营销目标而计划采用的营销组合策略，以及整个执行期内开展营销活动所需的经费预算。

（3）行动方案。即所要开展的各项营销活动及其执行方案的安排，尤其是对营销传播或促销宣传活动的安排。

（4）评价与控制工作。即就如何监测和评价营销计划的执行情况以及发现问题后采取的管理措施作出安排。

第 3 节　营销计划的编制程序

长期以来，人们一直试图针对不同的旅游业部门设计专用的营销计划编制模式，也曾取得一些研究成果。例如，有些研究人员专门针对饭店探讨编制营销计划的工作模式（Morrison，1989；Nykiel，2002），有的学者提出专门针对旅游景点的营销计划编制模式（Maboney，1987），等等。

在编制旅游营销计划方面，不仅不存在统一的标准模式，而且营销计划文本中的内容结构也不尽相同。尽管存在上述差异，但在营销计划编制工作中都会涉及某些具有共性的基本内容。譬如，都需要对客源市场的需求状况进行分析和预测，都需要分析市场供给及竞争状况，都需要制定计划期内所要实现的营销目标，都需要编制营销预算，都需要制定用以实现营销目标的战略途径以及用于实施这些战略的营销组合，都需要考虑如何对营销计划的执行情况进行监测、评价与控制，等等。

一、营销计划的编制程序

这里介绍一种“七段式”营销计划编制程序（见图7-1)。这一模式的通用性较强，不仅适用于旅游业各个部门的营销计划编制工作，而且可用于指导其他行业的营销计划编制工作。

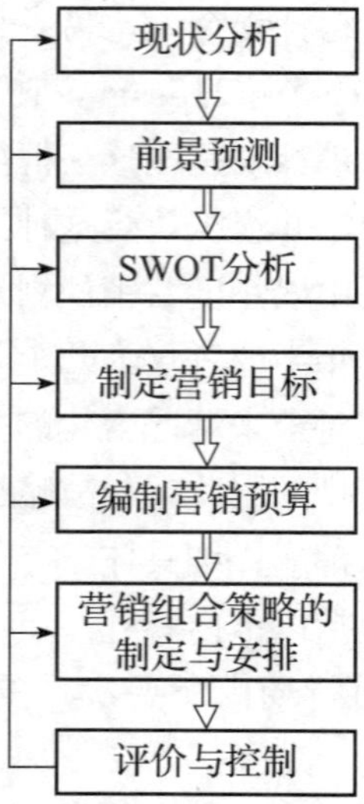

图7-1　营销计划的编制程序

资料来源：根据 Middleton（2001）整理。

图7-1中所示为营销计划编制过程的逻辑顺序，以及各个阶段的工作内容。图中的空心箭线反映的是，在逻辑上，这七个阶段的工作开展有先后顺序，即上一个阶段的工作完成之后，方可按顺序进入下一个阶段的工作，并且全部营销计划编制工作形成一种周而复始的循环。需要注意的是，由于营销计划的编制需要经历相当长的一段时间，在此期间随时可能会出现新的情况。因此，在编制过程中，编制人员需要根据情况的变化重新修订前面阶段的有关工作结果，使编制工作出现某些局部性的反复或小循环。譬如，在编制营销预算时，编制人员若发现可供使用的资金不足，无力支持上一阶段所定营销目标的实现，便需返回上一阶段的工作，对原先制定的营销目标进行修订。图7-1中所示的单线箭线旨在反映这类情况。

此外，还有一点需要说明。对于一个组织或企业来说，其市场营销计划体系中的各类营销计划的编制过程都需经历这些工作阶段，通常会使用同一批调研资料，并且编制工作往往都是由同一组人员承担。不同之处在于各阶段工作内容的详略程度。一般来讲，在编制中长期的战略性营销计划时，最重要的工作是全面详细地分析和预测在该营销计划的执行期内各种外部经营环境因素出现的变化及发展趋势。在编制战术性或年度营销计划时，重点是制定明确具体的营销目标以及用于实现这些目标的营销行动方案。

下面，我们以旅游企业为例，对这七个阶段的工作内容进行较为具体的解释和讨论。

1. 现状分析

现状分析是营销计划编制过程中初始阶段的工作，密德尔敦曾形象地将其比喻为“诊断”（Middleton，1988）。在这一阶段，所需分析的内容可能有很多。以旅游企业为例，除了需要对企业自身的经营或发展现状进行分析，还需要对与企业经营工作相关的外部因素进行分析和评价。菲利普·科特勒将这种对外部因素的分析称为“环境分析”。虽然这些外部因素并非旅游企业自身所能控制，但这些因素是其所处经营环境的组成部分，会直接或间接地影响其业务经营，因此对这些因素的分析至关重要。在编制旅游营销计划特别是中长期战略性营销计划时，编制人员必须对外部因素进行全面详细的分析和评价，包括经济、社会和文化环境，人口因素，科技发展，政府政策以及自然环境等。

在这一阶段，编制工作的主要任务是在收集和分析相关信息的基础上，摸清企业近年来的经营状况以及在同业市场中所处的地位。与一个旅游企业的经营或发展现状相关的信息所涉及的范围很广，这一阶段的分析工作究竟应该包括哪些内容？换言之，这一阶段需要收集和分析哪些方面的信息和数据？这是一个现实而重要的问题，同时也是一个很难具体回答的问题。原因在于，各旅游企业的业务类型和经营规模不尽相同，这一阶段的工作所涉及的内容范围会有差异。

就一般经验而言，本阶段所需分析的内容至少涉及以下四个方面。

（1）分析当地整个市场近年来的发展状况以及企业所处的地位。编制人员需要分析近年来（至少是最近五年来）当地整个同业市场的销售量和销售额变化情况，以及企业的产品销售量和销售额变化情况。这一分析工作旨在摸清近年来当地整个同业市场以及企业的经营状况、客源市场的实际规模、企业在其中所占的份额，并将企业的市场份额与竞争者所占的份额进行比较。通过这些纵向和横向的分析和比较，旅游企业不仅可了解自己近年来在营业规模和营业额方面的变化趋势，而且能够了解自己目前在整个同业市场中所处的地位。

以某城市饭店为例。通过对有关信息数据的收集和分析，至少应能回答下列问题：

- 近五年来，前来本市访问的过夜游客每年有多少？其规模是趋于增大还是趋于减小？
- 本饭店近五年来的经营状况如何？顾客接待量和营业收入是趋于增多还是趋于减少？
- 本饭店所占的市场份额如何？近五年来是趋于增大还是趋于减小？
- 主要竞争者的上述情况如何？

通过回答这些问题，管理者便可得知近五年来该市整个饭店业的发展状况，以及该饭店在其中所处的地位。这方面的分析做起来通常比较容易。对于一个旅游企业来说，只要将自己近五年来的顾客接待量和销售数据与有关权威机构的统计数据或者当地行业协会公布的调查数据加以比较，就能得出基本结论。

（2）分析现有顾客的人员构成以及近年来的变化情况。编制人员不仅需要回顾和分析近年来企业顾客的人员构成情况，而且需要了解和分析主要竞争者的情况。具体内容包括：消费者的人员构成、社会经济特征、对某些特定产品或服务项目的态度、购买行为方面的特点，以及所有这些方面近年来的变化趋势。这些分析工作的目的不仅在于认识企业现有顾客的人员构成状况，更重要的是发现近年来有哪些变化动向。

仍以前述城市饭店为例。就这方面的分析工作而言，所要回答的问题包括：

● 近五年来，本饭店的顾客主要是哪些人员？商务客人与消遣型客人的比例如何？是哪些职业的从业者？各类顾客所占比例的变化趋势如何？

● 这些顾客主要来自哪些地方？近五年来的变化趋势如何？

● 他们来本市访问的主要目的是什么？近五年来的变化趋势如何？

● 这些顾客中有多少是团体购买者，多少是散客？近五年来的变化趋势如何？

● 他们通常在何时购买？以何种方式购买或预订？近五年来的变化趋势如何？

● 这些顾客在饭店下榻期间都有哪些方面的消费？近五年来的变化趋势如何？

● 他们为何会选择下榻本饭店？

除了企业的客源现状，编制人员还需要以同样的方式了解和分析主要竞争者的顾客情况。通过了解和分析企业自身的顾客现状以及变化动向，并与竞争者的情况进行比较，编制人员能够发现在下一个营销计划执行期内是否有必要对企业的目标市场结构作出调整，或者是否需要根据客源结构的变化动向针对某些类型的顾客加大营销力度。

在开展这方面的分析时，有关企业顾客情况的信息资料一般取自企业的顾客数据库以及近年来的营业记录。有关竞争者顾客情况的信息一般可通过查阅外部资料来获得。在二手资料缺失或不足的情况下，必要时可通过原始调查进行收集。

（3）分析现有产品以及近年来的需求变化情况。编制人员首先需要分析近五年来企业各项产品的销量变化情况，了解清楚这些产品目前所处的生命周期阶段。编制人员还需要以同样的方式了解和分析竞争者的产品情况。开展这些分析工作的目的是确定下一个营销计划执行期内是否需要对企业的产品组合作出调整，以及确定新产品或新服务项目的开发方向。

在开展这类分析时，有关企业产品情况的信息资料一般可通过查阅企业内部的有关营业记录获得。对于竞争者的产品信息，一般可通过查阅行业报刊或购买专业调查公司的调查资料获得。

（4）分析外部经营环境。在现状分析阶段，编制人员必须对企业所处的外部经营环境以及近年来有关因素的变化情况进行分析。在国际学术界，人们常常将这方面的分析称为PEST分析。其中，P代表政治或政策法规方面的因素；E代表经济方面的因素；S代表社会文化方面的因素；T代表科学技术方面的因素。这方面的分析工作就是对影响消费者市场需求和企业经营的政策、经济、社会文化、科学技术等方面因素的现状，以及近年来的变化动向进行详细分析。分析的主要内容包括：

● 政策法规方面的现状以及近年来的变化动向，例如，政府的旅游政策、税收政策、就业政策，有关的立法、行业规范等方面的情况。

旅游企业或旅游目的地应特别重视对政治或政策法规导向的研判。例如，党的十八大以来，以习近平同志为核心的党中央把生态文明建设摆在全局工作的突出位置，在全面加强生态文明建设、一体治理山水林田湖草沙等方面开展了一系列根本性、开创性、长远性工作，决心之大、力度之大、成效之大前所未有。[①] 旅游营销人员应深刻地认识我国国家治理的这一重要方略以及出台的相应法律法规。旅游企业或旅游目的地在重组产品结构时不能突破生态环境保护的底线。例如一些旅游景区拟扩大商业规模，欲将部分森林、草地、水系等改为商用以增加营业收入，此举是否能够得到政策支持便是营销计划能否得以推进的决定性因素。生态环境保护和经济发展并非矛盾对立，而是辩证统一的关系，但任何对生态环境竭泽而渔式的旅游发展方式都不可能得到政策支持。只有牢记"绿水青山就是金山银山"这一发展原则，坚持绿色发展方式，才能有效支撑旅游企业或旅游目的地走得更远。

- 有关经济因素的现状以及近年来的变化动向，例如，经济增长率、人均收入水平、通货膨胀率、失业率、汇率、油价等的情况。
- 社会文化方面的现状以及近年来的变化动向，例如，人口规模与结构、法定休假制度、社会价值观念、生活方式、国民教育的发展等的情况。
- 科技发展方面的现状以及近年来的变化动向，例如，信息技术的发展与应用、电子商务和移动商务的发展、新材料技术的发展，以及其他可能对旅游业经营产生影响的创新型应用技术的情况。

在开展这类分析时，所需的信息资料主要取自有关的统计年鉴、报刊、行业调查报告等二手资料。有些方面的信息（如社会价值观念、生活方式等）有时需通过原始调查去获取。

综观以上四个方面的分析内容，我们可以发现，现状分析工作的主要目的在于汇总与营销计划编制工作相关的所有因素的基本事实，并将其作为此后各阶段工作的基础。由于这些信息资料的来源很多，并且大都是二手资料，因此，对拟使用的信息资料进行质量甄别与挑选是确保分析工作有效开展的重要前提。在这一阶段的工作中，内容分析的详细程度需根据本企业的具体情况来决定——通常取决于企业的经营规模及业务范围。一般来讲，经营规模及业务范围越大，分析工作的涉及面就越大，内容也就越详细。

还有一点值得注意，虽然人们通常将这一阶段的工作称为现状分析，但有些情况下，分析的内容有可能会超出企业目前所经营的产品/市场范围，延伸至其他的产品/市场。譬如，某饭店长期以来面向中档客源市场提供住宿服务，但在制定未来的营销计划时认为有必要了解和分析高端住宿市场的发展状况，以便评估对自己可能具有战略意义的目标市场变更问题。又如，某家旅行社原本并不经营远程包价旅游产品，但在制定未来的营销计划时希望了解和分析远程包价旅游市场的发展情况，以决定在下一个营销计划执行期内是否进入远程包价旅游这一业务领域。

2. 前景预测

在编制营销计划的过程中，第二个阶段的工作是前景预测。在有些研究文献中，前景预测也称市场预测或营销预测。这一阶段的工作也是以营销调研为基础，但重点在于预

---

① 孙金龙，黄润秋．以习近平生态文明思想为指引 推动生态文明建设实现新进步．学习时报，2021－08－06（1）．

测、评估和判断产品/市场因素和外部环境因素在未来营销计划执行期内有可能出现的变化。如果说现状分析阶段的工作相当于医学中的“诊断”，那么这一阶段的工作任务相当于医学中的“预后”。

具体地讲，这一阶段的基本任务是对现状分析阶段中已涉及的四大方面（即整个市场的情况、顾客情况、现有产品情况和外部环境情况）在未来营销计划执行期内将会出现何种程度的变化作出基本估测。

仍以前述城市饭店为例。在这一阶段的工作中，所需回答的问题主要是：

- 来访该市的过夜游客将会增加还是减少？将会以何种速度增加或减少？在营销计划执行期内游客来访量将会达到多少？
- 饭店的顾客接待量将会增加还是减少？将会以何种速度增加或减少？在营销计划执行期内饭店的顾客接待量将会达到多少？
- 在该市饭店行业中，本饭店的市场份额将会增大还是减小？在营销计划执行期内本饭店所占的市场份额将会是多大？
- 在营销计划执行期内饭店的顾客结构是否会出现变化？将会出现哪些变化？
- 在营销计划执行期内哪些人群将会成为饭店的主要目标市场？
- 在营销计划执行期内哪些产品将会成为饭店的“明星”产品、“现金牛”产品或“瘦狗”产品？
- 饭店应优先开发的产品或服务项目将会是哪些？
- 外部环境中的政策法规因素、经济因素、社会文化因素以及科技因素在营销计划执行期内有可能出现哪些重大变化？这些变化对饭店的经营和营销工作意味着什么，将会形成机会还是构成威胁？

由于影响旅游市场供需的因素很多，加之这些因素随时有可能发生变化，因此旅游营销者不能指望这一阶段的预测结果非常精确。这一阶段预测工作的真正目的在于了解和评估这些因素在计划执行期内的变化方向和发展速度，从而判断在计划执行期内这些因素的变化将在多大程度上成为现实。由于营销计划的编制工作聚焦于下一期的营销目标及其实现途径，因此必须依靠具有现实性的预测。

在如何对影响企业未来经营的各种变量进行预测方面，有很多专门的技术和技巧。本书对此不展开论述，有兴趣的读者可参阅有关预测技术的文献。

3. SWOT 分析

通过现状分析全面掌握有关的基础资料，通过对未来情况的预测得知各相关因素在营销计划执行期内将会出现哪些变化，接下来要做的工作是：评价这些信息对企业未来营销战略和战术的意义。对于这一评价工作的基本内容，国际学术界概括为 SWOT，其中，S 代表优势，W 代表劣势，O 代表机会，T 代表威胁。

什么是优势？对于旅游企业来说，经分析，其所拥有的所有优于竞争者的条件和能力皆可成为本企业在营销计划执行期内的优势。任何一项优势的形成都是相对于竞争者而言的。其中，有些优势可能是旅游企业在经营实践中刻意打造而形成的，有些优势则可能承袭自历史遗产。譬如，如果某企业拥有自己刻意开发出来的“明星”产品，那么这显然是该企业的一项优势；如果某企业在主要客源市场中占有控制地位，那么这也会是一种优势。对于饭店来说，选址合理，方便顾客，很可能会成为一项重要优势。有的优势也可能来自饭店独具特色的历史遗产或建筑风格。无论是英国伦敦始建于维多利亚时期的萨沃伊饭店，还是享有“华夏第一店”之称的天津利顺德大饭店，都属于拥有这类遗产优势的典型例子。对于旅游企业来说，其优势亦可源于具有出色创造力的营销队伍或能够为顾客提供优质服务的员工队伍，也可源于所掌握的先进的销售系统或专门技术。此类因素之所以能成为旅游企业的优势，除了企业在这些方面胜过竞争者，更重要的是它们有助于企业在客源市场消费者心目中树立有利的品牌形象。

旅游企业可对照竞争者的情况考虑自己在以下方面的优势：

- 来自产品方面的优势。
- 来自选址或坐落地点方面的优势。
- 来自历史遗产方面的优势。
- 来自员工队伍方面的优势。
- 来自管理及专业技术方面的优势。

除了上述内容，构成旅游企业优势的其他因素还有很多，在此不一一列举。

营销计划编制人员在分析优势时必须注意：构成优势的所有因素都必须是可以辨认的。这些因素所构成的优势必须已经为消费者市场所证实，或者经过努力之后能够得到市场的验证，绝不能只是营销者的自我标榜。一旦分析出这些优势，营销者便可在更大的范围内向潜在客源市场进行宣传，并在营销计划执行期内进一步巩固和发展这些优势。

什么是劣势？与优势相比，劣势指的是企业不敌竞争者或弱于竞争者的那些方面。在编制营销计划的过程中，编制人员必须清楚地识别出企业的劣势，如设施老旧、产品过时、服务质量低、员工粗鲁无礼等。一旦识别出劣势，便需考虑采取行动以减小其影响，或者在可能的条件下将其消除。

实际上，在以提供服务为中心的旅游业中，无论是优势还是劣势，常常都是消费者的主观看法，而不一定是真正意义上的客观事实。这意味着，不论是优势还是劣势，往往只有通过开展消费者调查才能真正识别出来。在营销导向型的旅游企业中，营销者为了了解和确认企业的优势和劣势，通常会定期开展市场调查，有时还会委托第三方对目标消费者进行调查。

值得注意的是，人的看法是可以转变的，通过管理者的努力，有些最初表现为劣势的因素不仅可以消除，而且有可能转化为优势。密德尔敦曾讲过一个真实的案例（Middleton，1988）。在某城市的旧城区有一家历史悠久的老饭店，很多光顾过的顾客反映，该饭店设施陈旧，环境嘈杂。该饭店的管理者在了解这一情况后决定通过重新定位去改变消费者的这一感知。经过反复的调研与分析，该饭店管理部门认识到，历史悠久、建筑别具风格、坐落地点便利等因素本应是自己的优势。这说明消费者的印象反映的其实是该饭店在管理上存在问题。“陈旧”无疑是一个反映劣势的贬义概念，然而，若该饭店的建筑设施“陈”而不“旧”，则有可能成为该饭店与众不同的优势。于是，该饭店管理部门决定，在今后的宣传工作中突出强调该饭店的韵味古朴、坐落地点便利，以及贴近当地社会的生活氛围等正面因素。为了改变消费者对该饭店的固有印象，该饭店对其建筑设施和服务设备进行了整修和更新，其中包括采用“一罐漆”技术（Nykiel，2002）改变建筑物的陈旧外观，改用隔音效果较好的双层玻璃窗解决嘈杂问题。经过努力，该饭店终于将劣势转化为优势。

什么是机会？对于旅游企业来说，机会指的是未来营销计划执行期内将会出现的有利于企业实现自身发展的因素。从市场营销的意义上讲，机会有可能产生于直接受企业控制的某些因素——譬如企业某一独特的新产品将开发成功，但更多的情况是，机会往往产生于外部环境中将出现的某些有利情况或有利因素。

譬如，奥运会和世界杯足球赛等重大赛事活动的举办往往会给举办地的旅游业带来诸多机会，其中最重要的机会莫过于大规模的免费营销传播，因为在这类重大赛事开幕之前、举办期间以及闭幕之后的相当长时间内，有关该项赛事的信息将成为世界各地众多媒体持续关注和报道的话题（李天元，2006）。

以奥运会的举办为例。从国际奥委会宣布下一届奥运会的举办地点的那一刻开始，该举办地及其筹备工作的进展情况便会成为世界各地新闻媒体关注和报道的对象。经验表明，在奥运会开幕之前的1～2个月中，有关各国参赛队伍的实力和备赛情况、对未来比赛成绩及奖牌分配结果的预测，以及对赛事举办地的经济、社会、文化、环境、气候等方面情况的介绍和报道频度，都将明显加大并形成高潮。在比赛活动正式进行的半个月内，有关赛况的新闻报道以及电视直播或转播的竞争将呈现白热化。例如，1996年亚特兰大奥运会期间，全世界收看电视直播的观众多达35亿人；2000年悉尼奥运会期间，全世界收看电视直播的观众为37亿人；2008年北京奥运会期间，全世界收看电视直播的观众超过50亿人。在全部赛程结束之后的大约1个月时间内，有关奥运赛事的评论仍是全球各地媒体报道的热门话题。事实上，即使将关于国际奥委会宣布赛事举办地点的新闻报道忽略不计，单是在奥运会举办的前前后后，赛事举办地客观上将会得到世界各地媒体3～4个月的公共宣传。这些宣传的受众面之广自不必言，对于赛事举办地的旅游业来说，借助大规模的宣传活动可吸引大量旅游者。

澳大利亚在识别和利用这类机会发展旅游业方面堪称国际旅游发展史上的典范。20世纪80年代之前，澳大利亚在世界旅游业中名不见经传。此后澳大利亚之所以一跃成为举世闻名的国际旅游强国，关键就在于抓住了80年代初美洲杯帆船赛在澳大利亚西海岸的珀斯举办这一难得的历史机遇。澳大利亚此举获得成功，源于政府和民间对这一重大机遇的认知，欧美（世界上最大的国际旅游客源地）各国媒体客观上为澳大利亚提供的大规模公共宣传，最重要的是澳大利亚政府和旅游实业界顺势而为，特别是在开展营销传播方面所做的投入和努力。

总之，不论是自行创造的机会，还是外部环境客观上带来的机遇，最重要的是，旅游营销者在编制营销计划时能够预先识别出这些机会，并就自己能否利用这些机会以及如何有效地利用这些机会作出明智的决策。

什么是威胁？对于旅游企业来说，威胁指的是未来营销计划执行期内将会出现的不利于企业经营与发展的因素。不论是企业可控的内部因素，还是企业无法控制的外部因素，若出现不利于企业的变化，都将对企业构成威胁。譬如，在编制营销计划的过程中，如果编制人员预计在营销计划的执行期内汇率将出现不利的变化、国际油价将上涨、强大的竞争者将会出现、主要客源国或本国的经济将出现衰退等，那么所有这些情况都将成为企业在该时期内面临的威胁。

SWOT 分析贵在开展综合分析，需将调查得出的各种因素根据轻重缓急或影响程度等方式排序，构建 SWOT 矩阵。在此过程中，将那些对战略目标有直接的、重要的、大量的、迫切的、久远的影响的因素优先排列出来，而将那些间接的、次要的、少许的、不急切的、短暂的影响因素排列在后面。通过 SWOT 矩阵可以清晰直观地反映旅游企业或旅游目的地战略环境的大致情况。表 7－1 列举了云南健康旅游目的地的 SWOT 战略分析矩阵。

表 7－1　云南健康旅游目的地 SWOT 战略分析矩阵

	潜在机会（O）	潜在威胁（T）
外部环境	O1：云南省政府对健康旅游的发展高度重视，为发展健康旅游提供了良好的制度保障体系。 O2：云南交通便利，已形成“空中巴士”全覆盖航空网络，陆运、水运交通网络逐步完善，极大地提高了健康旅游目的地的可达性，缩短了旅游者的旅途时间。 O3：云南旅游发展基础较好，培养了一批忠诚度高的旅游者，为促进健康旅游发展奠定了良好的物质和市场基础。 O4：云南拥有热情淳朴的当地居民、原生态的传统生活方式、绿色天然的资源环境，可以进一步增强旅游者的健康文化体验感。	T1：来自国外同行的竞争。周边已有知名度的国外健康旅游目的地，如泰国、日本等，也在加大旅游发展力度，继续巩固和扩大其在健康旅游市场中的份额。 T2：来自国内城市间的竞争。一是国内各省区纷纷采取措施，加大投入，大力扶持健康旅游，比如周边的广西、四川、贵州等地；二是北京、上海等一线城市基于医疗、科技水平等优势，提高当地健康旅游设施的配套水平，对云南发展健康旅游构成了一定的威胁。
	内部优势（S）	内部劣势（W）
内部环境	S1：云南气候舒适，空气质量、水体质量、声环境质量均优，还有丰富多样的植被资源，是健康旅游出行的绝佳目的地。 S2：云南省具有十分丰富的自然资源与人文旅游资源，不仅景色优美，品位极高，而且风格各异，具有颇高的观赏游憩、历史文化、科学艺术等价值。 S3：云南具有深厚的健康文化底蕴，有温泉、少数民族体育、民间中医药等健康文化，提高了旅游资源的健康价值，为健康旅游目的地营造了浓厚的健康文化氛围。 S4：云南在提升旅游基础设施配套的同时，健康服务设施也正进一步完善升级，一些国际化大型投资项目的引进将使云南健康旅游服务设施的等级与品质不断升级。	W1：云南健康旅游开发过程中，缺乏精通健康、养生和旅游的专业人才；缺乏养生旅游创业、科学管理及运营经验；还缺乏与高品质现代化医疗等技术的融合。 W2：云南健康旅游资源存在不合理开发利用，缺乏统一规划等突出问题；现有项目也存在品质参差不齐、开发与破坏生态环境并存、不能充分保护和体现民族特色、开发趋同性明显等突出问题。

资料来源：唐嘉倩，王静，李雪松（2020）.

在编制营销计划时，最重要的是能够预见该时期内的威胁，因为旅游营销者只有知其所在，才有可能提前做好准备，以便避开威胁，至少将其负面影响减至最小。

4. 制定营销目标

完成前面几个阶段的分析、预测和评价工作之后，接下来的工作便是制定计划执行期内的营销目标。营销目标通常是指组织/企业拟在营销计划执行期内实现的业绩。

（1）营销目标的类别。在旅游业中，营销目标可分为两大类。一类是以利润为核心的营销目标，具体表现为：拟在营销计划执行期内实现的销售量、销售额、利润额、市场占有率之类的业绩目标。由于这类营销目标能够直接以量化方式进行表达和测量，因而也称作硬目标（hard objectives）。另一类则是以品牌形象和顾客满意度为主要内容的营销目标。由于这类营销目标难以用量化方式表达，并且难以直接量化测量，因而也称作软目标（soft objectives）。

对于旅游目的地来说，营销目标多以形象建设为主，但一般也会涉及计划实现的游客接待量以及旅游收入之类的业绩目标。对于旅游企业来说，营销目标则多以利润目标为核心，在具体表达形式上，多为企业拟在该营销计划执行期内实现的销售量、销售额、设施租用率、市场份额等等。旅游企业的营销目标中也可能会涉及形象建设和顾客满意度等方面的内容。

（2）营销目标的作用。对于营销目标的作用，主要可从两个方面理解。一个方面是营销目标对计划执行期内的工作和重大管理决策起着指导或引导作用，以使该时期内的各项工作能够围绕营销目标的实现去开展。另一个方面是营销目标也起着据以衡量和评价工作绩效的标准作用。管理者将实现的业绩与计划的营销目标进行比较，便可以发现是否存在差距。这不仅有助于判断营销目标的落实情况，而且有助于分析和找出造成差距的原因，从而采取管理措施，对问题进行有效的控制。

（3）制定营销目标应遵循的原则。为了使上述作用得以发挥，制定营销目标时应遵循以下原则：

- 营销目标的表述必须明确，能够有效地进行测量。对于销售量、销售额、利润额、市场份额之类的硬目标，必须以数量化形式表达；对于那些难以量化的软目标，也应做到能够通过间接方式进行有效的测量和评估。
- 对于数量化的硬目标或指标，应在各产品/市场间作出详细分解。
- 必须明确规定实现营销目标的期限，应具体到年月日。
- 基于市场需求和营销预算等方面的考虑，所制定的营销目标必须具有现实性，即经过努力能够实现。
- 制定营销目标时，应征求各营业部门的意见，所制定的营销目标应当能够为各营业部门接受。
- 对于营销目标的执行及落实情况，应能够（直接或间接）进行测量和评估。

如果不遵守上面这些原则，那么即便制定了营销目标，也难以有效地指导计划执行期内的业务开展，并且难以用作衡量工作绩效的标准，甚至在执行过程中会受到员工的消极抵制。

在我国，很多旅游企业在制定营销目标方面普遍存在的问题是：忽视将数量化的营销目标在各产品/市场间进行分解。为了说明这一点，看看下面的案例。

//案　例//

某地有一家主要经营国内包价旅游业务的旅行社。多年来，该旅行社经营的包价旅游产品主要有三项：(1) 组织前往国内甲地的历史古迹游；(2) 组织前往国内乙地的山水风光游；(3) 组织前往国内丙地的民族风情游。在过去的5年中，该旅行社每年的组团量大约为4万人次。

2021年第三季度即将过去，该旅行社着手编制下一个年度的营销计划。通过现状分析，该旅行社发现近年来市场需求的变化趋势是：随着文旅融合的推进，国内历史古迹游持续升温，人们对民族风情游的兴趣也日渐浓厚，自然风光游仍将发展良好。因此，在开展SWOT分析的基础上，经组织员工讨论和征求意见，该旅行社管理部门决定将下一个年度的营销目标定为：2022年1月1日至12月31日，实现销售量增长15%，即实现组团4.6万人次。

在这个案例中，该旅行社对所制定的营销目标进行了量化表达，实现这一营销目标的期限很明确，员工也都认可。总之，看上去这一营销目标似乎没有什么问题。

然而，从营销管理的角度看，这一营销目标并非充分可行，而且，即使在这一营销目标中进一步添加诸如目标销售额、利润额、市场占有率等量化指标，情况依然如此。这一营销目标没有在相关的产品/市场间进行分解，不仅执行起来会遇到很多麻烦（例如，如何有针对性地开展营销活动），而且会因分担这一目标的责任不清而难以对其实现过程进行有效的控制。这一营销目标的执行结果有两种可能：一种可能是，营销目标如期实现，甚至超额实现；另一种可能则是，营销目标到期未能实现。在前一种情况下，该旅行社能否了解这一目标得以实现的原因是什么？是否所有的员工都应因此受到同样的表彰和奖赏？在后一种情况下，该旅行社能否了解问题究竟出在哪些工作环节？有哪些教训可以吸取？由于这一营销目标未能实现，是否所有的员工都应因此受批评甚至扣发奖金？显然，所有这些问题的答案都将是否定的。从营销管理的角度讲，这一营销目标实际上并非充分可行。

在这个案例中，营销目标该怎样制定才算是充分可行的呢？根据该旅行社在此前几个阶段中所做的分析、预测和评价，在全面考虑营销目标六项原则的基础上，该旅行社应结合自身的产品/市场，将这一营销目标在各产品/市场间作出分解。例如，可将这一营销目标表述如下。

截至2022年12月31日，实现销售量增长15%，即实现组团4.6万人次。其中：

（国内甲地）历史古迹游产品：实现组团3.25万人次（+5%）；

（国内乙地）山水风光游产品：实现组团0.75万人次（+8%）；

（国内丙地）民族风情游产品：实现组团0.6万人次（+50%）。

在这一营销目标中，括号中的数字表示的是与上一年度的组团量相比，2022年各项包价旅游产品目标组团量的变化幅度。这些变化幅度反映的是营销计划编制过程中前三个阶段所做分析、预测和评价的结果。也就是说，根据前三个工作阶段中所作的分析、预测和评价，在2022年中，历史古迹游产品的目标组团量较上一年度应增长5%，山水风光游产品的目标组团量应增长8%，民族风情游产品的目标组团量应增长50%。

以这种方式制定和表述营销目标将会使其可行度大为增加。这主要是因为：

- 这种营销目标将有助于该旅行社根据不同产品的年度目标销量指标，结合市场需求的淡旺季波动情况，具体计划不同时间段内应当实现的组团量。这将有助于该旅行社安排签订有关的采购合同，提前订购所需的交通服务和旅馆房间数量。
- 根据这种营销目标，该旅行社能够针对不同的产品策划有关的营销活动，对营销预算进行合理的分配。
- 这种营销目标将有助于管理者在营销计划执行期内根据产品的实际销量（或预订量）与目标销量的比较，及时地对有关营销工作的执行情况进行评价和控制。

从这一案例中不难看到，在营销计划的编制过程中，前三个阶段（分析、预测和评估）工作的有效开展是制定营销目标的基础。如果没有做这些阶段的工作，或者这些阶段的工作做得不到位，将难以科学地制定有效的营销目标。另外，对于任何一个旅游企业来说，除非只面向整体市场经营同一产品，否则有必要将营销目标在不同的产品/市场间进行分解。唯有如此，旅游营销者才能有针对性地开发营销组合，才能实现营销预算的有效配置。

5. 编制营销预算

从概念上讲，营销预算是一个组织或企业为实现计划期内的营销目标，确保营销活动的有效开展而需要拨付的经费，也可以说是营销计划编制人员经过分析和判断认为支持营销目标实现所需安排的营销工作经费。但在实际工作中，对于营销预算中应包括哪些方面的开支，各组织或企业可能会有不同的安排。以《饭店业统一会计制度》为例，其中对“营销费用”这一会计科目下所含开支项目的规定，实际上并没有将属于营销活动的各项开支全都包含进去（Middleton，1988）。对于大多数旅游组织或企业而言，营销预算实际上指的是促销工作的预算，只不过是人们约定俗成的一种惯用表述罢了。

在制定营销计划的过程中，对营销预算的编制是一项颇有难度却又十分重要的工作。一方面，促销费用属于必须预付的开支，即在所计划的目标销售量或目标销售额实现之前就必须支付的资金。对于旅游企业来说，这些资金只有等到将来的某一时日才能从营业收入中获得补偿。另一方面，如果取消这些开支，营销者将难为无米之炊，无法实现营销目标。

在旅游业中，营销者编制营销预算的做法不尽相同，一般可分为四种：有能力支付法、营业收入百分比法、竞争对等法和目标任务法。

（1）有能力支付法（affordability method）。这一做法指的是旅游企业或旅游目的地营销组织根据自己的资金能力，将特定数额的资金确定为营销计划执行期内的营销预算。这一做法的优点在于容易实施，无须花费很多的时间和精力，缺点是过于简单。这种做法是以组织的支付能力为依据的，其风险可想而知。其中最明显的风险是，由于它不是以实现营销目标所需开展的营销活动为依据，因而可能导致组织或企业开展一些没有成效的营销活动。

（2）营业收入百分比法（percentage of sales method）。这一做法有时亦称基于经验的预算编制法（rule-of-thumb budgeting），是指按目标营业收入的某一百分比确定营销计划执行期内的营销预算。例如，按照国际饭店业近年来的经验做法，饭店通常按预计年营业收入的4%～6%安排其营销预算。

对于旅游目的地营销组织来说，这一方法是指将该目的地该年度旅游收入的某一百分比确定为年度营销预算。例如，早在20世纪80年代，世界旅游组织就曾建议旅游目的地营销组织的年度营销预算按该目的地同年旅游收入的1%进行安排。

这种营销预算编制法的优点在于简单易行，所以在旅游业中很流行。这种方法依据的一个假设是组织所应付出的营销开支需符合或接近行业的常规水准。这种做法的问题在于，由于同行中各组织或企业在业务运作、目标市场以及营销组合手段等方面并非完全相同，因此，以同行企业营销开支的平均水平为依据可能会产生误导。譬如，对于某一新创办的企业来说，为了赢得市场份额，其营销开支通常有必要高于行业平均水平。对于那些立足已稳的企业来说，由于已经拥有一大批忠诚顾客，因而可能不必再支付那么高的营销开支。总之，了解同行企业营销开支的平均水平固然必要，但不应成为旅游组织或企业确定营销预算的唯一依据。

（3）竞争对等法（comparative parity method）。这种营销预算编制法主要为旅游企业所应用，它指的是参照主要竞争对手的营销预算规模确定本企业的营销预算额。这种做法依据的假设是企业的营销开支无论如何不能低于主要竞争对手，否则，其市场份额难免会被竞争对手蚕食。这种预算编制法使用起来很容易，只需了解主要竞争者的营销预算情况即可。主要缺点在于它忽视了不同的旅游企业在目标市场、营销目标、营销组合手段等方面可能存在的差异。所以，虽然在营销预算上紧跟竞争者是一种不错的做法，但若仅以此为依据确定企业的营销预算，难免会出问题。

（4）目标任务法（objective and task method）。这一做法指的是旅游企业或旅游目的地营销组织根据为实现营销目标而需开展的各项促销活动，分别测算费用，然后汇总形成营销计划执行期内的营销预算。这一做法也称为叠加法（build-up method），因为它是自下而上地编制预算，而不是先确定预算总额，然后考虑如何分配。

从本质上讲，前三种方法都是不科学的，因为它们依据的要么是组织的支付能力，要么是过去的经验数据，要么是有关竞争对手预算情况的市场情报。由于这些方法使用起来比较简便，因而为旅游营销者广泛采用。事实上，这三种方法都只能确定营销预算总额，难以说明或根本无法说明营销预算总额该如何分配。

营销预算的编制应当能够回答以下三个问题：

- 为了支持营销目标的实现，在开展营销活动方面总共需要多少资金？
- 这些资金将如何在各产品/市场间分配？
- 这些资金将如何在各促销活动或促销手段间分配？

就此而论，目标任务法是一种比较理想的营销预算方法，至少在理论上如此。采用目标任务法编制营销预算时，营销者首先需要在明确营销目标的基础上分析为实现这些目标需要开展哪些促销活动，然后分别估算用于各个目标市场的营销费用，以及用于每一种促销组合手段的资金数额。之后对这些情况进行汇总，并考虑应急费用的安排，最后形成营销预算的总额。这一做法与企业管理中常用的零基预算法基本相同。特别是对于旅游企业来说，在确定每一个产品/市场组合的营销目标的基础上便可采用目标任务法。

在实践中，目标任务法也有其局限性，主要表现在：采用这种方法编制营销预算往往需耗费大量的时间，并且很大程度上需要依靠对未来促销活动的判断，具体实施起来不容易。特别是对于那些有多项营销目标、以多种产品面向多个目标市场开展经营的旅游企业来说，这一做法的实施难度更大。尽管存在这一局限，目标任务法仍是一种科学的、值得提倡的营销预算编制法。

制定营销预算的目的在于通过投资于营销活动促成营销目标的实现，这意味着所确定的营销预算应足以支持营销目标的实现。在编制营销计划的过程中，如果发现营销预算不足以支持营销目标的实现，那么有两种选择：一种是设法追加或补充最初计划的营销预算，使其能够切实支持营销目标的实现；另一种是编制人员返回上一工作阶段，重新修订营销目标。否则，所制定的营销目标可能成为无法兑现的空头支票。

6. 营销组合策略的制定与安排

在这一阶段的工作中，营销计划编制人员需要考虑的问题是如何促成营销目标的实现。这意味着编制人员不仅需要策划实现目标的战略途径，而且需要为每一个产品/市场组合制定合适的营销组合策略。

营销组合（marketing mix）是现代市场营销理论中的重点概念之一。按照菲利普·科特勒的解释，营销组合就是“企业为了争取在目标市场中实现其营销目标而采用的一整套营销工具”（Kotler，1988）。简言之，营销组合就是营销者在实现营销目标的过程中选用的一系列营销手段。

按照人们普遍接受的观点，经典的营销组合由“4P”组成。4P 代表产品（product）、价格（price）、促销（promotion）、渠道（place）这四种营销工具或营销手段。人们一般认为，4P 是由麦卡锡（E. Jerome McCarthy）于 1978 年提出的。但据称，麦卡锡的 4P 之说实际上是对鲍尔登（Borden）1965 年提出的一整套营销手段所做的汇总与提炼。

20 世纪 80 年代以后，随着人们对服务营销的研究日益重视，有些学者提出，为了适应服务业市场营销的需要，有必要对基于实物产品营销的传统营销组合进行拓展。例如，莫里森在传统 4P 的基础上添加了另外 4 个 P，即产品打包（packaging）、活动编排（programming）、人员（people）和结伴合作（partnership），并明确指出，新加的这 4 个 P 尤其与旅游市场营销组合相关（Morrison，2010）。但也有不少学者认为，不论人们怎样对营销组合进行拓展，在理论分析的意义上其实都跳不出经典 4P 所涵盖的范畴（Cooper，Fletcher，Gilbert，and Wanhill，1996）。譬如，不论是产品打包、活动编排、人员还是结伴合作，其实都属于产品这一营销手段所涵盖的范畴。

因此，在编制营销计划过程中，这一阶段的工作任务是：为了实现既定的营销目标，编制人员需要考虑和筹划营销计划执行期内所需实行的产品策略、价格策略、促销策略和渠道策略。

无论是按照科特勒对营销组合的解释，还是根据旅游业的实践经验，若要成功地制定营销组合策略，基本出发点都是明确目标市场。虽然目标市场并不是营销组合的组成部分，但是目标市场在影响营销手段的运用方式方面起着决定性作用，使得营销者在筹划和安排营销组合策略时无法与之割裂开来。所以，制定营销组合策略，明确地界定目标市场是至关重要的前提和出发点。总之，目标市场是旅游企业和旅游目的地营销组织在制定营销组合策略时的核心依据，否则，所实施的营销组合将难以得到目标消费者的积极回应，更难以使旅游企业或旅游目的地在竞争中胜出。

就战术性的年度营销计划而言，营销组合策略确定之后，为了便于在营销工作中执行和落实，营销计划编制者应将其转化为具体的执行性计划或营销行动方案，即针对每一个产品/市场组合，分别计划需要采取哪些营销行动、何时采取行动、何人负责，以及各项行动的经费预算。特别是对于营销计划执行期内所要开展的促销宣传活动，要作出具体的安排。当然，一次性地将拟采取的各项营销行动全部详细列出，可能并不现实。因此，在制定促销行动计划方面，通常的做法是随着时间的推移，按序时滚动式分段制定。例如，对于以饭店为代表的住宿企业来说，促销行动计划往往都是按周或按月份滚动制定的。试观察表7-2中的示例。

表7-2　滚动式序时工作计划示例

美国马里兰州赫文利市××饭店

××年7月

第一周：6月27日（星期一）至7月1日（星期五）	执行人员
去华盛顿特区有关社团开展推销性访问（2天）	史密斯
向安那波利斯地区政府部门寄发夏季价格优惠推销材料	帕顿
去当地托森区的通用汽车公司开展推销性访问	华莱士
着手准备8月份面向目标企业的电话推销活动	加尔尼
第二周：7月4日（星期一）至7月8日（星期五）	
参加纽约的“会议世界”交易会	约翰逊
向公司客户寄送《季度业务通讯》	华莱士
从退伍军人杂志上寻找恳亲会线索	史密斯
更新作为直接邮寄对象的顾客名单	帕顿
第三周：7月11日（星期一）至7月15日（星期五）	
对本州的社团组织开展推销性访问（2天）	帕顿
召开关于营销计划工作的小组讨论会	全体人员
向当地乡村俱乐部邮寄关于婚礼客房的推销材料	华莱士
去休斯敦参加销售工作讲座	史密斯
第四周：7月18日（星期一）至7月22日（星期五）	
去本市莱斯特敦地区开展推销性访问	华莱士
对夏季价格优惠推销材料的信息反馈者进行电话跟踪	帕顿
去费城开展推销性访问	约翰逊
敲定8月份电话推销活动的顾客名单	加尔尼

资料来源：奈基尔．饭店与旅游服务业市场营销．北京：中国旅游出版社，2002：261-262.

对于旅游目的地营销组织来说，促销行动计划一般都是按年度滚动制定的。表7-3为英国威尔士旅游局1995—1996年度针对日本市场开展促销宣传的行动计划。

表7-3 旅游目的地营销组织促销行动计划示例

威尔士旅游局1995—1996年度针对日本市场的促销行动计划

1. 面向消费者的促销活动安排

制作旅游宣传册——《威尔士：自助旅游者指南》 时间：1995年5月
预算额：20 000英镑
总预算：190 000英镑
广告收入：170 000英镑
威尔士管弦乐队赴日本巡回演出 时间：1995年12月
预算额：100 000英镑
总预算：100 000英镑
为威尔士旅行社业界举办日本市场研讨会 时间：1995年5月
预算额：10 000英镑
总预算：10 000英镑

2. 面向日本旅行社业界的促销活动安排

参加一年一度的全英赴日促销团——在东京和大阪开展推销性访问活动
时间：1995年5月21日至28日
预算额：70 000英镑
总预算：70 000英镑
出席在大阪举行的日本旅游业大会 时间：1995年11月30日至12月3日
预算额：70 000英镑
总预算：70 000英镑
参加由日本Miki旅游公司在东京和大阪主办的威尔士旅游推介会
时间：具体日期待定
预算额：80 000英镑
总预算：80 000英镑
对现有的日英双语版宣传册《旅游目的地威尔士》进行修订
预算额：70 000英镑
总预算：80 000英镑
广告收入：10 000英镑
在伦敦为日本旅行社业界举办产品介绍会，并开展推销性访问活动
时间：1995年春季和秋季
预算额：80 000英镑
总预算：80 000英镑
为日本旅游批发商提供奖励旅游
预算额：60 000英镑
总预算：60 000英镑
继续参加TABS旅行代理商业务研讨会
预算额：20 000英镑
总预算：20 000英镑

3. 媒体/公关活动安排

组织一次媒体公关活动

预算额：20 000 英镑
总预算：20 000 英镑
广告收入目标：180 000 英镑
预算总计：780 000 英镑

资料来源：威尔士旅游局（WTB）1995/1996 海外营销计划．

有必要再次强调，在营销计划的编制过程中，要特别注意营销目标、营销预算和营销行动计划这三者之间的协调。营销目标旨在反映组织计划实现的业绩指标。每一项营销目标的实现都需要相应的营销行动加以支持，每一项行动计划的有效落实都需要有足够的工作经费，所以，营销计划编制者需运用分析、判断以及经验，认真考虑所选用的行动计划方案及其实施工作所需的经费预算。如果发现预算不足以支持营销行动方案，则需要追加预算，或设法采取其他可行的替代性措施。若组织因资金实力有限无力追加预算，并且想不出其他可行的补充办法，则必须对营销目标进行修订，调整相应的营销行动方案。在编制营销计划的过程中，编制者需就这三项关联因素进行反复比较和修订，直至彼此呼应与协调。

7. 评价与控制

在对营销计划的执行情况进行评价方面，既包括整个计划执行期结束之后的总体评价，也包括执行期间对每一阶段工作成效的定期评价。评价工作的最终依据为营销目标，因此，营销目标制定得越详细、越精确，评价工作的开展就越容易、越有效。除了根据既定营销目标进行评价，营销管理者还可根据具体情况从多个方面评价每一产品/市场组合的营销工作执行效果。例如，营销管理者可参照目标销售量和目标销售额，评价相应阶段的实际销售业绩、广告活动的效果、实施价格折扣的效果、顾客满意度等。

一般来讲，评价工作的有效开展所需具备的条件包括：

（1）测量指标。需明确规定用于测量营销工作成功度的指标。至于采用哪些测量指标，显然需根据营销工作的目标确定，例如，按实现的销售收入进行测量，按顾客接待量进行测量，按顾客查询的次数进行测量，按知名度提升的百分率进行测量，等等。

（2）绩效标准。需明确规定各项评价标准，即各方面营销工作在规定时期内应实现的业绩目标。

（3）开展评价工作时间表。即对于评价工作何时进行作出明确的时间安排。

开展评价工作是为了对营销工作加以控制。就整个计划执行期结束之后的总体评价而言，主要目的在于总结哪些产品/市场的营销工作以及营销举措是成功的，哪些产品/市场的营销工作以及营销举措效果不理想甚至是失败的，从而为今后的营销计划编制工作提供经验和借鉴。就营销计划执行过程中的评价工作而言，主要目的在于及时发现问题，并在分析原因的基础上采取管理行动予以纠正。这种控制也就是国际学术界有些学者所称的差异分析。

二、营销计划文本

营销计划编制工作的最终产物是营销计划文本。以战术性年度营销计划文本为例，其中涉及的内容无绝对统一的标准，一般包括三个部分：

（1）行政概要。这部分的篇幅不宜过长（最多2～4页），并且应易于阅读。这样做的目的在于使组织的高层管理部门既能快速浏览，又能很好地把握该计划文本中主要的问题缘由、营销举措，以及执行该项营销计划的费用代价。

（2）计划内容的合理性依据。这部分内容旨在阐释营销计划赖以为基础的事实、分析和假设，并介绍据此选定的目标市场、营销战略、营销组合、产品定位以及营销目标。

（3）行动计划。这部分内容旨在详细地列出计划开展的各项营销活动、经费预算、负责人员、时间表，以及用于对这些活动进行测量、评价和控制的方法（见表7-4）。

表7-4　年度营销计划文本中通常包含的内容

A. 行政概要

B. 计划内容的合理性依据
- 1. 现状分析的结论要点
  - a. 环境分析的结论
  - b. 坐落区位与社会分析
  - c. 对主要竞争者进行分析的结论
  - d. 市场潜力分析的结论
  - e. 产品分析的结论
  - f. 定位分析的结论
  - g. 主要的优势、劣势、机会、威胁或制约因素
- 2. 所选用的营销战略
  - a. 目标市场
  - b. 营销战略
  - c. 营销组合
  - d. 产品定位
  - e. 营销目标

C. 行动计划
- 1. 营销活动计划
  - a. 针对每一个目标市场，在各营销组合中所要开展的活动
  - b. 各项活动的负责人
  - c. 时间表与活动内容安排
- 2. 营销预算
  - a. 按各个目标市场分解预算
  - b. 按市场营销组合手段分解预算
  - c. 应急费用
- 3. 开展评价工作的安排
  - a. 测量指标
  - b. 绩效标准
  - c. 开展评价工作的时间表
- 4. 控制工作的程序
  - a. 各项行动的预期结果
  - b. 进度安排与控制措施

资料来源：根据Morrison（2010）改编。

第 4 节　执行过程中应注意的问题

营销计划的编制工作固然重要，但仅仅强调编制工作是不够的，因为营销计划的实际执行情况也会影响营销工作的成败。营销计划编制得再好，若执行不力，效果也不会很好。

可以说，上到治国理政，下至企业经营，对计划的执行力都至关重要。“天下之事，不难于立法，而难于法之必行。”这句话出自明代张居正的《请稽查章奏随事考成以修实政疏》，意指天下的事情，困难之处不在于制定法令，而在于让法令得到切实贯彻执行。习近平总书记引用这句话强调执政、行政的重要性。习近平总书记明确提出，必须在把情况搞清楚的基础上，统筹兼顾、综合平衡，突出重点、带动全局，有的时候要抓大放小、以大兼小，有的时候又要以小带大、小中见大，形象地说，就是要十个指头弹钢琴。① 这就要求注重效能体系建设，内容上，要善于抓住“把方向、谋全局、抓关键、解难题”这几个核心环节；方法上，要善于统筹协调、多措并举，达到效率与质量、数量与速度的双平衡；实效上，要重视督导落实、查漏补缺，实现工作落实效能的最大化（王离湘，2018）。习近平总书记对执行力的内容和方法的阐述是营销计划在执行过程中的要点所在。从管理学角度出发，所谓执行力，就是在既定的战略和愿景的前提下，组织对内外部可利用的资源进行综合协调，制定出可行的战略，并通过有效的执行措施最终实现组织目标、达成组织愿景的一种力量。执行力既是一门学问，也是一种文化，并最终转化为解决问题的实践能力、操作能力、创新能力。任何一项决策部署要落到实处、取得实效，不折不扣狠抓落实、完全到位的执行力非常关键。执行力不够强，再好的政策、再完美的制度、再宏伟的目标都只是空中楼阁（王离湘，2018）。

基于这方面的考虑，在营销计划的执行过程中营销管理者应特别注意以下几个方面。

一、认真把握实施营销活动的时间表

在旅游业的营销工作中，准确把握营销活动的推出时间至关重要。这与市场需求潮流的变化，特别是与市场需求的季节性波动有关。每一项营销举措的出台，不论是新产品的推出、服务价格的调整，还是促销活动的开展，都有其最佳时间。尤其是在促销方面，推出活动的时间过早或过迟，都可能事倍功半，甚至浪费资源。

二、抓好营销活动执行工作的人员落实

营销行动计划最终由人来执行。对于营销行动计划中安排的每一项营销活动，都需要落实主管人员和执行人员。主管人员不仅需要负责组织和帮助执行人员按时按质地开

① 2014 年 2 月 7 日，习近平在俄罗斯索契接受俄罗斯电视台专访时的讲话。

展工作，而且需要将营销活动的进展情况定期向上级管理人员汇报。人员安排到位不仅可保证营销行动计划的实施，而且会因分工明确而便于进行营销控制。

三、正确处理计划与变化的关系

如前所述，营销计划并不是不可更改的。营销计划体现的是前进的方向和路线。在营销计划的执行过程中，前进的方向通常不宜更改。但是外部经营环境有可能出现新的变化，此时营销者可能需要修订通向目标的前进路线。这种灵活性在营销计划的执行过程中不仅是允许的，而且是必要的。

但需要注意的是，在对营销计划中的安排作出较大调整之前，营销管理者应对突发情况进行认真评估。如果评估结果显示，这一突发情况只不过是“雷达屏幕上偶然闪现的一个亮斑”（Middleton，1988），则没有必要对原定的计划进行调整。如果评估结果显示，这一突发情况将会长时期存在，营销管理者就必须对原计划作出相应的调整。

四、注意各部门间的配合与协调

营销计划执行得成功与否，离不开其他部门的协同与支持。例如，如果某餐馆预计采取某些营销行动会使星期天的顾客大量增加，那么营业部门届时便应配备足够的服务人员，否则，可能会因服务人员不足而影响营销效果，从而抵消该餐馆在营销方面所做的努力。有些旅游企业的营销经理曾感叹，没有营业部门以其品质可靠的接待服务做后盾，营销部门的人员纵然有天大的本事也不会成功。这些情况都说明，营销计划的成功执行不仅要靠营销部门的努力，还必须有其他部门的协同配合。

关键术语

营销计划文本（marketing plan）
营销组合（marketing mix）
竞争对等法（comparative parity method）
目标任务法（objective and task method）
营销计划编制（marketing planning）
有能力支付法（affordability method）
营业收入百分比法（percentage of sales method）

思政阅读材料

1. 习近平强调：不断提高政治判断力政治领悟力政治执行力．中国广播电视学刊，2021(1)：1.

2. 李佳森．《孙子兵法》战略思想的哲学探析及其历史借鉴．领导科学，2020(24)：53-55.

3. 王离湘．试论执行力的理论逻辑与实践路径：学习习近平新时代中国特色社会主义思想的体会．文化月刊，2018(7)：154-156.

4. 杨新．孙子兵法“算胜”战略思维观念与企业战略管理．滨州学院学报，2012，28(4)：1-5.

复习与思考

1. 名词解释：营销计划、SWOT 分析、PEST 分析、营销组合。

2. 制定营销计划的意义何在？

3. 战略性营销计划与战术性营销计划的区别何在？

4. 简述制定营销计划的基本过程。

5. 在制定营销计划的过程中，现状分析阶段的工作主要涉及哪些内容？

6. 营销目标的制定应遵循哪些原则？选择某一旅游企业开展调查，分析其营销目标在何种程度上符合这些原则。

7. 理想的营销预算应当能够回答哪些问题？

8. 编制营销预算的方法主要有哪些？特点何在？

9. 营销计划文本一般包括哪些内容？

10. 营销计划执行过程中一般应注意哪些问题？

/ 第8章 /

旅游产品

学习目标

- 了解产品在市场营销工作中的地位。
- 掌握旅游产品的概念与性质。
- 熟悉旅游产品结构的“四层次说”与制造业产品结构的“三层次说”的异同。
- 熟悉产品生命周期理论。
- 掌握品牌、品牌化及品牌个性的概念。
- 熟悉品牌的功能以及有关品牌战略的基本知识。
- 掌握新产品的概念与范畴。
- 熟悉新产品的开发过程。
- 了解新产品开发工作需要注意的问题。

思政要点

- 本土化品牌个性量表的开发及应用案例。
- 与时俱进谋突破，强化旅游产品创新意识。

第1节 产品在市场营销工作中的地位

在任何行业的市场营销工作中，产品都是最基础的营销手段。人们往往将产品置于4P这一经典营销组合之首，原因似乎也在于此。这在很大程度上暗示了产品作为市场营销手段的重要性。

一、营销组合的焦点

在任何领域的市场营销工作中，产品策略都是营销组合手段中的焦点。营销组合手段中其他方面的策略——不论是价格的制定、促销活动的开展，还是销售渠道的选用——无一不是围绕产品的顺利销售制定的。换言之，如果没有产品作为基础，其他方面的策略将无从谈起。不仅战术性营销的开展是如此，战略性营销的开展同样也是如此。就近期的战术性营销工作而言，营销者的主要任务在于通过刺激市场需求促进企业现有产品的销售；就中长期的战略营销工作而言，营销者的根本任务则是在跟踪和预测客源市场需求变化的基础上，依据所识别的未来市场需求变化开发与之相适应的产品，从而在满足消费者需要的前提下实现企业的长期生存和长期成功。也就是说，无论是战术性营销还是战略性营销，产品是其中最基础的营销手段。

二、经营战略的基础

产品不仅是市场营销工具中的焦点，而且是旅游企业用以实现其发展目标的各种战略途径的基础。在高度竞争的市场环境中，任何一家旅游企业的生存与发展都有赖于两个方面的能力：一是正确选择目标市场的能力；二是开发和提供对路适销的产品的能力。就后者而言，什么样的产品才算对路适销的产品？一般来讲，对路是指目标消费者人群认为该产品符合自己的需要，能够提供自己所追求的利益；适销则是指该产品在符合目标市场需要的同时，能够令消费者感到物有所值，从而广受目标消费者欢迎。从这个意义上说，产品/市场战略是旅游企业借以实现自身发展或营销目标的根本战略。虽然人们对于企业的发展战略有不同的认识视角，但最根本的战略都是某种或某些类型的产品/市场战略。

在这方面，著名管理学家安索夫（Ansoff，1957）通过对现有产品、潜在产品、现有市场、潜在市场的不同组合，将产品/市场战略归纳为四种。这四种可供企业选用的发展战略分别是：市场渗透、市场开发、产品开发和多元发展（见图8-1）。

- 市场渗透（market penetration）。这一战略指的是企业可通过争取使现有产品在现有需求市场中占据尽可能大的市场份额这一战略途径来实现企业的发展。对于旅游企业来说，一方面需要以现有产品争取更多的顾客再次光顾，并努力增大回头客的购买频率，另一方面需要以现有产品从现有客源市场中争取更多新的顾客。

	现有产品	潜在产品
现有市场	市场渗透	产品开发
潜在市场	市场开发	多元发展

图 8-1　关于产品/市场战略的安索夫模型

资料来源：根据 Ansoff（1957）改编。

● 市场开发（market development）。这一战略指的是企业可通过为现有产品发现或开拓更多新的市场来增加现有产品的销量这一战略途径来实现企业的发展。对于旅游企业来说，需要为现有产品寻找和开辟新的客源市场，或者说面向新的客源市场推销现有的产品或服务项目。

● 产品开发（product development）。这一战略指的是企业需要识别和分析现有的客源市场在哪些方面尚未得到满足，并据此开发新的产品或服务项目，扩大面向现有市场的经营，实现企业的发展。

● 多元发展（diversification）。有时也称多角经营。一般来讲，这一战略指的是企业在继续经营原有业务的同时介入其他新业务领域，通过开发新产品满足过去不曾涉足的新市场的需要，实现企业的发展。对于旅游企业来说，采用这一战略时一方面要拓展目标客源市场的范围，另一方面要面向新拓展的目标客源市场开发新的旅游产品或服务项目。

观察上述四种基本类型的产品/市场战略，我们很容易发现，任何一种战略的实施都离不开产品这一基础。

第 2 节　旅游产品的概念与性质

一、产品的概念

按照科特勒等人的解释，产品是指“可向市场提供，供人们注意、获得、使用或消费，有可能会满足人们的某种欲求或需要的任何东西，其中包括实物、劳务、场地、组织、咨询意见，等等”（Kotler，Bowens，and Makens，1996）。通俗地讲，可向购买者市场提供，能满足人们的某种需要或者能够创造市场需求的任何东西，皆可称为产品。

二、旅游产品

在旅游研究中，人们对于旅游产品（tourist product）这一概念的认识通常涉及两个层次——整体旅游产品和单项旅游产品。

1. 整体旅游产品

整体旅游产品（total tourist product）这一概念主要是从需求方的认识角度提出

的。提出这一概念的依据或背景是，在旅游消费者看来，一次外出旅游过程中的全部消费开支实际上等同于为实现该次旅游经历而支付的总价格。旅游消费者通过支付这一总价格而获得的该次访问经历，实际上也就是他最终购得的旅游产品。因此，从需求的角度认识，整体旅游产品就是旅游者在一次外出旅游期间所获得的全程旅游经历。这一全程经历由两大部分组成：一是“旅”，即旅游者在客源地与目的地之间的往返旅行活动；二是“游”，即旅游者在目的地逗留期间的生活和访问活动。在国际旅游学术界，人们普遍认同整体旅游产品是指“以在旅游目的地的访问活动为基础，构成一次完整旅游活动的各项有形因素和无形因素的组合或集成。在旅游者看来，这一整体旅游产品就是其通过支付全程费用而获得的一次完整旅游经历”（Middleton，1988）。

虽然整体旅游产品这一概念最初是基于需求方的认识角度提出的，但旅游供给方在其市场营销工作中有时也会使用。例如，旅行社在推广其全包价旅游产品时，旅游目的地营销组织在宣传该地的旅游产品时，使用的都是整体旅游产品的概念，而不是推销某一家饭店的住宿产品、某一家客运企业的旅行产品，或某一个旅游景点的游览服务。

既然整体旅游产品是旅游消费者通过支付全程费用而获得的一次完整经历，那么这一经历的提供者无疑是以旅游目的地为代表的旅游供给方。如果一定要从供给方角度对整体旅游产品进行界定，我们不妨认为，整体旅游产品是一个旅游目的地为满足旅游者对某一经历或体验的需要所提供的各种接待条件和相关服务的总和。这些接待条件中，既包括有形的物质条件（如各类旅游基础设施），也包括无形的非物质条件（如旅游目的地的社会环境和文化氛围等）。在相关服务中，既包括该地旅游企业面向游客提供的各种商业性服务，也包括该地社会为来访者提供的非商业性服务。概言之，整体旅游产品是一个旅游目的地社会为来访旅游者提供的全部接待服务的总和，而不仅仅是该地旅游企业提供的商业性接待服务。

对于旅游目的地整体旅游产品的内容构成，有些学者提出可用“4A”进行概括和表达（Cooper，Gilbert，Fletcher，and Wanhill，1993），其中的4个A分别是：

- Attractions——以旅游景点为代表的该地的旅游资源。
- Access——前往该目的地的交通运输条件，包括必要的基础设施和可靠的运营服务。
- Amenities——该目的地为来访游客提供的各种生活接待设施及相关服务。
- Ancillary services——该地为来访游客提供的其他各种社会服务（如游客问讯中心等）。

2. 单项旅游产品

单项旅游产品（specific tourist product）这一概念主要是基于旅游企业对旅游产品的认识提出的。提出这一概念的依据或背景是，对于旅游企业来说，一个明显的逻辑是，既然其主要服务对象是旅游消费者，那么自己提供的各项服务便是旅游产品，只不过该产品在形式上表现为商业性服务项目。换言之，这一意义上的旅游产品就是旅游企业借助一定的设施设备面向旅游消费者提供的各类服务项目，如旅行社提供的导游服务，航空公司提供的交通客运或旅行服务，饭店企业提供的住宿服务，旅游景点提供的游览及讲解服务，等等。由于这些服务项目都是旅游消费者所购买的整体旅游产品的组成部分，因此通常称为单项旅游产品。对于旅游企业来说，这些旅游服务项目既可分别以单项的形式向旅游消费者出售，也可以多项组合的打包形式（如饭店提供的周末包价度假产品）向旅游消费者提供。

关于单项旅游产品的内容构成，简单地讲，包括旅游企业提供服务项目而涉及的设施设备和人员服务，即“单项产品＝设施＋服务”。但是，单项旅游产品的构成会涉及企业中每一项可为顾客直接观察到的因素，因为所有这些因素都是顾客用来对单项旅游产品进行评价的依据。这些因素主要包括：

- 服务人员为顾客提供服务过程中的态度、仪表、工作技能，以及其他方面的行为表现。
- 建筑物的外观（建筑风格及清洁情况）。
- 设备（性能保养及外观清洁程度）。
- 家具和固定装置（品质、维护状态）。
- 各种指示标记（包括布告板、方向标、建筑物外部的标示牌等，顾客往往会将维护不善甚至损坏的标示牌与质量低劣和管理欠佳画等号）。

此外，单项旅游产品的构成因素还涉及很多后台部门的设施设备及人员的工作情况。虽然这些情况不能为顾客直接看到，但也会对顾客满意度产生直接影响，因而也是单项产品的构成成分。

总之，旅游产品这一术语只是人们通常使用的一个泛称。对于不同的旅游供应部门来说，不同的单项旅游产品涉及的成分往往有差异。因此，在面向特定的消费者市场提供特定的旅游服务时，不同的旅游供应部门需要把握其特定产品在内容构成方面的特点（Seaton and Bennett，1996）。尤其要强调的是，旅游产品的提供虽然通常都会涉及有形的设施设备和无形的人员劳务，但占据主导地位的永远是顾客追求的核心利益以及服务接触中的双方互动（Sasser et al.，1978）。据此对旅游产品的概念进行归纳，可将其界定为：旅游产品是多种旅游服务的集合，是旅游目的地和旅游企业借助特定的有形要素向旅游消费者提供的无形利益。

三、旅游产品的服务性质

在讨论旅游产品时，有人主张使用“服务”取代“产品”这一表述，但在大多数研究文献中，人们对“产品”和“服务”这两个术语的使用通常不做区分，并且倾向于使用“旅游产品”这一表述，认为旅游产品是一种“集物质表象和服务表象于一身的象征性集合产品”（Jefferson and Lickorish，1991）。人们普遍认为，旅游产品在性质上属于服务性产品，是旅游经营者借助有形的服务设施面向旅游消费者提供的各种无形的核心利益（Palmer，1994）。虽然旅游产品中的某些成分——如旅游纪念品、食品饮料等——表现为有形的实物，但旅游消费者对这些实物的购买实际上都服务于自己所追求的某种经历或体验。

各行各业中的大多数产品会涉及劳务成分和物质成分这两个方面的结合，旅游产品更是如此。个别种类的旅游产品——如旅行社提供的导游服务和旅游咨询服务——或许当属纯粹的劳务产品。无论是饭店的产品、航空公司的产品还是主题公园的产品，都是如此。在国际学术界，很多人认为，不论是哪一种类型的旅游产品，之所以普遍界定为服务产品而非实物产品，主要是因为其中劳务成分的含量大于物质成分的含量（Cooper，Fletcher，Gilbert，Wanhill，and Shepherd，2004），并且，在确定任何一项产品的性质归属时，都可通过将其置放到一个从服务到实物的连续轴上加以识别。如图8－2所示，如果产品可置放于这一连续轴的左半侧，则可称该产品为服务产品；反之，若产品可置放于这一连续轴的右半侧，则该产品应是实物产品。这一认识在逻辑上确实有道理，但是，要想有效地测量某一产品中劳务成分和物质成分的含量，实际操作起来不无困难。

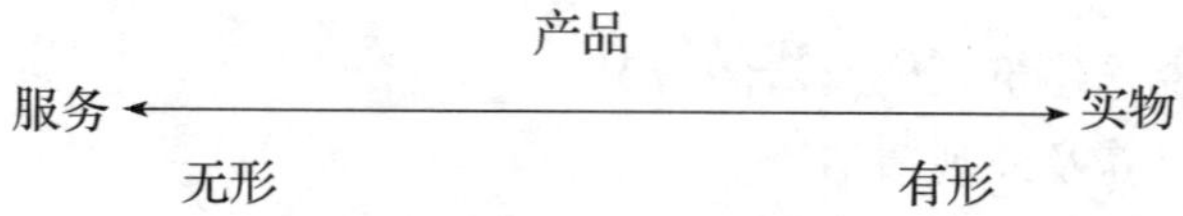

图8－2　服务和实物连续轴

资料来源：根据Cooper，Fletcher，Gilbert，Wanhill，and Shepherd（2004）改编。

本书认为，在判断某一产品究竟应归属于实物产品还是服务产品时，有一个最简单、最根本的标准。这便是考察消费者通过购买该产品所真正得到并最终据为己有的究竟是有形的实物还是无形的利益。具体来讲，消费者通过对某一产品的购买，如果实际得到并最终据为己有的是有形的实物（例如服装），那么该产品应归属于实物产品；如果消费者实际得到并最终据为己有的并不是有形的实物，而是无形的利益（例如健身、知识等），那么该产品无疑当归属于服务产品。可以认为，这是一个基于消费者立场的终极判断标准。使用这一标准去衡量，无论是旅行社提供的产品、住宿业提供的产品、航空公司提供的产品，还是旅游景点提供的产品，都会归属于服务产品。原因就在于，旅游消费者通过对这些产品的购买和消费，最终获得的显然并不是实物，而是诸如放松身心、增长见识、愉悦精神、表现自我之类的无形收益。

本书提出这一观点的依据主要有两个方面。

一个方面的依据与旅游产品的无形性有关。（1）就旅游者消费之前的情况而言，旅游经营者推销和销售的产品并不是某一实物，而是某些梦想。无论是旅游经营者推出的促销宣传材料，还是消费者中流传的口碑推荐，反映的都是该旅游产品所能提供的无形利益。（2）就旅游者在目的地消费期间的情况而言，他们体验的旅游产品是某种无形的经历，即便涉及对旅游纪念品的购买，也主要服务于这一经历。（3）就旅游者消费之后的情况而言，这些经历或体验会形成记忆，可能持续多年。所有这一切表明，旅游者在整个旅游消费过程中的最终所获基本上都是无形的利益。

另一个方面的依据则与服务接触的特点（Shostack，1985）——生产与消费同时发生——有关。由于服务接触过程属于主客双方同时参与的某一经历，因而所涉及的产品生产最终表现为生产者的劳务表演而非实物制造。

第3节 旅游产品的结构设计

一、关于产品结构设计的“三层次说”

菲利普·科特勒基于对制造业实物产品的分析提出，在设计产品时，营销者需从三个层次去考虑，并将这三个层次分别称为核心产品、形体产品和附加产品。这便是传统的关于产品结构设计的“三层次说”。

(1) 核心产品 (core product)。指产品结构中的核心部分。这一核心是该产品所能带给消费者的根本利益，或者说是消费者购买该产品时所追求的根本利益。由于这是确保消费者购买该产品的核心原因，因此应是营销者设计产品时首先要考虑的，也是产品结构设计的核心所在。

(2) 形体产品 (tangible product)。指产品结构中的形体部分。这里所称的形体部分是指生产者或供应商在对外提供某一产品时公开承诺的产品内容。由于产品的这些外在内容能够明确而直观地为消费者或购买者所了解，因而称为产品结构中有形的设计部分。在考虑产品的设计时，这一有形部分的设计旨在服务于无形部分的实现，即服务于消费者购买该产品时所追求的核心利益的实现。

(3) 附加产品 (augmented product)。指产品的附加利益部分，通常是指生产者或供应商在承诺提供的产品内容之外，为使自己的产品有别于竞争者的同类产品，特意额外提供的某些可供消费者免费使用的设施或服务项目。但是，对于这类额外附加的利益，生产者或供应商在对外宣传其产品时通常不做预先承诺。

人们在分析产品结构的设计层次时广泛采纳和引用科特勒的这一理论，而且在市场营销实践中当作指导产品设计工作的原则。在旅游市场营销研究领域，人们也曾长期借用科特勒的这一理论分析旅游产品的结构设计。

二、关于旅游产品结构设计的“四层次说”

进入20世纪80年代，随着服务业的日益壮大以及人们对服务营销研究的深入，著名服务营销专家格朗鲁斯 (Grönroos, 1987) 基于对服务产品的特点的具体分析进一步提出，就服务产品的结构设计而言，应从四个层次进行考虑 (见图8-3)。

在讨论旅游市场营销时，科特勒采纳了格朗鲁斯的这一见解，并针对旅游服务产品的特点将旅游产品的结构分为四个层次 (Kotler et al., 1996)。这四个层次分别是：

(1) 核心产品。指目标消费者购买旅游产品时所追求的核心利益。这一核心利益通常体现为无形的心理满足。旅游企业在设计产品时，首先应明白该产品能带给目标消费者何种核心利益，因为只有这一核心利益才是消费者真正希望购买和获得的，也是消费者选择购买该产品的根本理由。以某饭店提供的康乐服务产品为例。经分析，当客人光顾康乐中心时，所追求的核心利益很可能是感受身心愉悦，或者彰显自己受人尊重的地

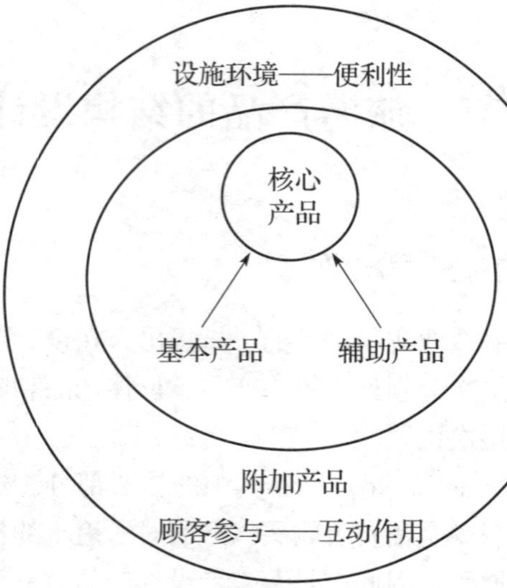

图 8-3　服务产品的结构层次示意图

资料来源：Grönroos（1987）.

位。这些无形的心理需求形成了目标消费者的核心利益，从而成为该康乐服务产品结构中的核心成分，因为该产品结构中所有其他成分的设计都需遵从或服务于这一核心利益的实现。

（2）基本产品（facilitating product）。指为了保障目标消费者核心利益的实现，旅游企业必须提供的最基本的接待设施和相关服务。对于旅游消费者来说，这里所称的基本产品是指为了实现自己所追求的核心利益而必须依赖或必须使用的最基本的接待设施和相关服务。譬如，一家高档商务饭店要保障目标消费者实现其追求的核心利益，入住登记/结账服务、客房设施、客房清洁服务、餐饮设施及侍应服务等，都属于不可或缺的基本设施和相关服务。相比之下，一家经济型住宿企业要保障目标消费者实现其追求的核心利益，必不可少的基本设施和相关服务则是入住登记/结账服务、客房设施。旅游基本产品——最基本的接待设施和相关服务——具体表现为旅游经营者在销售某一旅游产品时，向目标消费者市场公开承诺的该产品所包含的各项具体内容。

（3）辅助产品（supporting product）。指那些不属于为保障目标消费者核心利益的实现而必须提供，却可用来增添或增大核心产品价值的其他辅助的设施或服务。换言之，辅助产品是指在上述事先公开承诺的产品内容（即基本产品）之外，旅游供应商为了使自己的产品区别于竞争者的同类产品，特意为顾客额外提供的其他设施或服务。譬如，有些航空公司会在客机上向乘客赠阅报纸、饮料或礼品等等。这种意义上的辅助产品在很大程度上相当于科特勒在分析实物产品结构时所称的附加产品。

旅游营销者在实际工作中需要注意的是，就某一设施或服务而言，究竟应划归基本产品还是辅助产品，界线并不总是那么分明，有时会发生转化。这种转化之所以有可能出现，主要有两个方面的原因。第一，两者之间的具体划分会因目标市场的不同而变化。就同一设施或服务而言，对于某一目标市场来说可能是基本产品，对于另一目标人群来说则可能属于辅助产品。第二，基本产品与辅助产品之间的界线往往会随着该地竞争状况或市场供给状况的发展而变化。某一设施或服务可能是某旅游企业为使自己区别于竞争者而特意额外提供的辅助产品，然而竞争者纷纷效仿，以至于旅游消费者普遍认为，这类旅游企业都应提供该设施或服务。在这种情况下，该设施或服务也会由起初的辅助产品转化成后来的基本产品。

（4）附加产品。指服务接触过程中的具体情境。值得注意的是，格朗鲁斯所称的附加产品的实际含义与科特勒所称的附加产品并不相同。

从管理角度出发，旅游产品结构设计中以上四个层次可总结如下：

● 核心产品是目标消费者所追求的核心利益，是消费者选择购买该产品的根本原因，因而也是旅游企业设计产品时关注的焦点。

● 基本产品是旅游企业面向目标消费者提供核心产品所不可或缺的最基本的接待设施和相关服务，表现为旅游企业在销售某一旅游产品时事先向目标消费者市场公开承诺的产品内容。

● 辅助产品是旅游企业为了使自己区别于竞争者而特意为顾客额外提供的，通常为可供顾客免费使用的设施或服务。

● 附加产品是服务接触过程中的具体情境。

格朗鲁斯指出，核心产品、基本产品和辅助产品这三者决定的是顾客能够得到什么，但不能决定顾客怎样得到它们（Grönroos，1990）。与之相比，附加产品的作用是决定一个旅游企业如何提供服务，因而不仅会影响顾客对企业服务产品的感知，而且决定顾客利益的实现过程和实现方式。

三、关于目的地整体旅游产品的结构层次

关于目的地整体旅游产品的结构层次，加拿大滑铁卢大学的斯蒂芬·史密斯教授（Smith）曾提出一个模型，展示了一般旅游产品（generic tourism product）的结构层次（见图 8-4）。按照史密斯的解释，一般旅游产品指的是“在人们离家外出旅游期间，使旅游活动得以开展的各种要素及其组配过程”。史密斯所称的一般旅游产品实际上就是人们通常所说的整体旅游产品。这一模型所涉及的内容包括整体旅游产品的构成要素以及这些要素的组配过程。

史密斯在解释该模型时指出，整体旅游产品“并不是上述五个要素的简单集合，而是所有这些要素相互作用的结果”。这意味着整体旅游产品的构成不仅涉及该模型所列的这五个要素，而且涉及这些要素间的相互作用过程。从这个意义上说，整体旅游产品的构成实际上涉及六个要素。这六个要素分别是：

● 实体环境。这一要素指的是旅游目的地的场地条件、自然资源、气候、基础设施等。

● 服务。这一要素属于目的地旅游供给中的技术性要素，泛指旅游目的地为满足游客的需要而向其提供的各种接待设施与相关服务，例如住宿服务、交通运输服务等。

● 好客精神。这一要素指的是该地居民对待外来游客的态度或情感，即该地居民在何种程度上能够以令游客心情舒畅的方式为其提供服务。

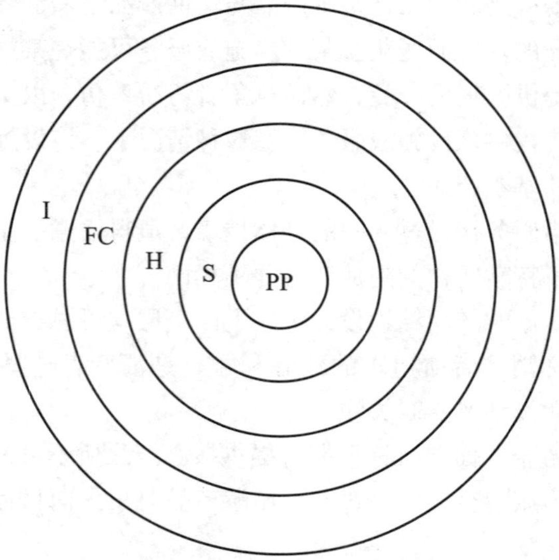

图8-4 一般旅游产品的结构层次

说明：PP=实体环境（physical plant）；FC=自由选择度（freedom of choice）；S=服务（service）；I=服务参与（involvement）；H=好客精神（hospitality）。

资料来源：Smith S. The Tourism Product. Annals of Tourism Research. 1994，21(3)：582-595.

● 自由选择度。这一要素指的是该地为了使游客对其旅游经历感到满意，允许游客在开展活动方面享有自主选择权的程度。换言之，这一要素指在开展活动方面该旅游目的地令游客感觉自由宽松的程度。

● 服务参与。这一要素指的是旅游服务的生产与消费同时发生这一基本特点，即游客参与服务过程以及主客双方互动的情况。

● 旅游产品的实现过程。虽然旅游目的地政府和旅游企业分别负责投入资源兴建和提供基础设施与旅游接待设施，但旅游产品实现过程中的最后一道工序需要由旅游消费者来完成。这一最后结果便是游客所实现的“个人经历”或“个人体验”，按史密斯的表述，就是游客“实现的诸如娱乐、商务活动以及社交接触等无形但具有价值的经历或体验”。

史密斯的这些认识与关于旅游产品结构设计的“四层次说”有明显的不同。史密斯认为，在旅游业中，人们对旅游产品这一术语的使用源于生产导向的视角，强调的是旅游供给方的生产过程，而不是旅游消费者所获利益与结果。因此，旅游产品反映的实际上是旅游服务的生产，因为“在旅游消费者来到生产现场并参与最后阶段的工序之前，旅游产品并不存在”（Smith，1994）。

第4节 旅游产品的生命周期

一、产品生命周期理论

在管理学文献中，有关产品生命周期的讨论大多针对制造业的实物产品，很少有人专门讨论服务产品的生命周期。在经典的产品生命周期理论中，人们假定任何产品的寿命都是有限的，都会经历一个从初创期开始，经由成长期进入成熟期，最终走入衰退期的生命演进过程。这一演进过程便是产品生命周期。在关于产品生命周期的讨论中，人们所称的产品生命并不是指产品的使用寿命，而是指产品的市场寿命，即产品在市场上的受欢迎程度。

产品生命周期理论（theory of product life cycle）是人们基于大量的经验研究提出的。尽管如此，在现实中，产品生命过程的演进情况并非都如同教材中所描述的那样整齐划一（Doyle，1976）。就产品生命周期理论在旅游研究中的应用情况而言，人们长期以来多应用这一理论讨论旅游目的地或旅游接待地的生命周期（例如 Butler，1980；Cooper et al.，1994），较少用于研究微观层面的旅游产品。

二、旅游产品的生命周期与新产品扩散理论

在结合微观层面的旅游产品开展研究方面，有学者对传统的产品生命周期模型做了如下调整（见图 8－5）。

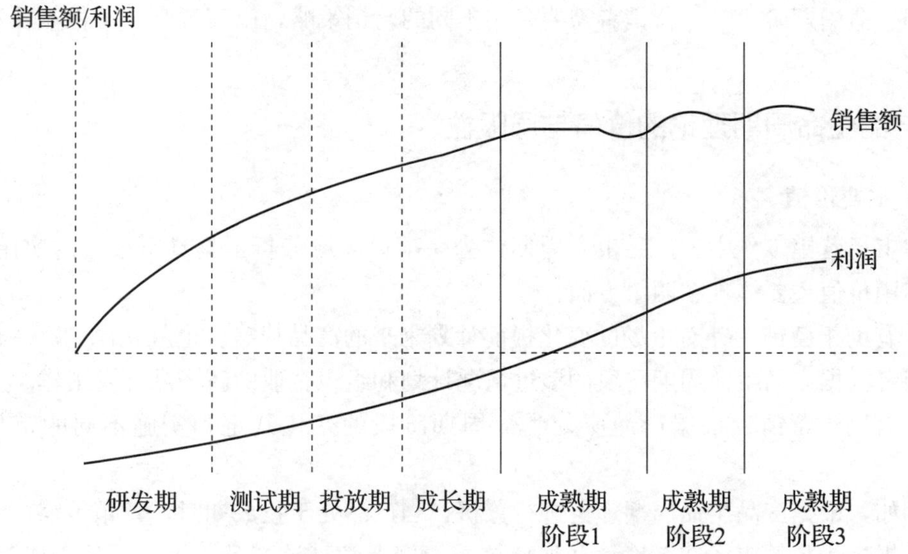

图 8－5　旅游服务产品的生命周期

资料来源：Lumsdon（1997）.

- 研发期：提出某一产品概念，并在对其评价的基础上试制。此时在财务上会出现赤字。
- 测试期：向消费者市场推介该新产品，并开展试销。此时用于促销宣传的费用很多。
- 投放期：将该产品正式投放市场，旅游消费者开始尝试购买这一新产品。
- 成长期：此时购买该产品的顾客迅速增多，产品销售量也因此快速上升。
- 成熟期阶段 1：此时该产品的市场需求量开始拉平，甚至有可能出现下降。
- 成熟期阶段 2：为了应对需求量下降的问题，此时经营者会对该产品进行改进，

尽管如此，市场需求量的增幅并不是很大。此时市场营销工作的重点在于保持市场。

● 成熟期阶段3：此时经营者会采取一系列的产品更新措施去刺激和保持市场，尽管如此，市场需求量不大可能出现大的增长。

这一模型对传统的产品生命周期曲线做了修订，另外借鉴了创新传播理论即新产品扩散理论（theory of diffusion of innovation）（Rogers，1962；Brown，1991）。这一理论认为，在产品处于生命周期的不同阶段时，不同的消费者人群会有不同的购买倾向。例如，当某一新的旅游产品上市时，购买者只是那些为数不多的市场先驱。但随着时间的推移，该产品将为大众市场所接受。新产品扩散理论还认为，消费者人群的类别呈正态分布。具体地讲，各类消费者人群在整体消费者市场中所占的比例一般为：先驱市场，2.5%；早期使用者，13.5%；早期大众市场，34%；晚期大众市场，34%；恋旧者，16%。

新产品扩散理论与斯坦利·帕洛格提出的心理类型理论（见第4章）有相似之处。上述人群类别的分布格局很可能因具体产品的不同而有所变化，人们可将新产品扩散理论与产品生命周期模型结合起来分析问题。根据产品生命周期的经典理论，当产品处在不同的生命周期阶段时，营销者需要采用不同的营销策略，以实现产品销售额及利润的最大化。

三、产品生命周期理论的价值与局限性

1. 主要价值

在市场营销工作中，产品生命周期作为一项诊断或分析工具具有很大的实用价值。这些实用价值主要体现在两个方面：

● 有助于营销者针对市场的变化提前计划未来的产品战略。也就是说，这一理论要求营销者根据产品生命周期阶段的演进情况计划和组织企业的新产品开发工作。

● 有助于营销者根据产品所处生命周期阶段的变化制定和实施不同的市场营销策略。

例如，根据产品生命周期理论进行分析，当产品处于投放期时，营销策略的重点应是努力提高产品的市场知名度，并促使旅游消费者尝试该产品。当产品处于成长期时，营销策略的重点应是借机渗透市场，努力扩大市场份额。当产品处于成熟期时，营销策略的重点是巩固和保持企业的市场份额。当产品进入衰退期时，营销策略的重点是努力提高产品的生产效率以降低生产成本。绝大多数产品最终都会走到生命周期的尽头，因此，营销者有必要根据市场需求的变化，策划新的产品以取代旧产品。

2. 局限性

虽然产品生命周期理论作为一项分析工具有很大的实用价值，但是，人们在认识这一理论时也有一些需要注意的问题。这些问题反映的就是产品生命周期理论的某些局限性，主要包括：

● 很多证据显示，旅游产品生命周期的演进曲线并不像理论上描述的那样规则。有些旅游产品的生命周期很短，产品一经推向市场，销售量便急速上升，但不久就迅速下

跌。最典型的例子莫过于节庆旅游产品。有些旅游产品的生命周期则很长，甚至似乎停留在成熟期。例如，很多国际著名城市的观光游产品都表现出长盛不衰的特点。

● 在某些营销决策过程中，如果旅游营销者仅使用产品生命周期这一项分析工具，而忽视借鉴其他的分析技术，很可能产生误导，致使营销者选用不恰当的营销策略。例如，有些旅游景点或饭店企业一旦发现其产品处在成长期，就会削减营销开支，采取守株待兔的经营策略。这些旅游企业的营销经理只要认真分析一下经营环境便可能发现，企业利用某些机会能进一步延长产品的成长期。

● 产品生命周期理论往往使人误以为应将产品开发作为全部市场营销工作的重点。实际上，在当今经营环境中，旅游经营者应始终将了解市场需求的变化和预测消费者行为的动向作为市场营销工作的第一重点。从这个意义上讲，人们更应提倡和强调的概念似乎应当是市场生命周期，而不是产品生命周期。

第5节 品牌管理

一、品牌与品牌化

什么是品牌（brand）？严格来说，从市场营销的意义上解释品牌时，既需要考虑生产者的认识，也需要考虑消费者市场的认识。对于生产者来说，品牌代表的是产品的本体——产品的自我形象，而对于消费者来说，品牌代表的则是产品的市场形象——消费者市场对产品实际持有的形象或印象（Aaker，1996）。品牌一般是指“用作某一产品或某一组群产品之标识的名称和符号，其目的在于使该产品区别于其他的同类产品”（Cooke，1996）。简言之，品牌就是产品的象征性标识。

品牌化（branding）是指生产者或供应商通过为产品进行品牌命名来树立该品牌产品在消费者心目中的形象的工作过程。从本质上讲，品牌化的作用在于通过为原本一般的产品赋予某一品牌名称，以提升该产品的价值。例如，通过品牌化工作的开展，可使原本一般的包价旅游产品成为具有特定内涵的“国旅”产品、“青旅”产品或“春秋”产品。同样，通过品牌化工作的开展，可使原本普通的住宿服务产品成为具有特定内涵的“锦江”产品、“凯悦”产品、“洲际”产品等等。

二、品牌的功能

从市场营销的意义上说，“……品牌并不单纯是用以区别其他厂商产品的标签，而是一种反映多项概念和品质的综合性标记。它可以告知消费者很多（有关该产品的）情况，其告知方式不仅是通过其字面含义本身，更重要的是通过一段时期之后在公众中建立起来的一系列联想……所形成的实质结果则是一种公众形象、一种特征或个性。与该产品的很多技术指标相比，这一形象或个性对于实现该产品的市场地位（和销售量）更加重要”（Gardner and Levy，1955）。

具体地讲，旅游产品品牌的核心功能在于它可向消费者市场传递某一旅游产品在档次、品质、服务地点、价格以及其他为旅游消费者所看重的主要因素等方面的信息（Nykiel，1997）。也就是说，一个品牌可告知消费者该产品能满足他们的哪些期望。旅游消费者通过品牌便可知某航空公司、某旅行社、某饭店或某旅游景点将为自己提供哪些价值。这些价值即旅游消费者所看重的那些因素，例如产品供给的可靠性（比如航班的正点率）、所涉及活动的冒险程度、消费者在开展活动方面的自由度、景观内容的原真性、该产品在同类产品中的地位等等。

一个品牌的好坏表现为该品牌的市场知名度，以及该品牌作为产品象征的美誉度。一个好的品牌有助于提升人们对产品的购买价值的认识。因此，在成熟的旅游市场中，旅游消费者往往主要根据品牌而不是单纯根据价格选择出游目的地及有关产品。

近年来，各行各业的营销者对品牌化工作日益重视。从需求方面分析，这主要是因为，与过去相比，市场供大于求，竞争者增加，消费者在购买产品时有了更多的选择。但随着工作及生活节奏的加快，消费者用于购买决策的时间却少了许多。人们在挑选和购买产品时越来越多地根据品牌进行决策。对于企业来说，这意味着在产品的销售方面，品牌的重要性也日益凸显，因为品牌有助于消费者简化其决策过程、降低购买风险，并有助于造就和满足消费者的预期（Keller，2003）。为此，很多市场营销专家预言，未来的市场营销将是“品牌之战”。从供给方面分析，旅游营销者对品牌化工作日益重视主要是基于五个方面的原因（De Chernatony，1993）：

（1）对于品牌作为一种资产所具有的价值，旅游营销者有了越来越多的认识。

（2）随着广告价格的不断攀升，旅游营销者用以开展促销宣传的方式越来越多地转向非广告手段，而品牌在这方面所起的作用日益突出。

（3）旅游供应商的销售工作往往需要借助零售代理商的力量，而后者所代销的同类产品很多，因此对于旅游供应商来说，拥有并突出自己的品牌变得十分重要。

（4）随着国与国之间贸易障碍的逐渐消除，实施品牌扩张的机会不断增多。

（5）随着全球化的发展，旅游营销者对于依靠品牌进行竞争有了更多的了解。

三、品牌个性

人们有时使用品牌个性（brand personality）去形容那些能够促使消费者将自己与产品建立捆绑联系的品牌特征。简单地讲，品牌个性就是品牌形象的内涵特点。严谨地讲，品牌个性是指某一产品中能够促使目标消费者将自己与该产品相联系的内涵特点，特别是诸如档次高、功能可靠或内容刺激等心理层面的意义。这些内涵特点的打造是通过与之相关的视觉展现和口碑推荐来实现的。归根到底，作为品牌形象的内涵特点，品牌个性不只是形成于营销者自己的头脑之中，更重要的是必须落实于目标消费者的心目之中。

就旅游产品而言，反映其品牌个性的核心元素主要包括：

（1）产品的功能性表现。例如，某产品供给可靠，质量始终如一等等。

（2）产品在情感方面的感召力。例如，某旅游目的地能够令旅游消费者感到浪漫、奇特等等。

此外，在打造品牌个性方面，市场营销管理者还需要关注企业/目的地旅游产品的品牌形象的变化情况，尤其需要注意积累和借鉴过去的成功经验，确保自己开发和提供的产品能够在目标消费者、与自己有合作关系的中间商，以及本组织员工的心目中，树立理想的正面形象（Bull and Oxley，1996）。

品牌个性虽然是一个抽象的概念，但人们已经开发出了能够对其开展测量的量表。阿克（Aaker，1997）率先根据西方人格理论中的“大五”模型，构建并验证了品牌个性维度量表，该量表有 5 个维度，分别为真诚（sincerity）、刺激（excitement）、胜任（competence）、教养（sophistication）和强壮（ruggedness）（见表 8-1）。但也有中国学者认为开发中国本土化的品牌个性量表十分必要，理由在于：第一，中国文化与西方文化具有明显的差异；第二，中国文字本身是表意文字，中国品牌名称与西方品牌名称相比表现出更强的品牌个性；第三，中国所处的经济发展阶段决定了中国品牌环境的多元化，不仅有几百年历史的老字号，也有经过西方规范化品牌管理打造的跨国公司品牌（黄胜兵和卢泰宏，2003）。2003 年国内学者黄胜兵和卢泰宏构建了中国本土的品牌个性维度，从中国传统文化角度阐释了中国的品牌个性维度——“仁、智、勇、乐、雅”（见表 8-2）。旅游营销人员可以参考国内外的品牌个性量表设计调查问卷对旅游消费者开展调研，了解旅游产品或目的地的品牌个性特征，为识别自身优劣势和寻找差异化营销支点提供帮助。

表 8-1　阿克的品牌个性维度结构

品牌个性的 5 个维度	品牌个性的 15 个层面	42 个具体品牌个性特征
真诚	务实	务实、顾家、小城镇的
	诚实	诚实、直率、真实
	健康	健康、原生态
	快乐	快乐、感性、友好
刺激	大胆	大胆、时尚、兴奋
	活泼	活力、酷、年轻
	想象	富有想象力、独特
	现代	追求最新、独立、当代
胜任	可靠	可靠、勤奋、安全
	智能	智能、拥有技术、团队协作
	成功	成功、领导、自信
教养	高贵	高贵、魅力、漂亮
	迷人	迷人、女性、柔滑
强壮	户外	户外、男性、西部
	强壮	强壮、粗犷

资料来源：根据 Aaker（1997）整理。

表8-2　本土化的品牌个性维度结构

品牌个性的5个维度	品牌个性词汇
仁	平和、环保、和谐、仁慈、家庭、温馨、经济、正直、有义气、忠诚、务实、勤奋
智	专业、权威、可信赖、专家、领导者、沉稳、成熟、负责任、严谨、创新、有文化
勇	勇敢、威严、果断、动感、奔放、强壮、新颖、粗犷
乐	欢乐、吉祥、乐观、自信、积极、酷、时尚
雅	高雅、浪漫、有品位、体面、气派、有魅力、美丽

资料来源：黄胜兵，卢泰宏（2003）.

// 案　例 //

2022年北京冬奥会成功申办，国家体育总局提出了“三亿人上冰雪”的目标，给我国滑雪旅游产业的发展带来了新的契机与挑战，也使我国冬奥战略日渐清晰。然而，众多滑雪旅游目的地资源同质化导致了滑雪目的地形象趋同的问题。对于滑雪旅游目的地来说，寻找差异化定位并提升竞争力就尤为重要。出于从品牌个性角度为滑雪目的地提供差异化定位策略的目的，国内学者王思贝、刘悦和吕兴洋选取西岭雪山、鹧鸪山、毕棚沟和长白山四个资源禀赋趋同的滑雪目的地，以主流旅游网站马蜂窝的游记为素材，并参考了中国本土品牌个性维度“仁、智、勇、乐、雅”，对比了四个滑雪目的地的个性特征，结果如图8-6所示。

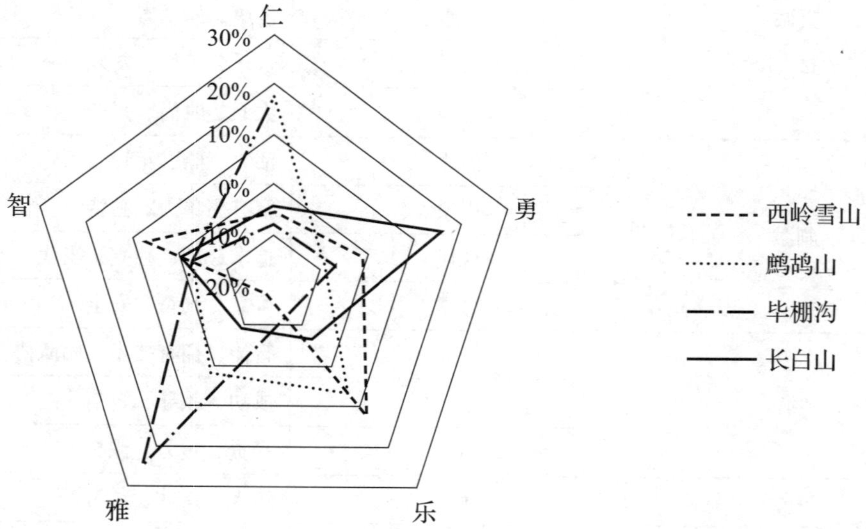

图8-6　四个目的地的个性分析结果雷达图

资料来源：王思贝，刘悦，吕兴洋（2020）.

从调研结果可以看出，品牌个性分析能够帮助旅游营销人员对资源相近的旅游产品或目的地在个性特征上的异同加以生动、直观地反映，从而为识别旅游目的地自身在品牌形象方面的优劣势和调整今后差异化形象定位方向提供决策支持。

四、品牌战略

对于实行何种品牌战略（brand strategy），各企业的选择不尽相同。有的旅游企业倾向于选用家族式品牌，有的企业则喜欢选用个别式品牌。

家族式品牌（family brand），亦称公司品牌（corporate brand），指的是以公司的名称字号去标记其所有产品的品牌。也就是说，公司旗下的所有产品都使用同一品牌。迪士尼公司在世界各地的经营中使用统一的公司品牌。目前，我国旅游企业在经营中所使用的品牌几乎都是公司品牌。

个别式品牌（individual brand）是指企业对自己所经营的多种产品分别使用不同的品牌。例如，美国假日酒店将其旗下的酒店分为几个品牌，如皇冠假日、假日旅馆等。英国的航空旅游集团主要经营欧洲高端包价游产品，对不同的产品分别使用不同的品牌，如“神奇西班牙”“神奇葡萄牙”“天空梭”“意大利飞行中心”，等等。这一做法即有些文献中所称的品牌分割。

采用家族式品牌战略的最大好处在于，公司旗下的各产品间可实现促销和宣传活动的资源共享的利益均沾。也就是说，针对每一种产品开展的促销宣传，客观上都会使公司其他产品得到推广。采用家族式品牌战略的另一个好处是，对于每一种产品的销售业绩，可依据整个家族产品的总销售业绩进行测量和评价。在没有特殊原因的情况下，如果管理者发现整个家族产品总的销售业绩与某种产品的销售业绩之商（整个家族产品的销售总额÷某种产品的销售额）随着时间的推移呈不断增大趋势，则意味着该产品已经到了需要更新换代的时候。采用家族式品牌战略的潜在问题是，由于所有产品都使用同一个品牌，任何一种产品的市场声誉受损都将危及其他产品。因此，在采用家族式品牌战略时，企业管理者必须认真地对每一种产品进行质量控制。

相比之下，选用个别式品牌战略的主要优点在于：第一，企业可针对每一种产品分别设计最合适、最贴切的品牌；第二，企业在将某些品牌的产品定位于低档市场时，不至于损害其他品牌产品的高端形象；第三，一旦出现对企业某一产品的不利报道，其他品牌的产品未必会受到牵累。个别式品牌战略的主要缺点在于：由于企业需要针对各个品牌分别开展营销传播，因而需要足够多的经费预算，否则难以成功为各个品牌打造知名度。

品牌的战略价值主要反映在，一个强势的品牌能给企业带来巨大的经济价值。对此，人们早有清楚的认识。正因为如此，在旅游业中品牌战略的实施越来越普遍。例如，1996 年，英国的格兰纳达公司收购了著名的福特饭店集团（Forté Plc）。随后，格兰纳达公司对福特饭店集团进行了重组，将其分成美丽殿饭店与度假村（Le Meridien Hotels and Resorts）、福特驿馆公司（Forté Posthouse）和福特遗产饭店（Forté Heritage）。其中，“美丽殿”这一品牌的个性在于反映格兰纳达公司在海外各地经营的欧式高档饭店。“福特驿馆”这一品牌旗下的成员饭店都在英国国内经营，是英国国内规模最大的品牌连锁饭店，主要服务于商务旅游市场。“福特遗产”这一品牌旗下的成员都是古典风格的饭店，多为英国早期客栈的历史遗存，主要服务于消遣度假市场，其特色在于选用古董家具、以木柴为燃料的室内壁炉，以及为下榻客人供应传统饮食，旨在营造一种温馨、怀旧的生活氛围。显然，这三个品牌有不同的品牌个性，分别面向不同的目标市场开展经营。表8－3给出了当今世界上一些著名的大型酒店集团实行品牌分割的情况。

表8－3　大型酒店集团的品牌分割示例

洲际酒店集团	温德姆酒店集团	万豪国际酒店集团	希尔顿酒店集团	精品国际酒店集团	雅高酒店集团
皇冠假日酒店及度假村 英迪格酒店 智选假日酒店 洲际酒店及度假村 六善酒店 丽晶酒店 金善顿酒店及餐厅 华邑酒店及度假村	骑士客栈 华美达酒店 速8 温德姆酒店及度假村 温德姆至尊酒店系列 温德姆花园酒店 赢门酒店 梦幻酒店 戴斯酒店	JW万豪酒店 万豪行政公寓 万豪国际度假俱乐部 丽思卡尔顿酒店 艾迪逊酒店 豪华精选酒店 瑞吉酒店 W酒店 喜来登酒店 威斯汀酒店 艾美酒店	大使套房酒店 汉普顿旅馆 华尔道夫酒店及度假村 康莱德酒店及度假村 希尔顿酒店及度假村 希尔顿逸林酒店 希尔顿庭院旅馆	克莱瑞恩酒店 舒适客栈 伊科诺旅馆 支柱套房酒店 睡眠旅馆 罗德威酒店 品质客栈	铂尔曼酒店 宜必思酒店 诺富特酒店 索菲特酒店 红屋顶客栈 美居酒店 美爵酒店

五、品牌建设

在全球化背景下，面对日趋激烈的市场竞争，品牌建设不仅势在必行，而且成为很多旅游供应商的当务之急。导致这一情况的原因有很多，主要包括：

- 与过去相比，如今旅游消费者越来越挑剔，要求越来越高。
- 旅游产品具有无形性的特点，尽管旅游营销者在营销传播工作中想方设法地使这些无形产品有形化，仍难确保有效地影响旅游消费者的购买选择。
- 服务产品不像制造业实物产品那样有专利保护，很容易被竞争者抄袭和复制。
- 随着各地旅游业规模的不断扩大，市场竞争越来越激烈，越来越多的竞争者以同样或相近的价格和同等的服务水准提供相同或相似的旅游服务。另外，单纯依靠价格或服务质量进行竞争的传统做法越来越难以奏效。

由于上述诸多因素的影响，随着旅游市场日益成熟，消费者开始主要根据品牌而不是单纯根据价格去挑选和购买旅游产品。所以，品牌在促成产品销售方面的作用日益凸显，品牌建设工作也为越来越多的旅游经营者所重视。

在品牌建设工作中，旅游企业不可避免地要面对的一个现实问题是：应着力打造企业品牌还是具体产品的品牌？这两种选择显然各有利弊。对于提供服务产品的旅游企业来说，首先需要重点打造的是企业品牌，以便通过这一品牌——而不是通过个别产品的品牌——树立强有力的企业形象。这主要是因为：第一，在树立自己的品牌形象方面，旅游企业所需面对的实际上不仅仅是目标消费者，还有企业的股东、其他与企业有合作关系的供应商和中间商，以及企业的员工等众多利益相关者。第二，对于经营服务产品的多数旅游企业来说，使自己的品牌有别于竞争品牌的根本在于“人”——企业的员工队伍，而不是物质因素。因为在当今的旅游业中，很多同业竞争者在物质因素（例如同档次饭店的设施设备条件）方面相差无几。因此，在旅游业中企业品牌应是产品品牌的基础。特别需要注意的是，无论是整个企业品牌的打造还是个别产品品牌的打造，都会涉及很多方面的工作，但应将重点放到员工队伍的培育和管理上，因为只有员工队伍才是品牌的真正缔造者和维护者。

此外，旅游营销者还应看到，各行各业的经验都表明，成功的品牌具有以下特点：

- 品牌在形式上表现为一个名称字号、一个符号标记，或两者兼备。但不论是哪一种情况，这一名称/符号都能广为人知。
- 品牌具有自己的独特性，竞争者无法复制。
- 品牌能反映目标消费者的自我形象。
- 品牌象征着产品的无形内涵。
- 品牌能起到告知并影响消费者的作用。
- 巩固和维护品牌是企业所有营销活动的基础。

六、品牌化效果的评价

对品牌化的重视以及投入的不断增加，需要旅游企业或旅游目的地对品牌化的绩效作出适当的评价，用以检验以往品牌化措施的成效，也为后续品牌化举措的优化提供方向。那么从何种角度评价品牌化效果更合适呢？品牌建设的核心工作是在受众头脑中建立一种形象、一种个性，评判品牌好坏的重要指标便体现在品牌是否有良好的形象、较高的知名度和美誉度等，因为这些存在于消费者心目中的对品牌的评价才是产生品牌财务和市场绩效的根源。品牌资产，尤其是基于顾客的品牌资产（customer-based brand equity）能够反映消费者关于品牌的综合评价，得到了普遍应用。基于顾客的品牌资产是消费者由于品牌知识的储备而对商家营销举措产生的异质化反应。旅游营销人员可以将基于顾客的品牌资产作为一种工具，对品牌化措施的效果进行测量和评价，因为基于顾客的品牌资产实际上是一种由多个维度构成的综合性的指标体系，通常包含品牌知名度、品牌形象、品牌感知质量和品牌忠诚度等。表 8-4 以旅游目的地为例，展示了一套旅游目的地品牌资产测量指标体系。基于该指标体系可制作调查问卷，面向目标旅游消费者施测，获得旅游消费者对每一指标的评分，然后统计旅游目的地品牌资产各维度的总体评分情况，以此反映旅游目的地在品牌化建设方面的成效。旅游营销人员还可以同时对主要竞争者施测，达到比较自身品牌优劣势之目的。

表 8-4　旅游目的地品牌资产测量指标体系示例

旅游目的地品牌资产维度	测量指标
目的地品牌形象	1. 这个目的地符合我的个性。 2. 如果我到这个目的地旅游，周围的朋友会给我很高的评价。 3. 这个目的地的形象与我的自我形象是一致的。 4. 到这个目的地旅游能够体现出我是谁。
目的地品牌知名度	1. 这个目的地有良好的声誉。 2. 这个目的地很有名气。 3. 这个目的地的特征很快出现在我的脑海中。 4. 考虑××旅游活动时，我能很快想到这个目的地。
目的地品牌感知质量	1. 这个目的地提供具有稳定质量的旅游产品。 2. 在这个目的地能够获得优质的旅游体验。 3. 我认为这个目的地提供的旅游产品在满足旅游需求方面具有出色的表现。 4. 这个目的地的表现总体上要优于其他同类目的地。 5. 这个目的地具有高水平的旅游设施。
目的地品牌忠诚度	1. 即使价格较高，我也会选择这个旅游目的地。 2. 即使我去过此地，我还是认为这个旅游目的地值得重游。 3. 下次出游的时候，我愿意选这个目的地旅游出行。 4. 我愿意向他人推荐这个目的地。

资料来源：沈雪瑞（2016）.

要说明的是，对于旅游目的地品牌资产应该包含哪些具体维度，目前学界尚无定论。表 8-4 中所示四个维度被证实是旅游目的地品牌资产中最基础的维度，某次品牌化效果评价任务的指标体系需要纳入哪些维度，还需要旅游营销人员根据评价目标和所掌握的文献资料进行合理的调整。旅游目的地品牌资产各维度应该采用哪些具体指标进行测量，也需要旅游营销人员审慎考虑。

第 6 节　旅游新产品的开发

旅游新产品开发工作的依据是产品生命周期理论，所讨论的重点是如何以新的产品或服务项目取代那些已经到达生命尽头的产品或服务。

为了旅游企业或旅游目的地保持长久生命力，使旅游产品“永葆青春”，旅游营销人员的一项关键素质就是要树立创新意识、勇于创新实践。西方创新理论先驱熊彼特从经济学的角度对创新进行定义，认为创新是“执行新的组合”①，包括新产品、新生产

① 约瑟夫·熊彼特．经济发展理论．北京：商务印书馆，1991：73.

方式、新市场、新原材料供应来源、新生产组织方式五种形式（梁也，2021）。马克思从实践哲学的视角对创新内涵做了一般化的解释，认为创新是现实的人面对新的实际情况有目的地从事一种前人未曾从事过的创造性实践活动，是超越常规实践的一种更高级的实践方式（黄群慧和李晓华，2016）。习近平总书记关于创新有十分丰富和深刻的论述，他引用“周虽旧邦，其命维新”“苟日新，日日新，又日新”“不日新者必日退”等中华优秀传统文化中表达创新之义的历史名言回答了对创新内涵的理解，表示创新是不断创造出新事物的创造性实践过程。新事物是相对于旧事物而言的，创新是一个“破旧”和“立新”相统一的过程。习近平总书记认为创新是“推陈出新”和“与时俱进”过程的统一体，既包含坚守本根、继承优秀传统基础上的推陈出新，又包含顺应时代、时局变化的主动求变、开拓创新（梁也，2021）。习近平总书记对创新精髓的解读对旅游营销中的创新工作有着极大的启示意义。旅游企业或旅游目的地发展所处的环境不断变化，既有宏大时代背景的变迁，也有产业政策导向的调整，还有旅游者需求风尚的变换。旅游营销人员应善于把握环境要素的变化动态，保持敏锐的创新意识，持续培养开发符合市场需求变化趋势的旅游新产品的能力。

一、新产品的概念

“新产品”一词常常使人误以为就是在供给市场上从未出现过的产品或服务项目，不仅本旅游企业或旅游目的地此前不曾提供，而且其他同行企业或目的地也没有供应过。这种新创产品无疑属于新产品。但就旅游新产品的开发工作而言，这种意义的全新产品并不多见。大多数新产品的开发都是在现有产品的基础上进行的改进，或者升级换代，即对核心产品进行重新设计和包装。譬如，喜来登酒店曾开发出一种名为“人体生物钟”的新菜品，旨在帮助远道而来的旅游者适应时区的变化，消除旅途疲劳。出于同样的考虑，德国汉莎航空公司也在其北大西洋航班上面向公务舱乘客推出了类似的有机食物。这些新产品大都是对原有的产品或服务项目的改进或完善，很少是市场上未曾有过的全新产品或服务项目。

从旅游营销实践来看，新产品实际上是指那些在顾客看来有很大变化的产品或服务项目，其变化程度之大使得企业/目的地有时需要为该产品设计全新的营销策略，或者对原有的营销策略作出调整（Middleton，1988）。

就旅游业中的新产品开发工作而言，新产品的范畴如表8-5所示。

表8-5　旅游新产品的范畴

类型	解释
完全意义上的创新型产品	本旅游企业/旅游目的地及其他竞争者此前都不曾推出过的旅游产品或服务项目。由于该产品是首次面世，因而营销者需要策划该产品的定位。例如，某些旅游目的地利用在该地拍摄的著名影视作品的影响开发的相关主题包价旅游产品，通常属于这种意义的创新型产品。

续表

类型	解释
需要重新定位的改进型产品	升级换代的改进型产品。由于对原产品或服务项目的改进非常大，改进后的产品已不再适用原先的定位，营销者需要为该产品确立新的定位。例如，某包价旅游产品经大幅改造之后已经升级换代，营销者需要对其原有的定位进行调整，包括调整该产品的目标市场。
无须重新定位的改进型产品	不涉及档次升级的改进型产品，只是根据顾客的意见，或者根据有关应用技术的发展，对原有产品或服务项目作出某些改进。由于改变的幅度不大，仍然面向原来的目标市场进行销售，因而营销者不需要变更该产品的原有定位。
引进型或模仿型产品	引进或仿制他人的有关产品或服务项目。虽然该产品或服务项目在整个供给市场上可能并不新奇，但由于本旅游企业/旅游目的地此前不曾提供，因而对于原有顾客来说属于新产品或新服务项目。

二、新产品开发工作的必要性

为了达成旅游企业或旅游目的地长期生存与长期成功这一根本目的，所有旅游经营者（尤其是旅游供应商）都必须重视新产品开发工作。对于其中的原因，前述产品生命周期理论已经做了充分的解释。除了实现长期生存与长期成功这一终极目的，很多旅游企业重视新产品开发工作还有其他方面的直接目的，其中包括：

- 通过开发新产品提升企业在行业中的地位，打造其引领潮流的声誉。
- 通过开发新产品实现对某一细分市场的开发。
- 通过开发新产品刺激和增加企业其他互补性产品的销售。
- 通过新产品的开发实现企业产品的多元化，从而增大竞争优势。
- 以攻为守，通过开发新产品挑战竞争者。
- 通过引进或仿制他人的成功产品，实现取人之长补己之短。
- 跟上时代潮流，利用科技方面的新突破开发新的产品或服务项目。
- 通过开发新产品实现企业的重新定位。

反之，如果一个旅游企业或旅游目的地不注重开发新产品，则将面临很大的风险。不论是市场需求的变化还是竞争格局的失衡，都将使那些不注重新产品开发工作的旅游企业或旅游目的地成为这些变化的牺牲品。

三、新产品的开发过程

关于新产品的开发过程，长期以来广为人们引用的模式是由布兹、艾伦和汉密尔顿（Booz，Allen，and Hamilton）所归纳的“八段式”程序，其中涉及的八个阶段如图 8－7 所示。

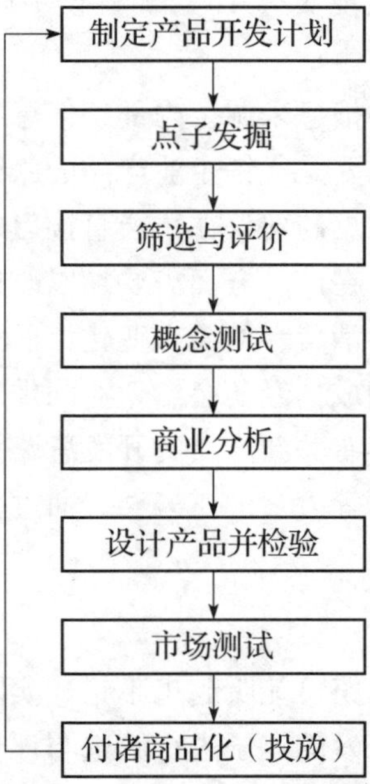

图 8－7　新产品开发工作程序

资料来源：根据 Booz，Allen，and Hamilton（1982）整理。

以旅游企业的新产品开发为例，这八个阶段的主要工作内容可简要归纳如下。

1. 制定产品开发计划

对于旅游企业来说，新产品开发工作始于制定产品开发计划，即以战略性营销计划中确定的发展目标和战略方针为指导，拟订产品开发计划。产品开发计划中的内容主要涉及两个部分：一是阐明新产品的开发方向，以及所涉及的产品类别；二是就新产品开发工作的组织及相关资源的调配作出安排。

2. 点子发掘

具体的新产品开发工作始于对点子的发掘。有关新产品构思的点子来源很多。对新产品点子的发掘可主要借助以下三种方法。

（1）环境预测法。由于环境因素的变化往往会引起市场需求的相应变化，因此环境因素的变化有可能意味着新产品的开发机会。譬如，在经济环境方面，目标市场人群实际可支配收入的增加有可能引发其需求层次的提升，从而要求旅游供应商对有关的产品作出改进或进行升级换代。在社会环境方面，环境意识的提高意味着消费者要求旅游供应商提供环境友好型的产品和服务。在文化环境方面，某些有影响的影视作品的出现有可能带来相关主题旅游产品的开发机会。旅游研究文献中有不少关于影视诱导型旅游发展的案例，例如，英国诺丁汉郡的旅游业发展与影片《侠盗王子罗宾汉》有关（Holloway and Robinson，1995）；新西兰的旅游业发展与影片《指环王》有关（Foreman，2003；Croy，2004）；等等。在科技环境方面，新技术的发展和新材料的出现使主题公园和各种纪念馆有机会改进其游乐设施以及藏品的展示方式。例如以数字化、网络化、智能化为典型特征的智慧旅游逐渐成为旅游业高质量发展的新动能，借助 5G、全景影像、三维影像、虚拟现实（VR）、增强现实（AR）等科技手段提升游客的沉浸式体验成为未来旅游景区产品创新的重要方向。

（2）充分利用内外部的各种信息来源。内部的信息来源主要涉及企业的顾客以及企业的员工，外部的信息来源则主要是代销企业产品的旅行代理商，甚至包括企业的竞争者。这主要是因为，消费者的意见与建议往往会直接启发经营者开发新产品的思路；员工在日常工作中往往会发现企业在产品方面需要加以改进的问题；处于市场最前沿的旅游零售代理商不仅最先了解旅游消费者的需求变化，而且会获得旅游者消费之后的真实感受反馈；竞争者的某些产品的成功经营会给企业同类产品的开发提供有益的借鉴。

（3）利用各种创新技术收集有关新产品的开发思路。例如，旅游企业可召集潜在消费者、行业咨询人士、新闻记者等人参加座谈会，通过头脑风暴集思广益，发掘有关新产品开发的点子或思路。

3. 筛选与评价

有的新产品开发的点子或思路可能听起来不错，实际上却不可行。因此，营销管理者需要对发掘或收集的新产品开发的点子进行筛选与评价，以便尽早发现和放弃那些明显不可行的点子。

在筛选工作中，重点在于制定筛选标准。一般来讲，这方面标准的制定主要涉及两项原则：（1）产品的开发需符合企业战略性营销计划中制定的发展目标和产品开发计划；（2）产品的开发必须适应企业目标市场的需要。

在评价工作中，所评价的内容主要包括：企业是否有足够的资源和能力利用开发机会，新产品的开发与企业现有的产品是否会有冲突，等等。

参与筛选和评价工作的人员通常包括企业的营销人员、高层管理人员以及外聘的专家。营销管理者需根据筛选和评价的结果决定是否继续推进后续工作。

4. 概念测试

在这一阶段的工作中，首先要将新产品开发点子或关于新产品的构思进行具体的概念化处理，使之形成某一种概念性产品或者彼此相关联的某几种概念性产品。譬如，我国对原五一黄金周放假制度调整后，利用传统的端午节举办节庆活动成为开发旅游新产品的点子或构思。经过评价，如果认为这一点子或构思基本可行，则需要对其进行具体的概念化处理，使之形成概念性产品，例如“观赏龙舟竞渡”，或者形成彼此相关联的多项概念性产品，例如“体验龙舟竞渡激情”“品尝端午特色美食”“端午文化历史寻踪”等。具体的概念化处理是指将这些产品设想所包含的具体内容（特别是所能提供的利益）以文字和图片的形式进行表达。

此后的工作便是通过定性调研将这些产品概念在潜在目标消费者人群中进行测试，了解他们是否接受这些产品或利益概念，以及是否有意购买这些产品。测试方式通常是利用反映这些产品概念的文本、图片或录像，在潜在消费者人群中选取有代表性的样本开展中心组讨论，或者进行深入访谈。若得出否定的结论，应就此放弃；若得出正面或肯定的结论，那么营销管理者还需根据企业现有的产品系统以及生产新产品的可行性，进一步考虑新产品是否真正适合开发。

5. 商业分析

商业分析是指分析概念性产品可能具有的商业价值。具体地讲，对于已通过概念测试的新产品，营销管理者需要进一步做详细的市场分析，估测市场对新产品的需求规模、未来有可能实现的销售量和营业收入，以及新产品的开发成本和初始阶段的促销费用。这一分析工作通常都需要进行价格敏感性分析，即对价格、顾客接待量等变量做一系列调整，评价相应的营业收入情况。以此为基础，营销管理者便能够对该产品的最高创收潜力和最低创收潜力作出基本估计。

6. 设计产品并检验

新产品开发工作进展到这一阶段，最主要的任务就是尽快将新产品按照规格要求设计成型并制出样品，以便尽可能缩短投放市场之前的等候时间。

在制造业的新产品开发工作中，这一阶段往往涉及大量的检验工作，以确保产品所有零部件的质量、所有装置的安全性都符合要求。同样，在旅游业中，这一阶段往往也需要对所设计的新产品进行检验。譬如，当我国政府宣布将某国增辟为中国公民的出境旅游目的地之后，某旅行社率先面向我国出境旅游市场，按某一档次规格设计了一款包价旅游产品。该产品的旅游线路涉及该目的地国家境内的若干地区，并由各地区的有关供应商分别提供当地的汽车旅行服务。如果该旅行社对这一线路产品进行检验，发现这些地区的客运供应商所提供的用车档次或服务规格不统一，那么显然是不符合要求的。因为就团体包价旅游的经营而言，在同一包价组合产品之中，各个构成部分的档次和规格必须协调统一。

7. 市场测试

通俗地讲，市场测试就是开展试销。通常的做法是，在下一个旅游季节到来时，将所开发的新产品先在有限的市场范围内进行小批量投放。开展市场测试工作的基本目的在于：

（1）测试消费者市场对新产品的反应。

（2）评价消费者市场对新产品的需求程度。

（3）在将新产品大批量投放市场之前，发现并解决有可能存在的问题。

在旅游业中，新产品的市场测试工作一般应分两个阶段进行。也就是说，在开展初次测试的基础上，当第二个旅游季节到来时，将该产品进一步在较大的市场范围内进行再次测试。旅游需求存在季节性波动，分两步走是必要的。当然，这种做法也并非没有问题。原因在于，与制造业的实物产品不同，旅游服务产品缺乏专利保护，很容易为他人所抄袭和模仿。由于两次市场测试之间有一定的时间间隔，竞争者有机会去抄袭和模仿，并很快蚕食这一新产品的市场。

8. 付诸商品化（投放）

付诸商品化是指将新产品正式投放市场。一般来讲，新产品投放市场的方式有两种。一种是同时全面投放，即面向所有的目标市场人群同时投放。另一种是分期分批地投放。对于大型旅游企业来说，较为理想的做法通常是第二种。这主要是因为，若面向所有的目标市场同时投放，需要的启动资金很多，风险也很大，一旦投放工作出现失误，将给企业造成严重后果。

在开发新产品方面，很多旅游企业并不是原封不动地照搬上述“八段式”做法，往往摸着石头过河，采取“短平快”的做法。一旦有了不错的新产品开发点子，只简要地进行评估，便很快将新产品设计出来并进行市场测试。整个过程——从获得开发点子一直到新产品投放市场——可能不到三个月。这种情况之所以普遍存在，并不是因为人们否认上述“八段式”做法的合理性或科学性，主要是因为很多旅游企业受时间和财力的制约，没有条件遵循八个阶段一步步地开展工作。尽管如此，人们普遍认为，上述“八段式”总结是具有实用价值的新产品开发工作指南。

四、新产品开发工作中应注意的问题

虽然大多数旅游企业都很重视新产品的开发，但有些旅游企业做得很成功，有些则不大成功，甚至经常遭遇失败。或许有人会将失败归因于旅游企业没有切实贯彻“八段式”程序。然而事实表明，即使遵循了这八个阶段，有时仍会遭遇失败。营销管理者若想提高新产品开发工作的成功率，除了需要理解并遵循前述“八段式”程序开展工作之外，还应注意以下问题。

1. 正确理解新产品开发工作过程

就某项新产品的开发工作而言，所经历的似乎是一个始于萌发或获得新产品的开发点子、止于新产品投放市场的线性发展过程。但实际上，整个新产品开发工作是一个周而复始的循环系统，而且是一个多重循环同时进行的系统。对于旅游企业来说，这意味着在任何一个时间点上都会有不同的新产品处在不同的开发阶段。换言之，新产品开发是有计划的系统开展的长期性工作，而不是现有产品已经过时或即将过时情况下的临时动议。唯有如此，旅游企业才能随着市场需求和外部环境因素的变化，及时推出相应的新产品。

2. 恰当安排时间表

新产品开发过程往往历时很长。在此期间，需求状况、供给状况、竞争状况、科技发展状况、社会经济状况等诸多方面都有可能出现变化。等到产品投放市场时，所有这些因素的变化都有可能影响产品的市场吸引力。这意味着，对于新产品开发过程中商业分析阶段的测算结果，特别是对于新产品未来的定价以及利润的预估，营销管理者应注意随着时间的推移和情况的变化进行更新。最重要的是，恰当安排新产品投放市场的时间至关重要，过迟或过早都将招致重大损失。

3. 熟知新产品开发工作失败的常见原因

导致新产品开发工作失败的原因很多，对于其中较为常见的原因，旅游营销管理者应当熟知。这些常见的失败原因通常也是新产品开发工作中需要特别注意的问题。外部原因包括：（1）有效需求不足；（2）竞争压力过大，出现了强大的竞争者。内部原因包括：（1）新产品开发工作缺乏系统的计划；（2）分析与评估工作存在失误；（3）缺乏必要的资源支持；（4）当出现不利的突发情况或“红灯”亮起时，仍舍不得放弃；（5）投放市场的时机不当。

4. 尝试将新产品开发融入国家和地方的发展战略

旅游产品创新需要企业综合考虑经济、政策等环境因素，站在更高层面，用更长远的眼光去完善自身的旅游产品结构。例如对于乡村旅游目的地而言，在谋划旅游产品创新方向时可以紧密结合我国乡村振兴这一战略背景，借旅游产品创新服务于国家战略。再比如，文旅融合对于国家和地方旅游业的发展都有着突出的战略导向色彩，不论是旅游企业还是旅游目的地，在旅游新产品开发中势必要思考如何将文化元素，尤其是中国传统优秀文化在旅游产品创新中加以体现，进一步提升旅游产品的文化品质，激发广大旅游者的文化自信，在履行社会责任的同时赢得旅游消费者的积极口碑和长久青睐。

延伸阅读

创新乡村旅游发展思路

乡村旅游在脱贫攻坚、全面建设小康社会征程中发挥了不可或缺的重要作用。在如今我国已全面建成小康社会、三农工作的重心转为乡村振兴的大背景下，乡村旅游的发展思路应该随着其发展环境的变化而有所创新，以更好地服务乡村振兴大局。建议从以下方面创新乡村旅游发展思路。

首先，乡村旅游地的目标市场应从城市居民扩展为城乡居民。从 20 世纪 80 年代我国乡村旅游起步至今，城市居民一直被视为乡村旅游地主要乃至唯一的目标市场。现在这种认识必须有所改变，农村居民也应被视为乡村旅游地的重要目标市场，主要原因有三：其一，伴随我国全面小康社会的建成，农村家庭普遍具备了一定的旅游消费能力，而且他们的旅游消费能力会随着乡村振兴的推进而不断增强；其二，我国农村人口数量决定了农村居民整体的旅游消费规模较大；其三，为促进乡村文化振兴，乡村旅游应积极回应农村居民的旅游与休闲需求。

其次，乡村旅游地的旅游产品结构应从乡村旅游一枝独秀向各类旅游产品异彩纷呈转变。目前，我国乡村地区的旅游开发多是围绕城市居民的乡愁做文章，所以多数乡村旅游地主要供应农业观光、古村落观光、农产品采摘、吃农家菜、住民宿等乡村旅游产品，进而引发“千村一面”的同质化竞争，不利于乡村旅游的可持续发展。为了满足城市居民、乡村居民两个目标市场的不同需求，也为了扭转乡村旅游地之间同质化竞争的局面，乡村旅游决策者应突破思维定式、跳出既有框架，大力开发种类丰富的旅游产品，并通过区域统筹强化乡村旅游地之间旅游产品类型与形态的差异。

最后，乡村旅游地应设法实现乡村旅游与城市化的协同发展。为了留住乡愁、保持乡土气息，乡村旅游地一般刻意限制农村社区的城市化和商业化。然而，就地城市化其实是乡村振兴、农业农村现代化的重要引擎，而且城镇还是农村居民普遍向往的旅游与休闲活动空间。所以，无论是从推进乡村振兴的角度，还是从满足农村居民旅游与休闲需求的角度，乡村旅游地都应在发展旅游的同时积极推进农村城市化进程。乡村旅游与城市化协同发展的关键在于空间错位，即在现代建筑居多、交通便利、人口较多的农村社区采取积极推进城市化的政策，而在传统建筑居多、乡土气息浓郁的农村社区则采取避免过度城市化、商业化的政策。

基于以上新发展思路，乡村旅游创新发展方向如下：

一是利用乡村丰富的绿色开放空间，为城乡居民提供形式多样的体育旅游产品和户外休闲产品，如山地自行车、骑马、攀岩、滑雪、滑草、溯溪、露营等。体育旅游和户外休闲在我国方兴未艾，相对城市而言，乡村具有开发这类旅游产品的土地成本优势和生态环境优势。

二是为城乡居民提供乡村亲子休闲娱乐产品。受休假制度、建设用地供应等因素影响，我国城市中的动物园、主题公园等亲子休闲娱乐场所节假日普遍人满为患。在乡村打造亲子牧场、萌宠乐园、郊野游乐园等亲子休闲娱乐产品可以缓解这一供需矛盾，并为乡村创造可观的旅游经济效益。

三是在前述适宜推进城市化的农村社区发展小吃街、电影院、虚拟现实体验馆、文化演出等夜游经济，以满足外地游客的夜游需求和当地农村居民的日常休闲需求，并促进乡村旅游与城市化的协同发展。相比外地游客的夜游需求，当地农村居民的日常休闲需求季节性更弱，所以在农村社区发展夜游经济还有助于缓解乡村旅游的季节性问题。

四是把乡村旅游与科技、教育相结合，积极在乡村地区发展科教旅游。除了已经比较成熟的农业科技旅游、红色旅游，还可以在乡村地区开发观星旅游、生态知识科普旅游、美食技艺研学旅游、乡土艺术研学旅游等科教旅游产品。这些科教旅游产品的目标人群既可以是少年儿童，也可以是成年人。

资料来源：节选自唐继刚（2021）。

---

5. 把握成功开展新产品开发工作的关键

一般来讲，新产品开发工作得以成功开展的关键主要在于：

（1）新产品的优点或所能提供的利益必须为目标顾客所了解或感知。

（2）新产品开发工作必须有强有力的管理措施加以保障。

关键术语

整体旅游产品（total tourist product）
单项旅游产品（specific tourist product）
市场渗透（market penetration）
市场开发（market development）
产品开发（product development）
多元发展（diversification）
品牌（brand）
品牌化（branding）
品牌个性（brand personality）
品牌战略（brand strategy）
公司品牌（corporate brand）
个别式品牌（individual brand）
家族式品牌（family brand）
产品生命周期理论（theory of product life cycle）
新产品扩散理论（theory of diffusion of innovation）

思政阅读材料

1. 梁也. 习近平关于创新重要论述的精髓要义. 湖南行政学院学报，2021(2)：11－19.
2. 习近平谈创新发展和科学家精神. 科技创新与品牌，2020(9)：2＋1.
3. 王子晨. 习近平创新观的深刻内涵探析. 学理论，2019(8)：3－4.
4. 习近平谈创新（下）. 党政论坛（干部文摘），2016(6)：4－5.
5. 习近平谈创新（中）. 党政论坛（干部文摘），2016(5)：4.
6. 习近平谈创新（上）. 党政论坛（干部文摘），2016(4)：4.

复习与思考

1. 名词解释：旅游产品、品牌、品牌化、产品生命周期。
2. 为什么说旅游产品属于无形的服务产品？
3. 简述并解释旅游产品设计的构成层次。
4. 产品生命周期作为一种诊断工具，其应用价值主要体现在哪些方面？
5. 当产品处于不同的生命周期阶段时，营销策略的重点一般会发生哪些变化？
6. 旅游产品品牌的核心功能是什么？
7. 什么是品牌个性？就旅游产品而言，反映品牌个性的核心元素主要有哪些？
8. 试析实施公司品牌战略的主要优缺点。
9. 试析实施个别式品牌战略的主要优缺点。
10. 简述旅游新产品开发工作的基本程序。
11. 导致新产品开发工作失败的常见原因有哪些？
12. 新产品开发工作应注意哪些问题？

/ 第9章 /

旅游产品的定价

学习目标

- 熟悉价格的类型以及不同类型价格的作用。
- 了解旅游经营者操控价格的目的。
- 熟悉影响旅游企业产品定价的内部因素和外部因素。
- 熟悉基本类型的定价目标及其特点。
- 掌握旅游业中常用的定价方法，熟悉这些定价方法的优点和局限性。
- 了解旅游业中常用的价格策略及其主要用途。

思政要点

- 《中华人民共和国价格法》的相关要求。
- 避免宰客行为，树立良好旅游形象。

第1节　旅游产品的价格及其作用

一、旅游产品的价格

在旅游业的经营中，随着市场竞争的加剧，产品定价工作变得越来越重要，因而对价格这一营销手段的使用也越来越为旅游营销者所重视。在旅游营销中，产品定价工作之所以重要，主要是因为：第一，旅游营销实践中的大量事实表明，与营销组合中其他的营销手段相比，价格对市场需求的影响最为直接，而且往往能带来立竿见影的效果；第二，在构成营销组合的全部营销工具中，价格是唯一能够直接创造收入的营销手段，其他各种营销工具的使用都需要以预先支付为必要前提。当然，在旅游营销中产品定价也是一项比较复杂的工作，它必须与其他营销组合手段相配合。

什么是价格？如果从需求方的角度去认识，价格是消费者为换取某一产品或服务所带来的利益而实际支付的开支。第8章提到，就一次外出旅游或度假活动的实现过程而言，消费者所购买的旅游产品实为一次整体性的访问经历。消费者为获得该次旅游经历而支付的全部开支，便形成了该整体旅游产品的价格。也正因为如此，在国际旅游学术文献中，人们在讨论目的地旅游产品的价格时，通常都是指消费者前往某目的地国家或地区旅游期间的全部消费开支。从这个意义上说，我们可将旅游消费者为获得其出游某地的经历或体验而支付的全部开支看作该国或该地整体旅游产品的价格。

但是，绝大多数旅游企业经营的是单一旅游产品或某种形式的打包组合产品，无论是哪一种情况，都是旅游企业借助特定设施设备提供的某类旅游服务。也正因为如此，从供给方的角度去认识，旅游价格是指旅游生产者或供应商所提供的旅游服务产品的售价。这一售价既可以是这些产品的常规价格或标准价格，也可以是由供求双方通过协商谈判达成的协议价格。从这个意义上说，旅游价格是指某一旅游服务产品作为商品出售时其价值的货币表现，或者说是某一旅游服务产品作为商品出售时的交换价值。在旅游市场营销实务中，对旅游产品定价的讨论通常都是基于这一认识层面进行的。同样，出于实用的目的，本章也主要基于这一认识层面讨论价格这一营销手段在旅游业中的应用。

二、价格的类型

我们只要观察旅游企业的经营实践便不难发现，旅游产品或服务项目的价格通常涉及两种类型，一类是战略价格，另一类是战术价格。

- 战略价格（strategic price）。指旅游企业就其产品或服务项目的销售预先对外公布的长期性价格。对于这种战略价格，旅游经营者通常称为常规价格（regular price）或标准价格（standard price）。譬如，住宿企业公布的明码房价（rack rate）便属于这种战略价格。

● 战术价格（tactical price）。指旅游企业在营业中根据具体情况的需要，为了刺激市场对有关产品或服务项目的需求在特定时期或特定时刻推出的临时性产品售价。对于这种战术价格，旅游经营者通常称为折扣价格（discounted price）或促销价格（promotional price）。譬如，旅游企业在开展销售促进活动期间所推出的各种优惠价格便属于这种战术价格。

三、价格的作用

从市场营销的意义来讲，战略价格和战术价格分别有不同的作用或功能。

就旅游产品的战略价格而言，其主要的作用或功能在于：

● 反映企业的发展战略（例如以市场份额最大化为目标还是以利润最大化为目标）。

● 向消费者市场传递产品的定位。

● 象征产品的品质、价值以及在同类产品中的地位。

● 反映产品所处的生命周期阶段。

● 决定企业的长远收入和投资回报。

就旅游产品的战术价格而言，其作用或功能主要包括：

● 通过提供价格优惠去争取边际需求。根据具体的需要，这类优惠价格可面向所有的消费者人群，或者仅面向特定的细分市场。

● 用以应对竞争。在应对市场竞争方面，价格是生效最迅速的反应方式。

● 用以刺激和鼓励不曾使用某产品的消费者来尝试体验该产品。

● 用作危机管理的手段。

● 作为短期内应对现金流动问题的手段。

四、操控价格的目的

对于旅游企业来说，由于旅游产品具有生产与消费同时发生并且不可储存的特点，因而在某些非常情况下，对战术价格的灵活运用不仅是最重要的应对手段，而且往往是唯一现实可行的应对手段。

在将价格用作市场营销工具方面，妥善处理好战略价格与战术价格之间的关系是非常重要的。就某一产品的销售而言，营业收入等于产品销售量与该产品的平均价格的乘积，即营业收入＝产品销售量×平均价格。在旅游产品的经营中，旅游企业面对的基本现实是：一方面，固定成本在成本结构中的占比很大；另一方面，同行企业间存在激烈的市场竞争。这意味着，在产品销售量不变的情况下，即便所实现的平均价格发生微小的变化，也将对所实现的利润产生很大的影响。虽然旅游企业对自己所提供的产品或服务都有事先公布的标准价格或常规价格，但在经营过程中出现新情况时，企业很可能有必要对产品价格作出临时变更。譬如，当出现不曾预料到的需求疲软，或者遇到突发性的竞争者挑战时，旅游企业可能需要通过对价格的操控去争取需求和维护市场份额。这表明，旅游企业操控价格的直接目的通常是争取需求和应对竞争。但是，旅游企业对价格进行操控的最终目的在于通过影响需求实现对营业收入的控制。所以，旅游营销者应注意研究目标市场在不同时期内有能力支付并愿意支付的价格水平，以便通过对价格这一营销手段的运用，在不对产品销量产生负面影响的前提下，力争使企业全年的平均价格最大化。

第2节　影响产品定价的因素

影响旅游企业产品定价的因素很多。由于价格是市场供求关系的综合反映，因此在影响旅游企业产品定价的诸多因素中，既有供给方面的因素，也有需求方面的因素；既有企业内部的因素，也有企业外部的因素。在此，我们将重点讨论旅游企业在制定产品价格时通常必须考虑的影响因素，介绍这些因素的作用原理，即这些因素如何影响旅游营销者的定价决策。

在本节中，我们将影响旅游企业产品定价的八个主要因素分为两大类，其中有五个属于企业的内部因素，其余三个属于外部因素（见图 9－1）。旅游企业在制定产品的战略价格时，必须通盘考虑这些因素。当然，在就产品的战术价格进行决策时，所需考虑的核心因素多集中于竞争者同类产品的定价。

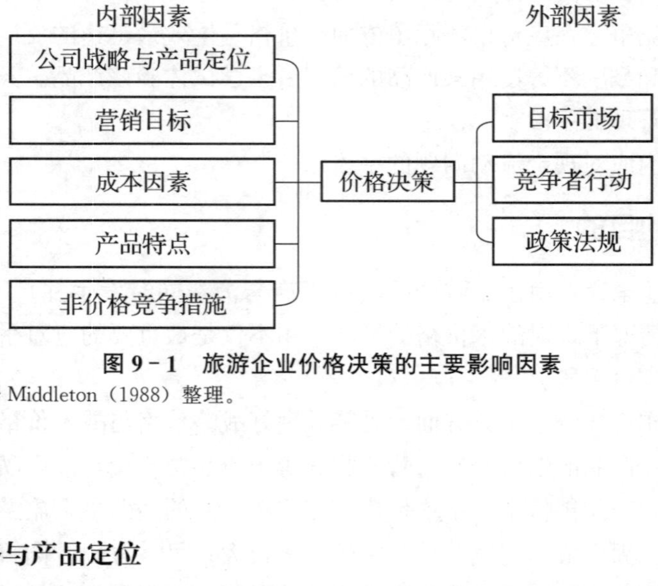

图 9－1　旅游企业价格决策的主要影响因素

资料来源：根据 Middleton（1988）整理。

一、内部因素

1. 公司战略与产品定位

旅游企业有关自身发展、市场份额以及投资回报等的战略决策，将影响其产品的定价。例如，如果一个旅游企业已决定将市场渗透作为实现自身发展的战略途径，那么在制定产品价格时便不可能高于市场上同类产品的价格。同样，旅游企业对产品的定位也会影响产品定价。由于定位的目的是树立产品在目标消费者心目中的形象，并且战略价格的重要作用之一就在于向消费者市场传递产品的定位或形象，因此一个企业对其产品的定位势必影响产品的战略价格。这意味着，高端的产品或服务项目，战略价格不可定得过低。同理，对于定位于低端的经济型饭店来说，定位本身便决定了其常规房价必须较低。总之，由于一个旅游企业的发展战略及产品定位确定了企业未来多年的营销基调，因此确定了该企业产品战略价格的下限或上限。其实，产品的定位不仅会影响产品的战略价格，而且会影响对战术价格的使用。譬如，春节期间，很多普通商品打折以刺激销售，高端的名牌商品往往采用其他优惠方式去刺激销售，而不会直接调低售价。

2. 营销目标

在营销导向型现代旅游企业中，企业的经营战略必须系统、有计划地执行，市场营销工作中各方面决策的制定都必须围绕既定营销目标的实现。所以，对产品的定价进行决策时，营销管理者必须考虑与之有关的营销目标。例如，某经济型饭店有 100 间客房。假定年度计划中营销目标为实现客房销售收入 250 万元，目标客房出租率为 70%。那么，根据这一营销目标，该饭店所实现的年平均房价至少应为 98 元/间夜（2 500 000 元÷(100 间×365 夜×70%)）。这意味着该饭店所制定的常规或标准房价必须高于这一价格，否则营销目标将无法实现。

实际上，营销目标不仅会影响产品常规价格或标准价格的制定，在某些非常时期开展销售促进活动时，该活动旨在实现的营销目标还会影响有关产品战术价格的制定。

3. 成本因素

从长远来看，旅游企业要想生存和发展，全年所实现的产品平均售价不仅要能偿付单位产品的成本，而且要能带来必要数额的投资利润。正因为如此，单位产品的成本是旅游企业制定产品价格决策要考虑的一项重要因素。不少旅游企业采用成本加成定价法制定产品的战略价格，以保证生产成本的偿付和目标利润的实现。所以，单位产品的成本是制定产品战略价格的基础，或者更确切地说，从长期来看，所实现的产品平均售价不可低于单位产品的成本，否则，企业将因长期亏损而难以生存。

在短期内，特别是在为了应对竞争而制定战术价格的情况下，成本加成定价法就不一定适用了。这主要是因为：第一，很多旅游企业的营业收入主要来自消遣型旅游市场。由于多数消遣型旅游市场的竞争程度很高，加之消遣型旅游者普遍对价格敏感，因而在某些非常时期，旅游企业出于竞争客源和维持自己市场份额的考虑，在制定有关产品的战术价格时往往不得不随行就市，采用时下流行的市场价格，一时不能顾及补偿成本和实现利润。第二，作为旅游业务经营的基本特点之一，固定成本在成本结构中所占的比重很高。在竞争激烈、客源紧张的非常时期，旅游企业出于应对竞争的战术需要，在对产品定价时无法顾及在补偿成本的基础上进行利润加成，有时甚至不宜将保本作为产品定价的底线。总之，由于固定成本高，旅游企业在某些非常时期甘愿实行保本定价（有时甚至不惜亏本）以竞争客源，避免自己被淘汰出局。

4. 产品特点

此处所说的产品特点是指该产品在同类竞争产品中的可替代程度（substitutability）。在当今旅游业的经营中，大多数旅游产品的销售都具有价格敏感的特点。这主要是因为市场上有很多同类的可替代产品。在市场存在众多可替代产品、市场供给能力过剩的情况下，价格往往会成为旅游企业制定营销策略时考虑的重要因素。

旅游业中比较普遍的情况是，大多数消遣型旅游产品之间的可替代程度都很高，消费者对消遣型旅游产品的购买往往表现出很高的价格弹性，即需求量会随着价格的上升而下降，反之会随着价格的下降而上升。这种需求弹性反映的是消费者需求对产品价格变化的敏感度。图9-2是经典的经济学模型。

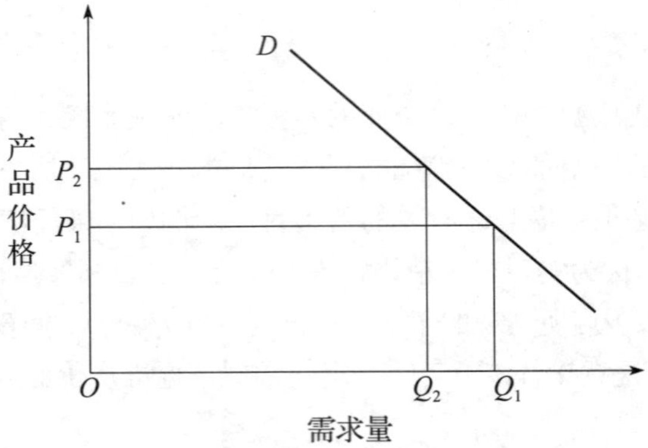

图9-2　经典的价格与需求的关系

就某一旅游产品而言，在假定不考虑其他因素或所有其他条件都相同的情况下，即便价格的上涨幅度不是很大，也可能导致市场需求大量地转向价格相对较低的其他同类产品。无论我们选择哪一种消遣型旅游产品作为观察对象，只要将有关其价格变化的历史资料与有关销售量变化的历史资料放到一起比较，就不难发现，大多数消遣型旅游市场的需求量变化都符合需求价格弹性这一传统的经济学模型。

由于价格还具有传递信息的作用，即价格往往象征着产品的品质、价值以及在同类产品中的地位，因此在营销实践中价格与需求量之间的关系并非全然如此。某些旅游产品（譬如地处独特环境的度假村）在同类产品中的可替代程度很低，在销售上似乎并不存在价格敏感问题。也就是说，对于某些旅游产品来说，在到达某一价格极限之前，随着价格的上涨，其实际销售量不仅不会减小，反而会增大。在价格到达这一极限之后，其销售量才会随着价格的继续上涨而渐次减小（见图9-3）。这些产品往往都是市场上供给有限的高端产品。对于这类高端产品，需求价格弹性这一传统的经济学模型显然并不适用。旅游营销者应认识到，对于这类产品，即使实行相对很高的定价也不会引起需求量的大幅下降。20世纪初，制度经济学创始人凡勃伦（Veblen）称这一现象为“炫耀性消费”（conspicuous consumption）。在当今的国际学术界，也有人将这一现象称为“凡勃伦效应”（Veblen effect）。

虽然旅游经营者了解需求的价格弹性这一概念，知道产品的需求量会随着产品价格的下降而增大，但是他们在实际工作中尝试应用这一理论时往往会遇到困难。具体表现在，旅游经营者有意对某一产品或服务项目的价格作出调整，却很难预知消费者市场将会在何种程度上作出反应。例如，如果将产品的价格下调5%，那么销售量将会出现多大幅度的增加？反之，如果将产品的价格上调5%，那么销售量又将会出现多大幅度的减少？对于这类问题，旅游经营者很难有把握地作出预测，通常只能凭借自己的经验去判断或者参考某些市场情报去猜测。此外，旅游企业通常是在对竞争者的行动了解十分有限的情况下制定自己的产品价格，事后一旦得知竞争者在产品定价方面的举动，很可

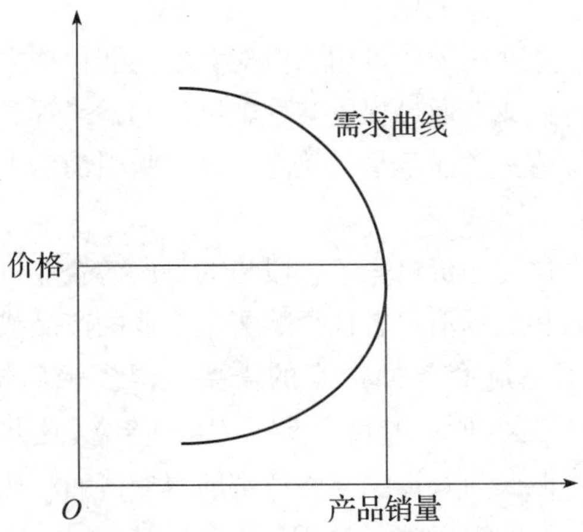

图 9-3　炫耀性旅游产品的需求曲线

资料来源：Morrison（2010）.

能需要立即作出反应。所有这些情况的客观存在都意味着，当短期内需要针对竞争者同类产品的定价作出反应时，往往容不得旅游企业顾及市场需求的价格弹性问题。

从务实的角度讲，真正对旅游营销者具有实际意义的认识是，那些拥有真正为消费者所看重的独特性的旅游产品，往往能在其心目中享有与众不同的地位。这一独特性的存在能够有效地降低产品的可替代程度，从而使产品的销售减弱对价格的依赖。例如，英国伦敦的萨沃伊饭店是一家历史悠久的著名饭店（始建于维多利亚时期），不论是在建筑风格上还是在服务方式上都有与众不同的特色。即便是在伦敦饭店业市场不景气的时期，该饭店始终保持较高的房价和客房出租率。在美国，位于佛罗里达州的迪士尼乐园以其高科技手段展现的各种游乐项目和主题度假设施，为广大爱好旅游的家庭提供了理想的度假去处，以米老鼠和唐老鸭为代表的卡通形象更是有效地强化了该主题公园的特色，从而使其作为家庭度假目的地具有很强的不可替代性。也正因为如此，与其他很多主题公园明显不同的是，迪士尼乐园很少将价格用作自己的竞争手段。在我国旅游业中，特别是在旅游景点，也有很多不依赖价格进行竞争的成功案例。所有这些案例都表明，除非一个旅游企业故意将实行市场最低价作为自己的竞争战略，否则，营销者有责任努力去打造企业产品的独特地位，并以此维持产品价格的稳定。

5. 非价格竞争措施

非价格竞争措施在有些研究文献中也称为非价格选择，指的是可供旅游营销者应对竞争的各种非价格手段。这意味着旅游企业可借助某些非价格手段去减小其产品的可替代程度，使企业能够在产品定价方面掌握主动权，避免卷入同行间的价格战。

在旅游业中，为了竞争客源和维持自己的市场份额，尤其是在为应对竞争者的降价行动而采取对抗措施的情况下，旅游企业在产品定价方面有可能会在短期内丧失主动权。没有哪一个旅游企业在产品定价方面甘愿追随他人，但为了应对竞争而不得不出此下策。

实际上，旅游企业完全有可能通过设计或选用某些非价格手段降低自己产品的可替代程度，并以此抑制价格战的扩大化。

实践表明，对于旅游企业来说，可用来应对竞争的非价格方法有很多。这些方法大都借助企业产品的某种特色或者通过提供某些辅助性利益来提升产品品质或价值，从而依靠产品的特色品质或价值——而不是依赖降价——吸引消费者购买。旅游业中较为常见的做法可归纳为三类：

（1）提供辅助利益。这类非价格竞争手段指的是旅游企业可通过提供某些形式的辅助产品或额外利益，吸引和鼓励消费者选择购买本企业的产品或服务。譬如，为了鼓励和报答常客，特别是为了适应商务型常客的需要，很多饭店推出了各种特别优待卡（privileged user card），即通常所称的贵宾卡（VIP card）。这并不一定意味着饭店会对持卡顾客提供价格折扣，但会为其提供某些特别的服务待遇，比如会为持卡顾客优先办理入住登记和离店结账；有的饭店承诺为持卡顾客提供“一分钟结账”快速服务，甚至允许持卡顾客在遇到紧急情况时赊账离店；等等。持卡人出于便利、熟悉、受尊重以及享受特别待遇等原因，往往愿意选择入住特定饭店。这类非价格举措既有助于饭店争取和保持回头客，也是一种颇具成本效益的推销手段。最重要的是，这类措施使得饭店能够以常规房价或者与其非常接近的房价实现客房销量的增长。

（2）实行伪装削价。在某些非常时期，为了竞争客源，旅游企业可采用伪装削价策略。表面上维持价格不变实则暗中降价的竞争做法都可称为伪装削价（disguising price cuts）。譬如，在客源不足时期，某些饭店（特别是高档饭店）往往会推出诸如“连续住宿三夜者可免费增住一夜”之类的促销举措。对于这些饭店来说，直接降价有可能损害企业形象，从长远看会对饭店经营不利。然而，如果这些饭店出于维护自身形象考虑，在非常时期固守自己的常规房价或标准房价，无疑不利于争取客源，可能会影响近期的现金流，甚至使企业的生存受到威胁。在非常时期，旅游企业采用这类伪装削价的策略虽属迫不得已，却有可能实现既有助于争取客源又不损害品牌形象的双重目的。

（3）借助产品特色。在讨论旅游产品的特色时，有不少人认为只要自己的产品在某方面有别于其他的同类产品，该方面自然会成为产品的特色，值得在营销传播中大力宣传。然而很多事实表明，对于有些旅游经营者自诩的产品特色，消费者可能无动于衷。旅游营销者有必要厘清自己对特色的认识。对于目标消费者来说，产品特色应能构成其所看重的某种利益。换言之，某一产品客观上具有的与众不同之处不一定构成该产品的真正特色。只有当这一与众不同之处成为目标消费者所看重的某种利益，才真正构成该产品的特色。

一种真正有特色的产品不仅有别于其他的同类产品，而且能使消费者愿意为其支付较高的价格。例如，对于饭店来说，对顾客有利的坐落地点有可能构成其产品的一种特色；对于以航空公司为代表的交通运输企业来说，可靠的正点运营和高效率的接待服务有可能构成其产品的特色；对于博物馆类的旅游景点来说，藏品的稀缺性或独到的展示方式有可能构成其产品的特色；等等。对于旅游营销者来说，上述这些产品特色都可用来避免与竞争者进行正面的价格竞争。

二、外部因素

1. 目标市场

无论是哪一种产品或服务，实现成功经营的基础都在于适销对路，这也是旅游产品或服务项目成功销售所需具备的基本条件。如前所述，对路是指旅游产品或服务项目能迎合和满足目标消费者的需要；适销是指旅游产品或服务项目的价位能够为目标消费者所接受。用经济学的术语讲，对于某一价格，目标消费者人群不仅有能力支付，而且愿意支付。

在任何产品的定价工作中，目标消费者对价格的感知都是重要的考虑因素。就某一旅游产品而言，如果价位定得很高，令消费者觉得价无所值，那么消费者很可能会放弃对该产品的选择。反之，如果该旅游产品的价格定得很低，明显低于该产品所提供的价值，那么消费者可能会感到高兴，却会令营销者难以控制市场需求。所以，如何在这两个极端之间求取平衡，是旅游营销者在产品定价工作中需面对的主要任务。

旅游实业界的很多专家都指出，如今旅游者越来越在意花钱合算，希望自己所购产品能价有所值。何为价有所值？一种释义是：价有所值是消费者将自己所支付的金额与所得到的设施及服务的品质进行比较的方式（Morrison，2010）。对于旅游营销者来说，这意味着理解产品定价工作的关键就在于了解目标消费者对该产品的价格/价值比（price/value）或性价比的感知。做到这一点并不容易，原因在于旅游产品属于服务产品。对于服务产品的价值，不同的人可能会有不同的感知或认识。对于某些消费者来说，他们宁愿支付高价也要购买奢华的旅游产品（例如，选择入住当地名气最大、档次最高的饭店），并且觉得自己花这些钱能得到超凡的价值。有些人则会将价值等同于经济取向或价格打折的旅游产品（例如，选择入住经济型旅馆，选择乘坐低成本航空公司的航班）。也就是说，消费者感觉价有所值的旅游服务产品不一定就是以最低价格出售的廉价产品。以旅游消费者对出游目的地的选择为例，加拿大的一项调研结果显示（Stevens，1994），对于一个旅游目的地来说，其产品的价格、品质和竞争力这三者之间存在密切的关联。在影响旅游消费者对出游目的地的选择方面，起决定作用的因素通常不是该地的旅游价格，而是其他方面的因素（如该旅游目的地的形象、交通便利程度等）。该项调研还发现：

- 旅游消费者对一个目的地旅游价格的感知与他们对该地旅游品质的感知之间有密切的关联。
- 在旅游消费者的认识中，对价值的看重程度高于价格。因此，在影响旅游消费者对出游目的地的选择方面，旅游目的地的品质或特色所发挥的影响作用大于该地的旅游价格。
- 访问经历会影响旅游消费者对该地旅游品质和旅游价格的感知。
- 经济条件较好、年龄较大的旅游消费者大多注重旅游产品的品质，对价格的敏感度相对较低。
- 消遣型旅游者虽然普遍对价格敏感，但在选择出游目的地时更注重该地旅游产品的品质。

● 对于一个旅游目的地来说，优质服务既是吸引游客初次来访的关键因素，也是吸引游客日后再访的关键因素。

事实上，其他相关研究也有相同的结论：在旅游产品的定价工作中，营销者真正需要关注的是目标消费者人群对价格高低的感知，而不是价格本身的高低（Lawson，Gnoth，and Paulin，1995）。

在理解目标市场对旅游产品价格决策的影响方面，营销者尤其应注意把握以下两点：

（1）所制定的产品价格必须具有现实性。现实性是指这一价格不能超出目标消费者的支付能力，并且不能超出其愿意支付的限度。通过开展消费者调查或者依据过去价格的变动，旅游营销者应当知道目标消费者能够负担得起的价格水平，并且应当清楚价格在何种程度上代表目标消费者所理解的购买价值或产品品质。换言之，旅游产品的价格应在两个极限之间选择：上限是所制定的产品价格不得超出目标消费者的支付能力和愿意支付的水平；下限是所制定的产品价格不至于使目标消费者对该产品的品质产生怀疑。

（2）对不同目标市场的了解是旅游营销者策划差别定价的基础。差别定价（discrimination pricing）是指旅游企业就同一产品或服务项目，面向不同的消费者人群执行不同的价格，尤其是以较低的价格出售给特定类型的顾客。在国际旅游业中，较为常见的差别定价包括：团体优惠价（例如面向旅行团、会议团体、体育团体提供的优惠价格）；老年顾客优惠价；儿童优惠价；学生优惠价；航空机组人员优惠价；政府工作人员优惠价；等等。

要注意的是，在我国，人们习惯将这类针对特定目标市场实行的优惠价称为折扣价，实际上这类差别定价并不属于在特定短期内执行的战术价格，而是属于针对特定目标人群实行的长期性战略价格。换言之，差别定价作为一种定价策略，所制定的是面向不同目标人群的战略价格或常规价格，而不是在某些非常时期临时推出的战术价格或促销价格。旅游企业实行差别定价的目的并不是将其用作短期内争取客源的权宜之计，而是作为战略性措施以使企业的服务设施尽可能得到充分利用。

2. 竞争者行动

旅游企业在为自己的产品定价时，需要了解和比较竞争者同类产品的定价。主要原因在于，对于一个旅游企业来说，在市场供大于求、客源竞争激烈的情况下，除非企业的产品不可替代，否则，定价高于同类竞争产品的价格，无异于将自己的顾客推向竞争对手。

从战术营销的层面上讲，价格竞争（价格战）是影响旅游企业制定产品战术价格的支配性因素。

3. 政策法规

在市场经济体制下，企业虽然在产品定价方面享有自主权，但在制定产品或服务的价格时不能违反政府的有关政策法规。旅游业也不例外，许多国家政府对旅游价格进行干预。其中最典型的例子是航空公司的国际航线票价都必须经由本国政府主管部门批准。在西班牙，政府甚至会规定饭店业住宿服务的价格政策，饭店只能在国家政策许可的范围内调整房价。

因而，在强调价格这一营销工具对于旅游企业效益重要性的同时，旅游营销人员也应注意定价策略要在合法、合理的范围内加以实施。《中华人民共和国价格法》（以下简称《价格法》）总则第三条指明："国家实行并逐步完善宏观经济调控下主要由市场形成价格的机制。价格的制定应当符合价值规律，大多数商品和服务价格实行市场调节价，极少数商品和服务价格实行政府指导价或者政府定价。"这表明，我国给予各行各业依据市场导向自主定价的充分空间。但同时《价格法》总则第四条也提出："国家支持和促进公平、公开、合法的市场竞争，维护正常的价格秩序，对价格活动实行管理、监督和必要的调控。"《价格法》第九条还指出："经营者应当努力改进生产经营管理，降低生产经营成本，为消费者提供价格合理的商品和服务，并在市场竞争中获取合法利润。"这意味着旅游营销人员在价格策略实施中不可违背"公平、公开、合法"的准则而任意操控价格以谋取不合理的利润，否则，不仅难以服务于旅游企业的健康成长，还可能受到相关法律法规的制裁。

一般来讲，政府通过政策法规对旅游价格进行干预主要出于两个方面的原因。

（1）保护消费者利益。为了保护消费者利益，政府往往通过颁布有关的政策法规限制经营者不合理的牟取暴利行为。在这种情况下，政府有时甚至会规定有关旅游产品的最高限价。

（2）保障旅游业健康发展。在旅游业出现严重的削价竞争并有可能危及旅游业健康发展的情况下，政府可能会规定有关旅游产品的最低保护价。

除了上述与旅游产品的定价直接有关的干预政策，更为常见的情况是，在市场机制比较成熟的国家，政府颁布的有关财税政策也会间接地影响旅游企业的产品定价。在这些国家中，有关旅游产品的最高限价或最低保护价大多由行业协会制定，以行业规范的形式颁布和组织实施。

第 3 节　定价目标

在市场营销组合中，任何一项营销手段的实施都服务于既定的目标。因此，任何营销手段的策划都需要以实现特定目的或目标作为基础。这一目的或目标既是该项工作的出发点，也是其归宿。旅游产品的定价工作也不例外。这意味着旅游产品定价工作的开展始于明确定价目标。

旅游企业的产品定价工作中可能涉及的定价目标很多，一般可划分为三种基本类型，即以利润为定价目标、以销售量为定价目标以及以应对竞争为定价目标（Stanton and Futrell，1987）。

一、以利润为定价目标

这种类型的定价目标大致有两种情况：

（1）以实现某一既定水准的目标利润为定价目标。在将既定的目标利润作为定价目标的情况下，所制定的产品价格通常反映企业的预期投资收益。也就是说，企业是以自己所预期的目标投资回报作为制定产品价格的基础。饭店业中用于制定房价的哈伯特公式法（Hubbart formula）堪称这方面的典型示例。

（2）以利润最大化为定价目标。在以追求最大利润为定价目标的情况下，企业会根据自己对产品成本以及市场需求的预测，制定能给企业带来最大利润的价格。但需要注意，利润最大化并不意味着价格最大化。为了便于理解这一点，下面以实例加以说明。

// 案　例 //

某经济型饭店有200间客房。经分析，该饭店每间客房的日均固定成本为6美元，变动成本为4美元。

最初，该饭店实行的房价为32美元/间夜。后来，该饭店管理部门从营业统计中发现，该饭店一年当中有4个月的时间客房出租率从未超过50%。这意味着，在这4个月里，该饭店的客房有半数闲置，每间客房每天还需支出6美元的固定成本。

为此，该饭店营销部门在对市场需求进行全面分析的基础上，设计了一项优惠计划，旨在为这4个月招徕业务。这一计划的主要内容是：在这些淡季月份下榻的顾客，如果停留时间为3～6夜，可享受优惠房价20美元/间夜；如果停留时间为7～10夜，可享受优惠房价18美元/间夜；如果停留时间为11夜以上，则可享受优惠房价15美元/间夜。

这一计划的实施使这4个月的客房出租率上升到68%。虽然这一计划的实施使该饭店的年平均房价有所下降，却使实际利润有了很大的增长。

追求利润最大化多为短期性的定价目标。将追求预期投资收益作为定价目标时，则往往着眼于长远利益。

二、以销售量为定价目标

以销售量为定价目标也称为以提高或维持市场占有率为定价目标。在以销售量为取向进行定价时，营销者关心和强调的重点是产品的销售量或企业产品的市场占有率，而不是利润。旅游企业以此作为定价目标的目的一般在于：

- 使自己的产品销售量最大化。
- 使自己的产品销售量增大至某一既定的目标水准。
- 提高企业产品的市场占有率，争取达到某一既定的目标水准。

对于一个企业来说，产品的市场占有率往往代表着该企业在市场上的地位和竞争力。因此，在某些情况下将增加产品销售量和提高市场占有率作为产品定价目标是非常必要的。需要注意的是，此时企业的目的是实现产品销售量的增大或者市场份额的增加，但是，这种以销售量为取向的产品定价未必会带来利润的增加。

对于旅游企业来说，增加产品销售量既可作为长期的定价目标，也可作为短期的定价目标。有些旅游企业例如美国的时代旅馆公司（Days Inn）和价廉旅馆公司（Budgetel）一直将实行低价作为长期的定价战略。同样，以增加产品销售量作为短期定价目标的旅游企业也不少。旅游企业在短期内将销售促进用作其主要的促销手段，基本上都是以扩大产品销售量为目的。特别是在旅游淡季，客源紧张往往迫使目的地旅游供应商不得不对产品降价或打折以吸引顾客。

三、以应对竞争为定价目标

旅游企业采用这种定价目标是为了应对竞争，避免产品销售量的大幅波动，维护自己在市场上的地位。所以，有人将这种定价目标称为“以维持现状为取向的定价目标”（Morrison，2010）。旅游企业在采用这种定价目标时最基本的做法就是：随时了解和比较竞争对手同类产品的价格，并参照主要竞争对手同类产品的价格制定或调整企业产品的售价。即使是在产品的生产成本或市场需求出现变化的情况下，只要竞争对手不变更其产品价格，企业应维持自己的产品价格不变。当然，在产品的生产成本或市场需求出现变化时，如果竞争对手对其产品价格做了调整，那么企业也应对其产品价格做相应的调整。

第 4 节　旅游业中常用的定价方法

在旅游业中，可供营销者选择的定价方法很多。在本节中，我们将这些方法归纳为四大类——基于成本的定价法、基于竞争的定价法、基于需求的定价法以及基于利润目标的定价法。

一、基于成本的定价法

基于成本的定价法（cost-based pricing）简称成本定价法。在这类定价方法中，最典型的是成本加成定价法（cost-plus pricing），即首先计算单位产品的变动成本或总成本，在此基础上附加一定比例的毛利或利润，从而形成该产品的售价。这一定价方法在餐饮企业中最为常用。

但是对于餐饮企业之外的其他旅游企业的经营者来说，由于旅游产品及其业务经营方面的某些固有特点，对这一定价方法的理解和应用不可太过机械。事实上，国内外很多旅游企业在运用这一方法对产品进行定价时往往都会有所变通。这样做的原因在于旅游企业在对产品进行定价时，一个至关重要的考虑便是：所制定的价格应能使产品实现足够大的销售量。

以发达国家商业性旅游景点的经营为例。大多数旅游景点往往根据其成本结构的特点，基于游客人均总成本制定尽可能低的门票价格。确切地说，很多旅游景点在制定门票价格时以能够补偿总成本为原则，并不指望通过门票获取利润。通过低门票价格争取足够多的游客来访，游客在停留期间的各种其他消费（如餐饮、购物、娱乐等）就会带来利润。对于旅游景点来说，在预计低门票价格能够争取到足够多游客的情况下，这很可能是一种比较理想的门票定价方法。

但是，如果预计游客的来访量将会减少，那么基于游客人均总成本制定门票价格可能会出问题。原因在于，随着游客接待量的下降，景点游客的人均成本结构也会发生变化。换言之，由来访游客分摊的人均固定成本会增大。在这种情况下，如果景点经营者仍坚持基于游客人均总成本制定门票价格，则意味着只有相应地提高门票价格方可实现保本。然而，这样做的结果很可能是“按下葫芦浮起瓢”。这具体表现在：一方面，随着门票价格的上调，该景点所能吸引的游客数量必将减少；另一方面，随着游客来访量的减少，借助游客来访期间的其他消费实现利润的初衷将难以实现。关于这一点，可通过观察表 9-1 中的案例来加深理解。

表 9-1　某旅游景点的价格政策　　单位：英镑

	年度1	年度2	年度3
游客人均变动成本	1.50	1.50	1.50
固定成本	400 000	400 000	400 000
预计游客接待量（人次）	100 000	80 000	70 000[a]
游客人均分摊成本			
人均变动成本	1.50	1.50	1.50
人均固定成本（400 000÷预计游客接待量）	4	5	5.71
人均总成本	5.50	6.50	7.21
门票价格（成人票价）	5.50	6.50	7.21

a. 需求衰退期，假定不增加营销预算。

资料来源：根据 Lumsdon（1997）改编。

因此，有些旅游企业在采用这类定价方法时会根据业务经营中的固定成本高以及需求波动大等特点，将基于人均总成本进行定价和基于变动成本进行定价相结合。根据具体情况的不同，旅游营销者在选择定价方法时考虑的重要因素也会有所变化。譬如，有时会重点考虑各目标消费者人群的支付能力，有时会重点考虑需求的季节性变化，有时则会重点考虑所制定的产品价格在何种程度上需要为补偿固定成本作出贡献（即所需实现的毛利大小），等等。因此，当营销者关注的重点不再是单位产品的总成本，而是单位产品的变动成本时，则会转而依据单位产品的变动成本定价，而不再基于单位产品的总成本定价。这一点将在下面的案例中得到具体说明。

// 案　例 //

某城市有一家汽车旅游公司，主要经营前往 100 公里之外的某地进行观光的一日游产品。

假定所使用的车辆为设有 50 个座位的旅游大巴，每往返运营一趟的总成本为 480

元，其中变动成本为350元。在旅游旺季和平季，由于市场需求比较旺盛，因此该公司主要基于总成本对一日游产品进行定价。也就是说，假定每一个运营班次至少有30名乘客，那么只要将该产品的价格定为每位乘客16元，便可实现保本经营。如果在这一基础之上进行加成定价，那么超出16元的部分会构成每趟运营的利润。

在旅游淡季，市场需求下降。此时，为了争取需求，更重要的是为了保证现金流，减少因车辆和人员闲置而有可能导致的亏损，该公司很可能会从基于总成本对产品定价转向依据变动成本对产品定价，以便在淡季的经营中首先使变动成本得到补偿。因此，该公司在分析客源市场价格敏感度的基础上，考虑将一日游产品的淡季价格降为12元。这样一来，随着产品价格对市场的吸引力增大，一个运营班次只要有30名乘客，便足以使变动成本得到补偿。

由于旅游产品不可储存，类似上述案例中的做法在世界各地的旅游企业中十分常见。旅游企业在采用这类定价法时，一个至关重要的前提就是清楚地了解企业产品的成本构成情况，因为唯有如此，营销者才能够对战术性降价将会产生何种程度的影响心中有数。下面重点介绍经验定价法。

在旅游业中，有些企业的经营者基于自己多年的经营实践和经验摸索，总结出了一些简便易行的产品定价方法。对于这些定价方法，人们常常称为“经验法则”。实际上，这类经验定价法（rule-of-thumb pricing）大都是成本定价法的变种。

例如，20世纪70年代，美国饭店业中曾有人提出将“千分之一法”作为制定饭店房价的经验法则。千分之一法指的是在预计饭店客房的年出租率可达到60%或60%以上这一前提下，饭店所实现的全年平均房价须为该饭店平均客房造价的千分之一。譬如，假定某饭店的造价为600万美元（一般不包括地价），可供出租的客房为100间，那么该饭店的平均客房造价为6万美元。根据千分之一法，该饭店应实现的全年平均房价为60美元/间夜。不少人可能会误以为，这意味着该饭店应将其房价定为60美元/间夜。其实，这只是饭店经营者制定房价的一个经验基础。考虑到实际经营中在某些情形下有必要推出的价格优惠或价格促销，以及对提供免费早餐的补偿等一系列成本因素，依据千分之一法制定的常规房价或标准房价并不是60美元/间夜，通常都略高于这一价位。

美国餐饮行业中还曾总结过制定膳食产品价格的经验法则，即膳食产品的成本一般应为产品售价的40%。根据这一经验法则，餐饮经营者只需计算出膳食产品的成本，然后乘以2.5，便可以得出其售价。

这些经验法则大都因方法简单、易于实施而在饭店业和餐饮业中广为流传和应用。但是，从科学定价的意义上说，这些经验法则的局限性很明显：既没有考虑消费者对该价格的支付意愿，也没有考虑市场上竞争产品的价格。

如前所述，产品价格的制定应以目标消费者的支付能力和支付意愿为前提。经验定价法显然很难考虑这一前提，旅游经营者在运用时难免会出问题。比如，采用千分之一法制定饭店的房价时，存在两种可能的结果。一种结果是，所制定的房价偏高，使愿意选住该饭店的顾客减少。假定将这一房价降低10%，则很可能会吸引较多的游客前来入住。在前述案例中，假定该饭店按千分之一法将房价定为60美元，可使其全年平均客房出租率达到60%。但是，市场测试的结果可能显示，如果该饭店将房价降为50美元，则会使全年实现的客房出租率达到80%。两者相比，将房价定为50美元显然更为可取。原因在于，在将房价定为60美元时，该饭店全年客房营业收入为60×100×365×60%＝1 314 000美元。在将房价定为50美元时，该饭店全年客房营业收入为50×100×365×80%＝1 460 000美元。另一种结果是，所制定的房价偏低。在这种情况下，虽然该产品的销量会有大幅增加，客房出租率会大幅提升，但是，由于这一价格实际上低于原本能够实现的较高价格，因而会使所实现的营业收入和利润低于应有的水平。众所周知，无论年景好坏，饭店经营工作的目标都应是尽可能地增加收入和利润。然而采用这一经验定价法制定房价时，未必能够实现这一目标。现在很多人认为，随着饭店造价的快速攀升，加之激烈竞争导致的房价下调，这一经验法则已经过时（Morrison，2010）。

二、基于竞争的定价法

基于竞争的定价法（competitor-based pricing）简称竞争定价法，俗称随行就市定价法，通常是指将应对竞争作为定价目标，参照市场上同类竞争产品的价格制定企业产品的价格。这类定价方法常应用于一些竞争激烈的商业领域，在旅游服务业中的应用也很普遍。旅游营销者在采用这类方法为产品定价时，关注的重点在于应对竞争，以维护企业在市场中的地位，避免因竞争对手实行低价策略而使企业被排挤出市场。

这类定价法的基本特点是，使企业的产品定价跟随竞争对手同类产品价格的涨落而升降，因而属于被动反应式的定价法。在市场竞争激烈的背景下，旅游企业在为自己的产品制定价格时有必要考虑竞争对手的同类产品价格，否则有可能因竞争者的低价策略而失去市场份额。但这不是旅游企业制定产品价格时唯一的考虑因素，特别是在制定产品的常规价格时。这主要是因为，各企业产品的成本结构不尽相同，虽然某一价格有可能为某旅游企业带来理想水平的利润，但不一定令另外一家旅游企业获得利润。

追随大户定价法（follow-the-leader pricing）是竞争定价法的一个变种。这种定价法指的是，当行业中实力雄厚的领袖企业推出新的价格时，其他企业可效仿。也就是说，这种定价方法常为市场占有率相对较低的企业所采用。显然，它同样属于被动反应式的做法。但是，旅游营销者应当看到，实力雄厚的大型企业（特别是大型连锁集团）具有规模经济优势，其单位产品的成本往往比中小型旅游企业低，在以同样的价格经营某一类产品时，大多数中小型旅游企业所能实现的利润往往会比较低。这意味着中小型旅游企业盲目地追随经营大户制定自己的产品价格会有很大的风险。除了成本方面的差异，大型旅游企业通常占有较大的市场份额。这意味着，它们一方面有能力承受较大幅度的产品降价，另一方面也能利用价格上涨的机会获取较多的利润。而这些都是中小型旅游企业难以做到的。

三、基于需求的定价法

基于需求的定价法（demand-based pricing）有时也称以需求为中心的定价法，通常简称需求定价法。采用这类方法制定产品的价格时，营销者考虑的是需求方面的情况，而不是产品的成本。例如，作为吸引游客来访的手段之一，不少旅游接待地区都会利用该地的体育场馆或会展设施举办大型音乐会。一般情况下，不论是举办古典音乐会，还是举办现代流行音乐会，所发生的成本相差无几。然而，这些场馆在举办现代流行音乐会时，所制定的门票价格通常都会比古典音乐会的票价高得多。票价的差距较大并不是由于成本不同，而是主办者基于对需求的考虑决定的。

在旅游业中，比较具有代表性的需求定价法是逆向定价法（backward pricing），有时也称反向定价法或倒置定价法，是一种基于需求制定产品价格的方法。采用这一方法为旅游产品定价时，营销者关注的核心是目标消费者人群能够接受的价格。逆向定价，顾名思义，产品价格的制定过程是逆向进行的。也就是说，营销者在制定产品价格时首先考虑的不是产品的成本，而是通过对需求市场的调查与分析，确定能够为目标消费者人群所接受的价格。然后，在执行这一价格的过程中对产品的成本进行严密监控，使之能够配合这一价格。如此定价的优点是，在产品的价位能够为目标消费者所接受的同时，实现企业理想的利润。

这一定价方法其实并不仅仅是以市场需求为基础，同时也有成本领先的特点。具体表现在，在执行这一价格的过程中，如果管理者发现成本过高，无法实现自己能够接受的利润水平，就会对产品的质量水准进行调整，使其成本下降。例如，采用这种定价法的旅行社在推出包价旅游产品时，往往会与旅游目的地的住宿接待企业签订合同，订购一批视野和朝向较差的客房，以通过低房价将整个包价旅游产品的价格控制在目标消费者愿意接受的水平，并实现企业的目标利润。又如，选择票价较低的夜间航班（俗称红眼航班），使包价旅游产品的交通运输成本降低，有时还可为旅行团省下一天的住宿费。

逆向定价的优点主要是旅行社的包价旅游产品对追求低价的消费者能产生较大的吸引力。这种定价法的局限性在于，在产品价格既定的前提下，旅行社为了确保实现自己的盈利，必须严格地监控产品的成本。为了控制成本和确保利润，旅行社有时不得不降低产品的质量。一旦顾客在消费该产品之后认为质量欠佳，会感到不满意，就有可能通过负面口碑传播损害旅行社的声誉。

// 案　例 //

Priceline 作为全球主要在线旅游公司之一，较早提出了逆向定价模式。Priceline 模式的原理是产品越接近保质期使用价值就越小，从机票或者酒店行业来看，临近登机或者入住的实际价值变小，一旦飞机起飞或者客房空置超过 24 点价值便会为零。而 Priceline 网站让消费者报出要求的酒店星级、所在城市的大致区域、日期和价格，Priceline 从自己的数据库或供应商网络中寻找到合适价格的房间并出售。目前租车、旅游保险也包括在其业务之中。

当有些商务散客既需要控制预算又有高性价比的住宿需求时，这种由消费者定价的独特模式就起了作用。逆向定价的具体操作即由客人报出城市、时间、入住酒店标准和愿意支付的价格，比如一名商旅客人想入住五星级酒店，愿意支付 100 美元一夜的房价，需要包含早餐，信息发布后，若有商家接单，则该商旅客人完成在线支付后交易达成。商旅客人享受实惠的同时，酒店也得到了商业价值。旅游业是一个淡旺季非常分明的行业，当淡季时或平日客房未满时，客房与其闲置，还不如低价出售，这样既可以提升酒店入住率，也可以增加客房收益。因此，Priceline 的逆向定价等于为酒店吸引来购买“尾单”客房的客源，使酒店客房收益率最大化。此外，Priceline 上没有报价信息，商旅客人只知道最终成交价和酒店星级、地理位置，这种方式起到保护酒店的作用，毕竟过低的价格会拉低酒店的品牌定位。

四、基于利润目标的定价法

以所要实现的利润目标为基础的定价方法通常简称目标定价法（target pricing）。这一目标通常是根据企业所希望实现的特定投资回报来确定的。在有些情况下，这一目标也可用营业收入来表示。

流行于饭店业的哈伯特公式法便是这类目标定价法中的一个典型。这一方法常用于制定饭店客房的价格，具体做法是：营销者通过自下而上地编制饭店的营业收入报表，确定可实现投资回报的房价。图 9－4 中显示的是利用哈伯特公式法计算房价的过程。

所希望实现的税后投资回报
+
所得税
应付利息
保险费
财产税
折旧费
行政管理及常规开支
营销费用
能源费用
房产的使用与维修费
−
餐饮部门的营业收入
电话部门的营业收入
其他部门的营业收入
+
餐饮部门的成本费用
电话部门的成本费用
其他部门的成本费用

= 客房部所需创造的利润

＋客房部的成本费用

= 客房部所需实现的营业收入

÷所计划实现出租的客房间夜次数

= 所需实现的平均房价（扣除优惠折扣与佣金之后）

图 9－4　哈伯特公式法的计算过程

资料来源：Morrison（2010）.

按上述过程初步计算出目标房价之后，饭店营销者还需要对照主要竞争者的房价进行微调，以更好地反映企业的形象/定位。

值得注意的是，在计算出的房价中，并未考虑饭店向旅行代理商支付的佣金，也没有涉及有可能面向特定目标市场提供的价格折扣。因此，在估算最终正式公布的房价之前，营销者必须对这两项成本费用进行测算。图 9－5 中提供的是有关这方面测算工作的一个假设案例。

第一步：计算所需实现的平均目标净房价

所需实现的客房收入	555 476美元
目标出租率的客房销量（间夜）=（客房总数×365）×目标出租率（假定目标出租率= 0.65）	11 863间夜
所需实现的平均目标净房价	46.83美元

第二步：计算针对各个目标市场的具体房价

目标市场	客房出租量（间夜）	所占百分比	所提供的价格折扣	平均每间客房的占用人数
一般商务客人	593.125	5%	5.0%	1
商用房价的商务客人	593.125	5%	12.5%	1
会议团体	4 745.00	40%	20.0%	1.5
大巴旅行团	1 779.375	15%	25.0%	2
消遣型旅游者	4 151.875	35%	15.0%	2.5
合计	11 862.5	100%		1.5

所需实现的打折之前的平均房价= 64.70美元

各目标市场所需实现的平均房价	打折之前（美元）	减去折扣	平均房价（美元）	单人间房价（美元）	双人间房价（美元）
一般商务客人	64.70	5%	61.46	61.46	—
商用房价的商务客人	64.70	13%	56.61	56.61	—
会议团体	64.70	20%	51.76	49.26	54.26
大巴旅行团	64.70	25%	48.52	—	48.52
消遣型旅游者	64.70	15%	54.99	—	54.99

目标市场	客房销量（间夜）	平均房价（美元）	营业收入（美元）
一般商务客人	593.125	61.46	36 456
商用房价的商务客人	593.125	56.61	33 578
会议团体（单人间）	2 372.5	49.26	116 868
会议团体（双人间）	2 372.5	54.26	128 731
大巴旅行团	1 779.375	48.52	86 343
消遣型旅游者	4 151.875	54.99	228 331
客房收入总计	11 862.5	53.13	630 307

图 9－5　哈伯特公式法举例：如何处理价格折扣

资料来源：Morrison（2010）.

第5节 旅游业中常用的价格策略

对于旅游企业来说，在选择价格策略方面会受到很多因素的影响。除了所采用的定价方法，很多其他因素（例如需求市场的发展、企业的资源、供给市场的结构等）都会对价格策略的选择产生影响。只有全面考虑这些因素，营销者才能选定与企业的整体营销战略相适应的价格策略。总之，价格策略的选择是一项复杂、有难度的工作。在本节中，我们只介绍一些在旅游业中比较常见的价格策略。

一、溢价定价策略

溢价定价（premium pricing）是指企业对其产品实行高价经营。在旅游业中，这种定价策略需要与营销组合中的其他手段有效配合。这种定价策略通常为经营高端市场的旅行社、度假饭店、航空公司等企业所采用。这些旅游企业在经营中实行溢价定价策略的基础在于其产品品牌的不可替代性、企业的服务专长，以及企业的市场声誉，而昂贵的价格只是所有这些方面的综合象征。

实行这种定价策略时，企业不会轻易将其产品降价销售，因为将产品降价等同于对企业/产品进行重新定位，从而动摇企业/产品在市场中的高端形象。退一步讲，即便这些旅游企业偶尔推出某种貌似“降价”的优惠举措，也只是将其作为顾客忠诚奖励计划中的一个组成部分，用于鼓励顾客在市场需求低迷时前来光顾，而不是用作公开的对外报价。总之，在实行这种定价策略时，企业为其产品制定高价的目的只是配合和强化营销组合中的其他手段。

旅游营销人员应注意，溢价不应违反相关法律法规的要求。现实中，旅游业频繁出现的宰客现象已经备受诟病，尤其在自媒体信息传播功能日渐强大的今天，“天价”宰客负面新闻会迅速扩散发酵，最终演变为旅游企业或旅游目的地难以应对的危机事件。例如，2015年10月，青岛“天价虾”事件轰动全国；2016年2月，哈尔滨“天价鱼”事件备受热议；2017年12月，“雪乡宰客”事件再次刷爆网络。虽然涉事旅游企业或目的地管理部门后续都采取了相应的举措力争挽回旅游形象所受的损失，但为此开展的公关、整顿活动增加了时间和货币成本，加之潜在游客改变或取消到访，损失不可谓不惨重。因而，溢价策略最好做到有理有据、合法合规，避免宰客行为。

二、取脂定价策略

取脂定价（skimming pricing）策略有时简称取脂策略，往往为旅游企业推出新产品时采用，即当企业新投放的某一产品对于目标市场来说比较新颖，并且竞争者很少时，便可制定较高的价格，并通过加大促销力度诱使消费者购买。采用这一定价策略主要有两大优点：一是可借机增大产品的利润；二是可借竞争者尚少的时机，尽快回收产品的开发投资。

与溢价定价策略有所不同的是，取脂定价策略的执行期通常不会很长。原因在于，该产品的利润很高，销售前景好，因而竞争者会抓紧时机开发与之相近的同类产品并尽快投放市场。这无疑会迫使率先推出该产品的企业重新评价自己的定价策略，并且随着同类竞争产品的增多而最终放弃这一定价策略。在旅游业中这类例子很多。例如，在一些新开辟的旅游度假区，那些率先建成的度假饭店在开业初期往往会实行高房价。但是，这一高价政策用不了多久就会变得难以维持，因为随着该地后续的开发，同类度假设施的数量很快便会增加，使得实施取脂策略的市场条件不复存在。

三、市场渗透策略

市场渗透（market penetration）是企业为了进入市场并扩大市场份额而对其产品实行低价经营的一种策略，也是全球各地旅游业中采用最广泛的一种定价策略。大多数酒吧、娱乐会所、旅游景点等旅游企业在开业初期一般会实行低价策略，以吸引消费者尝试购买，并形成强大的口碑传播。很多旅游企业之所以选择这种定价策略，主要是基于以下假设：第一，在消遣型旅游市场中，大多数消费者对价格很敏感，因而比较容易为物美价廉的产品所吸引；第二，在市场上存在大量可替代产品的情况下，企业有必要通过具有竞争力的价格获取和维护自己的市场份额。

对于旅游企业来说，既可将市场渗透用作短期性的定价策略，也可将其用作长期性的定价战略。当用作短期性定价策略时，企业的主要目的是使自己能够进入市场并赢得顾客的口碑传播。当用作长期性定价战略时，企业的目的则主要在于争取尽可能大的市场份额，从而阻止竞争者进入该市场。

四、差别定价策略

在市场营销研究文献中，差别定价有时也称柔性定价（flexible pricing）。一般来讲，差别定价是指企业根据不同的具体情况，对同一产品实行两种或多种不同的价格。其中比较常见的情况包括：

- 面向不同的目标市场人群实行不同的价格，通俗地讲，就是针对某些特定的目标市场人群实行折扣价格。例如，饭店在实施收益管理的过程中往往会面向不同类型的顾客实行不同的房价。但是，这并不意味着企业在向不同的顾客提供产品时存在成本差异。

试观察表 9－2 中的案例。该饭店是一家以商务游客为主要目标市场的中档城市饭店，拥有客房 140 间，年平均出租率为 68%，所实现的年客房销售量为 140×365×68%＝34 748 间夜。

表9-2 某饭店收益管理中的差别定价

目标市场（顾客类别）	占年客房销售量的百分比（%）	所实现的房价（美元）	客房销售量（间夜）	收入（美元）
公司客户	30	公司价 60	10 424	625 440
商务散客	25	标准价 70	8 687	608 090
团体（主要为周末）	20	团体价 30（仅限周五至周日）	6 950	208 500
包价短期度假市场	10	批发价 35（批发给中间商）	3 475	121 625
消遣型散客	15	分别议价，但平均价为 60	5 212	312 720
总计				1 876 375

资料来源：根据 Middleton（1988）改编。

● 根据不同的时间实行不同的价格。由于旅游产品具有不可储存的特点，因此根据需求的变化，在特定的时间范围内实行价格折扣是旅游企业经营中的普遍做法。例如，很多旅游景点在淡季实行门票打折，很多城市饭店在周末时实行房价打折，有些餐馆则会对那些在非需求高峰时段光顾的顾客实行价格打折，等等。

● 根据顾客的购买量或顾客对企业产品的忠诚度，实行不同的价格。

● 根据不同位置的受欢迎程度——根据有关设施或服务地点的不同——实行不同的价格。例如，饭店会根据客房的窗口朝向或窗外视野的情况实行差别房价，影剧院和体育场馆会根据座位或看台的具体位置实行差别定价，轮船公司会根据不同的舱位实行不同的价格，等等。

● 根据所提供的服务在安排方式上的差异实行不同的价格。通常表现为，对于享受打折优惠的顾客，旅游企业不提供某些“增值”服务。以国际上某些航空公司的做法为例，在实行差别定价时，对于享受机票打折的乘客，航空公司往往不会为其提前签发登机牌，而是临到登机时间才签发。换言之，等到持全价机票的乘客登机之后，持打折机票的乘客方可登机。

总而言之，旅游企业对其产品实行差别定价的目的在于：吸引更多的顾客购买其产品，在满足不同顾客的需要的同时，使企业的设施设备得到最大限度的利用，从而增加企业的经济效益。

实施差别定价策略时，成功的关键主要在于：第一，准确识别出如果不实行差别定价便不足以吸引其购买的目标消费者人群；第二，准确了解在不实行差别定价的情况下的需求格局及有关设施设备的利用状况。

五、生存定价策略

生存定价（survival pricing）指的是旅游企业为了维持生存，以增大现金流为直接目的而在短期内实施的一种定价策略。在短期内，由于需求疲软或竞争状况的影响，旅游企业在资金运转方面有可能会出现流动性问题。这一问题若不能及时得到解决，势必会威胁企业的生存。特别是对于中小型旅游企业来说，随时有可能受到流动性问题的威胁。此外，外部经营环境中某些突发事件通常会加剧旅游企业的资金流动性问题。在这种情况下，旅游企业往往不得不将求得生存作为其短期内的定价目标。

六、收割定价策略

收割定价（harvesting pricing）实际上是企业针对已经进入衰退期的产品而采取的一种营销策略。具体地讲，这一策略指的是当发现某一产品进入衰退期后，企业便不再花钱开展促销宣传，而是以相对较高的价格面向市场中为数不多的忠诚消费者出售。这种情况在制造业产品的经营中经常可以看到，但在旅游业中比较少见。这主要是因为，在大多数旅游产品即将进入衰退期之前，旅游企业或旅游目的地通常都会对其进行升级换代。但并不是说旅游业中绝对没有这类情况存在。如果某家饭店的业主不愿再投资对年代已久的饭店设施进行改造，只打算依赖那些怀旧的忠诚客户去维持经营，我们可以认为该饭店实行的就是收割定价策略。

七、旨在阻止竞争者进入市场的定价策略

旨在阻止竞争者进入市场的定价策略在某种程度上可看作市场渗透定价策略的一个变种。这一策略指的是通过实施掠夺式定价，为竞争者进入某一市场制造障碍。也就是说，为了阻止竞争者进入某一产品市场，企业有时会故意将产品的价格定得很低。这一策略能否奏效完全取决于竞争者的能力。在少数企业垄断产品价格的情况下，如果这些企业能够齐心协力，联手阻止新的竞争者进入该市场，那么这一定价策略往往会有相当大的威慑力。但如果情况不是这样，可能会引发价格战，最终导致大家都受损。

关键术语

战略价格（strategic price）
战术价格（tactical price）
常规价格（regular price）
标准价格（standard price）
折扣价格（discounted price）
促销价格（promotional price）
成本定价法（cost-based pricing）
成本加成定价法（cost-plus pricing）
经验定价法（rule-of-thumb pricing）
需求定价法（demand-based pricing）
竞争定价法（competitor-based pricing）
逆向定价法（backward pricing）
取脂定价（skimming pricing）
市场渗透（market penetration）
差别定价（discrimination pricing）

思政阅读材料

1. 刘经伟，袁名松．中国特色社会主义价格理论对马克思生产价格理论的继承与发展．价格月刊，2020(11)：17－22.

2. 范春梅，武晓潇，袁韵．基于多智能体建模的旅游危机管理策略研究：以宰客事件后市场恢复为例．旅游学刊，2020，35(8)：48－60.

3. 贺瑞．旅游景区价格宰客现象的法律规制：以“天价虾”事件为逻辑展开．中

国物价，2017(1)：60－62.

4. 汪慧珊．南京市旅游委员会主任金卫东：从“不敢宰客”到“不想宰客”是质的飞跃．三亚日报，2016－02－02(4).

5. 屈金铁．别让宰客毁了旅游．长沙晚报，2014－10－14(F2).

复习与思考

1. 简述战略价格和战术价格的功能或作用。

2. 影响旅游企业产品定价的因素主要有哪些？它们如何影响旅游产品的定价？

3. 在避免削价竞争方面，旅游企业有哪些可供选择的举措？

4. 定价目标有哪些基本类型？不同类型定价目标的基本特点是什么？

5. 旅游产品的定价方法可分为哪些基本类型？

6. 名词解释：价格、成本加成定价法、竞争定价法、逆向定价法、取脂定价策略、市场渗透策略。

7. 什么是差别定价？旅游企业对其产品实行差别定价的目的何在？实施差别定价时，常见的做法有哪些？

/ 第10章 /

旅游促销

学习目标

- 熟悉促销的概念及其传播学原理。
- 掌握促销组合、广告、销售促进、人员推销、印刷品、公共关系、直接营销等基本概念。
- 学会如何策划广告活动和销售促进活动。
- 掌握销售促进活动的特点，熟悉开展销售促进活动的常用手段。
- 学会如何开展人员推销。
- 了解旅游业中对销售队伍的组织与管理。
- 学会如何策划旅游宣传品。
- 熟悉旅游业中常用的公关活动开展方式。
- 掌握实施直接营销的基础条件。
- 熟悉促销活动效果评价的基本方法。

思政要点

- 旅游广告要遵循诚信原则。
- 旅游广告宣传要坚持社会责任导向。

第1节　促销及其传播学原理

一、促销的概念

在关于市场营销的很多研究文献中，“促销”（promotion）和“营销传播”（marketing communication）这两个术语常被视作同义词，很少进行区分。严格地讲，这两个术语的含义是有区别的。

促销是指一个组织或企业对外开展的营销传播活动。在旅游营销工作中，旅游促销指的是旅游企业或旅游目的地为了树立自己/产品的形象，或者为了使消费者市场注意和了解自己的产品、引导和激发消费者的购买兴趣，对外开展的营销传播或市场宣传活动。有必要说明的是，对旅游促销的这一解释只是就其在消费者营销中的一般含义而言的。事实上，促销作为旅游企业和旅游目的地对外开展的营销传播活动，其目标受众除了旅游消费者，有时还会涉及与自己有合作或业务关系的投资者、供应商、中间商，以及其他方面的利益相关者。

与促销相比，营销传播这一术语的内涵及使用范围要宽泛得多，既包括一个组织/企业对外开展的营销传播或市场宣传活动，也包括该组织/企业在营销工作方面对内开展的各种信息沟通活动（Berry，1981）。换言之，营销传播这一概念虽然可涵盖促销，但并非完全等同于促销，因为促销涉及的仅是一个组织/企业对外开展的营销传播活动。

值得一提的是，有的研究人员还提出，一个组织/企业对社会口碑传播的利用也应纳入促销活动的范畴（如 Haywood，1989）。事实上，任何一个组织/企业都无法有把握地对社会口碑传播加以控制。对于社会口碑传播的利用算不上一个组织/企业能够主动掌控的促销工具，充其量只是一种客观的、非正式的信息传播方式或信息传播渠道。

基于上述认识，本章对旅游促销的讨论重点在于强调其作为旅游企业和旅游目的地营销组织对外开展的营销传播活动，而不涉及国内外有些文献中所称的“内部营销”。

二、促销的作用

对于促销工作在市场营销中的重要性，无论怎样强调都不过分。对于这一点，我们至少可从两个方面去认识。第一，不论某产品如何理想或完美，倘若不能为消费者市场所知晓，那么该产品无异于在客观上不存在。第二，在存在大量可彼此替代的同类产品且市场竞争激烈的情况下，某产品及其所提供的利益能够为消费者市场所了解，无疑是该产品为人关注和受欢迎的必要前提。所以，对于生产者或供应商来说，最重要的是，在实现需求市场对其产品的了解和关注方面，不能仅依赖消费者口碑传播的自然作用，而必须主动地对消费者市场施加刺激。或许正是因为这一点已普遍为旅游经营者所认知，在当今世界上几乎所有旅游企业或旅游目的地都重视促销宣传工作。

关于促销工作在旅游营销中的任务和作用，可简要地归纳为以下四点：

（1）提供或传播旅游企业/旅游目的地旅游产品的信息。

（2）刺激市场需求，鼓励目标消费者选购旅游企业/旅游目的地的旅游产品。

（3）宣传和塑造旅游企业/旅游目的地旅游产品的形象。

（4）稳定或扩大旅游企业/旅游目的地旅游产品的销售量和市场份额。

至于某一项促销活动的开展究竟是出于哪一种目的，取决于旅游营销者根据具体情况作出的具体决策。就旅游业中最为普遍的情况而言，旅游企业或旅游目的地营销组织开展促销活动的目的主要是刺激和影响市场需求。从这个意义上说，促销是旅游营销者用来刺激和影响市场需求的一种途径（Seaton，1994）。

无论在哪一个行业中，营销者之所以需要通过促销活动去刺激和影响市场需求，是因为根据科特勒提出的分析框架，需求有多种不同的存在状态（Kotler，1973），其中包括：

● 无需求。这一需求状态指的是消费者市场对该产品没有需求。在这种情况下，除非营销者对该产品进行重新设计和改造，否则，即使为该产品开展促销宣传也将无济于事。

● 潜伏需求。这一需求状态指的是虽然目前市场上并无该产品的供给，但消费者客观上存在对该产品的需求。因此，一旦该产品开发出来，营销者势必需要通过促销宣传去告知消费者。

● 犹豫需求。这一需求状态指的是消费者市场对该产品的需求表现得比较犹豫。在这种情况下，营销者有必要通过促销活动去增强消费者对该产品的信心。

● 充分需求。这一需求状态指的是消费者市场对该产品的需求已经充分展现。在这种情况下，营销者有必要通过促销活动去维持现有的需求。

● 不规则需求。这一需求状态指的是消费者市场对该产品的需求呈波动状态。在这种情况下，营销者有必要通过促销活动去拉平需求，减小需求的波动程度。

● 过量需求。这一需求状态指的是消费者市场对该产品的需求量已超过供给规模。在这种情况下，营销者有必要通过促销活动去调节消费者需求的时间和空间。

● 有害需求。这一需求状态指的是人们认为该种需求对社会或对环境有害。在这种情况下，营销者有必要通过宣传活动去教育民众。

● 负需求。这一需求状态指的是消费者根本就讨厌该产品，甚至甘愿付出代价予以回避。在这种情况下，营销者为该产品开展促销宣传无济于事。

三、促销活动的传播学原理

如前所述，促销属于一个组织/企业对外开展的营销传播活动。关于这些促销信息在信息发送者与信息接收者之间的传播过程，市场营销研究文献中有很多不同的解释性模型。以其中广为人们引用的信息传播模型为例，其构成主要涉及四个部分，分别是：信息的发送者、所要传播的信息、信息的传播媒介、信息的接收者（见图 10－1）。

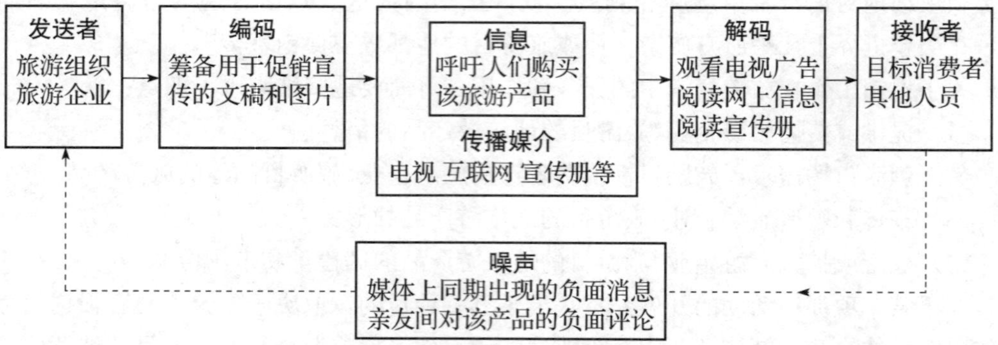

图 10-1　传播学原理与促销信息的传播过程

资料来源：根据 Lumsdon（1997）改编。

通过观察图 10-1 中的信息传播模型，我们不难发现，促销信息传播的基本过程大体上可分为三个阶段：

- 第一个阶段是，信息发送者需要针对目标受众准备好所要传递的信息，也就是说，首先需要将反映这些信息的宣传文稿和图片准备妥当。这项工作就是传播学中所称的编码（encoding）。
- 第二个阶段是，信息发送者需要借助合适的媒介（例如产品宣传册、广播、电视、互联网等）去传播这些促销信息，以使目标受众能够看到或听到这些信息。在这一阶段，信息发送者最担心的问题是这些促销信息的传播有可能会因某些噪声的出现而受到干扰。这里所称的噪声通常是指在这些促销信息的传播过程中，媒体上有可能同时出现某些相关的负面消息的报道。譬如，假设电视台在播发反映海南岛椰风海韵的旅游广告期间，出现了关于强台风登陆海南岛并造成巨大破坏的新闻报道。在这种情况下，该旅游广告的播出效果很可能会因这一噪声的干扰而大打折扣。
- 第三个阶段是，目标受众对这些促销信息进行解码（decoding），也就是说，目标受众将会基于个人的学习、知觉和经验，对这些信息进行过滤或筛选。这一阶段有两种可能的结果。一种是目标受众对这些促销信息不感兴趣，因而不予理睬；另一种是目标受众对这些信息很感兴趣，因而不仅予以接受，而且有可能进一步向信息发送者了解详情，或者索要更详细的资料。

模型中还暗示，信息接收者与信息发送者之间会有某种程度的信息反馈。但是实际情况可能并非如此。至于两者之间是否会有信息反馈发生，很大程度上取决于信息发送者所使用的传播媒介，以及信息接收者对这些促销信息感兴趣的程度。

在市场营销研究文献中，特别是在广告学研究文献中，人们还经常会谈到其他一些可用以解释传播学原理或广告学原理的模型，其中引用最多的一种便是“AIDA 模型”（见图 10-2）。实际上，所有传播模型的内容构成大同小异，并且所有模型都无一例外地假定消费者的购买过程会按某些逻辑阶段演进，也就是说，消费者的购买过程都是：首先是得知有关某一产品的信息，接下去一步一步地发展和演进，直至付诸购买行动。

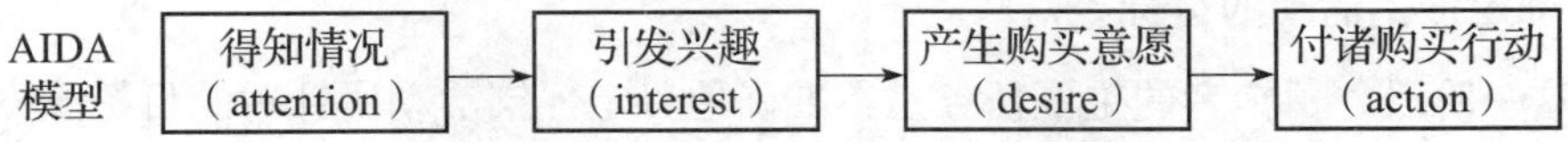

图 10－2　广告学中的传播模型

资料来源：根据 Lumsdon（1997）整理。

四、促销组合

促销组合（promotion mix）这一术语是对一个组织/企业用以开展促销活动的各种手段或工具的总称。促销组合作为一个集合名词，涉及的促销手段有很多，而且其范围将随着现代科学技术的发展而继续拓宽（譬如应用日趋普遍的互联网营销或网站促销）。旅游营销者用以开展促销活动的常用手段包括：广告、销售促进、人员推销、公共关系、印刷品、直接营销。

五、促销策略与促销活动计划

在旅游营销研究文献中，促销策略有时亦称促销决策，通常指旅游企业或旅游目的地营销组织在促销信息、目标受众、促销预算、促销组合、促销效果测量以及整个促销过程的管理与协调等方面决策的总和。从务实的意义上说，促销策略通常表现为旅游企业或旅游目的地营销组织开展促销活动的计划。

营销者在策划促销活动时不仅需要考虑应传递哪些信息，而且要考虑如何才能有效地向目标受众传递这些信息。因此，这一工作的开展要求营销者认真分析产品的特点，了解该产品的定位及其在目标受众心目中的形象，特别是要求营销者了解该产品所提供的利益或特色如何有别于其他同类的竞争产品。

一般来讲，促销活动的策划过程主要涉及六个阶段（见图10－3）。

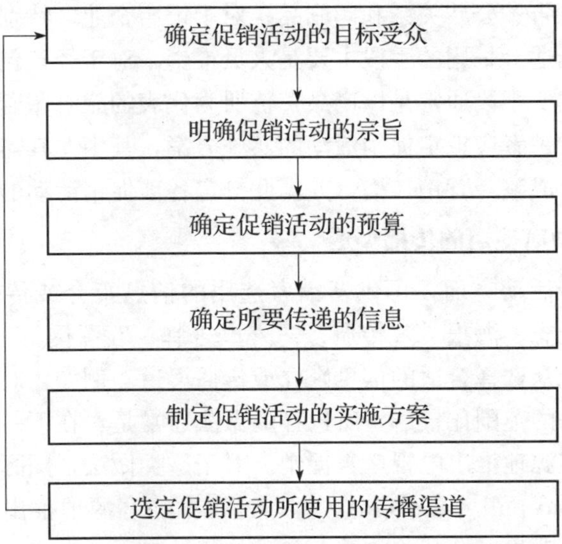

图 10－3　促销活动策划过程的主要阶段

1. 确定促销活动的目标受众

在这一阶段，营销者的主要任务是：准确地界定促销活动所针对的目标受众是哪些人群，并了解他们所追求的利益。

2. 明确促销活动的宗旨

旅游营销者开展促销活动的具体目的可能有很多，但无论如何，在策划某促销活动时，营销者应在明确目标受众的基础上确定该促销活动的宗旨。例如，就多数情况而言，无论是旅游企业还是旅游目的地营销组织，开展促销活动的基本宗旨都在于提升旅游企业/旅游目的地旅游产品的市场知名度，以及打造该旅游产品在目标消费者心目中的形象。具体而言，这一基本宗旨要使目标消费者人群得知旅游企业/旅游目的地的存在，了解它们提供哪些类型的旅游产品、这些产品的定位如何，以及这些产品与其他同类竞争产品相比具有哪些特色，等等。当然，有些促销活动的开展也可能旨在消除外界对旅游企业/旅游目的地旅游产品的负面印象，或澄清外界对其旅游产品的某些误解。

3. 确定促销活动的预算

在确定促销活动的预算方面，有多种方法可供旅游营销者选用。这些方法与本书第7章中所介绍的营销预算编制方法相同，这里不再重复讨论。就旅游企业而言，编制促销活动的预算通常采用销售额百分比法或者目标任务法。

4. 确定所要传递的信息

在这一阶段，营销者的工作任务是：确定促销活动所要传递的信息，并根据信息的重要程度进行排序。

5. 制定促销活动的实施方案

营销者首先需要为促销活动选定最合适的促销组合手段。譬如，在开展促销宣传活动方面，根据世界上关于效果评价的一般经验，对于旅游目的地营销组织来说，最适合采用的手段主要是广告、公共关系和印刷品；对于饭店企业，特别是经营分时度假业务的住宿企业来说，最适合采用的手段主要是人员推销；对于经营包价旅游业务的旅游公司来说，所采用的主要手段通常是以产品宣传册为代表的旅游印刷品。在选出合适的促销组合的基础上，营销者应拟定促销活动的实施方案，其中尤其需要考虑促销手段的主次配合与协调，以形成整合营销传播，并据此排定各项促销活动的时间表。

6. 选定促销活动所使用的传播渠道

在开展促销宣传活动方面，可供营销者选用的信息媒介或传播渠道很多，包括电视、广播、报纸、杂志、海报、宣传册、户外广告牌、互联网等。为了做到有的放矢，营销者应依据目标受众选择合适的信息媒介或传播渠道。例如，对于一个旅游目的地来说，其目标客源市场的范围比较广，所选择的做法通常是：在下一个旅游季到来前的几个月内，在各主要客源地推出电视广告促销。对于这类做法，国际旅游界称为“需求拉动型促销”（a demand pull campaign），即自己出面在客源地推出促销宣传活动，去刺激和拉动市场需求。对于经营包价旅游业务的旅行社来说，由于成本或自身经济实力的原因，所能选用的促销渠道的范围通常较窄。譬如，在欧美各国，经营包价旅游业务的旅游公司在开展促销活动时所采用的手段主要是向零售代理商提供产品宣传册，并辅以必要的激励措施。对于这类做法，国际旅游界称为“需求推动型促销”（a demand push campaign），即通过客源地的旅游零售商的介绍和推荐去刺激和推动市场需求。

促销活动计划制定之后，接下来便要按照时间表有序地推出各项促销活动。在这些促销活动的开展过程中，营销者应采取措施对各项活动的有效性进行监测与评价。也就是说，营销者需要及时了解和分析目标消费者对这些促销活动的反应。譬如，倘若消费者市场的反馈情况显示所推出的公关促销活动的有效程度大于预期，并且所采取的需求拉动型促销举措的效果不错，而需求推动型促销举措的效果不理想，那么，营销者便需根据绩效监测与评价的结果及时采取行动，对原定的促销活动方案作出适当的调整。

第 2 节　广　告

一、广告的定义

关于广告的定义，长期以来有多种不同的表述，不过大部分定义在要点上大同小异。按照美国市场营销协会的解释，广告（advertising）指的是“商业性企业、非营利组织、政府机构以及个人为了将自己的产品、服务、组织或思想主张告知某一特定的目标市场人群或目标受众，或者为了对其进行游说，而将有关的宣告和游说信息置入自己所购买的任何大众传媒时段或大众传媒版面的行为”（AMA，2008）。根据美国市场营销协会的释义，用作动名词的“广告”显然是指“做广告”这一用来开展宣传的方式。也就是说，广告是指商业性企业、非营利组织、政府机构、个人等各类营销者策划和组织广告宣传的活动。就旅游市场营销研究而言，为了便于人们理解和记忆，我们不妨将广告的定义表述为：广告是一种促销宣传手段，是旅游企业和旅游目的地营销组织通过出资购买社会媒体的版面或播放时段，面向目标受众开展的信息传播活动。

二、广告的类型

在市场营销研究中，人们对于广告的类型有不同的划分。人们开展研究的目的不尽相同，在对广告进行划分时所使用的依据或标准难免会有差异，因此划分结果也会有所不同。譬如：

（1）依据所使用的传播媒介，可将广告划分为报刊广告、广播电视广告、招贴广告、其他类型的广告。

（2）依据开展宣传的目的，可将广告划分为通知型广告、劝诱型广告、提醒型广告。

（3）依据所面向目标受众的类别，可将广告划分为消费者广告、（面向中间商的）行业广告。

（4）依据信息的表现形式或媒介特点，可将广告划分为名人作证式广告、比较式广告、交互式广告、直接回应式广告、独立式插页广告，等等。

三、广告活动的策划步骤

对于广告活动的策划过程及其所涉及的工作阶段，市场营销文献中有很多经验总结和研究主张。尽管人们对广告策划过程所涉及的工作阶段有不同的划分，但对于广告策划过程所涉及的工作内容并没有多大的意见分歧。我们可将广告活动的策划过程归纳为如图10－4所示的六个基本步骤（Rodger，1968）。

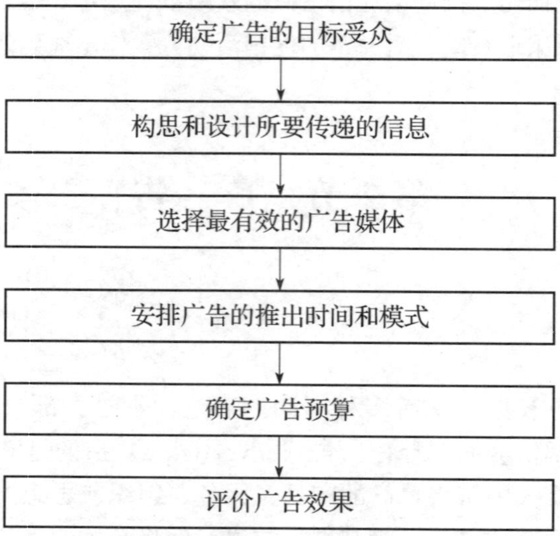

图10－4　广告策划工作的基本步骤

资料来源：Rodger（1968）.

1. 确定广告的目标受众

确定目标受众是广告策划过程中的首要工作。如果忽视这一工作，或者这一工作做得不到位，很有可能导致广告失去针对性。目标受众的确定有赖于营销者对多项因素的综合考虑，其中包括目标市场的人员构成、所推介产品的性质、广告活动旨在实现的目标等等。例如，就某一创新型的包价旅游产品而言，该产品的目标市场人群很可能主要是冒险型的消费者，人群规模相对较小，推出广告的目的很可能在于将这一新产品告知这些潜在的消费者。与之相比，对于在市场上存在很久并已进入成熟期的某一旅游产品来说，其目标市场人群很可能主要是中间型心理类型的消费者，人群规模往往很大，宣传的目的主要是刺激和诱使这些人群选择购买旅游产品。

无论是哪一种情况，这一阶段的工作任务都是清楚地识别广告的目标受众是哪些人，人群规模有多大，这些人身居何地，有哪些共同的特点和偏好，他们寻求或看重哪些方面的利益，等等。经验表明，营销者对目标受众的情况了解得越多，广告策划工作就越有效。

2. 构思和设计所要传递的信息

根据既定的宣传目的去构思和设计该广告所要传递的信息往往是决定整个广告活动

成败的关键工作之一，也是广告策划过程中最具创造性的工作。

一般来讲，一则广告的成功有赖于两个方面的有机结合：一是该广告的信息设计；二是该广告的表现形式。虽然这两个方面对于广告的成功都很重要，但是，作为广告主，旅游营销者应当明白自己必须对广告的信息内容而非表现形式负责。广告需要传递哪些信息必须由广告主去选定和设计。至于以何种艺术形式去表现该广告，并不是广告主所必须具备的专长，这方面的工作可委托有经验的广告代理商去完成。

在选择所要传递的信息时，任何一家旅游企业/目的地都会有很多方面的信息值得推介和宣传。然而，一则广告只宜强调一个主题。因此，在设计广告信息时主题的选择至关重要。所选定的主题通常应是目标市场人群最感兴趣的产品特色。从市场营销的意义上说，特色对于购买者就意味着利益。所以也可以说，所选定的广告主题通常应当是目标市场人群最感兴趣或最为看重的购买利益。营销者就此进行决策时，作为决策依据的各种信息源中最重要的信息就是目标消费者的意见或反应。此外，营销者还可从旅游中间商、旅游咨询专家甚至竞争对手那里获得有益的见解和启示。

营销者在构思和设计广告主题词时应注意遵循两个基本原则：

(1) 广告主题词的设计要有创意。所设计的主题词富有创意才容易引起受众的注意。不过，广告创意的价值最终在于能够刺激销售，而不是为了创意而追求创意，营销者要避免落入一味追求“显示学问”的陷阱。

(2) 广告主题词的设计应便于记忆。广告主题词简洁明了、言简意赅才容易给目标受众留下印象。

为了切实理解上述原则，一个简单而有益的做法就是留意那些已被证明比较成功的广告案例。表 10－1 给出了几个成功的广告主题词设计案例，表中左列是该广告旨在传递的主题信息，右列是与之对应的广告主题词的创意性表述。实际结果证明，如果没有有创意的主题词设计，这些广告可能不会产生如此大的市场影响。

表 10－1 成功的广告主题词设计案例

广告的主题信息	创意性表述
汉堡王快餐公司： 与众多其他快餐公司相比，本公司提供多种不同夹馅的汉堡包快餐品种，可任由消费者随意挑选。	“You are the boss.” (一切听从您的吩咐。)
安飞士汽车租赁公司： 虽然经营汽车租赁业务的商家很多，在经营规模上本公司也不是其中的佼佼者，但是，在心系顾客、一切为顾客着想方面，本公司会比其他同行更加尽心竭力。	“We try harder.” (我们会更加尽心竭力。)
英国旅游局： 与欧洲其他的旅游目的地国家相比，英国与众不同的地方在于，它对美国游客来说是一个没有任何文化障碍的旅游目的地。	“We speak your language.” (我们都讲同样的语言。)

在对广告信息进行评价时，一般应遵循三项标准：

● 广告信息的主题明确而务实，在反映旅游企业/旅游目的地旅游产品所提供的利益方面，符合目标市场人群的兴趣和追求。

- 广告信息的重点或特色突出，能反映本产品与其他竞争产品的区别。
- 广告信息的内容必须真实可信，能够在旅游者前来消费时得到验证。

3. 选择最有效的广告媒体

在选择广告媒体方面，营销者需考虑的因素很多。有关这方面的知识，广告学教材中通常有详细全面的介绍。这里着重强调的是，在选择广告媒体时旅游营销者应注意遵循两个基本原则。

第一个原则是选择与目标市场人群密切程度最高的媒体。这意味着旅游营销者在选择广告媒体时应考虑以下几个方面的因素：

（1）媒体的广告覆盖面。这里所称的广告覆盖面指的是广告的目标受众在媒体的受众人口中所占的比重，用公式表达为广告覆盖面＝广告的目标受众规模÷媒体的受众规模。以报纸为例，广告覆盖面可解释为报纸在广告的目标受众人群中的发行量（而不是报纸的总发行量）。显然，广告覆盖面越大，该媒体就越可取。反之，如果某报纸的读者群中只有20％的人属于该广告的目标受众，则意味着不宜将该报纸选为广告媒体。

（2）目标市场人群的媒体习惯。这里所称的媒体习惯不仅指广告的目标受众人群所习惯选择的媒体类型（例如习惯于选择阅读报纸、阅读杂志、观看电视或收听广播，等等），而且涉及在媒体性质（如娱乐性媒体、商务性媒体或专业性媒体）方面的选择偏好，以及在报纸版面或电视播放时段方面的选择偏好。

（3）所要推介的旅游产品的性质或类型。根据国际旅游业界的一般经验，对于度假村或度假饭店的度假产品来说，选择彩色图片在杂志中做广告通常效果最理想；对于以少年儿童为目标市场的快餐产品来说，选择在电视上做广告通常效果最佳；在推介包价旅游产品方面，由于这类产品广告中涉及的细节比较多，因而选择在杂志上刊载一般会更有效。

第二个原则是考虑成本效益。各广告媒体不仅收费标准不同，而且受众的质量也会有差异。因此，旅游营销者在选择广告媒体时需注意在成本费用与传播效果之间取得平衡。这意味着旅游营销者在选择广告媒体时应注意：

（1）在成本费用与受众质量之间取得平衡。例如，就高档饭店的产品广告而言，选择在商务杂志上刊登，虽然成本费用比较高，但宣传价值或传播效果一般会比较好。反之，选择在通俗杂志上刊登，虽然成本费用较低，但宣传价值或传播效果通常会比较差。

（2）考虑媒体的受众对广告的注意程度。例如，旅行杂志的读者对旅游广告的注意程度一般会高于文学杂志的读者。

（3）评价媒体的社会公信度。这主要是因为有些媒体在社会上享有很高的声望和公信度，与之相比，有些媒体的可信度就很低。

另外，作为选择广告媒体的基础，旅游营销者对各种传播媒体的主要优点和局限性也应有足够的了解。当然，人们对各种传播媒体的优点和局限性所做的评价通常都是相对的，并不是绝对的。在做这种评价时，所使用的评价依据或衡量尺度一般包括：

- 总成本，即刊登或播发广告所需支付的媒体费用总额。

- 人均成本，即广告传递至目标受众的人均费用。
- 目标市场人群的选择性。
- 目标地域的选择性。
- 作为信息源的可信度。
- 视觉质量。
- 噪声干扰度，指目标受众在阅读/收看/收听广告时的注意力受周围因素干扰的程度。
- 信息的寿命。
- 传阅率。
- 刊载/播发时间的灵活度等。

依照这些衡量尺度进行评价，常用的一些广告媒体的主要优缺点可归纳如表 10-2 所示。

表 10-2　部分广告媒体的优缺点比较

评价依据/衡量尺度	互联网	电视	广播	报纸	杂志	户外广告牌
人均成本	低	低	低	低	较高	低
总成本	高	高	低	低	较高	低
目标市场人群的选择性	较高	高	高	较低	高	低
目标地域的选择性	低	高	高	中	中	低
作为信息源的可信度	中	低	低	高/低	高/低	—
视觉质量	高	高	—	低	较高	较高
噪声干扰度	较高	较高	较高	低	较低	低
信息的寿命	短	短	短	短	长	长
传阅率	—	—	—	低	高	—
刊载/播发时间的灵活度	中	低	较高	高	低	低

（1）互联网。互联网广告的人均成本较低，但总成本较高。在选择目标市场人群方面有较大的优势，但在目标地域的选择性方面表现出劣势，消费者对于互联网广告的可信度持一般的态度。虽然噪声干扰度较高，但其视觉质量非常高。另外，由于信息寿命短、刊发的时间灵活度一般，因此互联网广告需要提前筹划安排。

（2）电视。电视广告的人均成本很低，但总成本很高。旅游营销者很大程度上能够根据目标市场人群的所在地域去选择合适的电视台，并且能够通过选择插播广告的电视节目实现目标市场的针对性。一般来讲，电视媒体在消费者中的可信度普遍较低，但其视觉质量很高。人们在收看电视时身边往往会有其他人不时地插话，噪声干扰度比较高。此外，电视广告的插播时间须提早排定，旅游营销者选择广告的播发时间的灵活度较低。

（3）广播。广播广告的总成本和人均成本都很低。与电视广告一样，广播广告的目标市场选择性也很高，并且同样具有很高的目标地域选择性。广播媒体在消费者中的可信度及噪声干扰度与电视媒体基本相似。但是，在选择广告的播发时间方面，广播媒体的灵活度大大高于电视媒体。

（4）报纸。报纸广告的总成本和人均成本都很低。就大多数报纸而言，报纸广告的目标市场选择性比较低，目标地域的选择性一般，因为很多报纸的发行都限于特定的城市或地区。至于报纸作为信息源的可信度，则需视不同报纸的具体情况而定，有的报纸可信度很高，有的则很低。报纸媒体的视觉质量普遍偏低。此外，报纸作为广告媒体的其他局限性还包括信息寿命短（因为人们读完报纸之后通常会丢弃）、传阅率低。但是，在选择广告的刊登时间方面，报纸一般具有较大的灵活性。

（5）杂志。与报纸广告相比，杂志广告的人均成本和总成本都会高得多。由于杂志的读者选择性较高，因此杂志广告的目标市场选择性一般都比较高，有些地区性的杂志具有一定的目标地域选择性。杂志媒体的视觉质量普遍高于报纸，噪声干扰度较低。此外，杂志的信息寿命比较长，传阅率比较高。但是，在广告刊登时间的安排方面，杂志的灵活度很低。

（6）户外广告牌。这一媒介的主要优点包括：人均成本和总成本都很低，信息寿命长，噪声干扰度低。其局限性主要反映在，不论是目标受众的选择性还是目标地域的选择性都很差，在选择广告的推出时间方面缺乏灵活性。

延伸阅读

旅游目的地营销方式发生变化

新媒体影响的受众越来越广，以微信、微博、抖音等为代表的新媒体应用以惊人的速度几乎覆盖全民。据统计，2020年微信月活跃用户超过9.44亿；微博月活跃用户达5.23亿；抖音日活跃用户突破6亿，日均视频搜索量突破4亿。这些大数据说明，拥有亿计流量的新媒体可以覆盖到几乎所有主流消费者。随着互联网的深入发展，旅游方式、旅游内容、旅游内涵发生重大变化，必然会带来营销方式的变革。旅游目的地营销方式正在随着新媒体的广泛应用而发生着巨大改变。

中国互联网络信息中心（CNNIC）发布的第48次《中国互联网络发展状况统计报告》显示，截至2021年6月，我国在线旅行预订用户规模达36 655万，较2018年底减少4 346万，占网民整体的36.3%。受新冠肺炎疫情的影响，短期来看，在线旅行预订行业受到较大冲击，用户规模大幅下降；中长期来看，随着疫情逐渐好转至结束，在线旅行预订行业有望进入反弹期。越来越多的用户通过微博、微信公众号、短视频等新媒体平台获取旅游资讯，在线预订旅游产品，享受在线旅游导览服务等。新媒体平台成为游客最重要的旅游信息来源，新媒体营销方法也成为旅游目的地、旅游企业、旅游管理机构及相关旅游主体开展营销的首选。在提升旅游目的地市场认知度的过程中，以微信、微博为代表的新媒体发展迅速，网络互动形成的关系型虚拟社区增强了消费者对旅游目的地的信任度、真实感。短视频具有天然的社交属性，利于扩散和传播，在旅游目的地营销方式中越来越受关注。

资料来源：陈嘉睿（2021）.

4. 安排广告的推出时间和模式

在安排广告的推出时间方面，并不存在绝对的固定法则。一般来讲，对于以消遣型旅游者为主要目标市场的旅游目的地、度假饭店以及组团旅行社来说，广告推出时间的安排取决于营销者对如下两方面情况的了解：一方面是目标客源地居民出游季节的时间分布；另一方面是这些旅游消费者通常会提前多长时间进行购买或预订。以我国“十一”黄金周期间的国内旅游为例。假定市场调研结果显示，在打算于“十一”黄金周期间外出旅游的国内旅游者中，大多数人在 8 月中旬至 9 月中旬进行预订。那么，有关“十一”黄金周旅游产品的宣传广告可能在 7 月推出为宜。如果广告的推出时间过早，那么消费者由该广告所激发出来的购买热情有可能会随着时间的流逝逐渐消退。反之，倘若广告的推出时间过迟，譬如到了 9 月中旬才开始推出，则该效果无法最大化。因为到了 9 月中旬，大多数打算在“十一”黄金周期间出游的消费者早已预订完毕。

在安排广告的推出时间方面，虽然旅游营销者需要考虑目标客源市场的出游季节，但并不意味着旅游目的地和旅游企业不宜在旅游淡季做广告。事实上，很多旅游供应商会根据目标市场的特点，有意识地采取顺季节变化而动、逆季节变化而动或维持全年不变的广告策略。

在安排广告的播出/刊发模式方面，旅游营销者一般有两种选择：

- 持续式播出/刊发，即在某一特定时期内，均衡地安排广告的播出/刊发时间。
- 密集式播出/刊发，即在某一特定时期内，分几段时间对广告进行密集播出/刊发。

例如，某旅游企业计划通过电视媒体将其产品广告在全年中播出 52 次。如果按持续式播出模式进行安排，则意味着每个星期播出一次；倘若按照密集播出模式进行安排，则意味着将 52 次广告分几段时间（譬如分为 3—4 月、7—9 月、12 月这三段时间）集中播完。

5. 确定广告预算

这里所说的广告预算指的是广告活动的预算，而非整个营销计划执行期内全部广告工作的开支预算。在这个意义上，用于确定广告预算的有效方法应是目标任务法。广告活动的预算额度应当能够支持其宣传目的的实现。如果发现所分配的预算额度不足以支持这一目的的实现，那么旅游营销者一般有两种选择：一种选择是进一步追加预算，或寻找机会变相增加广告预算。例如，旅游营销者可考虑与有关媒体换工来获得“免费”做广告的机会，或者与其他相关企业联手推出广告，通过分担广告费用减轻本企业的广告开支负担。另外一种选择是在不得不接受既定预算的情况下，对原定的广告目标做适当的修订。

6. 评价广告效果

评价广告效果一般有两种途径：一是测量广告的销售效果；二是测量广告的传播效果。

（1）测量广告的销售效果。对于旅游经营者来说，推出广告活动的最终目的在于刺激销售。虽然有些广告活动的开展目的未必是直接刺激销售，但其价值最终都将与销售效果相联系。依据做广告之前以及广告推出之后有关产品销量的变化情况来测量和评价广告的效果似乎是一种简单而理想的选择，不过，在多数情况下实施起来比较困难。原因在于，除了广告，很多其他因素也有可能对产品的销量产生影响。在这种情况下，人们往往难以有效地将广告在其中所产生的影响分离出来，从而很难有把握地评价广告活动对产品销量变化的作用程度。例如，随着青藏铁路建成通车，西藏的游客接待量大幅增加。西藏旅游局为刺激国内外游客来访做了不少广告，然而很少有人会将游客猛增完全归功于广告。原因很简单，即便西藏旅游局在此期间并未做广告，青藏铁路建成通车这一有利因素也会促使游客增长。

（2）测量广告的传播效果。由于上述原因，人们在评价广告的效果时通常会测量广告活动的传播效果。具体的做法一般有两种：一种是对广告的传播效果进行事前测试；另一种是对广告的传播效果进行事后测量。

1）事前测试。事前测试指的是在正式推出广告之前对其未来的传播效果进行预先估测。常用的方法主要有两种。

● 直接评分法。基本做法是，调研人员向参与测试的若干目标消费者出示几种广告方案，要求他们分别进行评价和打分，然后根据评分的结果判断和比较各广告方案的吸引力及其对目标消费者市场的影响程度。虽然这一方法并不足以证明这些广告推向市场之后的实际效应，但是，如果目标消费者对其中某一广告方案的评价很好，则通常预示该广告方案的潜在效果也会比较好。

● 组合测试法。基本做法是，调研人员首先让参与测试的目标消费者观看或聆听一组不同的广告，然后要求他们对各广告进行回忆。回忆既可以在调研人员的帮助下进行，也可以完全由参与测试的消费者独立完成。回忆的结果可说明各广告能够被理解和识记的程度。

2）事后测量。事后测量是指在正式推出广告之后，对其实际的传播效果进行测量。常用的方法也有两种。

● 回忆测试法。基本做法是，调研人员选择阅读过某些报刊或收看过某些电视节目的消费者作为调查对象，要求他们尽可能回忆某广告及其宣传的产品信息。调研人员通过对调查对象的回忆情况（包括有多少人能够记起广告，对产品信息的记忆程度如何）进行记录和分析，可以得知该广告为人们所注意的程度以及容易记忆的程度。

● 识别测试法。基本做法是，调研人员将某一媒体的受众作为调查对象，通过了解和统计曾在该媒体上注意到某广告的人数所占的百分比，以及在不同程度上记得该广告信息内容的人数所占的百分比，来分析和评价该广告在目标市场人群中的影响度。

旅游营销人员在把握以上广告策略的技术性方面的同时，还要秉持诚信的原则加以操作。诚信在中国传统文化中是基本的道德规范，对个人立身、社会发展以及国家治理起到积极作用。诚信对于现代市场经济的正常运行同样重要，是发展社会主义市场经济的基础。党的十八大以来，习近平总书记就诚信问题发表了一系列重要讲话，引用“言必信，行必果”“人而无信，不知其可也”等强调要传承好诚信文化（李平，张芳霖，2020）。习近平总书记还特别指出：“各类企业都要把守法诚信作为安身立命之本，依法经营、依法治企、依法维权。法律底线不能破，偷税漏税、走私贩私、制假贩假等违法的事情坚决不做，偷工减料、缺斤短两、质次价高的亏心事坚决不做。”[①] 旅游营销中的广告宣传虽然是一种商业行为，但它发挥着与旅游消费者进行信息沟通的重要功能，是旅游企业和旅游目的地对自身产品和服务功能的一种言说和承诺。只有做到“言必信，行必果”，才能赢得旅游消费者的信任，进而树立积极的口碑。为诱导购买行为毫无根据地夸大其词，便容易犯过度承诺之误，即便赢得了短期收益，长久发展必难以为继。

旅游广告虽主要是一种商业广告，但在内容制作以及宣传过程中要把握正确的社会责任导向，不可为了经济利益而无视公序良俗，切勿将低俗、奢靡浪费甚至有损国家民族情感的元素纳入广告内容之中。习近平总书记在 2016 年 2 月 19 日党的新闻舆论工作座谈会上强调“广告宣传也要讲导向”。总之，旅游营销人员在开展广告宣传时要注意处理好社会效益和经济效益的关系，兼顾好销售导向和社会导向，要在发挥旅游广告的经济效应的同时重视社会效益，主动承担社会责任，倡导健康的旅游消费风尚，弘扬社会正能量。

第 3 节　销售促进

一、销售促进的概念

在我国的市场营销研究文献中，销售促进（sales promotion）有时也称为营业推广或销售推广。对于销售促进这一概念的界定和使用，国际学术界有着不同的认识。这主要反映在，有些学者（尤其是北美的某些学者）认为，销售促进指的是整个营销传播或促销组合（Lumsdon，2004）。这种认识未免过于宽泛，因为这实际上将销售促进与促销组合完全等同。与之形成对照的是，在世界上大多数市场营销研究文献中，长期流行的普遍认识是，销售促进是促销组合中的手段之一，属于营销者在特定短期内用于刺激需求和促进销售的战术性举措。

根据美国市场营销协会的解释，销售促进指的是企业在特定的时期内，为了刺激消费者购买本企业的产品，或者刺激中间商或本企业销售队伍加大力度推销本企业的产品，暂时采取的一系列能够迅速产生激励作用的技术手段（AMA，2008）。例如，我们常会看到，在特定的时期内，一些厂商会采取诸如价格打折、买一赠一、免费赠送礼品之类的做法刺激市场需求，或者面向零售代理商推出诸如奖励佣金、销售竞赛之类的举措，鼓励后者加大力度向消费者推荐和销售本企业的产品。所有这类在特定时期内为刺激需求或鼓励销售而采取的战术性促销举措，均属于销售促进的范畴。

二、销售促进活动的特点

销售促进作为一种促销工具，与广告、人员推销、公共关系、印刷品等促销手段一

---

① 习近平总书记 2016 年 3 月 4 日在全国政协十二届四次会议民建、工商联界委员联组会上的讲话。

样，都是营销传播或促销组合的组成部分。但是，与其他促销手段相比，销售促进活动的开展有其与众不同的特点。这体现在，不论是广告、人员推销、公共关系还是印刷品促销，都属于常规性的、预先计划的营销传播或促销活动；销售促进则属于营销者根据某些时候的应急需要而临时推出的战术性促销举措。与其他促销手段相比，销售促进具有以下几个突出的特点：

● 短期性，即销售促进只在特定的时期内使用，并且有效期很短。

● 非常规性，即销售促进只是用作临时性的应急举措，而不是经常或定期开展的常规促销方式。

● 鼓励性，即销售促进活动的开展都伴有某些旨在刺激销售的优惠或激励举措。

值得注意的是，也有人对销售促进活动的短期性特点表示质疑，认为销售促进这一促销手段不仅可用作某些非常时期刺激需求或鼓励销售的临时性战术，而且可用作长期性的营销战略。他们甚至为此举例指出，不论是航空公司面向乘客推出的里程积分奖励计划，还是酒店面向顾客推出的住宿积分奖励计划，实际上都已不再是暂时性的刺激手段，而是企业的战略性营销举措（Lumsdon，2004）。从表面上看，上述情况似乎确实客观存在。不过，一旦这类激励性举措的推出不再是为了临时应急，而是有了长期性的特点，就意味着它们已经演变为该企业的顾客忠诚战略。换言之，以此方式推出的举措虽然表面上也有类似销售促进的激励性特点，但实际上已不再属于销售促进的范畴。

三、销售促进活动的类型

销售促进活动有不同的类型，类型不同，其目的或目标也会有差异。一般来讲，根据活动面向的人群对象，可将销售促进活动划分为三类，分别为面向消费者市场开展的销售促进、面向中间商开展的销售促进，以及面向本企业销售人员开展的销售促进（见表10-3）。

表10-3　旅游业中销售促进活动的类型、目的及常用手段

类型	目的	常用手段
面向消费者市场	鼓励顾客在特定时期内购买 诱使消费者尝试某一产品 应对竞争 用作特定时期的危机管理手段	临时降价，伪装削价，优惠券，附带赠品，额外服务，抽奖活动，免费礼物，等等
面向中间商	鼓励代理商在特定时期内加大力度推销本企业产品 鼓励中间商配合本企业开展产品促销	奖励佣金，销售竞赛，招待会/联谊活动，赠送礼品，等等
面向本企业销售人员	鼓励销售人员突击实现特定时期内的销售指标 鼓励创造性地开展销售工作，发展新客户，开辟新客源	奖金/奖品，奖励旅游，等等

1. 面向消费者市场开展的销售促进

这类销售促进活动的开展旨在鼓励消费者在特定的较短时期内购买本企业的产品，以谋求在该时期内产品销量增加，或者迅速刺激消费者市场对特定产品的需求。开展这类销售促进活动的目的有很多，主要包括：

- 促使顾客改变原先习惯的购买时间，鼓励顾客马上购买。
- 鼓励消费者尝试本企业新近推出的某一产品或服务项目。
- 诱使消费者离开竞争者而选用本企业的产品或服务，以扩大本企业的市场份额。
- 应对竞争，针对竞争者的销售促进活动作出反击。
- 用作特定时期危机管理的手段，争取增加该时期内的销售额。

2. 面向中间商开展的销售促进

在旅游业中，这类销售促进活动的开展旨在鼓励零售代理商在特定时期内更加努力地推荐和销售本企业的产品，以增加本企业在该时期内的销售额。开展这类销售促进活动的目的也有很多，主要包括：

- 鼓励零售代理商在特定的时期内增大本企业产品的销量。
- 促使零售代理商更多地了解和熟悉本企业的产品及其优点。
- 鼓励零售代理商在其营业现场配合开展本企业产品的促销宣传（这便是有些文献中所称的“merchandising”，即营业点助销。例如 Middleton，1988；Morrison，2010）。

3. 面向本企业销售人员开展的销售促进

这类销售促进活动的开展旨在鼓励本企业的销售人员在特定时期内加大工作力度，创造性地开展推销工作，以争取发展新客户以及巩固现有客户与本企业的关系。开展这类销售促进活动的目的主要包括：

- 鼓励销售人员突击完成特定时期内的销售指标。
- 刺激销售人员创造性地开展工作，鼓励发展新客户和开辟新的客源渠道。

四、旅游业中开展销售促进活动的常用手段

对于旅游供应商来说，开展销售促进活动的技术手段有很多，既可根据情况多项并用，也可以单独使用。人们曾试图探讨其中哪一种手段更加可取，实际上这些手段之间并无优劣之分，只有在特定情况下恰当与否之别。因此，旅游营销者需根据销售促进活动的目的、对象人群的特点、当时的竞争状况以及每一种手段的成本等综合考虑，作出恰当的选择。

面向消费者市场开展销售促进活动常用的手段包括：

- 实行降价/优惠价，多用于刺激消费者即刻购买。
- 发放折扣券/优惠券，多用于刺激消费者即刻购买或促使其尝试该产品。
- 实行伪装削价，例如配偶免费等，多用于刺激消费者即刻购买。
- 提供赠品，即免费提供或低价提供其他的相关产品，多用于刺激消费者即刻购买。
- 提供额外服务，例如饭店为客人提供免费机场接送服务、为周末光顾的客人提供

免费欢迎宴等，多用于刺激消费者马上购买。

- 免费赠送礼品，多用于刺激消费者马上购买。
- 开展抽奖活动，多用于刺激消费者马上购买。

面向中间商开展销售促进活动常用的手段包括：

- 推出奖励佣金，即对超过规定指标的超额销量给付额外佣金。
- 开展销售竞赛，即对达到或超过某一销量指标的代理商给予某种刺激性奖励。
- 赠送礼品。
- 举办招待会/联谊活动。

面向本企业销售人员开展销售促进活动常用的手段包括：

- 发放奖金/奖品。
- 奖励旅游。

//案　例//

2020年，为了抓住下半年唯一的长假——国庆节，刺激国内民众外出旅游度假，在线旅游平台推出大规模的促销活动，以提振国内新冠肺炎疫情下的旅游消费。2020年9月8日，携程启动旅游会员日大促。活动覆盖跟团游、自由行、景点门票、租车出游、主题游、一日游、当地向导、定制游、邮轮、当地特产十大业务线，满足各种出行需求，用户可以一站式采购旅游产品，省钱又省时。优惠活动覆盖9月至10月的产品，可以最高立减1 000元以上。用户进入携程相应页面后，可直接领取“800元跟团游阶梯满减券”“800元自由行阶梯满减券”“500元租车阶梯满减券”“25元门票满减券”。除此之外，用户还可参与助力活动，发起人可获得最高减1 000元的阶梯满减券，助力用户也可获得600元满减优惠券，可用于购买跟团游及自由行产品。针对年轻人分期旅游的消费习惯，此次活动期间，在云南等人气目的地，多个旅游产品可用“拿去花”进行结算，最高可享6期免息，会员日当天优惠券可叠加使用。以“云南丽江十大理6日5晚跟团游（4钻）”为例，上海出发的价格为2 000元起，游客可选择使用6期免息权益，每月还300元左右。除了每月11日固定的“旅游会员日”活动，为了刺激周末旅游、淡季错峰旅游，携程还开创了“周周特价”的特定优惠日，针对景区门票、自驾游、一日游等需求，通过独家的折扣，培养用户周三订、周末玩的习惯。

资料来源：https://www.163.com/news/article/FM5MT82N00019OH3.html.

五、销售促进活动的策划步骤

以面向消费者市场开展的销售促进活动为例，其策划工作一般包括六个步骤（见图10－5）。

1. 制定销售促进活动开展期间计划实现的销售量指标

例如，对于饭店来说，通过销售促进活动应争取实现的客房销售量是多少？对于旅游景点来说，通过销售促进活动应争取吸引多少游客来访？对于经营组团业务的旅行社

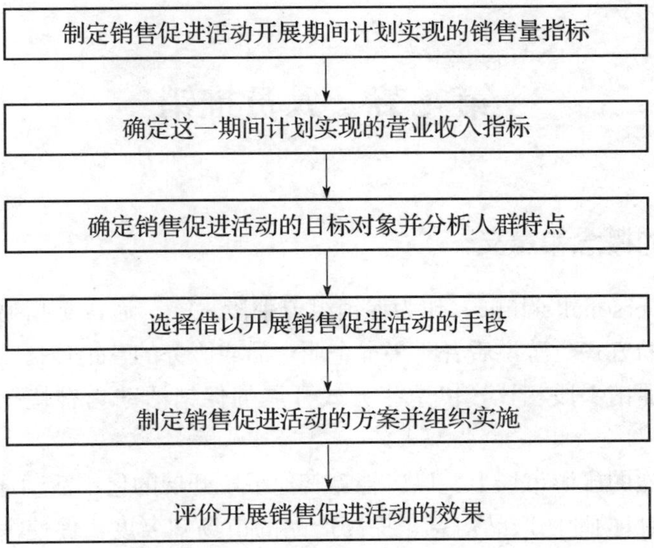

图 10－5　销售促进活动策划工作的基本步骤

来说，通过销售促进活动应争取吸引多少顾客预订或成行？

2. 确定这一期间计划实现的营业收入指标

企业开展销售促进活动需要付出成本，确定营业收入指标的真正目的在于限定销售促进活动的预算，以免得不偿失。

3. 确定销售促进活动的目标对象并分析人群特点

营销者首先需要确定销售促进活动针对的是哪些目标人群（例如，是商务型顾客还是消遣型顾客），然后通过市场调研摸清目标人群的特点（例如，目标人群所在地的社会经济状况、人口统计特征，以及其他与需求有关的情况）。

4. 选择借以开展销售促进活动的手段

营销者应根据所选定的目标人群及其需求特点，分析和挑选对其最具吸引力的激励措施，并计算使用这些刺激手段的成本。

5. 制定销售促进活动的方案并组织实施

在制定和实施销售促进活动的方案时，应注意与其他促销手段的协调，尤其是与广告、公共关系、人员推销等促销活动的整合以及与有关的销售渠道的协调。

6. 评价开展销售促进活动的效果

可考虑采用的方法与前述评价广告效果的方法基本相同。

- 评价销售效果，即通过比较销售促进活动开展前后产品销量的变化，分析和评价销售促进活动的效果。
- 评价传播效果，即通过开展市场调研，了解有多大比例的消费者能够记得该销售促进活动、他们对销售促进活动的看法如何、有多大比例的消费者从中受益等等，进而评价销售促进活动对这些目标人群日后购买行为的影响。

第4节 人员推销

一、人员推销的概念和意义

人员推销（personal selling）作为促销组合手段之一，通常是指通过销售人员与目标客户直接交往的方式，游说后者购买本企业产品或服务的营销传播活动。在旅游促销工作中，与其他促销手段相比，以这一方式开展的促销活动具有特殊的意义，主要反映在：

- 在竞争激烈的旅游市场上，以广告等其他手段开展的促销活动通常只能在传递有关旅游企业/旅游目的地的产品信息、提高产品的市场知名度、促使消费者对产品产生兴趣等方面发挥作用，不一定能直接激发目标顾客的购买行为。与之相比，采用人员推销的手段，通过销售人员与目标客户的直接交往，不仅能使促销工作更加个性化，能够即刻解答客户的疑问，而且往往能够直接促成产品销售。
- 旅游业是与人打交道、富有人情味的行业。经验证明，由于旅游业的这一特点，客户出于对销售人员个人的信任和好感，往往容易为销售人员的游说所打动，而且容易对其所推荐的产品或服务产生正面的联想。

因此，人员推销作为开展促销工作的一种手段，虽然成本相对较高，但在促成顾客采取购买行动方面不仅有效，而且难以为其他各种促销手段所替代。

二、人员推销活动的开展方式

谈到人员推销活动的开展方式，我们很容易联想到日用消费品厂商的销售人员面向最终消费者上门推销或电话推销，酒店、餐馆、航空公司或旅游景点的销售人员上门推销却很少见。在旅游业中，不论是旅游供应商还是旅游目的地营销组织，其人员推销的目标对象几乎都是团体购买者或批量购买者，而极少是个体的最终消费者。

在旅游业中，人员推销活动的开展方式主要有三种。

1. 销售性拜访

这是旅游业（特别是饭店和会议中心等旅游企业）使用得最多的人员推销方式，通常是在选定目标客户的基础上安排销售人员登门拜访，通过面对面地向客户推介本企业的产品或服务，直接与客户进行交易谈判，争取对方选择本企业的产品或服务。在实际工作中，销售人员登门拜访客户的直接目的会因具体情况不同而有所侧重。例如，在拜访新发展的客户时，主要目的可能是进一步证实该客户的资质；在拜访老客户时，主要目的则是了解对方有何新的服务需要，或者是达成某项交易；等等。

2. 电话推销

这也是旅游业中使用较多的一种人员推销方式，即打电话与所选定的目标客户进行联络和沟通，具体目的与销售性拜访相同。

3. 参加旅游交易会

这种人员推销方式多为旅游目的地营销组织和大型旅游企业所使用。旅游交易会可为与会的旅游目的地营销组织和旅游企业提供包括开展人员推销活动在内的多种营销机会。目前，世界上定期举办的旅游交易会有很多，最著名的要数每年 3 月在德国举办的柏林国际旅游交易会和每年 11 月在英国举办的伦敦世界旅游交易会。在我国，中国国际旅游交易会创办于 1998 年，从 2001 年起，每年在上海和昆明轮流举办，目前已发展成为亚太地区规模最大、最有影响力的旅游业界盛会之一。

就大多数旅游交易会而言，举办期间的活动安排一般分为两个阶段。在开幕后的最初几天内，一般只向旅游业界开放，以便为各地旅游组织和旅游企业提供交流信息、收集情报以及洽谈业务的机会。之后才面向社会公众开放，参展的各旅游目的地营销组织和旅游企业可利用这一时机开展形象宣传以及其他方面的营销传播活动。总之，在旅游交易会举办期间，旅游批发商可寻觅拓展其业务的旅游目的地；航空公司和酒店可与旅游批发商以及其他批量购买者发展关系和洽谈业务；旅游目的地营销组织可介绍该地的旅游发展情况，推介旅游产品（特别是推介新开发的旅游产品）。此外，所有参展者都可利用这一时机直接观察和了解各地同行的业务动向。

三、人员推销活动的开展过程

关于人员推销活动的开展过程有很多的讨论。本节主要以销售性拜访为例，简要讨论旅游业销售人员开展人员推销的一般过程（见图 10－6）。

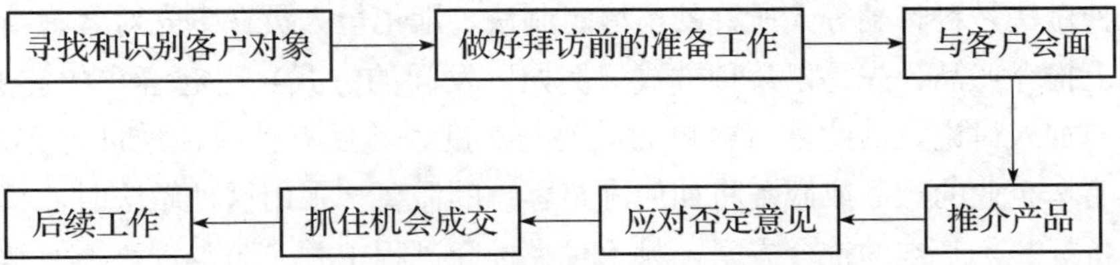

图 10－6　销售性拜访活动的一般过程

1. 寻找和识别客户对象

对于销售人员来说，在寻找目标客户方面，本企业的营销部门一般会有所指定，或者会提供某些线索。销售人员自己也要有能力去寻找客户线索。这类线索的来源有很多。例如，销售人员可通过有关的机构/企业名录、媒体报道、他人介绍、电话/信函、会议材料等信息源发现潜在客户的线索。对于潜在客户，销售人员需要注意识别和评价其资质，以决定是否值得与之联络，或是否值得将其选作拜访对象。一般可通过考察客户的财力、业务规模、需求特点、所在区位以及重复交易的可能性等来评价其资质。

2. 做好拜访前的准备工作

这些工作主要包括：

（1）基于上一阶段的工作，确定哪些是需要马上促成交易的客户，哪些属于有待继续培养的对象。

(2) 通过收集情报，尽可能多地了解拟登门拜访的客户的情况，包括：该客户会有哪些方面的服务需要、参与购买决策的是哪些人、由何人负责出面购买、这些人有哪些特点等等。

(3) 明确此次前去拜访的目的：是进一步证实该客户的资质、收集有关其服务需要的信息，还是达成某项交易。

(4) 选择访问时机。销售人员应考虑的因素包括：前去拜访何人，对方的时间安排情况，对方最近的工作情况、身体状况和精神状态，等等。

3. 与客户会面

为了有一个良好的开端，销售人员在拜访客户时应注意的事项包括：

- 在着装方面，应注意会面场合的要求。若初次会面的地点为对方的办公室，销售人员应注意自己的专业形象，最好着正装。
- 初次会面时，开场白宜简短，说话态度要客气而真诚。
- 切入正题后，应留心聆听对方的话语，注意理解对方的语意或需要。

注意以上事项的目的在于，通过展现销售人员的专业形象，增加客户的信心。

4. 推介产品

在向客户介绍和推销本企业的产品时，一般有三种做法可供选择。

第一种做法是科特勒等人所称的灌输法，即销售人员按照事先准备好的演讲内容，照本宣科地介绍有关的产品或服务，并结合宣传册、PPT 等辅助手段激发客户的购买兴趣。这一传统做法最大的局限在于客户只是被动地听取销售人员的推介。

第二种做法是科特勒等人所称的情境定制法，即销售人员在事先对客户情况有所了解的基础上推介产品，先是以某种方式（例如以发问的方式）引起客户的注意和兴趣，争取使客户加入讨论，借此摸清客户的需要与态度，然后有针对性地进行介绍和推荐，目的是阐明本企业的产品或服务将如何满足客户的需要。采用这种做法时，销售人员需要事先准备好一个基本的推介方案，只不过在推介过程中并非照本宣科，而是根据与对方讨论过程中发现的情况做必要的变通。

第三种做法是科特勒等人所称的需要满足法，即销售人员在开始推介时先鼓励客户多发表意见，从中发现其真正的需要，然后在推介过程中设法解决客户所关心的问题。这一做法要求销售人员善于倾听，并具备捕捉问题和解决问题的能力。销售人员所扮演的角色应是一位精通业务并且愿意帮助对方节省费用和解决问题的咨询顾问。

在面对客户进行推介的过程中，销售人员可运用以下策略去影响对方。

- 通过强调本企业的市场声誉和成功经验，向对方暗示选用本企业的产品或服务的合理性。
- 通过展示自己的专业表现，特别是展示自己对客户的需要以及对本企业产品的充分了解，增强对方对选用本企业产品的信心。
- 通过发挥自己善于与不同对象打交道的社交能力，拉近和融洽与对方的关系。
- 设法给对方留下良好的印象。

5. 应对否定意见

在开展推介活动的过程中，特别是当销售人员提议或要求对方选用本企业的产品或服务时，对方难免会有抵触心理，甚至会提出否定意见。出现这类情况的原因一般有两种。一种是对方意气用事（例如，该客户偏好另外一家提供同类产品的旅游企业，或者因面子问题不好意思抛弃原先的合作伙伴，等等）。另一种是对方确实持有某些合乎逻辑的主观见解（例如，对产品的价格持有异议，或者认为产品并不完美，等等）。常言道："褒贬（者）是买家。"面对客户提出的否定意见，销售人员不应气馁，更不能直接反驳，而应当设法使对方转变认识。比较理想的做法通常是，销售人员先让对方完整地表达其看法，然后针对这些意见提出疑问，引导对方自己进行分析和找出答案，从而推翻其最初的否定意见。当然，对于对方意见中的合乎情理之处，销售人员应给予尊重并提出解决问题的建议。总之，销售人员应尽一切可能，争取将对方的否定意见转变为令其愿意选择本企业产品或服务的理由。

6. 抓住机会成交

在推销过程中，销售人员必须懂得如何从对方的动作、语气、评论或者所探询的问题中捕捉和发现交易时机成熟的信号。一旦出现这类信号，销售人员应不失时机地争取成交。必要时，销售人员可提供一定的价格优惠、附赠礼物等，促使对方同意签订订购协议。

7. 后续工作

订购协议一经签订，销售人员便应着手安排履约的各项准备工作。应按照双方协议中所规定的各项细节，制定针对客户的接待服务计划，并通知各相关业务部门。此外，销售人员还应主动将有关情况告知客户。

四、销售队伍的组织与管理

销售队伍的组织与管理所涉及的工作范围很广，这里只简要地讨论一些基本知识和主要事项。

1. 销售人员的招聘与甄选

与其他行业的员工招聘一样，旅游企业在招聘销售人员时首先要制定应聘者所需具备的任职条件。例如，一些旅游企业在招聘销售人员时要求应聘者有大学学历、一定的从业经验、超强的沟通能力、一定水平的英语和计算机等级考试证书等等。虽然招聘者希望根据这些条件来评判应聘者是否具备销售人员所需的素质，但这些条件与销售人员所需具备的素质之间不一定能画等号。

对于销售人员需具备哪些素质，人们有多种认识。有些调查结果显示，客户普遍希望销售人员为人诚实、办事可靠、精通业务、乐于助人。有些研究则发现，成功的销售人员都具有某些共同的素质特征，包括：敢于冒险，对所要完成的任务有很高的悟性，有解决问题的才智，关心顾客，并且能够对自己的推销工作进行认真策划（Trow，1990）。在这方面，长期以来具有广泛影响的观点是，在甄选销售人员时有两项基本的素质要求：（1）具有感染力，善于从客户的角度考虑问题，能够博得客户的好感与信任；(2) 具有自我驱动力，即具有强烈的成功欲望（Moyer and Greenburg，1961）。可在面试时通过测试的方式对这些素质进行考察。

2. 销售人员的培训

很多旅游企业的经验都表明，与其他岗位的员工培训一样，对销售人员进行培训是一项长期性的工作。为新聘用的销售人员提供岗前培训无疑是必要的。对长期在岗的销售人员进行定期培训同样也很重要，因为随着时间的推移，各种供求因素都有可能发生变化，从而影响人员推销的成功开展。销售人员培训有很多种，其中必不可少的是：

(1) 产品知识方面的培训。美国饭店业协会主席、休斯敦大学希尔顿酒店管理学院的奈基尔教授曾将“充分了解本企业的产品/服务”作为成功开展人员推销活动的三大要诀之一（其余两项要诀分别是“充分了解你的客户对象”和“充分了解你自己的专业形象”）。充分了解本企业的产品/服务意味着销售人员对本企业全部产品/服务的详情必须了如指掌，在回答客户的有关询问时能够毫不迟疑、对答如流。例如，作为饭店的销售人员，在推销会议服务产品时，面对客户的询问，你能否流畅地说出本饭店的各类房价、各种设施和服务项目，各个会议厅的面积、空间高度、不同座位布局下可容纳的与会人数、所配置的音像设备的性能，以及相比其他竞争饭店有哪些优点等方方面面的情况？如果能做到这些，则可以说你已经充分了解本企业的产品，客户也会因此而增加对你的信心。否则，客户难免会对你不放心，甚至会怀疑你的专业性和可靠性。

(2) 业务规章方面的培训。在旅游企业中，人员推销工作的开展必须与营业部门的工作实现协同，否则难免会出问题，使营业部门的工作变得被动，甚至可能因配合失误而招致客户的不满。因此，这方面培训工作的开展旨在使销售人员了解并遵守本企业的业务政策，按规定的业务程序办事，以实现与营业部门的协同。比如，销售人员在拿到客户的订单之后，必须按规定程序及时而详细地制定客户的接待工作计划，并通知所有相关的营业部门。

(3) 工作技能方面的培训。这类培训涉及人员推销过程中各个阶段的工作技能。例如，如何寻找和评价潜在客户、如何选择上门拜访客户的时机、如何探寻客户的服务需要、如何介绍和展示本企业产品的优点、如何应对客户提出的不同意见、如何促成交易、拿到订单之后如何开展后续工作等等。由于工作技能培训涉及的范围很广，因此在实践中这类培训一般都应因事制宜地开展，也就是说，根据销售人员在工作中存在的问题确定培训内容以及培训方式。

3. 销售力量的安排与工作指导

在销售力量的安排方面较为常见的方式有四种：

- 按客源地域分派销售人员。
- 按产品分派销售人员。
- 按顾客结构（目标市场的类别）分派销售人员。
- 采用复合型安排（因销售队伍规模有限而不得不将上述三种方式混合使用）。

无论采用何种方式，营销或销售部门一般都需规定每一名销售人员应完成的销售额。

为了帮助销售人员完成其销售额，营销或销售部门的业务主管应对销售人员的工作给予必要的指导。指导主要集中在两个方面：

（1）帮助销售人员认定目标客户，并确定开展联络的工作指标。一般做法是：帮助销售人员划分目标客户的主次等级，然后帮助销售人员确定需要与这些客户进行电话联系或者登门拜访的次数。

（2）帮助销售人员有效地支配时间，即帮助销售人员以时间/任务表的形式作出时间安排，从而确定何时去联络/拜访哪些客户、每一次联络/拜访的目的以及需要开展的工作。

4. 销售队伍的报酬与激励

在销售队伍的报酬方面一般有三种可供选择的方案。

- 薪金制，即实行固定报酬。实行这一工资方案的优点是，员工的收入稳定，有助于保持销售队伍的士气和信心。其缺点是，对销售人员开拓进取的刺激作用不足。
- 佣金制，即不设固定报酬，而是根据销售人员所实现的销售额或利润，按某一固定比率或可调比率提成。实行这一工资方案的优点是，有助于刺激销售人员在工作中积极进取。其缺点是，销售人员有可能会因追逐个人的直接利益而导致短期行为。
- 混合制，即实行固定报酬与变动报酬相结合的工资方案。这种方案既保留了薪金制和佣金制的优点，又可克服其各自的缺点，因而比较流行。

在对销售队伍实施激励方面主要有三种方式：

（1）通过实施销售额管理对销售人员实行报酬激励。

（2）为销售人员提供良好的组织环境，并为其提供晋升机会。

（3）对工作表现突出者及时给予表彰和奖励，满足其对成就感的需要。

5. 销售人员的考评

在对销售队伍的评价与控制方面，营销或销售部门管理者通常按照所制定的评价制度对销售人员进行年度考核。评价制度的内容构成一般包括：

（1）销售业绩评价。可用于衡量销售人员工作业绩的指标有很多，主要包括：外出拜访客户的次数、用于开展推销访问的时间、所实现的销售收入、开展推销活动的成本、开发新客户的数量、原有客户的流失量等等。一般情况下，管理者将销售人员对企业利润的贡献程度作为核心依据，对销售人员的业绩进行综合评价。

（2）顾客满意度评价。有的销售人员虽然给企业带来了可观的销售收入，但未得到客户的好评。不难想象这种情况对未来造成的潜在后果。为此，越来越多的旅游企业将能否令客户满意作为评价销售人员工作情况的标准之一。这方面的评价依据主要来自两个方面：一是客户的主动反映；二是企业的客户调查。

（3）素质评价。这方面的评价内容主要包括：1）评价销售人员对企业/产品、客户、竞争者以及自身职责等方面的了解程度；2）评价销售人员的态度、仪表、言谈和气质风度等方面的个人素养。企业需要根据自己的具体情况决定评价标准和评价程序，这些标准和程序必须能够使销售人员感到公正。

第5节 印刷品促销

一、旅游印刷品及其作用

在旅游市场营销研究中，最先提出将印刷品促销纳入促销组合的代表人物是密德尔敦。作为旅游市场营销领域的知名专家和资深实践者，他指出，只要观察一下任何一个旅游目的地管理组织或旅游企业的营销预算，就不难发现，印刷品开支在其中占有相当大的比重（Middleton，1988）。这一事实足以说明，利用印刷品开展促销宣传是旅游业最为常用的手段之一。

旅游印刷品（print，北美学者常用 collateral materials）是指旅游企业以及旅游目的地营销组织“为了将有关的信息告知现有及潜在的消费者，以刺激他们对某些特定产品或服务的需求，或者为了便于他们享用这些产品或服务，而从营销预算中拨款制作的各类印刷材料”（Middleton，1988）。

旅游印刷品的划分方式有多种。根据旅游印刷品的设计目的或信息功能，可将其划分为两大类：

- 宣传性印刷品，如旅游宣传册、宣传单、海报等等。
- 指南性印刷品，如饭店的服务指南、景点的导游图、航空公司的航班时刻表、餐厅的菜单等等。

当然，也有一些旅游印刷品为上述两种功能兼而有之的混合型。

1. 宣传性印刷品

在宣传性印刷品中，宣传单或海报的设计目的通常是将某些旅游产品或服务项目告知消费者市场，以引起消费者的购买兴趣。这类促销性宣传单通常都会在结尾部分告诉消费者：“欲知详情，请与当地旅行代理商联系”等等。

旅游宣传册的设计目的主要是向目标市场提供旅游产品的信息详情，供消费者选购时参考。对于旅游企业和旅游目的地营销组织来说，旅游宣传册的一个重要作用是：使无形的旅游产品有形化。换言之，旅游宣传册是将旅游产品所提供的无形利益有形化的重要手段。我们知道，消费者对旅游产品的购买大都发生在远离旅游产品生产地的客源地。由于旅游产品的生产与消费同时发生，具有不可运输的特点，因此对于远在客源地的潜在消费者来说，旅游宣传册可成为旅游产品的替代物。宣传册中的图片及文字介绍并传递了该旅游产品的品质和价值，反映了该旅游产品的定位与形象。

除了面向消费者提供的旅游宣传册，旅游目的地营销组织和旅游供应商还会面向旅游批发商以及其他团体购买者专门提供作为其采购指南的旅游宣传册。在这类宣传册中，营销者对特定旅游产品或服务的特色（例如会议设施及相关服务规格）的介绍往往更加详细和具体。

2. 指南性印刷品

指南性印刷品的设计目的主要在于方便已经到访的顾客使用企业的各项产品或服务，以及为这些远方来客提供其通常会感兴趣的当地信息。旅游服务供应商往往在其接待设施中为客人提供各种指南性印刷材料，如饭店客房中供客人查阅的服务指南、旅游景点为游客提供的导游图、餐馆和酒吧餐桌上供顾客阅览的菜单等。对于旅游服务供应商来说，这类指南性印刷品的营销作用主要包括：

● 通过方便顾客了解企业提供的各项产品和服务，争取使顾客更多地使用这些产品和服务。

● 通过提供信息使顾客能够充分地享用所购得的消费权利（尤其是那些免费提供服务项目），增加顾客对企业的好感。

● 顺便宣传企业正在促销的某些产品或服务项目，起到面向到访顾客开展销售促进的作用。

● 为外地的顾客提供其可能会感兴趣的当地信息（如当地的交通状况、附近知名的购物场所或娱乐场所等），提高顾客的满意度。

总而言之，通过提供指南性印刷品，旅游企业一方面可在上述各方面节省大量的人力成本，另一方面可令顾客感受到企业关心他们的利益和需要，从而在提高顾客满意度的同时培育顾客对企业的忠诚。

二、旅游宣传品的策划

对于大多数旅游企业和旅游目的地营销组织来说，在使用印刷品开展促销宣传方面，旅游宣传册通常是基础手段。这里以旅游宣传册为例，对旅游宣传品策划工作的基本步骤做简要介绍（见图 10－7）。

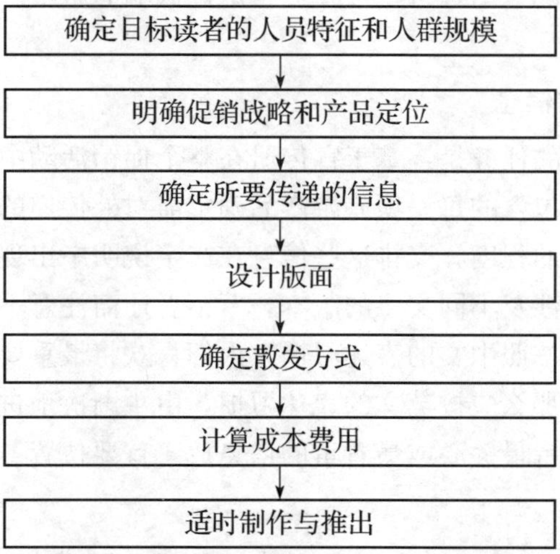

图 10－7　旅游宣传册策划工作的基本步骤

1. 确定目标读者的人员特征和人群规模

在策划旅游宣传册的过程中，营销者首先要做的工作是确定宣传册的目标读者及其人群规模。对目标读者人员特征的了解与分析是此后很多工作——特别是宣传册的版面设计以及散发工作——的基础。这项工作通常需要在市场调研和市场细分的基础上进行。确定目标读者人群规模的目的在于计划旅游宣传册的印量。

2. 明确促销战略和产品定位

促销战略涉及的是开展促销工作的目标以及实现这些目标的途径。由于促销战略的实施不仅仅涉及印刷品促销这一种途径，往往与其他促销手段（如广告、人员推销等）配合使用，因此各种促销手段所传递的产品信息、所反映的产品定位与形象必须协调一致。此外，营销者有必要确定促销战略的实施以哪一种促销手段为主，需要哪些手段与之配合。

在以宣传册促销时，产品的定位与形象对于选择宣传册的用纸及其设计风格有着重要的指导作用。就旅游宣传册而言，除了文字信息之外，反映产品定位与形象的因素主要包括：

- 所选用的纸张的质量。
- 所选用的印刷颜色。
- 文字的字号以及排版疏密度。
- 图片的数量与风格。

例如，对于反映高端旅游产品的宣传册来说，由于其目标读者处于高端市场，因此应选用材质较好、有一定厚度的纸张，版面不能太拥挤，所使用的字号不能太小，宜多用照片/图片，照片/图片的风格应合乎该产品的主题，应选用淡雅的色彩，等等。如果宣传册反映的是低端的旅游产品，所面向的目标读者处于大众市场，那么不必有严格的要求。为了节省成本，该宣传册即便使用材质一般的纸张、普通的色彩或者版面安排，也无碍于目标读者的接受。总之，在策划旅游宣传册时，对于纸张的材质、排版形式、图片数量与风格、色彩使用等方面的选择都取决于旅游产品的定位与形象。这也意味着，对于旅游营销者来说，不宜将定位高端与定位低端的旅游产品放在同一宣传册中进行推广和宣传。

3. 确定所要传递的信息

在这一阶段营销者的任务是：基于宣传册在整个促销活动中担负的使命以及旨在达到的目的，就宣传册中包含的每一项旅游产品确定需对外传递的各项信息，并根据目标消费者对这些信息关心的程度，安排这些信息在文字说明中出现的先后顺序以及予以强调的力度。如果宣传册涉及不同文字的版本，营销者还需注意不同的语言文字在表达习惯方面的差异。例如，按照中文的表述习惯，人们喜欢将最重要的信息放到最后。如果旅游宣传册为英文版，那么应按英文的表达习惯，由主渐次地进行排列与阐述，也就是说，一定要将目标消费者最关心或最看重的信息放于首要位置。

4. 设计版面

旅游宣传册的版面需依据目标读者的特点或偏好进行设计。作为基本原则，宣传册的版面应力求赏心悦目，使目标读者愿意耐心地读下去。在旅游宣传册的版面设计方面，最重要的是封面设计。封面醒目且有创意，就能够吸引消费者的注意，激发他们的阅读兴趣。

5. 确定散发方式

在策划旅游宣传册时，人们往往将注意力集中于内容设计、图片选择、排版样式、印刷质量等方面。这些方面的工作确实重要，但对于营销者来说，更重要的一项工作是考虑宣传册的散发途径或散发方式，即如何才能最有效地将其推向目标读者。原因很简单：只有有效地送达目标消费者手中，宣传册的营销传播作用才有可能得以发挥，否则不仅不能达成这一目的，反而会造成精力和财力的巨大浪费。

从根本上讲，选择散发方式的依据在于对成本效率的综合考虑。譬如，采用直接邮寄的方式进行散发，会涉及邮资问题。采用在大街上向过往行人发放的方式进行散发，宣传册很可能变成无用的废纸，因为大部分过往行人并不是真正的目标读者。

在现实中，可选的散发方式很多。这些散发方式可划分为两大类：一类是现场散发，即旅游企业在其营业场所散发；另一类是非现场散发。就后者而言，通常有以下几种可供选择的散发方式：

- 通过直接邮寄的方式进行散发，即将宣传册直接邮寄给购买过企业产品的顾客，或者借助有关中间商提供的目标消费者名单进行邮寄式散发。
- 在旅游交易会上进行散发。
- 通过目标客源地的旅行代理商进行散发。
- 通过本地的游客问讯中心进行散发。
- 在本地的机场、车站、客运码头等交通枢纽进行散发。
- 通过有关的第三方进行散发。例如，很多社团组织定期向自己的会员寄送内部通讯材料。旅游景点、租车公司以及娱乐企业等往往会通过饭店前台之类的客源地点散发自己的宣传品。
- 通过本国的驻外旅游办事处进行陈列和散发。

6. 计算成本费用

这一阶段的工作内容是计算宣传册的设计费用、印制成本和散发费用，并据此作出预算安排。

7. 适时制作与推出

按照所计划的时间表，组织旅游宣传册的制作和散发工作。

第 6 节　公共关系

一、作为促销手段的公共关系

在市场营销文献中，公共关系（public relations）有时也称作公众关系。按照英国公共关系学会（British Institute of Public Relations）的解释，公共关系是指“一个组织或企业为了建立并保持自己与公众的相互了解，有目的、有计划地开展的信息传播活动”。换言之，从市场营销的意义上说，一个组织或企业为了发展自己同社会公众间的良好关系，建立、维护、改善或改变自己的社会形象，营造有利于自己工作或经营的社会环境，有目的、有计划地开展的各种传播活动统称公共关系。这一定义中所称的公众指的是组织或企业意欲影响的所有目标群体，所涉及的人员对象上自国家政要，下至组织或企业所在地的社区居民，范围十分广泛。

如今，无论是旅游目的地营销组织还是旅游企业，都对公关宣传工作越来越重视。这一情况的出现主要有两个方面的原因：一是旅游业所面对的社会压力和环境压力较过去大为增加；二是旅游营销者基于自己多年来的工作实践认识到，与其他营销传播手段特别是广告活动相比，通过公关方式开展营销传播更为有效。这表现在，使用公关手段开展促销宣传，费用相对较少，信息传播的可信度很高。

开展公关活动的方式有很多，既可由组织或企业的人员与公关对象面对面地直接开展，也可通过非人员会面的间接方式进行。但无论如何，公关活动都不包括通过直接购买媒体版面或播放时间开展的营销传播活动。

从理论上讲，作为促销组合的组成部分，公共关系是有计划地开展的营销传播活动，应当按照计划与其他促销手段配合使用。但是在实际执行中，往往要求公关人员随时注意发现时机、抓住时机，因时制宜、因事制宜地灵活进行。一方面，需要随时注意发现并抓住可利用的各种事件和活动时机；另一方面，需要注意与新闻界长期保持良好关系。

二、公关活动的目的与作用

作为一种营销传播方式，旅游业开展公关活动的目的主要在于影响某些具有社会影响力的个人或组织对旅游企业/旅游目的地旅游产品的态度或看法，通过“借人吉言”或“为人示范”等方式，推动旅游企业/旅游目的地战略目标的实现。这些战略目标旨在树立和提升旅游企业及其产品的市场形象和市场声誉。

在战术性市场营销层面上，特别是在阶段性营销宣传战役中，公共关系的作用与广告的作用基本类似，只不过在程度上有所差异（见表10－4）。

表10－4　公共关系与广告的作用比较

广告的作用	公共关系的作用
● 唤起人们的了解	● 同广告
● 直接在消费者市场中树立形象	● 程度有限
● 传递具体的销售信息	● 非常有限
● 在产品与目标市场之间建立联系	● 同广告
● 改进人们对旅游目的地/旅游企业的态度	● 同广告
● 确认承诺，使消费者心中有数	● 非常有限
● 刺激需求欲望	● 非常有限
● 促进消费者的购买行动	● 非常有限

资料来源：根据Middleton（1988）改编。

一般来讲，在用作营销传播手段时，公共关系与广告的相同点主要在于：

● 两者都属于一个组织或企业对外开展的营销传播活动。

- 两者大都在生产现场之外的其他地方或场所进行。
- 两者都旨在树立和提升旅游目的地/旅游企业/特定旅游产品的形象和声誉。

公共关系与广告在用作营销传播手段时的不同之处主要反映在：

- 广告所传递的信息旨在刺激市场需求和实现产品销售；公关活动所传递的信息旨在唤起或巩固人们对旅游企业/旅游目的地的了解和兴趣，建立并维持旅游企业/旅游目的地与公众的有利关系。
- 广告活动的直接对象是有关旅游产品的目标购买者；公关活动的目标对象则主要是少数具有社会影响力的各界要人和社会名流。

三、公共关系的类型

根据公共关系的目的，一般可以将其分为以下类型：

1. 宣传型公共关系

运用各种传播媒介和沟通方法开展宣传工作，向社会公众展示企业的发展成就和公益形象，以形成有利于本组织发展的社会影响和舆论环境。

2. 交际型公共关系

以人际接触为手段，与公众、消费者、中间商等对象协调沟通，进行感情联络的公共关系活动。

3. 服务型公共关系

以提供热情、周到和便捷的优质服务为主要手段，目的是以实际行动来获取社会的了解和好评，建立自己良好的形象。

4. 社会型公共关系

通过举办各种社会性、文化性的赞助或公益活动来开展公共关系活动，目的是塑造组织的良好形象，提高组织的知名度和美誉度。

5. 征询型公共关系

通过信息采集、舆论调查、民意测验等工作，加强双向沟通，使组织了解社会舆论、民意民情、消费趋势，为组织的经营管理决策提供客观依据，以不断完善企业形象。

6. 建设型公共关系

在组织初创时期或新产品、新服务首次推出时期，为开创新局面进行的公共关系活动。目的在于提高美誉度，形成良好的第一印象，或使社会公众对组织及产品产生兴趣，直接推动组织事业的发展。

7. 维系型公共关系

组织在稳定发展期间，用来巩固良好形象的公共关系活动。目的是通过持续的公关活动，巩固、维持与公众的良好关系和组织形象。

8. 防御型公共关系

组织为防止自身的公共关系失调而进行的公共关系活动。目的是在组织与公众之间出现摩擦苗头的时候，及时调整组织的决策和行为，消除摩擦苗头，始终将与公众的关系控制在期望的轨道上。

9. 进攻型公共关系

组织采取主动出击的方式来树立和维护良好形象的公共关系活动。当组织预期目标与所处环境发生冲突时，主动发起公关攻势，及时调整决策和行为，积极地去改善环境，以减少或消除冲突的因素，并保证预期目标的实现，从而树立和维护良好形象。

10. 矫正型公共关系

组织在遇到问题与危机、公共关系严重失调、组织形象受到损害时，为了扭转公众对组织的不良印象或已经出现的不利局面而开展的公共关系活动。目的是及时对严重受损的组织形象进行纠偏、矫正，挽回不良影响，转危为安，重新树立组织的良好形象。

四、旅游业中常用的公关活动方式

广告促销是通过购买媒体的版面或播出时段实现的，因而广告与大众传媒之间存在必然的联系。而公关活动的开展与大众传媒之间没有必然的联系，因为公关活动的目标对象是少数具有社会影响力的各界要人和社会名流，目的是借助他们的评论或行为示范在更大范围内进行营销传播。

尽管如此，旅游业中多数公关工作实际上都以借助大众传媒的有关新闻报道来宣传旅游产品为最终目标。在传统的促销组合研究中，公共关系起初称作公共宣传（publicity），原因也在于此。按照科特勒的解释，公共宣传就是“以不付费的方式从有关传媒获得版面报道，供本公司的现有顾客或潜在顾客阅读、收看或收听，借以达到特定销售目的的（促销宣传）活动”。也就是说，公关活动目的的最终实现有赖于新闻传媒提供的免费报道。因此，旅游营销者需要将新闻界纳入自己的公关对象范围。

旅游业中常用的公关活动开展方式包括：

- 向新闻媒体提供与旅游企业/旅游目的地有关的新闻稿件，以及参考资料（包括文字材料、照片等），以备工作中的不时之需。
- 举办有关旅游企业/旅游目的地最新发展情况的新闻发布会。
- 面向特定的公关对象举办招待会或联谊活动。
- 在旅游交易会以及其他公众会议上介绍和宣传旅游企业/旅游目的地的有关情况。
- 邀请电视台和广播电台的有关节目组人员、报刊旅游栏目的记者、旅游中间商以及经常批量购买的团体客户等前来参观，并为其提供详细的文字材料和照片。
- 邀请有影响力的重要人物和社会名流前来光顾旅游企业/旅游目的地，以吸引新闻界的报道。
- 举办或承办有影响力的重大活动，以吸引新闻界的报道。
- 为运动会、节庆活动、电视节目、慈善团体等提供赞助，以提升旅游企业/旅游目的地的知名度和社会形象。
- 建立和维护旅游企业/旅游目的地与新闻界的联系。

第 7 节　促销活动效果的评价

在对营销传播或促销活动的效果进行评价时，核心工作在于回答两个问题：第一，这一促销活动的开展旨在达到何种目的？第二，这一促销活动的开展能否达到这一目的（即对这一促销活动的事前评价）？或者这一促销活动的开展是否达到了这一目的（即对这一促销活动的事后评价）？

一、事前评价

通常情况下，在推出促销宣传活动之前，营销者会首先测试其信息内容或创意设计的有效性，还有可能对拟选用的传播渠道进行评价。在测试信息内容或创意设计的有效性方面，最常见的做法是组织中心组座谈。在评价传播渠道的有效性方面，通常会测量有关媒体的受众范围，譬如测量报纸的读者规模、电视节目的收视人数或者有机会见到广告牌的人数。测量指标通常包括收视率、平均千人费用等。

二、事后评价

一般来讲，在对促销宣传活动的效果进行事后评价时主要有四个目的：

- 检测和评价潜在消费者在何种程度上得知这些促销信息。这一工作主要通过组织对消费者进行记忆测试的方式开展。
- 测量和评价旅游企业或旅游目的地在旅游消费者市场中的知名度或知名率变化情况。
- 检测和评价消费者对旅游产品的态度或购买行为发生变化的情况。这一工作主要通过专项市场调查进行。
- 测量和评价促销活动的开展对产品销售量或顾客预订量的影响程度。这一工作主要通过调查促销活动开展之前和开展之后产品销售量或预订量的变化情况进行（Prentice，1994）。

在评价公关活动的有效性时，旅游营销者通常会测量大众传媒对有关消息的报道规模，包括有关该信息的公共宣传在报刊上累计实现的报道版面、在广播电台和电视台获得播报的累计时间，并将其与占用同样规模的版面或播报时段的广告费用进行比较。这便是一些国际文献中所称的转换式研究（conversion study）。

关键术语

促销（promotion）	营销传播（marketing communication）
编码（encoding）	解码（decoding）
促销组合（promotion mix）	广告（advertising）

销售促进（sales promotion） 人员推销（personal selling）
印刷品（print，collateral materials） 公共关系（public relations）
公共宣传（publicity） 转换式研究（conversion study）
营业点助销（merchandising）

思政阅读材料

1. 吕加斌．广告宣传讲导向，十个“严禁”不踩雷！．现代广告，2021(6)：60－61.

2. 赵韵文，陈相雨．浅谈商业广告“讲导向”的现实必要和根本目标．中国报业，2018(14)：25－26.

3. 张国华．广告要讲导向．中国广告，2018(5)：16－17.

4. 丁俊杰，刘祥．广告宣传也要讲导向．中国广播，2017(4)：30－32.

5. 冯晓蓓．正确舆论导向无“特区”：试析广告宣传也要讲导向．中国报业，2016(17)：68－70.

6. 许莉凌．广告宣传也要讲导向．青年记者，2016(23)：16.

7. 张苏艳．广告也必须讲导向．传媒，2016(12)：29－30.

复习与思考

1. 名词解释：促销、促销组合、AIDA模型、广告、销售促进、人员推销、公共关系。

2. 简述促销在旅游营销中的作用。

3. 简述促销活动计划的制定过程。

4. 简述广告策划工作过程的基本步骤。

5. 广告的信息设计及其评价应遵循哪些标准？

6. 试分析各种主要广告媒体的优点和局限性。

7. 与其他类型的促销活动相比，销售促进活动有哪些特点？

8. 旅游供应商在面向旅游消费者开展销售促进时常用的手段有哪些？

9. 在旅游业中，人员推销活动的开展方式主要有哪些？

10. 在面对面向客户推介企业产品的过程中，销售人员可利用哪些策略去影响对方？

11. 你认为销售人员需要具备哪些素质？

12. 针对销售人员的培训主要涉及哪些内容？

13. 在销售力量的安排方面，较为常见的安排方式有哪些？

14. 你认为应如何对销售人员进行考评？

15. 以饭店为例，指南性印刷品的营销作用主要体现在哪些方面？

16. 人们普遍认为，与广告相比，通过公关方式开展营销传播更有效。你如何理解？

17. 作为促销手段，公共关系与广告有何异同？

18. 试述旅游业中常用的公关活动方式。

/ 第 11 章 /

旅游销售渠道

学习目标

- 熟悉销售渠道、直接销售渠道、间接销售渠道等基本概念。
- 理解旅游企业扩展其产品销售渠道的基本原因。
- 熟悉直接销售渠道和间接销售渠道在旅游业中的常见模式。
- 掌握在选择销售渠道时应遵循的基本原则。
- 熟悉影响旅游企业选择销售渠道模式的主要因素。
- 熟悉评价旅游中间商的质量时所涉及的评价内容。
- 了解信息技术在旅游销售渠道中的应用，及其对旅游销售渠道格局变化的影响。

思政要点

- 善用电商布设营销渠道，扩大旅游业服务地方发展的积极效应。
- 文旅企业线上传播旅游文化和中国旅游故事。

第1节　销售渠道的概念

一、销售渠道与分销

在作为经典营销组合的“4P”中，最后一个P代表的是“place”，意即销售渠道。由此，人们在市场营销研究中讨论产品或服务的流通时，通常将“销售渠道”（place）与“分销”（distribution）作为同义语使用。在一般情况下，这两个术语的混用不大会导致人们的误解。

然而严格地讲，这两个术语的内涵并非完全相同。产品的流通是指产品从生产者转移至最终消费者的实现过程。从供给角度去认识，流通渠道指的是生产者或供应商将其产品或服务转移至最终消费者的实现途径，即销售渠道。从需求角度去认识，流通渠道则是指消费者借以购买或预订有关产品或服务的经由途径，即购买渠道。在我国，对于此意义上的流通渠道，人们在市场营销研究中大都是约定俗成地称为销售渠道。作为生产者或供应商将其产品或服务转移至最终消费者的实现途径的总称，销售渠道既包括生产者或供应商将其产品或服务在自己的生产现场进行销售，也包括通过其他各种方式在生产现场之外的其他地方向购买者出售。

分销则是指生产者或供应商为了方便消费者购买或预订其产品，在生产现场之外的其他地方建立或以委托方式设置销售网点（Middleton，1999）。因此，在国外的旅游市场营销研究文献中，不少人将分销狭隘地解释为旅游供应商借助以旅行代理商为代表的中间商，将其产品或服务转移至最终消费者的流通途径。在这一概念中并不包括旅游供应商在生产现场向消费者出售其产品这一销售途径。事实上，在生产现场进行销售不仅是旅游供应商的传统做法，而且仍是其重要的直接销售渠道。

从上述分析中我们不难看到，从严格意义上讲，分销与销售渠道显然不是两个全然相同的概念。销售渠道的内涵明显比分销宽泛，因为其中不仅涵盖了旅游生产者或供应商借助中间商的力量向消费者出售其产品或服务的间接销售方式，以及依靠自身力量在生产现场之外的其他地方自设零售网点的直接销售方式，而且包括在自己的生产现场向顾客出售产品或服务这一传统的直销做法。在这个意义上，分销只是销售渠道这一总括流通概念的组成部分。

基于这些分析，我们可以认为，旅游销售渠道就是旅游生产者或供应商通过各种直接和间接的销售方式，将其产品或服务转移至最终消费者的整个流通结构。

二、扩展销售渠道的必要性

传统上，对于只有一个生产单位——单体独自经营——的小型旅游服务企业来说，最重要的经营决策莫过于经营地点的选择，即选址决策。这类小型旅游服务企业，不论是餐馆、旅店、娱乐场所，还是汽车租赁行或旅行代理商等，都概莫能外。由于其经营规模或接待能力有限，所需的客源量很小，因而只要经营地点选择正确，便不必为客源发愁，因为仅靠那些自行登门购买的顾客便足以保证所需的客源量。在传统上，这类小型旅游企业除了在必要时为方便顾客购买而受理某些方式的直接预订，基本上不必考虑对其产品进行分销。由于它们的经营地点、生产地点和销售地点呈现出三位一体的特点，因而在这些小型旅游企业的营销实务中，真正重要的工作基本上都是围绕产品、定价及促销宣传展开的。与这些工作相比，产品的分销通常并不重要，甚至根本不必考虑。正因为如此，“地点，地点，地点”便成了这类小型旅游企业实现成功的最重要的经验法则——常被称作成功的黄金法则。

然而，随着旅游服务企业的成长和经营规模的扩张，加上竞争者的增多，虽然合适的选址依然是实现成功经营的重要影响因素之一，但单靠正确选址的自然作用无法继续保证获得所需数量的客源。企业的经营规模越大，这种情况越明显。在这种情况下，为了使促销活动所激发出来的需求意愿能有效地转化为对企业产品的购买行为，企业不得不考虑如何设法方便消费者购买，不得不对原有的销售途径进行拓展，包括在令消费者感到方便的其他地方增设必要数量的销售网点。

随着情况的发展，旅游企业不得不增加销售网点或销售途径的原因主要包括：

● 企业的经营规模或生产能力扩大。这就要求产品销量也必须相应增加，否则，用于扩大生产能力的投资将会造成浪费。

● 所在地区同行企业增多，当地市场供给过剩，使得对市场份额的竞争加剧。在市场需求量有限的情况下，各企业必须设法捍卫自己的市场份额，否则将会因市场份额逐渐丧失而被淘汰出局。这意味着，即使本企业的经营规模或生产能力较过去并未扩大，由于同业竞争者的增多和市场竞争的加剧，如果不设法保住自己的市场份额，将尝到“逆水行舟，不进则退”的苦果。

● 企业要实现扩大发展，就必须实现更大的产品销量。为实现这一目标，企业不可能只争取更多的回头客，更为重要的是争取让更多的消费者成为本企业产品的购买者。实现这一目标的必要条件之一是让更多的消费者能够在方便的地点、方便的时间、以方便的方式购买或预订到本企业的产品。

● 随着目标市场范围的变化，很多目标客源地与企业所在地之间相距遥远，国际客源市场更是如此。由于旅游产品具有不可储存的特点，加上国际旅游消费者的购买习惯不同，旅游企业有必要利用各种预订系统将顾客购买或预订的时间尽可能提前。换言之，为了在客源竞争方面取得优势，旅游企业不仅要争取实现尽可能多的提前购买或预订的业务量，而且要尽可能地拉长顾客预订与实际消费之间的时间间隔，而不能过多地依赖消费者“最后一刻”式的购买。这意味着，面对激烈的客源竞争，旅游企业将无法继续依赖传统上那种等待顾客上门购买的销售方法。

总之，所有这些原因都迫使旅游企业不得不努力满足更多的需求和实现足够的产品销量。这意味着旅游企业需要在加强促销工作的同时设法扩展产品的销售渠道，使顾客能够在方便的地点、方便的时间、以方便的方式顺利地购买或预订企业的产品。除了在生产地点的现场销售以及通过网络、电话或传真等方式受理的远距离预订，这些在企业生产地点以外的其他地方增加的销售途径和销售网点构成了本企业的分销系统。

因此，旅游企业在扩大产品的销售渠道时主要的工作就是开辟和完善自己产品的分销系统。虽然分销系统有多方面的作用，但开辟和完善这一系统的根本目的就在于通过方便消费者对企业产品的购买或预订，增大产品销量和增加营业收入。各种促销工作的开展也会对产品销量及营业收入的增加起到拉动作用，实际上促销工作的开展与销售渠道的开辟这两者之间通常需要相互配合并取得平衡。促销的目的在于刺激和争取需求，开辟销售渠道的目的则是将这些被激发出来的需求有效地转化为对有关产品的实际购买。如果消费者有意购买该产品却难以方便地进行购买或预订，那么由促销活动激发出来的购买热情很可能会消失。

总而言之，销售渠道就是旅游企业或旅游目的地与终端旅游消费者接触的桥梁，是旅游消费者获得旅游产品和服务的通道。不单单是企业层面，重视线下和线上销售渠道的搭建同样是一些区域带动经济发展的重要手段。2020年4月20日，习近平总书记在陕西金米村调研脱贫攻坚情况时就表示，电商作为新兴业态，既可以推销农副产品、帮助群众脱贫致富，又可以推动乡村振兴，是大有可为的。习近平总书记在第三届中国国际进口博览会开幕式上的视频演讲中指出：中国将继续通过进博会等开放平台，支持各国企业拓展中国商机。中国将挖掘外贸增长潜力，为推动国际贸易增长、世界经济发展作出积极贡献。中国将推动跨境电商等新业态新模式加快发展，培育外贸新动能。① 可见，销售渠道的搭建已经超越了企业自身经营成效的意义，同时还对区域经济、国际贸易的繁荣有着长远意义。这也意味着旅游营销人员的渠道布设工作意义深远，关系着所在地区旅游业的发展前景，值得高度重视。

三、销售渠道的长度和宽度

在关于销售渠道策略的讨论中，我们有时会听到“渠道长度”和“渠道宽度”等说法。产品销售渠道的长与短，通常是指产品从生产者（或供应者）向最终消费者转移过程中所经由的中间环节的多少。所经由的中间环节或中间层次越多，意味着销售渠道越长。假定某度假地饭店大部分住宿产品的销售途径为：先批发给当地的组团旅行社，由这些旅行社将住宿服务纳入其包价旅游产品，将这些包价旅游产品转包给外国的旅游批发商，由这些旅游批发商委托该国的旅游零售商出售给最终消费者，那么这种经由多个层次才到达最终消费者的销售过程便属于较长的渠道。如果该饭店在销售其住宿产品的过程中所经由的中间环节较少，则意味着该住宿产品的销售渠道较短。显然，对于旅游企业来说，最短的销售渠道便是直销，即不经任何第三方而将产品直接出售给最终消费者。

销售渠道的宽度通常是指一个旅游企业所使用的产品销售渠道的数目，以及所设置的产品销售网点的数目及分布格局，也就是说，其中既涉及经销或代理销售企业产品的中间商的数目，也涉及企业及中间商面向消费者市场所设立的销售网点的数目及分布格局的合理程度。在一个旅游企业的销售渠道系统中，如果经销或代理销售其产品的中间商很多，并且企业自己以及所委托的中间商在各目标客源地域内根据方便顾客购买的原则设置了足够多的销售点，则该企业用于销售其产品的渠道宽度很大；反之，如果经销

---

① 2020年11月4日习近平总书记在第三届中国国际进口博览会开幕式上的视频演讲。

或代销其产品的中间商不多，并且在目标客源地域内设立的销售点很少，那么该企业的产品销售渠道较窄。

产品销售渠道应以多长或多短、多宽或多窄为宜，不能一概而论，需要依据具体的企业、业务类型、产品以及目标市场等情况进行分析和判断。

第2节 旅游产品销售渠道的类型

按照科特勒的有关分析和总结，任何产品可选用的销售渠道不外乎以下四种类型：

- 零层次渠道（zero level channel）：生产者或供应商直接面向消费者（或使用者）出售其产品，其间不涉及任何第三方或中间商。
- 单层次渠道（one level channel）：生产者或供应商在向消费者（或使用者）转移其产品的过程中，需经由一个层次的中间商。
- 双层次渠道（two level channel）：生产者或供应商在向消费者（或使用者）转移其产品的过程中，需经由两个层次的中间商。
- 多层次渠道（more level channel）：生产者或供应商在向消费者（或使用者）转移其产品的过程中，需经由三个或更多层次的中间商。

如果将上述各种渠道根据是否涉及中间商来加以区分，可归纳为两大类：一类是不涉及中间商的直接销售渠道；另一类是涉及中间商的间接销售渠道。

一、直接销售渠道

就旅游产品的销售而言，直接销售渠道是指旅游产品生产者或供应商直接向旅游消费者出售其产品或服务。这也就是科特勒所称的零层次渠道。从世界各地旅游企业的销售实践来看，直接销售渠道有三种模式（见表11-1）。

表11-1 旅游产品的直接销售渠道

渠道模式	说明
旅游供应商→旅游消费者（在旅游产品生产现场）	旅游消费者前来生产现场购买。旅游供应商同时扮演零售商角色。
旅游供应商→旅游消费者（在客源地及消费者家中）	旅游消费者在远离生产现场的客源地通过电话、信函、传真、互联网、预订系统等方式直接向旅游供应商预订。
旅游供应商→自设销售网点→旅游消费者（在客源地销售点现场）	旅游供应商在客源地设有自己运营的零售网点。

资料来源：根据Middleton（1988）改编。

1. 旅游供应商→旅游消费者（在旅游产品生产现场）

这是最早出现的旅游产品销售模式，即旅游供应商向前来生产现场购买的顾客直接出售其产品。在这一模式中，作为生产者的旅游企业在其生产地点同时扮演零售商的角色。这种销售方式至今仍为很多旅游企业所使用，如餐馆、旅游景点、娱乐场所等。

2. 旅游供应商→旅游消费者（在客源地及消费者家中）

这一模式传统上是指旅游消费者通过电话、信函、传真等通信方式预订旅游供应商的产品或服务。随着现代信息技术的发展和推广，这一模式有了拓展。如今很多旅游企业借助互联网和计算机预订系统直接面向旅游消费者出售自己的产品。远在客源地的旅游消费者在自己家中便可直接预订相关供应商的产品。在这一模式中，作为生产者的旅游企业同时扮演着零售商的角色。最初，通过计算机预订系统直接面向消费者出售产品的旅游企业主要是一些实力雄厚的大型航空公司和饭店连锁集团。如今，随着互联网技术的普及，借助互联网开展直销和受理预订的做法在旅游业的各个经营领域越来越普遍。

3. 旅游供应商→自设销售网点→旅游消费者（在客源地销售点现场）

这一模式是指作为生产者的旅游企业通过在目标客源地域自设销售网点，直接面向消费者出售自己的产品。由于这些销售网点是由旅游供应商自己设立和运营的，因此这种销售模式仍然属于直销。这一做法在不同类型的旅游企业中都可见到。譬如，大型航空公司往往在很多地方自设售票处；一些大型的组团旅行社在很多目标客源地域自设零售网点。总之，这一销售模式的特点是，旅游供应商在其生产现场之外的其他地方设置自营的零售网点。

假定不考虑其他方面的因素，仅就直接销售和间接销售这两类销售途径本身而言，前者显然优于后者。与间接销售相比，直接销售最明显的优点表现在：

第一，可以省去向零售代理商支付的佣金，有助于降低流通成本。如果旅游供应商将省下的部分资金让利给消费者，就能以较低的价格出售自己的产品，增强企业产品在市场上的价格竞争力。

第二，有利于旅游供应商及时了解和掌握顾客对产品的态度和其他方面的需求信息，改进企业的经营工作。

例如，早在20世纪80年代中期，随着计算机技术在旅游咨询和预订服务方面的应用，托马斯·库克旅游公司率先在英国市场上取消了独立旅行代理商对公司产品的销售代理权，而完全由公司自设的零售网点进行销售。此举不但为公司省去了每年数百万英镑的佣金，而且使公司能够以较低的“出厂价”面向大众直销其包价旅游产品。此外，这一举措还排除了中间商某些不良行为的干扰，使公司对销售渠道服务质量的控制更为可靠和有效。根据有关调查，直销业务在美国旅行社行业中的发展速度也很快。进入90年代后，美国大多数组团旅行社在继续通过旅行代理商销售其产品的同时，都在大力发展自己面向消费者的直销业务（Travel Industry World Yearbook-the Big Picture，1992）。

二、间接销售渠道

尽管直接销售有很多优点，并被普遍认为是旅游业未来的发展方向，但对于在旅游业中占大多数的中小型旅游企业来说，由于资金实力的限制，它们既无力构建自己的计算机预订系统，也无力在客源地自设销售网点。此外，虽然大多数旅游企业已开展互联网预订业务，但由于种种原因——特别是消费者行为习惯的影响，仍有消费者选择其他销售渠道。对于很多旅游企业来说，由于在拓展直销渠道方面力难从心，为了应对竞争只能与中间商合作，借助后者的力量去拓宽企业的销售渠道。

就旅游产品的销售而言，间接渠道是指旅游生产者或供应商借助中间商的力量，将自己的产品转移至最终消费者的流通途径。这里所称的中间商是指那些从事旅游供应商产品的转售业务、具有法人资格的经济组织或个人，主要是各种类型的旅行社和旅游经纪人，包括旅行代理商、旅游经营商、旅游批发商、会议策划商、奖励旅游策划商等等。依据业务性质或主营业务，可进一步将旅游中间商区分为经销商、代理商、批发商、零售商等等。

在旅游产品的间接销售渠道中，按照所含中间环节的多寡，可将其划分为几种不同的模式（见表 11－2）。

表 11－2　旅游产品的间接销售渠道

渠道模式	说明
旅游供应商→旅游零售商→旅游消费者（在零售商经营现场）	单层次渠道。旅游供应商向旅游零售商支付代理佣金。
旅游供应商→旅游批发商→旅游零售商→旅游消费者（在零售商经营现场）	双层次渠道。旅游供应商只与旅游批发商有直接的业务合作关系。
旅游供应商→本地旅游批发商→客源地旅游批发商→客源地旅游零售商→旅游消费者（在零售商经营现场）	多层次渠道。多见于入境旅游业务。旅游供应商只与本地旅游批发商有直接的业务合作关系。

资料来源：根据 Middleton（1988）改编。

1. 旅游供应商→旅游零售商→旅游消费者（在零售商经营现场）

这一模式即科特勒所称的单层次渠道。所涉及的中间商多为旅行代理商以及其他代理旅游零售业务的预订机构。这一模式在欧美旅游业中非常普遍。除了专事批发业务的旅游公司完全通过这一模式进行销售和组团之外，众多类型的旅游供应商（如饭店、航空公司、邮轮公司等）也都将这一模式作为销售产品的主渠道。这一渠道模式的基本特点是，旅游产品生产者或供应商需要向代销其产品的旅游零售商支付代理佣金。

在我国旅游业中，这一销售模式不像欧美国家那样典型。例如，我国有很多专门从事代理预订交通票据的独立经营商；旅馆和饭店企业也多以外包形式在店内提供同类的代理服务业务。但是，我国的一些企业和机构在经营上述旅行代理业务时会向顾客收取服务费，而不是从被代理企业获得佣金。正因为如此，各个被代理企业与这些事实上的旅行代理商之间虽然有可能存在某种形式的授权关系，但这种关系不一定构成法律意义上的委托。事实上，双方之间通常没有正规的合同和重大的经济利益关系。随着我国旅游业各领域中买方市场的形成和散客市场规模的增大，旅游供应企业在对这类单层次渠道的使用方面可能会有新的突破和发展。

2. 旅游供应商→旅游批发商→旅游零售商→旅游消费者（在零售商经营现场）

这一渠道模式涉及两个层次的旅游中间商，所以也称双层次渠道。其中作为第一个中间层次的旅游批发商通常为经营团体包价旅游业务的组团旅行社。它们的主要业务是通过大批量地购买航空公司、住宿企业、旅游景点以及地接旅行社等的单项产品或服务，进行打包组合，形成包价旅游线路产品或包价度假集合产品，然后通过客源地的旅游零售商向消费者出售。在欧美国家，从事这一业务的组团旅行社分为两类：一类是纯粹意义上的旅游批发商（tour wholesaler），即不直接面向消费者出售其包价组合产品，而完全通过以旅行代理商为代表的旅游零售商面向大众销售。另一类是旅游经营商（tour operator）。旅游经营商与上述批发商之间的唯一不同之处在于：旅游经营商除了同样会通过委托独立的旅游零售商代售其包价组合产品外，还通过自己设立和经营的零售网点直接面向消费者出售这些产品。由于两者之间的细微差别仅在于此，因此欧美各国的旅游业内人士常将旅游批发商和旅游经营商作为同义语使用。

这一渠道模式的特点主要表现为旅游产品的生产者或供应商将其产品或服务以协议价格批量销售给旅游批发商，后者将这些产品和服务打包成包价组合产品，然后委托客源地的旅游零售商向消费者出售。这种渠道模式在旅游服务企业中较为流行，尤其为度假地饭店、假日营地、航空包机公司等类型的旅游企业所采用。

3. 旅游供应商→本地旅游批发商→客源地旅游批发商→客源地旅游零售商→旅游消费者（在零售商经营现场）

在面向消遣型入境旅游市场开展经营方面，这种多层次渠道模式是我国旅游服务企业中应用较广的传统模式。由于受自身实力的限制和海外客源地环境因素的制约，在面向海外旅游市场开展经营方面，多数旅游服务企业既无力去海外客源地设立自己的直销网点，也很难与海外客源地的旅游零售商开展稳定的业务合作。因此，以饭店为典型代表的很多旅游服务供应商在面向海外消遣型旅游市场销售产品时，所采用的主要途径就是在价格谈判的基础上以协议价格将产品批量出售给我国的国际旅行社。这些国际旅行社将这些单项产品或服务编排组合为团体包价旅游产品后，通过外联业务的开展与谈判转包给海外客源地的组团旅行社（旅游批发商或旅游经营商）。这些组团旅行社在对这些包价旅游产品进行重新定价后，作为自己的包价产品委托当地旅行代理商及其他零售代理机构向消费者出售。如果客源地的组团旅行社设有自己的零售机构，则除了委托第三方代理销售这些包价产品，自己也扮演旅游零售商的角色。

以上所述只是中外旅游业中较为常见的销售渠道模式。实际上，绝大多数旅游产品生产者所采用的销售渠道都不限于一种模式。特别是那些规模较大的旅游生产企业，往往同时采用多种模式。在这种情况下，如何选择和建立企业的销售渠道结构就成了旅游营销实务中的一个重要课题。

第 3 节　销售渠道的选择

一、选择销售渠道的基本原则

作为旅游市场营销工作的重要组成部分，销售渠道的选择需要实行消费者导向和成本效益导向兼顾的原则。消费者导向集中表现为方便消费者购买，成本效益导向则意味着重视经济效益。

1. 方便顾客购买

对于旅游营销者来说，在为自己的产品选择销售渠道时首先应将方便顾客购买或预订作为核心原则。在旅游市场营销工作中，开发满足消费者需要的产品、制定能够为消费者市场所接受的产品价格以及针对目标市场的特点开展促销宣传，无疑都很重要。然而，即使这些方面的工作做得都很到位，若在设置销售渠道方面忽视了消费者的需要，也会使营销工作的最终效果大打折扣。事实上，有些旅游企业之所以业绩欠佳，根本原因并不是其产品存在问题，也不是其产品价格不具竞争力或消费者市场对其产品缺乏了解，而是对销售渠道的安排失当，致使消费者难以方便而顺利地购买或预订其产品。当今旅游业的竞争十分激烈，很多旅游企业乃至旅游目的地都在提供相似的同类产品。对于旅游消费者来说，这些竞争产品都是彼此可替代程度很高的产品。这意味着，如果一个旅游企业在方便消费者购买或预订方面落后于竞争者，其产品难免会为竞争者的同类产品所取代。正因为如此，尽可能地方便消费者购买或预订，便成了旅游营销者在选择和安排销售渠道时需要考虑的核心原则。

2. 符合成本效益

旅游营销者在为产品选择销售渠道时，除了需要牢记上述核心原则，还需要考虑组建和维护这些渠道的成本。正如密德尔敦所指出的，对于一个旅游企业来说，其产品的“销售渠道并非随便形成的，而是旅游产品生产者经过认真筹划而开辟和组建的，并且需要以派员巡访、提供文件资料和宣传品、建立计算机联网以及某些其他方式去定期加以维护”（Middleton，1988）。销售渠道的开辟和维护需要企业支付成本，而这些成本无疑需要从该销售渠道所带来的营业收入中得到补偿。如果一个旅游企业因自身实力所限无力支付开辟和维持某销售渠道所需的成本，那么这一渠道显然不应该被选择。

具有普遍意义的现实问题是，面对众多可供选择的销售渠道，旅游营销者应如何遵循成本效益原则去进行选择。如果某销售渠道所能带来的销售收入不足以补偿其维持费用，则这一渠道是不经济的。然而，这并不意味着所有带来的销售收入能够补偿其维持费用的销售渠道都值得选择。譬如，虽然某销售渠道所带来的销售收入能够补偿其维持费用，但扣除这些成本之后所剩无几，不能给企业带来令人满意的利润，那么这一渠道同样不可取。只有那些不仅能够带来足够多的销售收入，而且在扣除其维持费用之后能够带来令人满意的利润的销售渠道，才是值得选取的。渠道带来的销售收入越多，利润越丰厚（即成本效益越高），就越值得选择。这便是旅游营销者在选择销售渠道时应遵循的成本效益原则。

总之，方便顾客购买和符合成本效益是市场营销导向在销售渠道选择中的具体体现。前者着重反映的是竞争条件下的必要性，后者主要反映的是选择该渠道的可行性。这两个方面不仅是据以选择旅游产品销售渠道的基本原则，而且是用于评价销售渠道优劣的主要标准——高效率和低成本。

二、影响选择渠道模式的因素

从上一节介绍旅游产品销售渠道的模式时所举的例子中不难看出，旅游企业对销售渠道模式的选择因企业类型和经营规模的不同而多有差异，大型旅游企业往往同时采用多种不同模式的销售渠道。假定旅游企业在选择销售渠道时都遵循了前述两项基本原则，那么它们所选取的销售渠道模式为何会出现差异？这些事实本身便暗示，旅游营销者在选择销售渠道模式时，除了需要遵循消费者导向和成本效益导向的原则之外，还需要考虑很多具体因素的影响。

影响旅游营销者选择销售渠道模式的因素有很多，既有企业内部的因素，也有外部经营环境的因素。现将其中一些具有普遍意义的主要影响因素归纳如下：

1. 产品因素

影响销售渠道模式选择的产品因素主要涉及两个方面：一是产品的性质或类型，即所要出售的是何种旅游产品；二是产品的档次或等级。

在产品的性质或类型方面，根据对旅游行业中经营实践的观察，旅游景点、娱乐企业、餐馆、旅游汽车公司、出租汽车公司以及汽车租赁公司等类型的旅游企业几乎都以直接销售作为其产品销售的主渠道，旅游批发商、邮轮公司、航空包机公司以及经营国际客运业务的航空公司等类型的旅游企业则大都以间接销售作为其产品销售的主渠道。这些情况表明，产品的性质或类型对销售渠道模式的适用程度有一定的影响。

产品的档次或等级对选择销售渠道模式的影响主要表现在：高端的旅游产品都会因价格昂贵而导致目标市场的人群范围相对较小，并且其消费者多为回头客。由于这一原因，经营高端产品的旅游企业往往主要采用直接预订这一直销模式，即便兼用间接销售渠道，也会选择尽可能短的渠道模式。

2. 市场因素

影响销售渠道模式适用程度的市场因素很多，主要包括：目标客源市场的规模、客源地与旅游生产现场之间的空间距离，以及目标客源人群的集中度。

一般来讲，目标客源市场的规模越大，所需设置的销售网点就越多，旅游营销者靠自身力量去全面设置直销网点的难度也就越大。因此，在面向规模庞大的目标市场经营时，旅游产品生产者或供应商有必要开辟间接销售渠道，借助中间商的力量组织客源和扩大销售。只要不违背成本效益原则，所选用的销售渠道即使再长亦可取。反之，如果目标市场的规模比较小——例如高端市场，则比较适合采用直销渠道，即便有必要增设间接销售渠道，也应选择尽可能短的渠道模式。

客源地的距离远近也会影响销售模式的选择。譬如，若客源市场所在地距旅游生产现场很远——如国际客源市场，则有必要考虑选用间接销售渠道。这样做的原因在于：自设计算机预订系统以及在客源地自设销售网点的费用高昂，旅游企业通常难以负担；更重要的是，中间商对该地客源市场的了解更深入，推销工作中的障碍（例如语言问题以及因价值观念和行为习惯不同而有可能导致的误解）也会比较小。由于这些原因，以国际旅游市场为主要目标客源的旅游企业一般都会选用长渠道销售模式。反之，若目标客源地距离企业比较近，则不仅意味着向该客源市场施加影响比较容易，而且该地消费者能够比较方便地直接购买或预订企业的产品，因而采用直销渠道比较合适。

客源市场集中度这一概念通常用于描述旅游企业或旅游目的地的客源地域在该国国内或在世界上分布的集中程度。这里所称的客源人群集中度是指，对于旅游企业来说，潜在的目标顾客人群在特定客源地域分布的集中程度。就旅游产品销售渠道的安排而言，在潜在目标顾客密度较高的客源地域，一般适合借助该地旅游零售商的力量去建立单层次销售渠道。反之，如果潜在目标消费者在该客源地域内的分布比较分散，则适合与该地的旅游批发商建立业务关系，由它们去物色和组织该地的旅游零售商面向潜在消费者进行销售。这样做之所以比较有利，原因在于，该地域内目标客源人群的分布比较分散，所需的零售网点相应也较多。如果直接借助该地旅游零售商的力量建立销售渠道，势必需要与多家旅游零售商打交道，不仅成本会很高，而且技术难度也会比较大。与之相比，如果与该地的某家旅游批发商建立业务合作关系，则不但有可能节约费用，而且技术难度也会相应减小。

3. 企业自身因素

旅游企业对销售渠道模式的选择也会受其自身某些因素的影响。这些因素基本上可归为两个方面：一是企业的经营规模或接待能力；二是企业的营销实力。

在销售模式的选择上，小型旅游企业多采用直接销售的做法，大型旅游企业则多将间接销售作为产品销售的主渠道。这在很大程度上是因为经营规模决定着一个旅游企业实现盈利所需的客源量。小型旅游企业经营规模小，所需的客源量相对有限，加之顾客中有很大一部分是回头客，因此对于小型旅游企业来说，除了在生产地点进行销售，通过增加其他直销方式便有可能实现所需的销售量。与之相比，大型旅游企业所需实现的销售量很大，单靠自身力量进行直销通常不足以解决问题，因而往往需要通过开辟间接销售渠道去争取足够的客源。

旅游企业的营销实力主要取决于该企业的营销预算、营销队伍的技术水平以及该企业在营销工作方面的管理经验。如果一个旅游企业的营销预算充足，营销队伍强，管理经验丰富，则能够依靠自己的力量广设销售网点，或者选择自认为理想的销售渠道模式。反之，如果一个旅游企业的营销资源有限，或预算不足，或能力不济，则仅靠自身力量不足以揽到足够的客源，不得不设法开辟间接销售渠道，借助中间商的力量实现企业的销售量目标。在开辟间接渠道时，旅游企业由于自身资源条件的限制，有时难以争取到最理想的中间商与自己合作。

以上是影响旅游企业的销售渠道模式选择的较具普遍性的一些因素。就选择具体的销售渠道而言，旅游营销者应考虑的因素还有很多。例如，在决定以间接销售为主渠道的情况下，面对众多可供选择的中间商，旅游营销者应如何从中挑选自己的合作者？关于这方面的问题，我们将在下面的销售渠道选择策略中进行讨论。

三、销售渠道选择策略

销售渠道选择策略指的是营销者在进行销售渠道决策时，基于所需遵循的原则以及有关的影响因素而作出的策略性技术考虑。对于旅游营销者来说，挑选产品销售渠道的策略有很多。这里只简要介绍其中较为常见的一些策略。

1. 选择销售渠道的长度

如前所述，销售渠道的长度通常取决于旅游产品从生产者（或供应者）向最终消费者转移过程中所经由中间层次的多少。所经由的中间层次越多，意味着销售渠道越长。因此，销售渠道长度策略涉及的是营销者需要就选取何种长度的销售渠道进行决策，即是选用直接销售渠道还是选用间接销售渠道，如果选用间接销售渠道，那么选用何种模式（涉及几个中间层次）的间接渠道。

一般来讲，对于旅游企业来说，在营销资源条件允许的情况下短渠道优于长渠道。这主要是因为：

（1）就消费者心理而言，直接销售意味着旅游企业是以“出厂价”销售其产品，因而会比较便宜。这也是旅游消费者希望从供应商处直接购买或预订的主要原因。

（2）从旅游产品流通的实际情况来看，在通过间接渠道进行销售时，旅行代理商要收取佣金，旅游批发商则会在批发价格的基础上加价出售。代理佣金的支付无疑会减少旅游供应商的收入。若旅游批发商加价过高，则会影响产品的顺利销售，从而影响旅游供应商产品的市场占有率。

（3）在产品销售过程中，由于增加了中间环节，不仅会影响旅游供应商与消费者之间的信息沟通速度，而且有可能因中间商方面的原因而信息不对称。

在欧美国家，直到今天，旅行代理商对消费者的影响仍然相当大。美国的《旅行代理商》杂志曾委托一家资深的调查公司就旅行代理商对旅游消费者的影响做过一次调查。调查结果显示，在作为调查样本的消费者中，97%的人在外出旅游之前都曾向旅行代理商进行过咨询。在旅行代理商向消费者推荐航空公司的旅行产品方面，有83%的人接受了其推荐意见，其中有13%的人甚至根据旅行代理商的建议改变了自己原来的计划。在有关租车产品的咨询方面，有50%的人听从了旅行代理商的建议，订购了所推荐的租车公司的产品。此外，有15%的人原本未打算在旅游过程中租车，后来接受旅行代理商的建议，订购了租车公司的产品。在使用饭店业的住宿服务方面，有44%的人根据旅行代理商的推荐选择下榻饭店。在原本打算入住某饭店的旅游消费者中，有21%的人在旅行代理商的建议下改变主意，转而预订了旅行代理商推荐的饭店。在向旅行代理商询购包价旅游产品方面，有 28%的人事先并无明确的旅游目的地以及购买包价旅游产品的打算，而是依据旅行代理商的建议而定。

上述调查结果反映了旅行代理商对消费者需求的影响。但是，倘若旅行代理商不优先推荐或不努力推荐某旅游供应商的产品，甚至故意回避该供应商的产品，将会给该供应商带来什么样的结果？如果旅游供应商拥有自己设立和经营的零售网点，则不仅能避免由于上述原因造成的客源损失，而且能增强自己在争取客源方面的实力。这便是托马斯·库克公司和美国运通公司等国际知名旅游企业特别重视经营自己的零售网络的原因。

当然，对绝大多数旅游企业来说，究竟选用何种长度的销售渠道为宜，需要就前述影响因素开展调研和分析。不过有一点可以肯定，在某些因素的制约下选出来的销售渠道未必是最佳的渠道，通常只是相对适合的渠道。

2. 选择销售渠道的宽度

对于销售渠道的宽度，人们有两种理解。一种理解是，销售渠道的宽度指销售某旅游企业产品的零售网点数目及其分布的广度，其中既包括该企业自设的零售网点，也包括直接经销和代销该企业产品的中间商网点。另一种理解是，销售渠道的宽度指直接经销和代销该产品的中间商数目。无论如何，对于一家旅游供应商来说，直接经销和代销其产品的中间商越多，其产品的销售渠道就越宽，反之则越窄。这意味着旅游供应商在决定采用间接销售渠道之后，还需要考虑该渠道的宽度。因此，对销售渠道宽度的选择也就是旅游营销者就其产品零售网点的数目及其地域分布——特别是拟选用的中间商数目——进行决策。就旅游业中的常见情况而言，关于销售渠道宽度的选择策略有两种，即无限制选择策略和限制性选择策略。

无限制选择策略是指旅游供应商在自设销售网点实力有限的情况下，为了扩大产品销路而广泛使用中间商。这一策略的特点是，在使用旅游中间商时不加选择，只要对方愿意经销或代销企业产品并接受双方商定的利益条件，便可成为企业的中间商。这种策略常为西方国家的航空公司和租车公司所采用。它们一般都准许各旅行代理商或其他零售机构代理销售其产品。当然，它们往往会根据自身的销售实力以及对有关中间商的重视程度，具体确定付给不同中间商的佣金水平。此外，饭店在借助中间商销售其住宿产品时一般也采取这一策略。不过，这仅限于按常规房价进行销售，对于自己提供的包价组合产品或特价优惠产品，则往往都是由饭店进行销售，或通过指定的代理商进行销售。

限制性选择策略则是指旅游供应商根据自己的销售实力和目标市场的地域分布格局，在一定的客源地域范围内挑选少数几家中间商经销或代销自己的产品。这种策略尤其适合销售价格较高或市场供给量不大的旅游产品，譬如海上巡游度假产品。

四、旅游中间商的挑选

旅游供应商之所以决定采用某间接销售渠道，是因为需要解决的重点问题不外乎两大方面。第一，希望通过这一销售渠道在恰当的时间和地点有效地将企业的产品信息传递给目标市场。第二，希望通过这一销售渠道为目标消费者提供方便的购买地点或预订服务。至于这些问题解决得如何，很大程度上取决于所选中间商的质量。在讨论挑选中间商的策略之前，我们需要对关于旅游中间商的知识有所了解。

1. 旅游中间商的概念与类别

如前所述，凡是从事转售旅游供应商产品的业务、具有法人资格的经济组织或个人都是旅游中间商。关于旅游中间商的类别有不同的划分，这主要是因为人们往往会根据自己的研究目的或工作需要采用不同的划分依据或划分标准。

最常见的情况是，依据不同旅游中间商主营业务的类型将其划分为两大类——旅游批发商和旅游零售商，前者为一般不直接服务于最终消费者的旅游中间商，后者为直接面向广大公众从事旅游零售业务的中间商。如果进一步细分，则可将其划分为六类——零售旅行代理商、旅游批发/经营商、公司差旅管理部及代理机构、奖励旅游策划商、会议策划商、在线旅游公司（Morrison，2010）。

此外，依据不同旅游中间商的经营性质可将其区分为两种——经销商和代理商。经销商（distributor）是指那些在转售旅游生产者产品的过程中拥有产品"所有权"的旅游中间商。旅行社行业中经营组团业务的旅游批发商和旅游经营商都属于这类经销商。它们通过预付定金，批量订购航空公司、饭店以及其他类型旅游供应商的单项旅游产品，将其组合为包价旅游产品进行经营。换言之，它们从各旅游供应商处订购的单项产品只是用以组合包价旅游产品的原材料或零部件。由于它们已经支付了定金，因而在预订期内拥有这些单项产品的控制权。如果它们的实际组团人数未能达到这些单项产品的订购量，预先支付的定金将无法完全收回。从这个意义上说，它们具有经销商的性质。它们的利润来自其包价旅游产品的成本加价，在这一点上，它们与其他行业中的经销商没有什么区别。代理商（agent）则是指那些只是接受旅游产品生产者或供应商的委托，在某一地域内代理销售其产品的中间商，因此，代理商的收入主要来自委托方支付的佣金。

虽然上述划分具体到某些旅游中间商身上可能会有多种角色并存或偶有交叉的情况，但就通常情况而言，旅游批发/经营商多为经销商，独立经营的旅游零售商则多为代理商。对于旅游供应商来说，了解有关旅游中间商的经营性质究竟是经销还是代理，对挑选合适的中间商具有重要意义。

2. 旅游批发/经营商的作用

旅游批发/经营商的业务主要涉及三方面的工作：一是包价旅游线路的筹划和产品打包；二是包价旅游产品的推销；三是旅行团队的组织与管理。从这些工作中可以看出，作为旅游产品生产者或供应商的销售渠道，旅游批发/经营商扮演的角色包括：

- 整体旅游产品的组合者。旅游批发/经营商之所以能够成为众多旅游供应商的产品销售渠道，是因为它们能够吸纳众多的单项旅游产品，并将这些单项产品组合成整体性的包价旅游产品，便于满足旅游消费者对一次全程旅游活动中各种旅游服务的需要。如果没有人组织和提供这种整体旅游产品，很多旅游生产者的产品销路都将受到限制。

● 促销活动的分担者。旅游批发/经营商的业务性质是经销而不是代销。它们需要批量订购各旅游供应商的单项产品，并将其组合为整体产品进行销售。因此，旅游批发/经营商是备有“存货”的。在存货的压力下，旅游批发/经营商势必会主动承担这些产品的促销工作，否则随着时间的推移，这些存货的价值将会丧失并永远无法追回。另外，就旅游批发/经营商批量订购相关旅游供应商的产品而言，旅游批发/经营商在旅游目的地是有一定投资的。因而，其促销活动虽然主观上是为了顺利地售出包价旅游产品，但客观上也分担了相关旅游供应商的促销宣传工作。旅游批发/经营商的这一作用不仅有助于节省旅游供应商的营销资金和人力，而且会因地利和经验比旅游供应商自行促销的效果更好。

● 销售渠道的合作组织者。旅游批发/经营商既是旅游生产者或供应商的产品销售渠道中的一员，也是旅游供应商产品销售渠道的合作组织者。在双层次和多层次销售渠道中，旅游供应商一般只与旅游批发/经营商发生直接业务关系。至于如何通过旅游零售商向消费者出售这些产品，则是由旅游批发/经营商去组织。因此，旅游批发/经营商的销售渠道客观上便成了旅游供应商产品销售渠道的一体化组成部分。旅游批发/经营商的这一作用无疑有助于旅游供应商节省其产品销售网点的维持费用。

3. 旅游零售商的作用

以旅行代理商为代表的旅游零售商是直接面向消费者经营旅游零售业务的中间商。旅游零售商的业务性质是代理销售旅游批发/经营商以及各类旅游供应商的产品。旅游零售商的业务一般包括：为消费者提供旅游咨询服务，代客预订，代办旅行证件，向委托方反馈顾客意见，等等。从这些工作中可以发现，旅游零售商的主要作用包括：

● 旅游消费者购买决策的重要影响者。旅游零售商在帮助旅游消费者制定出游计划和选择旅游产品方面具有很大的影响作用。很多调查表明，旅游零售商的这一作用并未因现代信息技术的发展而削弱。以北美的调查为例，在旅行代理商接待的顾客中，相当多的人对于自己要去何处旅游通常只有一个大致的想法。例如他们可能已经决定要去某一地区旅游，但对于具体去哪个旅游目的地并未拿定主意，因而需要并且愿意寻求旅行代理商的指导和建议。即使是那些已经选定旅游目的地的顾客，也往往会就某些具体的问题寻求旅游零售商的建议和指导，例如选择哪条旅游线路，浏览哪些景点，住哪些饭店或者选择购买哪一种包价旅游产品，等等。旅游零售商不仅会影响消遣型旅游者的出游选择，而且对差旅型顾客的旅行安排也有一定的影响。据北美的有关调查，虽然商务旅游者的旅行目的地已定，但在具体的旅行安排上，超过 1/3 的人会征求旅行代理商的指导和建议。

● 传播销售信息的重要阵地。尽管旅游供应商与客源地的旅游零售商之间有时并不存在直接的业务关系，而是通过旅游批发/经营商间接地联系起来，但是，只要旅游零售商所代销的包价旅游产品中含有旅游供应商的产品，该旅游供应商就会积极地向这些零售商提供自己的宣传品和其他信息资料，因而旅游消费者可以从旅游零售商那里获得各种旅游信息。当然，这并不意味着旅游零售商可以分担旅游供应商的促销工作。由于旅游零售商没有自己的“存货”，不存在因产品积压而招致亏损的问题，因此它们一般不会拿出自己的资金去分担他人产品的促销工作。这一点与旅游批发/经营商完全不同。

● 方便购买的销售点。旅游零售商地处客源市场所在地，并且大都位于当地城镇的繁华地段。除了地点上的便利，旅游消费者还可通过旅游零售商一次性地预订行、宿、食、娱等单项旅游产品，并且一次性地向旅游零售商支付费用，从而简化购买手续和节省时间。

4. 用于挑选旅游中间商的策略

在挑选旅游中间商时，对于如何评价一个旅游中间商的质量，人们往往会因视角不同而持不同意见。从旅游产品生产者或供应商的角度看，对旅游中间商质量的评价最终取决于两项标准。第一项评价标准是中间商为企业实现了多大的产品销量或销售额。第二项评价标准是企业为维持这一销售渠道支付了多少费用。用于表示这一费用标准的指标有两种。一种是以单位销售量费用来表示，即以能够实现某一理想销售量为前提，评价中间商每输送一名顾客，企业所需支付的平均流通费用，用公式表达为：单位销售量费用＝该渠道的维持费用÷通过该渠道实现的销售量。另一种是以单位销售额费用来表示，即以能够实现某一理想销售量为前提，评价通过中间商每增加一单位的销售收入（即每增加 1 元、100 元、1 000 元或 10 000 元的销售收入），企业平均支付的渠道费用，用公式表达为：单位销售额费用＝该渠道的维持费用÷通过该渠道实现的销售额。

显然，上述两项终极标准都是在对某些中间商考察了一段时间之后才能有效使用。这种事后评价的意义在于，旅游供应商可根据这些终极标准的评价结果，巩固和发展同那些效率高的中间商的合作关系，淘汰那些效率不理想的中间商。与之相比，对于旅游产品生产者或供应商来说，在挑选旅游中间商时事先进行质量评估更具现实意义。

由于旅游中间商的类别不一，并且各中间商自身的目标市场、经营规模、营销实力、偿付能力、信誉、合作意愿等诸多方面情况不尽相同，因此，在对拟选用的旅游中间商进行质量评估时，旅游营销者至少应考虑以下内容：

● 目标市场。无论是经销商自己的目标市场，还是代理商所能联系的消费者人群，都必须与企业产品的目标市场相一致。

● 经营地点。无论是经销商自己的零售渠道，还是代理商的营业地点，均应处于企业产品目标市场人群相对集中的区域或地段。

● 经营规模。旅游中间商的规模大小往往意味着其销售网点的多少，因此，在其他条件相同的情况下，应优先挑选经营规模较大的旅游中间商。

● 营销实力。评估中间商的营销实力所涉及的内容有很多，主要包括中间商的营销资源、服务质量、销售速度以及促销和推销工作经验等等。旅游营销者在开展这些方面的评估时，可利用能够得到的二手资料，并根据评估结果对拟选用的中间商进行排序。

● 偿付能力和信誉。从事零售代理业务的旅游中间商一般不会存在偿债问题，因此，这方面的评估主要是针对身为经销商的旅游中间商而言的。所选用的经销商必须有可靠的偿付能力和履约信用。对于这方面的情况，一般可通过有关的金融机构或开展调查进行了解。

● 维持该渠道所需支付的费用。为了建立和维持与中间商的合作关系，企业需提供哪些方面的支持？费用是多少？企业能否负担得起或者是否认为值得负担？对于所有这些问题，旅游营销者都应予以考虑。如果合作方是从事零售代理业务的中间商，则还需要考虑对方对佣金率的要求。

● 合作意愿。旅游供应商与旅游中间商之间的合作实际上是一种双向选择的结果。换言之，在旅游供应商对中间商进行选择的同时，旅游中间商也在选择供应商。在很多情况下，虽然旅游供应商认为某中间商是其最佳选择对象，该中间商却不一定认为该供应商是其值得合作的伙伴。因此，旅游供应商所选的中间商必须有合作的诚意。特别是当中间商代理销售多家旅游供应商产品时，更应重视这一点，这关系到中间商日后是否会积极推荐旅游供应商的产品。

总之，挑选中间商是旅游供应商开辟间接销售渠道时必须认真对待的课题。在这方面，旅游供应商不仅要有战略眼光，而且要有务实精神。只有真正做到知己知彼，才有可能选到理想的旅游中间商。

五、销售渠道的管理

这方面的工作既包括对间接销售渠道的管理，也包括对直接销售渠道的管理。在此，我们集中讨论间接销售渠道管理工作中的一些基本问题，包括如何调动中间商的合作积极性，以及如何调整与中间商的合作关系。

在旅游分销渠道中，各方之间的合作往往是一种不稳定的联盟。这主要是因为各参与方的动机或所求不尽相同。例如，在双层次或多层次的销售渠道中，旅游目的地的供应商希望通过间接销售渠道去获得更多的客源，然而它们不会向其中的旅游零售商支付佣金。旅游批发商之所以积极地推销某旅游目的地的产品，是因为它们已经签约订购了该地旅游服务企业的产品。与之相比，旅游零售商由于没有在该旅游目的地投资，或者说由于没有自己的产品库存，因而从理论上讲没有努力推销该旅游目的地产品的压力。它们之所以会积极地推销某旅游产品，一方面是为了得到比率较高的佣金，另一方面是因为它们确信该旅游产品能令顾客满意。它们清楚地知道，如果顾客败兴而归，首当其冲的指责对象便是该旅游产品的零售商。

在这样一种销售系统中，究竟哪一方拥有控制力量是一个难以简单回答的问题。就国际旅游业务而言，很多人都认为，拥有控制力的是旅游批发商，理由是旅游批发商可以决定是否将某旅游目的地或某服务项目纳入它所组织的包价旅游产品。虽然在有些情况下这种看法可能不错，但并不能成为永恒的结论。世界上很多地方旅游业发展的实践都表明，在一个旅游目的地开发的早期阶段，旅游批发商确实有可能具有这种控制力，因为此时旅游目的地急需借助旅游批发商的力量去开拓客源市场，该目的地的旅游供应商往往都愿意向旅游批发商作出让步。但是，随着该旅游目的地的成熟和名气的提升，在吸引游客特别是散客来访方面不成问题时，旅游批发商的影响力便不再像先前那样受到重视。以英国伦敦入境旅游业的发展为例。在旅游批发商的协助下，伦敦成了对美国旅游者最有吸引力的旅游目的地之一。之后，随着游客来访量的不断增大和伦敦饭店业接待能力的吃紧，旅游批发商在销售渠道中的控制地位逐渐丧失。它们所面临的不再是伦敦饭店经营者的让步，而是房价的提高、要求预先付款，在有些情况下其订房甚至会被取消。这类事实说明，旅游销售渠道中控制权的归属并不能人为决定，而是很大程度上取决于产品的供求状况。

在销售渠道管理工作中，旅游产品生产者或供应商首先需要对销售渠道中有关各方的不同需要或利益追求有清楚的认识。对于旅游销售渠道中各参与方的需要或利益追求，有学者归纳如下（见表11-3）：

表11-3　旅游销售渠道中各参与方的不同需要与追求

旅游产品生产者或供应商	旅游消费者
销售量、销售额	产品知识
回头业务	产品品种多
投资回报	新产品
低成本的销售渠道	在评价同类产品和购买决策方面能获得帮助
该渠道对自己产品的注重程度高	尽可能少浪费时间（寻求信息）
旅游零售商	预订手续尽量简便
销售额	能胜任工作的服务人员
高佣金	令人愉快的服务
自身形象	
供应商的产品常有新意	
供应商能提供良好的支援服务	
自己最看重的产品品种	
旅游批发商	
销售量	
高利润	
供应商可靠	
低风险	
零售商乐于代销的产品	

资料来源：根据Salah Wahab（1976）改编。

简单地讲，在旅游销售渠道的各参与方中，消费者希望产品品种多，方便从中挑选理想的产品。旅游零售商也希望能向顾客提供多种产品，为自己带来高额佣金。旅游批发商虽然也追求销售量和高利润，但更关心开发出既对自己没有什么风险又能让零售商愿意代销的产品。旅游产品生产者或供应商的需要或追求则是，销售渠道中的其他各参与方都重视销售自己的产品，能扩大自己产品的销量，同时又希望尽量减少该销售渠道的维持费用。

对于旅游产品生产者或供应商来说，为了促使旅游中间商注重推销自己的产品，通常可考虑采取的措施包括：

- 实行高销量高佣金，提高零售代理商推销企业产品的积极性，即对超过定额的产品销量实行较高的佣金率或采取其他的奖励做法，原则是所给予的奖励对零售代理商有吸引力。
- 采用邀请前来考察访问的办法，加深旅游中间商对企业产品的了解。
- 采取提供免费电话以及保证提供宣传材料等各种助销措施，支持和帮助中间商推销企业的产品。

当然，采取上述措施的基础是，企业必须保证产品的质量以及服务的可靠性。否则，即便采取了上述措施也将难以奏效。

在销售渠道的运转过程中，旅游供应商需要本着高效率和低成本的原则，注意定期检查和评价中间商的质量变化，以便及时调整与中间商的合作关系。对于长时间违背上述原则的销售渠道，应予以放弃，并终止与中间商的合作关系。检查和评价中间商质量变化的工作并不是很复杂。对于渠道中的经销商和代理商，旅游供应商没有必要了解和检查每一方的合作态度、宣传企业产品的程度、包价旅游产品的价格是否合理等情况，只要发展趋势表明某中间商销售企业产品的业绩很难好转，从而会长期违背销售渠道的效率与经济原则，便应终止同该中间商的合作关系。该中间商的合作态度再好，对企业产品的推销再卖力，只要它为企业带来的销售利润十分有限，就不能长期合作下去。

此外，旅游市场状况的变化也要求旅游供应商及时对销售渠道进行调整。例如，随着散客的比重增大，很多旅游目的地的旅游供应商都在努力发展直接预订渠道，扩大与客源地旅游零售商的直接合作。与之相比，在那些团体包价旅游需求仍占上风的市场地域，旅游批发商仍将是旅游目的地的旅游供应商销售其旅游产品的最重要途径。

第 4 节　信息技术发展对旅游销售渠道的影响

一、全球销售系统

随着电子信息技术在旅游业中的应用，计算机预订系统从 20 世纪 70 年代开始出现，为旅游供应商开展直接销售提供了便利。后来，随着技术手段的进步，人们又在原有中央预订系统的基础上进一步开发出全球销售系统。

全球销售系统（global distribution system，GDS）是一种大型的计算机预订系统，最初由一些航空公司为增加其旅行产品的销量而开发，数量相对较多（见表 11-4），后经一系列的联合与兼并，形成了目前的 Sabre、Galileo、Worldspan、Amadeus 四大系统。如今，这类系统的功能已不再限于传递航空旅行信息和方便机票预订，而是扩大到提供众多国家或地区的住宿设施、汽车租赁服务等旅游信息及预订服务。

表 11-4　部分全球销售系统一览表

名称	业主（股东）
Sabre	美利坚航空公司
System One	大陆航空公司

续表

名称	业主（股东）
Worldspan	达美航空公司
	西北航空公司
	环球航空公司
Gemini	加拿大航空公司
	伽利略国际公司
Amadeus	法国航空公司
	西班牙航空公司
	德国汉莎航空公司
Galileo	联合航空公司
	全美航空公司
	加拿大航空公司
	英国航空公司
	瑞士航空公司
	荷兰航空公司
	意大利航空公司
	奥林匹克航空公司
	葡萄牙航空公司
	爱尔兰航空公司
	澳大利亚航空公司
START	德国汉莎航空公司
	德国 Bundesbahn 公司
	德国 TUI Hannover 公司
	Amadeus 国际集团
Infini	全日空航空公司
	爱博克斯国际集团
Fantasia	快达航空公司
	安赛特航空公司
	新西兰航空公司

续表

名称	业主（股东）
Abacus	国泰航空公司
	新加坡航空公司
	马来西亚航空公司
	中华航空公司
	文莱皇家航空公司
	港龙航空公司
	胜安航空公司
	Worldspan 国际集团
	Infini 国际集团
	菲律宾航空公司
Axess	日本航空公司

资料来源：Seaton and Bennett（1996）.

这类全球销售系统的出现与发展，一方面为加盟该系统的旅游供应商面向旅游消费者开展直销提供了新的便利条件，另一方面也为旅游零售代理商的业务开展增添了新的手段，使其也能利用这些系统在代订机票、代订客房、代订租车等方面为顾客提供一站式服务，从而在方便顾客购买的同时增加自己的佣金收入。

但是，这种全球销售系统的设立和维护需要有足够的资本实力和专业技术条件，而这种实力和技术条件非一般旅游企业所能具备，所以几乎所有的旅游供应企业都是通过缴纳使用费加盟这类全球销售系统的。在这个意义上，对于这些旅游供应企业来说，这类全球销售系统实际上扮演着零售代理商的角色。只不过与使用传统的旅游零售商相比，使用这类全球销售系统更为经济划算而已。

二、互联网

作为旅游产品的销售渠道，互联网的应用可给旅游供应商和旅游消费者带来诸多益处。对于旅游供应商来说，互联网渠道带来的益处主要表现为：

● 互联网将市场从传统的“地域”转化为“网络”，可以使旅游供应商的营销触角无限延伸，覆盖所有的地域和人群。

● 通过网上直销，不仅可免除向旅行代理商支付的佣金，而且可省去自设分销网点时租用店铺、购买设备等方面的费用，有利于降低流通渠道的成本。

● 在线营销可使旅游供应商以图片、视频等形式向潜在消费者展示企业的产品和服务设施，有助于将无形的旅游产品有形化。

● 在线受理顾客预订有助于提高企业销售部门的工作效率。

● 互联网是建立客户关系的有力工具，通过提供大量信息，使旅游供应商在与顾客建立直接关系方面具有营销优势。

对于旅游消费者来说，互联网作为一种工具，可用于制定自己的出游计划，寻找报价最低的同类旅游产品，以及直接向旅游供应商进行购买或预订。据此，互联网可为旅游消费者带来的益处主要表现为：

● 获取信息方面的便利。随着专业旅游网站的出现，各旅游供应商纷纷设立自己的网站，给消费者搜索自己所关心的旅游信息带来了极大的方便。旅游消费者中的网民规模也因此迅速增大。

● 预订旅游产品方面的便利。通过互联网进行预订不存在地域限制，消费者在家中便可随时预订世界各地的旅游产品。

● 货比多家的便利。借助不同网站的相关信息，旅游消费者可对诸多旅游目的地或旅游供应商提供的同类产品及其价格进行比较，而不必像过去那样四处奔波，前往旅游零售商的营业现场打探信息。事实上，许多旅游消费者使用互联网的主要目的都是寻找物美价廉的旅游产品。

就我国旅游业目前的情况而言，互联网作为旅游销售渠道的发展大致分为三个方向：

● 旅游门户网站——一种基本的旅游信息源，这类门户网站的内容通常限于一般性地介绍各地的旅游景点和旅游线路。

● 在线旅游公司——亦称第三方中间商，是一种通过计算机联网的间接销售渠道。主要指借助互联网从事转售各类旅游供应商产品业务的在线旅游中介企业，如携程网、艺龙网、芒果网。

● 旅游企业自建的网站——各类旅游企业为了争取客源和拓展直销渠道设立的网站。

// 案　例 //

世界旅游博物馆坐落于浙江杭州，是世界旅游联盟（WTA）总部的组成部分，总建筑面积约为3.6万平方米，建成后将成为以旅游为主题，集文化展示与传播、收藏与研究、会展与交流、旅游与休闲于一体的大型博物馆。

2021年10月，世界旅游博物馆发布了首个线上展览，也是国内旅游主题博物馆较早推出的线上展览。该展览以年轻化的视觉语言，以图文、插画、视频、时间轴、藏品网络等多元化的表达方式，讲述了旅游历史和旅游业发展中的故事。展览包含“发现旅游”和“星光粲然”两个展厅。

“发现旅游”聚焦旅游历史的梳理，通过“世界的轮廓”“旅行的风尚”“中国旅游的回望”三个章节，围绕相关藏品，讲述旅游历史中精彩的人物和故事，让大众从历史的角度重新认识旅游。“发现旅游”采用简化易用的滑动、点击式交互，将文字窗口、藏品信息与短视频布局在展览的线性叙事中，以插画风格融合历史主题的厚重感，营造轻松的观展氛围。

“星光粲然”展厅聚焦世界旅游联盟会员单位为推动全球旅游业的发展所做的积极贡献，并创新加入一键提交捐赠意向，通过互动鼓励旅游企业与组织捐赠有代表性的物件，分享行业的成长历程。展览分“联盟大家庭”“旅游一路向前”“旅游连接世界”“旅游促进减贫”“旅游助力抗疫”五个章节，以会员单位捐赠的藏品串联展览主线，展现会员单位在践行联盟“旅游促进和平、旅游促进发展、旅游促进减贫”三大使命中的责任和担当。

世界旅游博物馆线上展览发布两个月，海内外的访问量超过 10 万人次，实现了在线拓展观众人群，迈出向全球传播旅游文化、讲好中国旅游故事的一步。

资料来源：孙一文，高昂之（2021）.

三、旅游零售代理商的未来

在旅游业中，作为新的旅游信息源和旅游产品的预订渠道，互联网的出现以及由此带来的直销浪潮给旅行代理商之类的传统旅游零售商带来了严重的威胁。随着现代信息技术的应用和普及，特别是在旅游供应商已普遍使用互联网开展营销传播与直接销售的背景下，以旅行代理商为代表的传统旅游零售商的生存空间无疑会受到严重影响。例如，在美国，1995 年 2 月，达美航空公司率先对国内航线支付给旅行代理商的佣金实行封顶，规定国内航班单程机票的佣金皆为 25 美元，往返机票为 50 美元。此后，其他航空公司也纷纷削减支付给旅行代理商的机票佣金。到 2002 年，美国各航空公司付给旅行代理商的佣金率均已下降为零。很多人预言，旅行代理行业将走向灭亡，这一传统的旅游分销渠道将会寿终正寝。

然而，这种预言始终没有成为事实。从世界各国的情况来看，通过旅行代理商等传统旅游零售渠道实现的旅游销售额仍在旅游业销售总额中占有相当大的比重。真正的变化在于旅行代理商的销售额的分布格局。例如，根据美国旅行代理商协会的数据，在旅行代理行业实现的销售额分布格局中，虽然机票销售额所占的比例大幅下降，但几乎所有其他方面的代理销售额都在增加，特别是游船旅游产品和包价旅游产品的代理销售额所占的比重都有所上升。可见，互联网直销的迅速崛起并未从根本上动摇旅行代理商在旅游销售渠道中的地位。同时，通过互联网等技术提供综合性产品给专业知识丰富、具有创新精神的旅行代理商注入了新的发展动力。

1. 旅行代理行业不会消亡的原因

尽管有许多人预言旅行代理行业将会消失，但事实上，与自然界中的情况一样，商业社会中的规律同样也是适者生存。旅行代理行业之所以能够生存，有多方面的原因，主要包括：

第一，旅游消费者需要旅行代理商的服务。个性化的解决方案是旅行代理商不可取代的重要原因，丰富的经验和贴心的服务能够为客户带来更多的价值。特别是有钱但是没时间的高端市场客户，需要旅游咨询顾问的经验和能力来帮助他们处理行程的每一个环节。

第二，多年来，旅行代理行业一直在使用计算机，并且是懂得计算机价值的少数行业之一。正如约翰·奈斯比特（John Naisbitt）在其名著《大趋势》中所指出的，“高科技需要高接触”。作为旅游产品的销售渠道，无论是全球销售系统还是互联网，虽然具有高科技的特点，却无法实现高接触的顾客服务。只有那些专业知识丰富的旅行代理商才能够为顾客提供高技术和高接触的服务，从而为顾客节省时间、节约开支、增加快乐。例如，由于很多网站对同类的产品（如机票、饭店客房）有不同的报价，旅游消费者要想找到最划算的价格，就必须遍访不同的网站。相比之下，一家优秀的旅行代理商则有能力迅速有效地完成这些工作，因为它们拥有强大的搜索设备，能连通更大的数据库，从而能够迅速找出最有竞争力的机票价格和饭店房价。

第三，很多规模较大的旅行代理商已经认识到，目前的情况使其有机会通过并购规模较小的旅行代理商来扩大自己的服务地域或人群。由于经营规模扩大，它们能够实现较大的规模经济，从而能够增加利润，增强实力，在遭遇困难时能够站稳脚跟。美国目前的情况表明，如果旅行代理商的机票预订量很大，则有实力与航空公司谈判隐性佣金。尽管航空公司对外宣称实行零佣金政策，但暗中支付隐性佣金的情况不断增多。总之，旅行代理行业中的强者不仅能生存下来，而且会生意兴隆。

第四，互联网作为新的销售渠道出现并不意味着注定会取代原有的销售渠道，而往往是与原有的销售渠道并存。在这方面，帕洛格曾谈到一个生动的例子。当传真技术出现时，人们曾以为联邦快递公司可能会面临灭顶之灾。事实并未如此，联邦快递公司的业务不仅没有萎缩，反而有所增加。随着互联网的发展，出现了电子邮件，它比发传真更省钱、更快捷、更方便，有人以为传真机该消失了。然而事实上，这三种通信方式——传真、快递、电子邮件——至今依然并存。如今视频会议技术已加入了通信方式的行列，这一技术成本较低，易于使用，而且效果可靠。这说明，每一种方式都有其不同的用途。今后旅行代理商的数量可能会继续减少，但不会消失。

第五，互联网渠道虽然有诸多便利之处，但也有局限性。几乎所有的网站都由某个组织或企业所主办，都会在不同程度上夸大自己的旅游产品，这使消费者对网上信息的可靠性产生怀疑，不得不耗费大量的时间和精力去搜索不同的网站，甄别有关信息的真伪。

//案　例//

随着“互联网+”概念的迅速传播，旅游业迎来了O2O（online to offline）时代。多年来，客群产品单一、利润微薄、服务水平低是很多旅游企业的通病，恶性循环之下传统旅游线下店的生存环境一直在恶化。但这并不意味线下店没有价值。近两三年的摸索，让线上旅游服务商（online travel agency，OTA）认清了一个现实：在线旅游预订虽然普及度越来越高，但在整个旅游市场的占比不超过15%，而且在中西部三四线城市的渗透率更低。也就是说，超过七成的人仍然选择线下下单、购票、消费。事实上，2015年以来，那些曾高喊着“颠覆线下”的OTA，都分别开始拥抱线下。携程、途牛等OTA就已在积极布局线下，试图将线上线下完美结合。有业内人士预计，快速扩张线下体验店将成为OTA未来发展的新常态。劲旅咨询CEO魏长仁分析，OTA快速扩张线下体验店，还是因为线下门店具有一定的作用，也有发展空间。现阶段，仍有许多游客愿意在线下报名，这是游客对线下旅行社的需求。2017 年年初携程 CEO 孙洁就表示："2017 年携程计划在全国各地新增 1 000 家线下门店，6 月即宣布北京地区第一批近 30 家线下门店正式开始迎客。" 作为行业老大，携程的一举一动都会给市场造成巨大的影响。在对待建设实体店的态度上，携程从冷眼旁观到大规模布局，这表明线上旅游运营商的线下之争几乎已成定局。

从 OTA 的线上、线下双管齐下的布局态势不难看出，不仅立足互联网的线上旅游代理商不会在网络直销模式下坐以待毙，而且传统旅游代理商也不会轻易消亡。因为就连主要依托互联网而生的线上旅游服务商都在积极谋划向线下的延伸，说明线下代理模式还是有着线上不可轻易取代的优势的，传统旅游代理商只要在积极完善自己的线上服务的前提下进一步强化线下服务优势，未来仍有广阔的发展空间。

2. 旅游零售代理行业的发展趋势与出路

当然，以上所述并不意味着任何一家旅行代理商都理所当然地能够继续生存。面对新时代环境因素的变化，旅行代理商必须与时俱进，增强自己的适应能力。这意味着旅行代理行业在今后的发展中必须扬长补短，既要继续发挥并强化自己作为旅游零售渠道的传统优势，又要面对客观现实调整业务，并因势利导地将新技术为己所用，使自己成为互联网技术的受益者。具体来讲，根据国际上目前的趋势或动向，旅行代理商在新形势下用于谋求生存和发展的基本对策主要包括：

（1）将业务重点由代理预订转向提供咨询。旅行代理商应主动地获取业务，而不能只是被动地受理顾客预订。在顾客已作出购买选择的情况下，旅行代理商所要做的工作无非是代客预订。但是，在接受旅行代理商服务时，相当多的顾客（特别是消遣型旅游者）都希望旅行代理商能提供建议。在这方面，帕洛格调查公司曾组织过多次调查，并做过多次相关的量化研究。调研结果显示，无论是在人们制定出行计划的早期阶段还是后期阶段，旅行代理商都可以发挥很大的影响作用。例如，当消费者开始考虑去何处旅游以及如何旅游时，往往会寻求有关的建议和帮助。之后，他们希望在如何抵达该地、在何处下榻，以及在逗留期间开展哪些活动等方面得到别人的指点和帮助。虽然他们在就这些方面进行决策时所使用的信息源很多，但旅行代理商的建议最关键。所以，在旅游销售渠道中，旅行代理商最突出的优势就是其作为旅游信息提供者具有的专业、客观、公正的咨询顾问形象，以及可通过高接触的方式为顾客提供在网络上无法获得的高价值服务。

（2）提供因人而异的个性化服务。在当今信息时代，很多顾客之所以仍倾向于使用零售代理商，一个重要的原因就是希望获得高接触而且可靠的服务。旅行代理商可充分强化自己的这一价值点，为顾客提供有针对性的个性化服务，与顾客建立起稳固、长久的关系。依靠完美服务赢得和巩固客户一直是独立代理商应对竞争的方式，如何在满足顾客需要方面实现高接触与高技术的完美结合，将是旅行代理商的努力方向。

（3）强化作为顾客利益代表的自身定位。虽然在法律意义上旅行代理商是旅游供应商的代理人，服务于作为委托方的旅游供应商，但是从营销视角去认识，旅行代理商是代表顾客与旅游供应商打交道的经纪人，随着业务重点转向咨询服务，旅行代理商在目标市场心目中的形象也需要从过去单纯的信息提供者转变为可信赖和依靠的顾客利益代表。换言之，旅行代理商不仅是通晓旅游目的地、旅游线路、旅游服务产品、货币、价格、政策法规等知识，熟悉如何安排旅行和旅游活动的信息专家，而且是能够为顾客节约时间和节省费用的咨询顾问。

（4）提升对信息技术的掌握及应用能力。高技术带来的便捷服务是很多旅游消费者愿意接受互联网直销模式的重要原因。在信息技术对旅游分销领域的影响日益深远的今天，旅行代理商必须跟上时代的步伐，通过对新技术的掌握和应用提升自己的工作效率，通过实现传统的高接触服务与现代快捷的高技术手段的完美结合增强对顾客的吸引力。与消费者自己利用互联网搜寻旅游信息相比，旅行代理商应当能够以更快的速度、更经济的代价得到更可靠的结果。这意味着，一家优秀的旅行代理商应拥有强大的搜索设备，能连通更大的数据库，只有这样才能非常迅速地查找到顾客最感兴趣的信息，例如最有竞争力的机票价格以及最划算的饭店房价等。唯有如此，旅游消费者才会觉得值得花钱使用旅行代理商的服务。

（5）与时俱进，调整业务格局。旅游业发达国家的经验显示，随着经营环境的变化和商务旅游代理业务的减少，旅行代理商的业务重点将越来越多地转向代理销售消遣旅游产品，特别是包价旅游、游船旅游和蜜月旅游等。这主要是因为，对于消费者来说，这类产品的购买属于比较复杂和高风险的交易业务，因而值得使用旅行代理商的专业服务。在出境旅游方面，由于其安排工作的复杂性，因此使用旅行代理商的服务仍将是出国旅游者所偏爱的选择。与之相比，对于预订机票或饭店客房之类简单且低风险的交易，使用互联网或全球销售系统则会成为人们的首选。

总之，如果旅游零售商能够将专业化的产品知识、客观的忠告、全面且个性化的服务等方面的高接触与信息系统应用能力方面的高技术结合起来，利用好自身在营业地点和营业时间等方面的便利条件，给顾客带来简单、快捷、可靠且性价比较高的服务感受，那么可以肯定，旅游零售代理行业不仅不会消亡，而且会在旅游销售渠道中继续扮演重要的角色。

关键术语

销售渠道（place）　　经销商（distributor）

代理商（agent）　　全球销售系统（global distribution system，GDS）

思政阅读材料

1. 习近平在第三届中国国际进口博览会开幕式上发表主旨演讲．http://www.xinhuanet.com/world/2020-11/04/c_1126698325.htm#contentTitle.

2. 孙一文，高昂之．以世界旅游博物馆线上展览为例探索旅游文化的传播．中国旅游报，2021-12-16(3).

3. 李子，汪桂平．线上线下相辅相成 文旅交流更上一层楼：中尼文化和旅游交流特点与亮点．中外文化交流，2021(10)：30－34.

4. 王玮，裘佩宇．线上线下齐“助燃”红色旅游更“青春”．中国旅游报，2021－08－12(6).

5. 朱丹，朱瑜．乡村旅游亟待打造线下线上生态：基于闽北乡村旅游电子商务使用调查．电子商务，2018(9)：1－2+76.

6. 胡丹亚．从旅游周刊到旅游频道：温都旅游行业线上销售模式探索．传媒评论，2014(10)：56－57.

复习与思考

1. 名词解释：销售渠道、直接销售渠道、间接销售渠道。

2. 对于当今的很多旅游企业来说，“地点，地点，地点”这一传统的黄金法则为什么会失灵？迫使旅游企业扩充销售渠道的主要原因有哪些？

3. 试列举并解释旅游业中直接销售渠道的常见模式。

4. 试列举并解释旅游业中间接销售渠道的常见模式。

5. 选择销售渠道时应遵循哪些基本原则？为什么？

6. 影响旅游营销者选择销售渠道模式的因素主要有哪些？

7. 在选择中间商时，旅游供应商应考虑哪些因素？

8. 对于旅游产品的生产者或供应商来说，为了促使中间商注重推荐本企业的产品，通常采取的措施有哪些？

9. 作为旅游产品的销售渠道，互联网的应用可给旅游供应商带来哪些益处？

10. 随着互联网的应用在旅游业中的普及，很多人预言旅游零售代理行业将会逐渐消亡。对此你有何看法？为什么？

/ 第12章 /

旅游目的地营销

学习目标

- 了解旅游目的地的概念和要素构成。
- 熟悉旅游地生命周期理论及其对营销工作的意义。
- 了解旅游目的地营销工作的主体。
- 熟悉旅游目的地营销组织（DMO)的概念。
- 了解旅游目的地营销者需关注的两组关系。
- 熟悉旅游目的地营销计划的主要内容。
- 熟悉旅游目的地的营销传播策略。
- 掌握营销绩效监测、评价与控制工作的基本内容。

思政要点

- 担负旅游宣传重任，积极推介旅游新理念和中国文化旅游资源。
- 以“美丽中国”主题系列旅游产品彰显美丽中国形象。

第1节　旅游目的地

一、旅游目的地概述

1. 旅游目的地的概念

旅游目的地泛指能够为来访游客提供某些旅游经历或体验的特定地理区域。对于这种意义上的地理区域，研究文献中有多种不同的划定方法。一般来讲，基于对该地旅游业的管理工作，特别是制定和实施旅游政策方面的务实性考虑，通常的做法是依据公认的某种行政管辖范围进行划定（Goeldner and Ritchie，2006）。所涉及的行政管辖范围可以是：

- 整个国家，如中国、美国、英国、西班牙等等。
- 某一跨国界的旅游合作区域，如欧洲的里维埃拉海滨度假区。
- 一个国家中的某个地区，如加拿大的西部地区。
- 一个国家中的某个省、市等。
- 足以吸引游客来访，并可为来访游客提供某一完整旅游经历的某大型旅游景区，如美国佛罗里达州的迪士尼乐园。

但无论怎样划定，其前提都是：作为一个旅游目的地，该地理区域内必须具备一整套的基本条件。这些基本条件便是该地理区域作为一个旅游目的地的基本要素构成。

2. 旅游目的地的要素构成

在国际旅游文献中，旅游目的地的要素构成有时也称为旅游目的地要素组合（destination mix）。关于一个旅游目的地所需具备的基本条件中应包含哪些要素，人们有不同的观点。在已有的国际文献中，我们可见到以下几种观点（见表12-1）。

表12-1　关于旅游目的地要素组合的观点

观点1： 构成一个旅游目的地的要素主要涉及四项。这四项要素可用“4A”来归纳（Cooper，Gilbert，Fletcher，and Wanhill，1993），分别是： ● 吸引物条件（attractions），即该地必须拥有以旅游景点为代表的旅游资源。 ● 交通条件（access），即该地必须能提供必要的交通运输基础设施和相应的客运服务。 ● 游客生活条件（amenities），即该地必须能为来访游客提供住宿、餐饮、娱乐、购物等方面的生活接待设施以及这些方面的相关服务。 ● 其他便利性服务（ancillary services），即为方便游客访问活动的开展，该地还必须能提供其他各种必要的便利服务（例如游客问讯中心、通信服务等）。

观点 2：

一个旅游目的地需由若干因素共同构成，其中的核心要素为四项（Lumsdon，1997），分别是：

- 重大吸引物。此处所称的重大吸引物是指那些足以吸引异乡游客来访的旅游资源项目，例如中国的万里长城、埃及的金字塔、希腊的雅典卫城、美国的尼亚加拉大瀑布、印度的泰姬陵等。当然，在这些吸引物中，有些项目的吸引范围之大可覆盖全球国际客源市场，有些项目则只对所在地的国内客源市场或者对某一区域性的旅游客源市场具有吸引力。
- 人为环境。此处所称的人为环境涉及两个方面：一是该地旅游活动区域的建设布局情况，诸如滨水码头区、步行区、历史街区、商业区的设置等；二是该地主要的基础设施情况，例如该地的公路网络、铁路网络，以及与之配套的公共空间和运营设施。
- 支援性服务的供给。即作为一个旅游目的地必不可少的各种基本的便利服务，诸如住宿、通信、交通、饮食、娱乐表演等方面的接待设施以及相关的各种服务。
- 社会文化环境氛围。即该地的文化特点，反映该地的历史和现状的社会风情，以及该地友善好客的民风。

观点 3：

作为一个旅游目的地，所需具备的基本要素主要涉及五项（Christie and Morrison，2009），分别是：

- 以旅游景点和节庆活动为代表的旅游资源。
- 旅游接待设施。
- 公用基础设施。
- 交通客运条件。
- 友善好客的社会氛围。

资料来源：根据 Cooper，Gilbert，Fletcher，and Wanhill（1993）；Lumsdon（1997）；Christie and Morrison（2009）归纳整理。

综合上述认识，我们将一个旅游目的地所需具备的要素或基本条件归纳为四个方面。为了便于记忆，对于这四个方面的要素或基本条件也可用“4A”进行表述，其中包括：

（1）Attractions——旅游吸引因素，即以旅游景点为代表的旅游资源。

（2）Access——可进入条件，包括必要的交通基础设施和可靠的交通运营服务。

（3）Amenities——必要的旅游生活接待设施和相应的各种服务。

（4）Attitude——当地居民友善好客的社会氛围。

显然，以上这些实为一个地理区域作为旅游目的地必不可少的旅游供给要素。所有这些供给要素，连同目的地营销活动的开展，共同构成一个旅游目的地对游客来访的拉力因素。

二、旅游目的地的分类

对旅游目的地进行类别划分是一项难度很大的工作。原因在于，大多数旅游目的地有多种类型的旅游资源，或者可吸引不同类别的旅游者来访，无论人们采用何种依据或标准对旅游目的地进行分类，都难免出现交叉。例如，就某个旅游接待地区而言，它很可能既是观光旅游目的地，也是度假旅游目的地或商务旅游目的地。

在国际旅游文献中，有人将旅游目的地划分为以下六种类型（Lumsdon，1997）。

（1）传统型的旅游度假地（classic resorts）。这种类型的旅游目的地指的是那些凭借自然资源、文化资源或历史资源的吸引力，能够吸引旅游者来访并在该地停留多日的地理区域。这种类型的旅游目的地所共有的一个突出特点是，在吸引游客来访方面有悠久的历史。这类旅游目的地的例子如印度泰姬陵的所在区域、希腊雅典卫城的所在区域以及美国纽约州尼亚加拉大瀑布的所在区域等。

（2）自然景观型或野生动植物型的旅游度假地（natural landscape or wildlife tourism resort）。这种类型的旅游目的地指的是那些由于有迷人的自然景色或者是野生动植物的栖息地，从而具有旅游吸引力的地理区域。这种类型的旅游目的地在很大程度上属于自然景观型旅游目的地，其中尤以著名的野生动植物保护区为典型代表。

（3）商务型的旅游目的地（business destination）。这种类型的旅游目的地指的是通过重建历史街区及完善零售业和娱乐业，从而争取使商务来访者延长在该地停留时间的工商业中心城市。换言之，这种类型的旅游目的地以商务来访者作为基本客源，通常都有发达的饭店业，并且大都强烈地希望通过创办或承办大型节庆活动或会展活动提升该地的形象。诸如美国的纽约市、中国的上海市、英国的曼彻斯特市之类的工商业大城市，多属于这种类型的旅游目的地。

（4）中转型的旅游目的地（stopover destination）。这种类型的旅游目的地指的是那些位于旅游客源地与游客所要前往的主要目的地之间的途经地区。其特点是，该地多设有各种类型的廉价住宿设施，以及多种风格的餐馆和咖啡店。典型的例子如法国的港口城市加莱等。

（5）短期度假型的旅游目的地（short break destination）。这种类型的旅游目的地所吸引的客源人群通常为前来度假的附近地区的居民，当然，如果该地拥有出众的旅游吸引物，也能对远程游客产生吸引力。就其地域性质而言，这种类型的旅游目的地多为乡村小镇，但也可能是中心城市。

（6）一日游目的地（day visitor destination）。这种类型的旅游目的地最常见，所吸引的客源主要为当日往返的一日游游客。这种类型的旅游目的地规模不一，有大有小，资源特质也不尽相同。

通过分析国际旅游文献中关于旅游目的地分类的内容，我们可以发现：

第一，这些分类几乎都是针对地方层次的旅游目的地而言，甚至是针对那些具备旅游目的地基本要素组合的大型旅游或度假区而言。在对旅游目的地所做的这些类型划分中，没有哪一种分类将整个国家作为旅游目的地的单位。

第二，从对旅游目的地类型所做的这些分类看，所使用的划分依据显然并不一致。例如，上述第（1）和第（3）种类型的划定所依据的主要是游客的来访目的；第（2）种类型的划定所依据的主要是该地旅游资源的属性；第（4）、（5）、（6）种类型的划定在很大程度上是以来访游客的停留时间或活动特点为依据的。

从逻辑上讲，在对任何事物进行分类时都应使用同一种分类依据，以便分类结果具有可比性。当然，如果刻意地对旅游目的地进行分类，人们并不是找不到可供使用的同一种分类依据。譬如，在我国旅游学界的有关研究中，有些人以地貌特征为依据，将旅游目的地划分为海滨型旅游目的地、山岳型旅游目的地、沙漠型旅游目的地等等；有些人则以地域性质为依据，将旅游目的地划分为城市旅游目的地、乡村旅游目的地等等。然而，倘若以此类依据去刻意划分旅游目的地的类型，难免会有为分类而分类之嫌，因为很难说出如此分类的结果对旅游业有何实际意义。

通过上述讨论可以得出这样一个基本结论：从市场营销的意义上说，除非某旅游目的地是出于促销或形象宣传的目的，根据其重点客源市场兴趣潮流的变化有必要在特定时期内刻意强调自己属于某种类型的旅游目的地，否则，对于大多数旅游目的地来说，人们很难客观地为其划定具有排他性的类属。

三、旅游地生命周期

自旅游业问世以来，很多旅游目的地的形成与发展都呈现出一种不断变化的演进过程。在旅游研究中，人们将一个旅游目的地的这一演进过程称为旅游地生命周期（Butler，1980）。与本书第 8 章中介绍的产品生命周期一样，旅游地生命周期实际上也是有关一个旅游目的地的市场寿命的演进过程。用于反映这一演进过程的模型如图 12－1 所示。如今，人们已普遍认识到，一个旅游目的地在市场营销工作中应采用何种策略，往往取决于该旅游目的地目前所处的生命周期阶段。关于这方面的情况，读者可参阅第 8 章中有关产品生命周期的相关内容，这里不再重复。

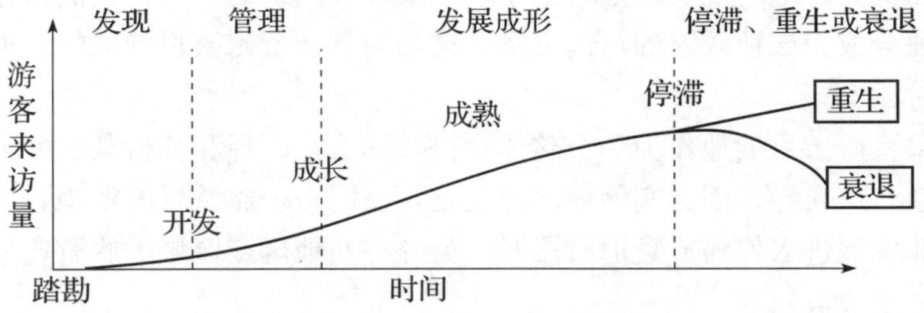

图 12－1　旅游地生命周期

资料来源：根据 Butler（1980）改编。

根据这一生命周期理论，对于一个旅游目的地来说，在其生命周期演进过程中的每一个阶段，旅游目的地营销者在做好目前阶段营销工作的同时，应根据有关的预测计划下一个演进阶段的营销工作。有关的理论分析还显示，在旅游目的地生命周期的演进过程中，每一个阶段所吸引的旅游消费者人群都不尽相同。这些不同的消费者人群就是帕洛格依据消费者的心理类型所做的人群分类（详见第 3 章）。帕洛格的这一理论认为，对于一个旅游目的地来说，在其发展历程中的不同阶段所吸引的将是不同心理类型的旅游者。正因为如此，任何一个旅游目的地都将经历一个逐渐由“冷”变“热”，继而又逐渐由“热”变“冷”的历史演进过程。可见，帕洛格的这一理论与市场营销学中所称的产品生命周期理论基本相似。所不同的是，帕洛格的这一理论将旅游消费者的心理类型与旅游目的地的发展阶段联系到一起。而且，帕洛格的这一理论中还隐含着另外一个重要的信息，那就是，倘若一个旅游目的地无休止地过度商品化，放弃了自己对于旅游市场的独特性，那么它“自身就播下了自我毁灭的种子”（Mill and Morrison，1985）。

20 世纪 80 年代至 90 年代中期，旅游地生命周期这一概念特别流行，并成为这一时期人们普遍关注的研究课题（Prosser，1995）。大多数研究结论认为，对于旅游地生命周期理论——特别是将其用作分析工具时——的价值，人们应当予以充分肯定。读者可参阅第8章中的相关内容，此处不再重复。

但是，人们也对旅游地生命周期理论提出了一些批评或质疑，并将之看作这一理论本身存在的局限性（Cooper，1994）。这些质疑和批评意见主要包括：

（1）与产品生命周期一样，旅游地生命周期理论意味着这一演进过程是有其定数的。也就是说，这一理论假定任何一个旅游目的地都不可避免地会按既定顺序从一个阶段向下一个阶段演进。从一些旅游目的地的演进历史看，这一假设确实能为经验观察所证实。但是，另外一些旅游目的地的演进情况可能未必如此。例如，西班牙沿海地区的一些旅游目的地从最初的小渔村发展成为著名的旅游度假地经历了整个20世纪。世界上某些旅游目的地（如土耳其、马来西亚等）从起步阶段发展到成熟阶段只用了不到20年的时间。这些事实是否意味着某些旅游目的地有可能会跳过某些演进阶段而实现跨越式发展？

（2）对于一个旅游目的地目前发展到生命周期的哪个阶段，特别是如何鉴别踏勘阶段和开发阶段，人们往往难以有把握地确定。

（3）按照经典的经济学理论，当某一旅游区或度假地进入衰退阶段时，理应让其自然消亡。然而世界各地的现实却是，由于政治或政策因素的介入，设法重振这些旅游区或度假地往往会成为该地政府的首选方案。这是否意味着旅游目的地的发展并不存在终结性的衰退阶段？

（4）如果将旅游目的地作为一个整体看待，那么在解释和分析其所处的生命周期阶段时很可能会产生误导，因为实际情况往往是，在同一个旅游目的地中，当某些地区或区域的旅游业发展进入停滞或衰退阶段时，另外一些地区或区域的旅游业发展却处于势头旺盛的成长期或成熟期。

（5）作为一种预测工具，旅游地生命周期这一概念未免有些简单。这一点具体反映在，由于各个旅游目的地的情况不同，加之缺乏可用来比较的数据资料，因而旅游目的地营销者难以借助这一理论去有把握地预测未来（Choy，1992；Douglas，1996）。

第2节 旅游目的地营销者

一、旅游目的地营销工作的体系

从务实的意义上去认识，开展目的地营销的直接目的在于：（1）为该目的地保持住现有的客源市场；（2）为该目的地开拓和争取新的旅游客源。

就旅游目的地营销的理想状况而言，旅游目的地营销组织与旅游企业之间应能够有计划地实现合作、协调与衔接，从而步调一致地面向目标客源市场宣传和推销该旅游目的地（Seaton and Bennett，1996）。这主要是因为，不论是旅游目的地营销组织还是各类旅游企业，营销工作的开展都将影响消费者市场对该旅游目的地的感知。也正是由于这一原因，以密德尔敦为代表的旅游营销专家早就提出，整个旅游目的地营销工作的体系涉及两个层面：一是旅游目的地营销组织这一层面；二是该地的旅游企业这一层面（Middleton，1988）。我们不妨将这一观点称为关于旅游目的地营销体系的“双层次理论”。

在这一理论中，旅游目的地营销工作的基础力量是该地的旅游企业。目的地营销组织在这一工作中所扮演的角色应是形成对该地旅游企业这方面工作的扶助和支持（亦即密德尔敦所称的“marketing facilitation”）。但在现实中，就整个目的地旅游产品的营销传播而言，在其中扮演牵头角色的营销者往往是目的地营销组织或旅游行政组织。虽然从理论上讲该地的旅游企业在这方面起着十分重要的基础作用，但它们实际扮演的通常只是配合目的地市场营销战略实施的角色。所以，接下来将主要围绕旅游目的地营销组织的工作展开讨论。

二、旅游目的地营销组织

旅游目的地营销组织（destination marketing organization，DMO）常简称为目的地营销组织。在国际旅游学术界，这一概念有狭义和广义之分。

狭义的目的地营销组织指的是一个旅游目的地中专职负责整个旅游目的地促销工作的实体。这意味着该组织不一定会纳入该地的政府部门编制，并且不包括那些专门负责制定该地旅游业发展规划及旅游政策的政府机构（Pike，2004）。

广义的目的地营销组织则是指一个旅游目的地中，除了履行旅游目的地营销职能之外，还负责对该地旅游业发展进行管理的旅游行政组织。对于这种类型的旅游目的地营销组织，国际文献中所使用的简称虽然也是“DMO”，但对应的英文全称是“destination management organization”，即旅游目的地管理组织。

在旅游市场营销研究中，人们在使用“旅游目的地营销组织”这一表述时，通常泛指在一个旅游目的地全面负责整个旅游目的地市场营销工作的机构或实体，而不论它是属于专职的目的地营销组织，还是兼顾旅游目的地营销职能的旅游行政机构。也就是说，以我国的情况为例，不论是国家旅游机构，还是各地方的旅游机构，均为通常意义上的旅游目的地营销组织。

1. 国家层次的旅游目的地营销组织

在当今世界上，为了支持和推进本国旅游业的发展，特别是为了保持和开拓本国旅游业的海外客源市场，各国均在国家这一层次上设立了官方认可的旅游目的地营销组织，并且大都从国家财政预算中划拨一定的资金用作这类组织的工作经费。就连从1996 年开始取消联邦旅游行政机构的美国，如今也在国家层次上重新设立了负责海外促销的旅游目的地营销组织。纵观世界各国的情况，在国家级旅游目的地营销组织的设置上，有些是设为专职的旅游目的地促销机构，例如英国旅游局，但更多的是由国家旅游行政机构兼任，如澳大利亚国家旅游局。不论属于哪一种设置，很多国家级旅游目的地营销组织都在其主要客源国设有办事处，负责推销作为旅游目的地的整个国家。此外，这些国家级旅游目的地营销组织都大力开展互联网营销，并为此设立了多种语言的旅游目的地网站。这些旅游目的地营销组织开展工作的对象既包括目标客源地的个体旅游消费者，也涉及目标客源地的旅游中间商及其他各种中介组织。它们还常常与有关的旅游供应商、交通承运商、旅游中间商联手开展合作营销。

我国承担国家层次旅游目的地营销组织角色之一的是文化和旅游部。其职责范围中包括管理全国性重大文化活动，指导国家重点文化设施建设，组织国家旅游整体形象推广，促进文化产业和旅游产业对外合作和国际市场推广，制定旅游市场开发战略并组织实施，指导、推进全域旅游；负责指导、管理文化和旅游对外及对港澳台交流、合作和宣传、推广工作，指导驻外及驻港澳台文化和旅游机构工作，代表国家签订中外文化和旅游合作协定，组织大型文化和旅游对外及对港澳台交流活动，推动中华文化走出去；等等。作为国家层次的旅游目的地营销组织，文化和旅游部在宣传旅游新理念和推介中国文化旅游资源方面发挥了重要作用。例如 2021 年，文化和旅游部启动了“新时代、新青年、新旅游”全国公益旅游宣传青年市场专项推广活动，旨在为贯彻落实习近平总书记“七一”重要讲话精神，通过宣传和树立旅游作为一种成长方式、学习方式、生活方式的大众旅游理念，发挥旅游在促进青年全面发展和社会全面进步中的重要作用。再如文化和旅游部还指导和支持多次境内外的长城旅游推介活动，有力推动了长城整体旅游品牌的建设。

2. 地方层次的旅游目的地营销组织

在发达国家，为了支持当地旅游业的发展，居民人口超过 5 万人的社区都设立了某种形式的旅游目的地营销组织。在北美地区，这些地方性的旅游目的地营销组织同时也是该地的旅游行政组织。在其他地区的发达国家中情况也基本如此，只是对这类组织使用的称谓不尽相同。

在我国，各省、自治区、直辖市及其下辖的市、县所设立的旅游机构兼行其辖区的旅游目的地营销组织的职责。

比较国内外地方层次的旅游目的地营销组织，既有相同之处，也有不同之处。相同之处在于：

（1）在组织地位方面，皆为该地政府认可。

（2）在行使职能方面，都是既代表辖区内的旅游业界，也代表该地政府。

（3）在所承担的职责方面，都是为该地旅游业争取外来客源。

不同之处主要表现在：

（1）在我国，这类组织主要为当地的政府部门，工作经费来自政府预算的划拨。在其他国家中，这类组织多为非营利的法定组织，工作经费来自该地客房税的转移支付、政府预算的划拨、该组织中私营部门成员缴纳的会员费。

（2）在我国，各级旅游目的地营销组织在设置上并不存在上下级隶属关系，但在开展工作时通常需接受上一级组织的指导。在其他国家中，各层级的旅游目的地营销组织大多彼此相互独立，在机构的设置上不存在上下级关系，在开展工作时也没有指导与被指导的关系。

三、目的地营销组织需关注的两组关系

与其他领域中的市场营销工作有所不同的是，有两组特有的关系对于目的地市场营销工作的有效开展有重大影响，目的地营销组织有必要予以注意和把握。这两组关系分

别是：

1. 旅游供应商、交通承运商、旅游中间商和目的地营销组织之间的依赖关系

从旅游目的地营销的角度看，这四者的关系主要体现在一个旅游目的地为增大对消费者市场的吸引力和便利性而进行的产品组合或产品打包上。在强调这组关系之前，我们有必要重温一下这四个概念（Morrison，2010）。

（1）旅游供应商是指在该旅游目的地经营食宿服务、景点游乐服务、地面客运服务（含汽车租赁服务、出租车服务、巴士服务等），以及其他各种接待服务的旅游企业。

（2）交通承运商是指为方便旅游者从客源地前往该旅游目的地而提供客运服务的交通运输公司，包括航空公司、铁路公司、长途汽车公司、航运公司以及轮渡公司等。

（3）旅游中间商是指上述旅游供应商和交通承运商借以将其产品送达消费者或购买者的各种类型的旅行社企业，包括从事旅游零售代理业务的中间商和从事旅游批发业务的中间商。

（4）旅游目的地营销组织是指负责面向客源地的旅游中间商、个体及团体旅游消费者推销宣传该目的地的市场营销机构或实体。

虽然在参与提供一个旅游目的地的打包旅游产品方面，上述各方承担的财务风险不尽相同，但这些打包产品的经营成败与各方都有利害关系。从市场营销的角度看，各方的经营都彼此依赖。譬如，倘若航空公司或住宿企业未能为旅行社保留所订购的航班座位或客房，势必会败坏该旅行社的声誉。同理，如果旅游中间商对某度假村或邮轮公司包价度假产品的情况做了错误的介绍，那么消费者市场很可能会对该度假村或邮轮公司产生负面印象。因此，旅游目的地营销组织必须引导各参与方认清这种相互依赖的关系，促使各方始终如一地交付相同水准的旅游服务。倘若不能做到这一点，旅游目的地营销组织不仅会失去自己开展促销宣传的基础，而且有可能导致客源市场中产生言过其实的负面口碑。

2. 外来游客与当地居民之间的和谐关系

与其他领域中的市场营销工作相比，旅游业中另外一组与众不同的重要关系反映在外来游客与当地居民之间。对于这两者之间的相互作用关系，旅游目的地营销组织也需要认真关注。目的地居民对该地发展旅游业持正面态度，对于该目的地的市场营销工作无疑是一个重要的加分因素。当地居民的这种正面态度一旦形成，定会有效地增强该地在开展旅游目的地营销方面的实力。反之，倘若当地居民对待外来游客不友善，甚至持敌对态度，则会出现相反的结果。

当然，当地居民与外来游客能否和谐相处，客观上取决于双方之间的利益冲突的程度。在一个旅游目的地中，由于主客双方共处一个生活空间，甚至共享同一批设施和服务，因而双方之间难免会发生利益冲突。从当地居民的视角看，随着游客来访量的增大，以及由此导致的交通拥堵、环境质量下降、商品化程度加重、犯罪率上升等一系列负面现象的出现，可能会引发当地居民对外来游客的不满，继而引发对该地发展旅游业的负面态度。这种情况一旦发生，势必危及该地作为旅游目的地得以生存的要素，目的地营销工作的开展也会因此失去社会基础。

第3节　旅游目的地营销的基本工作

一、任务和目的

从务实的意义上讲，旅游目的地营销工作的基本任务和直接目的在于两点：一是为该旅游目的地保持现有的客源市场；二是为该旅游目的地开拓和争取新的旅游客源（Godfrey and Clarke，2003）。从理论上讲，与所有其他方面的旅游工作一样，旅游目的地营销的终极任务和目的在于打造和提升该旅游目的地的竞争力（Ritchie and Crouch，2003）。

二、目的地营销组织的工作特点

按照基于微观视角的市场营销原理，企业经营必须以消费者市场为导向。这一理念决定了企业须坚持眼光向外、以销定产的管理导向。就旅游业的情况而言，这意味着旅游企业应首先了解目标客源市场的需要，然后开发与之对路的产品，在满足消费者需要的基础上实现企业的生存和发展。

然而对于旅游目的地营销组织来说，如果过于僵化地理解这一原理，目的地营销很难取得实效。原因主要在于：

（1）与微观层面的企业营销有所不同，旅游目的地营销在很大程度上属于宏观层面的市场营销。旅游目的地营销组织不仅要为该地旅游业争取和保持客源，更要通过发展旅游业实现社会整体利益。

（2）与旅游企业的情况有所不同的是，对于大多数旅游目的地营销组织来说，通常无力直接掌控该地旅游产品的开发。

（3）对于大多数旅游目的地来说，在该地的旅游资源中，不论是自然资源还是人造资源，有不少属于不可再生的遗产性资源。随着可持续发展观深入人心，人们已普遍认识到对这类不可再生的旅游资源的开发与使用不得实行市场导向。倘若一味地强调以旅游者为导向，可能会使这些资源遭到破坏，甚至会使该地永远失去这些宝贵的资源。

许多目的地营销组织并不是像旅游企业那样本着由外而内的思想开展营销工作——先了解消费者的需要及其趋势变化，然后据此组织开发消费者市场所需要的旅游产品或服务项目。实际情况往往是旅游目的地营销组织本着由内而外的思想，根据该地的资源和社会条件以及旅游产品的供给现状，努力寻找和发现对该地旅游产品感兴趣的客源市场，并面向这些旅游消费者人群进行促销宣传。这在一定程度上反映了旅游目的地营销组织开展目的地营销时的工作特点。

也有人批评旅游目的地营销组织的工作反映的实际上是营销传播导向或促销导向，而不是真正意义上的市场导向。这种批评不无道理，因为旅游目的地营销工作确实是以信息传播或促销宣传为焦点的。然而，旅游目的地营销是一个旨在使该地的旅游业资源与现有的市场机会相匹配的战略过程，也就是说，旅游目的地营销工作的内容并不局限于信息传播或促销宣传。

三、编制旅游目的地营销计划

关于编制营销计划的重要性，第 7 章中已有论述。此处要强调的是，不论是旅游目的地营销的整体工作，还是作为其中焦点的促销宣传工作，其成败都与营销计划编制工作有密切的关联。以促销宣传工作为例，表面上看似乎很容易，实际上需要付出大量的艰苦劳动。如果没有完善的营销计划，没有进行大量分析工作（包括对经营现状的分析、对计划期内发展趋势的预测以及 SWOT 分析），缺少战略框架，那么促销宣传活动将盲目开展，导致对外传递的信息杂乱无序。这不仅会使旅游消费者产生困惑，而且对旅游目的地带来不利影响，既难以形成稳定的宣传主题，也难以打造相对稳定的目的地形象。就旅游目的地的营销实务而言，各方面促销宣传工作的成功开展是以营销计划的编制和大量先期分析工作为基础的。

从营销计划的编制过程以及所涉及的主要内容来看，旅游目的地营销计划与旅游企业营销计划大同小异，本章不再赘述。两者之间最大的不同反映在实施营销计划的方式上。具体地讲，与旅游企业在实施营销计划方面明显不同的是，旅游目的地营销计划的有效贯彻与实施依赖的是目的地营销组织的引导和其他参与方的通力配合，而不是前者的发号施令与后者的被动顺从。

以编制战术性的年度营销计划为例，目的地营销组织所涉及的工作步骤一般是：结合对该地旅游业资源的审计，通过分析该地旅游业近年来的发展现状、未来计划期内的经营环境以及该目的地的竞争性定位，制定计划期内所要实现的营销目标以及为实现这些目标而采用的各项战略，并拟订具体的营销行动计划，对用于监测/评价营销计划执行情况的手段作出安排（见表 12 - 2）。

表 12 - 2　旅游目的地年度营销计划中通常涉及的内容

1. 上一期营销工作的总结
2. 本期营销工作的目的与愿景
3. 现状分析
    - 宏观经济分析
    - 资源审计
    - 竞争性定位分析
4. 营销目标
5. 重点目标市场的选择
6. 营销组合
7. 行动计划时间安排
8. 预算安排
9. 绩效监测与评价

资料来源：Godfrey and Clarke（2003）.

1. 营销目标

在旅游目的地营销计划中，营销目标一般涉及两大类：

一类是市场方面的目标。譬如，计划实现的游客接待量、旅游收入额（或游客消费总额）、来访游客的人均停留天数等。这类营销目标属于硬目标——能够以数字表达的定量目标。对于这类营销目标的实现程度很容易直接测量。

另一类是产品方面的目标。譬如，该地旅游服务的质量、该目的地的定位与品牌形象，以及在实施游客关怀（customer care）等方面的目标。这类营销目标属于软目标——难以进行量化表达的定性目标。尽管难以量化，对于这些目标的实现程度仍需要通过专项调研等方式间接测量。

各个旅游目的地的情况不尽相同，对于特定的旅游目的地来说，营销目标的具体内容需要根据现状分析特别是SWOT分析的结果确定。关于旅游目的地营销目标中通常会涉及哪些内容，表12－3给出了一些要点和示例。

表12－3　旅游目的地的营销目标中通常涉及的内容

战略性营销计划中的营销目标	战术性（年度）营销计划中的营销目标
● 计划实现的游客接待量 表达方式：游客来访人次、增长率（%）。 例如：2020—2022年实现游客接待量增长50%，由目前的年20万人次增至2022年的30万人次。	● 根据战略性营销计划中的游客接待量进行分解，本年度计划实现的目标接待人次是多少？ 其中：入境游客接待人次是多少？国内游客接待人次是多少？各重点客源市场的来访人次是多少？初次来访者人次/回头客人次是多少？
● 计划实现的旅游收入 表达方式：旅游收入额、增长率（%）。 例如：2020—2022年实现旅游收入增长100%，由目前的年2 500万元增至2022年的5 000万元。	● 根据战略性营销计划中的创收目标进行分解，本年度计划实现的目标旅游收入是多少？ 其中：游客人均消费额是多少？各重点客源市场的消费额是多少？各旅游部门（住宿业、景点业等）的目标收入是多少？
● 计划实现的游客停留时间 表达方式：游客人均停留天数/夜数。 例如：实现游客人均停留时间由2019年的1夜增至2022年的3夜。	● 本年度计划实现的游客人均停留天数是多少？ 其中：按重点目标市场分解的目标是多少？按月份或淡旺季分解的目标是多少？按住宿设施类别（饭店、自助式住宿设施、家庭客房等）分解的目标是多少？
● 计划实现的淡季月份业务增加量 表达方式：淡季接待人次、基于目前淡季业务量的增长幅度（%）。 例如：本计划期内实现淡季月份的游客接待量增长100%，由2019年的5万人次增至2022年的10万人次。 与之类似的营销目标还包括：淡季月份的旅游收入额、游客人均停留天数等。	● 本年度计划实现的淡季接待人次是多少？ 其中：按重点客源市场分解的目标是多少？按月份分解的目标是多少？按行业部门分解的目标是多少？

续表

战略性营销计划中的营销目标	战术性（年度）营销计划中的营销目标
● 巩固或者重新定位本目的地在重点客源市场中的形象 例如：本计划期内继续强化本目的地在重点客源市场中的现有形象（如旅游名城、价有所值）。	● 与上一年的情况相比，本目的地在形象方面应有何改进？（通过有关的测量数字反映。） 包括：各个重点客源市场的情况如何？（通过开展问卷调查或中心组座谈，用相关的调查结果反映。）
● 提升服务水准，提高整个目的地旅游服务工作的协调程度 例如：提升服务水准，提高本目的地各方面服务工作的协调程度。	● 与上一年的情况相比，本目的地接待游客在服务工作上应有何改进？（用游客满意度方面的测量数字反映。） 包括：各重点客源市场的目标满意度如何？（通过开展问卷调查或中心组座谈，用相关的比例数字反映。）
● 增加本地旅游供应商数量/提高其营销技术/促进其对目的地营销活动的参与 例如：2020—2022 年，使参与集体营销活动的旅游供应商增加一倍，由目前的 15 家增至 30 家。	● 在增加本地的旅游供应商数量/提高其营销技术/促进其对目的地营销活动的参与等方面，按行业部门分解的目标是什么？按营销技术的类别分解的目标是什么？

资料来源：根据 Godfrey and Clarke（2003）改编。

2. 重点目标市场

在编制旅游目的地营销计划的过程中，选择和确定该目的地旅游业的重点目标客源市场（key target markets，key tourist segments）是一项重要内容。长期以来，我国国内各旅游目的地以相关人群的来访规模为依据，将来访人次位居前列的客源地或客源人群作为重点目标市场。这一做法看上去很实用，当一个旅游目的地处在粗放经营、以游客接待量为导向的发展阶段时，这一选择方式似乎无可厚非。然而当一个国家或一个地区追求旅游业的质量型发展时，以来访规模为依据选定重点目标市场的做法有可能不可取，因为来访量大的人群不一定就是理想的客源市场。这方面的例子有很多。在访美的国际游客中，来自墨西哥的游客多年来一直都占很大的比例，但是美国的旅游营销机构从不将墨西哥列为自己的重点目标市场，原因就在于它们认为该客源市场消费能力较低，对于实现美国旅游业的发展目标来说并不理想。那么，一个旅游目的地如何识别和选择自己的重点目标市场？

重点目标市场的特征主要表现在两个方面：

（1）从市场的角度去认识：与其他的竞争目的地相比，本目的地最适合满足客源市场旅游者人群的需要和利益追求。

（2）从旅游目的地的角度去认识：客源市场旅游者人群的来访最有助于实现本地发展旅游业的目标。

这就是旅游目的地识别和选择重点客源市场需要遵循的标准。

四、旅游目的地的定位

在旅游目的地营销中，对旅游目的地进行定位实为对该目的地所提供的旅游产品进行形象定位。这是旅游目的地营销组织的一项重要工作内容。作为一项市场营销工作，定位就是“识别某一产品或服务项目所具有的重要特质，使之形成能够为消费者感兴趣的特色（所承诺提供的利益），以使该产品有别于竞争者的同类产品”（Plog，2005）。

对一个旅游目的地进行定位，就是要明确该目的地旅游产品所具有的特色或所能提供的利益中，目的地营销者希望目标客源市场牢牢记住的。对于一个旅游目的地来说，定位工作旨在识别并确定它在目标客源市场应树立起何种有别于其他竞争目的地的形象，以便清楚地告知旅游消费者选择该目的地的理由。

在开展旅游目的地的定位工作时，目的地营销者必须调研和评价的内容包括：

（1）在重点目标客源人群心目中，该旅游目的地的形象如何？

（2）重点目标客源人群心目中的这一形象与目的地营销者希望树立的形象是否一致？

（3）倘若两者不一致，那么差异究竟体现在哪些方面？

（4）这些差异在何种程度上能够通过有关工作的开展加以弥合？如何实现？

在了解和评价重点目标客源人群对该旅游目的地的形象感知方面，常用的做法包括：

（1）面向目标客源人群开展定性调研，通常采用中心组座谈等方式。

（2）开展有关的定量研究，通常采用比例技术评估目标消费者人群对该旅游目的地的态度和看法。

除了上述比较常见的做法，还有一种值得考虑的评价方法：面向重点客源地的旅行社经理人员，调查他们对该旅游目的地的产品特质、所能提供的利益以及存在的缺点的看法（Lumsdon and Swift，1994）。

一个旅游目的地的营销计划通常都会涉及定位方面的营销目标——要么是在营销计划执行期内继续巩固或强化该旅游目的地的现行定位，要么是在营销计划执行期内调整或改变该旅游目的地的现行定位，并实现重新定位（repositioning）。在这方面，旅游目的地营销者需要注意的是，虽然一个旅游目的地的主题口号（destination slogan）是用于表现该目的地定位的重要元素之一，但定位所涉及的工作内容不仅仅是设计主题口号。例如，如果有关定位的营销目标是在营销计划执行期内对该旅游目的地的现行定位作出调整或改变，那么该地所提供的旅游产品很可能也需要作出相应调整或改进。

五、实现旅游目的地营销目标的途径与手段

1. 营销战略

营销战略是一个旅游目的地实现营销目标的基本途径或基本路线。对于一个旅游目的地来说，实现营销目标往往存在多种可能的途径。旅游目的地营销者需要根据本目的地的能力和特点作出选择。在这方面，可供考虑的基本战略通常包括本书第8章中提到的四种产品/市场战略。

● 市场渗透。对于一个旅游目的地来说，这一战略意味着：一方面需要以其现有的旅游产品争取更多的回头客，并努力增加这些回头客的购买频率；另一方面需要以现有的产品从现有的客源市场中争取更多新游客。

● 市场开发。对于一个旅游目的地来说，这一战略意味着：需要为其现有的旅游产品寻找和开辟新的客源市场。换言之，需要面向新的客源市场推销该地现有的旅游产品。

● 产品开发。对于一个旅游目的地来说，这一战略意味着：需要识别和分析其现有的客源市场有哪些方面的需要未得到满足，并据此开发新的旅游产品或旅游服务项目。

● 多元发展。对于一个旅游目的地来说，这一战略意味着：既需要拓宽其目标客源市场的范围，也需要针对这些新开拓的目标人群开发新的旅游产品或旅游服务项目。

上述战略均可实现营销目标，但是每一种战略的实施所面临的风险以及所需的投资金额往往不尽相同。这也是旅游目的地营销者需要根据该地的能力和特点选择战略的根本原因。旅游目的地在选择战略时不宜盲从他人的成功经验，更不能为标榜自己而不切实际地照搬各种时髦的理论。

以上述四种产品/市场战略的实施为例。市场渗透这一战略的风险最低，投资金额也最小，接下来依次为市场开发战略和产品开发战略。风险最高、投资金额最大的战略选择则是多元发展。这一分析结果意味着，对于一个旅游目的地来说，在挑选用以实现营销目标的战略时，应首先评价通过市场渗透战略实现营销目标的可能性，因为采用这一战略所需付出的代价最小，风险也最低。倘若发现市场渗透战略不足以实现营销目标，接下来依次考虑选用市场开发、产品开发或多元发展等战略的可能性。总之，无论最后选择哪一种战略，都必须符合两项原则：第一，通过实施该战略能够使计划期内的营销目标得以实现；第二，本目的地具备实施该战略所需的投资能力。

2. 营销组合

在确定用来实现营销目标的战略之后，旅游目的地营销者需通过一系列营销组合手段的运用加以实施。以经典的营销组合为例，涉及产品、价格、销售渠道、促销或营销传播等方面的营销手段。

在战略性营销计划中，旅游目的地营销者需针对营销组合中的每一种手段分别拟订相应的实施策略。但需要注意的是，在营销工作的实际开展过程中，这四个方面的营销手段并非彼此孤立。换言之，这些营销手段的使用旨在实现共同的营销目标。因此，这些营销手段的安排需做到相互支持、共同配合、协调一致。这一点的实现过程便是市场营销文献中所称的整合营销（integrated marketing）。营销组合策略就是对拟开展的各种营销行动的总体安排。

在战术性（年度）营销计划中，对于如何实现该年度的营销目标，同样需要说明本目的地将会采用哪些营销组合策略，并详细地制定出相应的营销战术——具体的行动方案。在这种战术性营销计划中，虽然需要对拟使用的每一种营销组合手段都作出详细说明，但行动方案中的重点通常聚焦于有关营销传播或促销活动的安排。

3. 产品策略

产品策略是指如何运用产品这一营销手段去实现营销目标。对于任何一个旅游目的地来说，在市场营销工作中都需要决定哪些产品策略最适合用于实现本目的地制定的战略营销目标（见表12-3）。在选择拟采用的产品策略时，目的地营销者一般可从以下几个方面进行评价：

（1）评价该目的地所处的生命周期阶段。随着所处生命周期阶段的变化，旅游目的地所能吸引的游客类型也会发生改变。这意味着，在不同的生命周期阶段，力推的产品会有所不同。

（2）评价该目的地的产品组合（product portfolio）。在就营销计划执行期内的产品策略作出决策之前，旅游目的地营销者应对该地各类旅游产品的经营情况进行评价。评价的内容主要是：1）该产品带来的收入与所需消耗的资源量之间的比例关系；2）该产品的市场规模及增长速度。如果可能，评价的内容还应包括：与竞争者相比，本目的地在该产品上所占有的市场份额如何。这方面的信息有助于目的地营销者决定今后应鼓励开发哪些类型的产品，以及需要放弃哪些产品或不鼓励开发哪些产品，以便在营销计划执行期内形成一套理想的产品组合。

（3）评价总产品线的相对缺口以及特定产品线在长度和深度方面的相对缺口。对于旅游目的地来说，产品线（product line）是指可提供相同利益或实行相同定位的某一旅游产品类别。换言之，如果该目的地的若干旅游产品都提供相同的利益，或者都实行相同的定位，那么这些产品可构成同一条产品线，如乡村节庆游产品线、江河漂流探险游产品线、山水风光游产品线、民族风情游产品线、洞穴探奇游产品线、都市观光游产品线、短期度假产品线等。旅游目的地可通过增添新类别的旅游产品去拓宽现有产品线，也就是说，可以增加该地总产品线的宽度。

就特定的产品线而言，旅游目的地营销者可在现有基础之上通过开发新的不同的产品项目延伸该产品线的长度。以某地的乡村节庆游产品线为例，假定该地现有的乡村节庆游活动项目包括定期举办的农业展览会、乡村集市、登山节等，那么可考虑举办果品采摘节之类的活动进一步延伸其产品线的长度。

与之类似，旅游目的地营销者还可在某一产品线中现有项目的基础上，通过增添新的同类产品项目进一步挖掘该产品线的深度。以某旅游目的地的洞穴探奇游产品线为例，该地可通过增加洞穴景点的数量，譬如由目前的两个增至四个，增加其产品线的深度。

当然，根据对具体情况的分析，旅游目的地营销者也可通过对某些产品线进行“瘦身”，实现该地产品供给的合理化。

（4）评价来访游客对该地各类旅游产品的满意度。在这方面，旅游目的地营销者要分析和评价的内容主要包括：

- 该旅游产品是否符合目标市场人群的利益追求。
- 该旅游产品是否符合目标消费者用于选择出游目的地的关键性标准。
- 该旅游产品是否具备为目标旅游者所看重的那些产品特质。
- 与竞争者的同类产品相比，旅游者对该旅游产品的满意度打分结果。

（5）评价该地旅游产品的特色。在这方面，旅游目的地营销者要评价的内容包括：

- 哪些方面的特色既为目标市场所看重，又不同于竞争者的同类产品？

- 这些特色能否用于打造该目的地的长期优势？
- 这些特色产品的独特卖点何在？

为了帮助读者理解，表 12－4 中列举了某旅游目的地为期三年的产品战略，以及如何将这些战略转化为具体年度的产品目标和产品策略。

表 12－4 某旅游目的地的产品目标与产品策略举例

未来三年（2022—2024 年）战略性营销计划中的产品战略 ● 通过开发在淡季月份举行的节庆活动，提升全天候旅游活动项目的品质，延长本目的地的旅游季。 ● 通过与 X 地合作开发和推出联合产品，拓宽本目的地的客源市场。 ● 改善本目的地的环境美感（主要面向次级目标市场——本地居民）。
年度营销计划中的产品目标（2022 年） ● 面向来访游客推出两场节庆活动，一场在 2022 年 5 月推出，另一场在 2022 年 10 月推出。 ● 试办有主题的景观线路自驾游旅游项目，使本目的地和 X 地形成一条环城游线路，并于 2022 年 6 月进行测试。 ● 组织本地居民开展三场环境整治活动，到 2022 年 12 月实现本地环境总体面貌的改观。
年度营销计划中的产品策略（2022 年） ● 为了吸引游客来访，进一步开发原有的“五月畜牧展”活动，并于 10 月推出新创办的“即兴表演艺术节”。 ● 开发本地与 X 地接壤区域的烹饪调味品交易活动。重点在于：开放生产调味品的小作坊供游客参与调味品的制作，组织售卖调味品的集市，鼓励在当地发展擅长使用调味品的餐馆和饭店，并于 2022 年建成调味品旅游中心。 ● 发动本地的青年团体为整治环境开展募捐活动，并负责清理和粉刷市区公园的各主要出入口；与本地园艺爱好者协会联手，推出“最佳花园”评奖活动；面向本地实业界推出“赞助垃圾箱”活动。

资料来源：根据 Godfrey and Clarke（2003）改编。

未来某一时期所实行的产品策略可能有多种方案可供选择。因此，对于营销者来说，基于审时度势的创造力才是实现成功营销的源泉。实际上，在旅游目的地营销中可同时选用的其他方面的产品策略很多。譬如，可选用的产品策略还包括：拓展或精简目的地的总产品线；延伸或缩减特定产品线的长度或调节其深度；提升该地旅游产品的品质；改善该地的环境质量；开发特殊兴趣类的专题产品；打造旅游产品的地方特色（local identity）；强化该目的地的某种形象；开发新的旅游景区；增建某些类型的住宿设施；更新某些老产品；等等。另外，从市场营销的角度去认识，作为东道主的“人”也可看作旅游目的地产品的一个组成部分，围绕顾客关怀、语言能力以及健康卫生等主题对旅游接待人员进行培训等策略也有助于改善该地的旅游产品。

在年度产品策略的实施方面，营销管理者需要就行动方案作出具体的计划和任务安排。营销管理者可采用图表方式对行动方案中涉及的工作进行分解和安排，列明每一项工作的具体开展时间、责任人以及经费预算（见第 7 章中的表 7－2 和表 7－3）。

从国内外旅游目的地营销组织介入该地旅游产品的开发的实践来看，在旅游业发展的早期阶段，很多旅游目的地营销组织（确切地说是很多国家或地区的旅游行政组织）都曾直接负责该地旅游产品开发工作。然而今天，大多数国家和地区的目的地营销组织已不再直接负责该地旅游产品的开发工作，但这并不意味着旅游目的地营销组织不再将产品作为营销手段。从全球来看，旅游目的地营销组织在介入该地的旅游产品开发方面主要扮演三种角色：

（1）指引方向，鼓励该地旅游实业界开发具有竞争优势的新产品。在这方面，旅游目的地营销组织首先需要通过调研确定该地拥有的旅游资源中，哪些是真正具备竞争优势的资源，以及该地现有的旅游产品在何种程度上充分利用了这些资源。此外，旅游目的地营销组织的另一项重要职责是随时监测和评价客源市场的需求变化，及时发现市场或产品机会，并引导实业界作出反应。这不仅是因为目的地营销工作需要有超前思维（forward thinking exercise），而且是因为这一职责难以为旅游企业所胜任。然而现实中存在的问题往往是，一个旅游目的地很多旅游项目的开发都是在未与目的地营销组织磋商的情况下进行的。其实，在旅游项目开发的可行性研究阶段，这种磋商有助于开发者识别和确认潜在的机会，发现可能导致该项目经营失败的问题。

（2）提供主题，鼓励该地旅游实业界围绕特定主题开发有关的配套产品。也就是说，目的地营销组织在市场调研的基础上，通过研判目标客源市场的需求兴趣及发展动向，为该地旅游实业界提供一系列产品开发主题。有关产品配套或打包的具体开发工作则由实业界负责实施。世界各地的例子有很多。例如，英国布拉德福市旅游业的发展曾长期处境艰难，后来当地旅游局对其资源特色和市场需求兴趣进行认真分析，花大气力倡导开发和推广以一系列特殊兴趣为主题的短期度假产品，所提供的产品主题包括：磨坊怀古——游览该地遗留下来的众多磨坊（因为该地区这类资源胜于其他的竞争目的地）；名人寻踪——“追寻勃朗特姐妹的足迹”（因为该地是《简·爱》《呼啸山庄》等著名文学作品的故事发生地及作者的故乡）；影视主题——游览著名影视剧的拍摄场地（因为《呼啸山庄》《爱默戴尔农场》《最后的夏日酒会》等影响力遍及全球的影视剧拍摄于此）；工业旅游——游览该地遗留下来的众多老工业遗产；摄影艺术游——以参观该地的国家级摄影艺术博物馆为主要内容。事实证明，这些主题产品的开发取得了前所未有的成功（Buckley and Witt，1985）。

// 案　例 //

自2013年以来，全国各地以“美丽中国”整体旅游形象为统领，围绕“丝绸之路旅游年”等主题开展了诸多旅游外交和宣传推广活动，取得了重要的阶段性成果。2014年国家旅游局又确定了“美丽中国之旅——智慧旅游年”，旨在充分发挥旅游主题年在市场宣传推广和产品开发中的引领作用，推进旅游宣传推广模式的改革和创新。为贯彻落实“一带一路”重要举措，国家旅游局将2015年的主题定为“丝绸之路旅游年”。为贯彻落实党的十九大精神，不断加强“美丽中国”建设，持续推进旅游市场平衡、充分、可持续发展，更好地满足旅游者对美好生活的追求，国家旅游局确定2018年为“美丽中国——2018全域旅游年”，宣传口号为“新时代，新旅游，新获得”“全域旅游，全新追求”。在2019年柏林国际旅游交易会上，文化和旅游部组织十多个省市、旅游企业以及航空公司全方位展示“美丽中国”旅游形象，深度推介中国文化和旅游资源。2020年9月，由文化和旅游部主办，文化和旅游部资源开发司、中国文化传媒集团有限公司、中传环球（北京）新媒体科技有限公司承办的“心灵四季·美丽中国”线上旅游宣传推广活动全面开启。本次活动以激活文化和旅游消费发展为方向，以“心灵四季·美丽中国”国家级旅游品牌活动为中心，通过搭建多平台宣传推广矩阵，推动宣传推广方式创新，促使宣传措施亮点频出，持续提升品牌影响力，不断催热旅游消费市场。

（3）参与策划和举办大型文体活动。大型会展活动的举办往往能吸引大量的游客来访，这方面的例子数不胜数。认识到大型会展活动的这一作用，有些旅游目的地营销组织（如新西兰旅游局）甚至设有特别小组，专门负责研究和策划如何使该地大型会展活动为发展旅游业服务。实际上，世界各地政府介入举办大型文体活动的历史很长，最早始于19世纪的世界博览会，如今最令人瞩目的则是以奥运会和世界杯足球赛为代表的大型体育盛会。从历史上看，世界各地在举办或承办大型体育赛事方面，决策者和组织者并不是该地的旅游营销组织。大型体育赛事给举办地的旅游发展带来的影响也多属客观产物，而非有意为之的结果。如今，随着这类会展活动的经济功能日益为人们所认识和看重，很多国家和地区的旅游营销组织主动介入这类活动的举办工作。20世纪80年代，澳大利亚抓住美洲杯帆船赛在珀斯举办这一良机，使澳大利亚成为世界上颇具人气的旅游目的地。

除了体育赛事，文化盛会的举办也能吸引大批游客。与举办大型体育赛事有所不同的是，文化盛会的举办并不是大城市的专利，有条件的小城市乃至农村乡镇都有机会。这方面的成功案例屡见不鲜。纵观世界各地举办的文化盛会，基本上可分为两大类。一类是该地存在已久或根据历史恢复的传统文化庆典活动；另一类则是该地为开发旅游而人为新创的文化节庆活动。前者的举办时间通常有其传统惯例，后者的举办时间则可根据具体的创办目的确定。一般来讲，为开发旅游而创办节庆活动主要有两种情况。一种是将节庆活动用作主要的旅游吸引源，也就是说，在该地缺乏有竞争力的特色旅游资源的情况下，通过创办节庆活动吸引游客。在这种情况下，节庆活动的举办时间应安排在目标市场人群的出游旺季。另一种是将节庆活动的举办作为减弱游客来访量季节性波动的手段。在这种情况下，节庆活动的举办时间应安排在该地的旅游淡季。旅游目的地营销组织在决定创办节庆活动时必须清楚创办目的，以便确定适宜的举办时间。

总而言之，在利用或开发文体节庆活动方面，旅游目的地营销组织的介入或参与方式一般包括：1）由自己主办和运作；2）协助其他承办部门竞标；3）为承办部门提供支援性的宣传推广；4）在营销方面向承办部门提供建议。在利用或组织开发文体节庆活动方面，有人曾对加拿大各级旅游局开展调查。调查结果显示，在加拿大60%的旅游局制定了这方面的政策；39%的旅游局有自己创办或承办的节庆活动；48%的旅游局为当地这类活动的举办提供财政支持；65%的旅游局参与过争取承办这类盛会的竞标活动；91%的旅游局为当地举办这类盛会提出建议或提供其他方面的协助（Getz et al.，1997；1998）。

4. 价格策略

价格策略是指运用价格这一营销手段实现所设定的营销目标。一般来讲，旅游目的地营销组织对该地的旅游产品并没有定价权，因而无法直接控制价格这一营销手段。尽管如此，在编制旅游目的地的营销计划时价格仍是一项必须予以考虑的重要内容，原因在于：

（1）价格直接影响一个旅游目的地的旅游收入，目的地营销者可根据营销目标，借助价格去控制游客的来访量。

（2）对于旅游消费者来说，价格往往象征着该地旅游产品的品质，因而会影响旅游消费者的期望值，并影响其消费之后的满意度。

（3）价格具有柔韧性，因而对价格策略的使用可立竿见影地促发消费者市场的回应，在市场营销中经常运用价格策略开展销售促进活动。

（4）价格策略容易被竞争者抄袭，这意味着，一个旅游目的地若不能打造具有差异性的产品，不能在客源市场旅游消费者心目中树立起独特的形象，很容易遭受市场价格战的冲击。

一般来讲，在价格策略方面，一个旅游目的地应根据自己所选目标市场的情况，鼓励该地旅游企业对其产品或服务项目进行差异化定价。但现实情况是，在一个旅游目的地，旅游企业往往都基于竞争对等的原则制定自己的产品价格，因为经验表明，在为自己的旅游产品定价时很难不考虑相邻竞争目的地同类产品的价格。

一个旅游目的地的产品定价应考虑目标客源市场对该地旅游产品价值的感知及其对价格变动的敏感度，并考虑该目的地在目标客源市场旅游消费者心目中的定位。从表面上看，旅游目的地营销者对该地旅游产品的定价似乎无能为力。但在某些情况下，该目的地有些产品或服务的定价需由多方共同协商，并非完全由旅游企业自行决定。这些情况包括：

● 某些旅游设施和旅游景点为当地社会所共有，因此，在决定收费标准时政府有关管理部门会召开价格听证会，有时会针对当地居民推出政策，譬如在淡季对当地居民减免收费。尤其值得一提的是，出于旅游目的地营销的考虑，国外有些地区推出了“X目的地之友”计划，面向当地居民的来访亲友实行优惠政策，以鼓励当地居民邀请外地亲友经常来旅游。从整体利益上看，这种计划的实施可形成该目的地的一项营销资产。

● 出于社会政策的考虑，有些目的地政府会对该地的某些群体（如退休者、学生等）实行某种优惠政策。当然，对于享受减免收费政策的人群范围，有关管理部门会有明确的规定，以避免无谓的收入损失。

● 在很多城市，对于公共停车场、公共卫生间之类社会便利设施的收费标准，通常需经当地社会多方协商决定。

● 某些收费方案的提出与实施是为了维护该地的环境质量。例如，在有些旅游目的地，根据政府的有关政策对入境来访的海外游客加征旅游税；有些旅游景点对乘坐公共交通工具抵达的游客实行价格折扣；等等。

● 不论是同一个旅游目的地辖区内的若干旅游景点决定合作并推行联票，还是多个旅游目的地的若干相关景点决定合作并推行联票，与此相关的很多定价问题需由各参与方共同协商决定，例如：是否实行一揽子包价？在实施价格折扣方面如何安排？对多次来访者是否实行价格优惠？在门票之外是否另行加收服务费？门票价格是否可根据不同的细分市场进行调整？如果是临时或阶段性地实行联票，有效期限将如何安排？

- 面向团队实行的优惠价格往往由旅游供应方与有关的旅行社谈判商定。

为了便于理解，表 12－5 列举了某旅游目的地制定的价格策略。这些价格策略的设计旨在倡导统一行动，鼓励该地各有关旅游企业实行共同的价格政策。

表 12－5 某旅游目的地的价格策略举例

未来三年（2022—2024 年）战略性营销计划中的价格战略 ● 与某地开展合作，共同商定能使双方互利的定价方案，旨在扩大本目的地的客源规模。 ● 推出有助于改善本地环境质量的定价方案。 ● 通过有关价格政策的实施，鼓励本地居民（及其来访亲友）多到该地的旅游景点游玩，尤其是在淡季。
年度营销计划中的定价目标（2022 年） ● 2022 年 6 月推出 4 折优惠的景点联票，旨在测试客源市场的反应。 ● 倡议饭店的住宿客人在结账时为某环保项目自愿捐款 1 元，计划 2022 年全年共募集捐款 10 万元。 ● 到 2022 年 12 月，实现 80%的景点对本地居民免费准入，其余景点在淡季对本地居民实行不高于 5 折的优惠价格。
年度营销计划中的价格策略（2022 年） ● 召集自愿加盟某主题线路的各个景点开会协商，推出景点联票，联票的有效期为 7 天，主要目标市场为自驾车出游的家庭。 ● 为某环保项目成立一个托管基金会，负责跟踪该环保项目的工作进展情况；散发有关的报道材料。 ● 告知和说服有关各方，探亲访友客源量的增加带给本地旅游业的经济所得会大于所失，并组织力量就此开展宣传。

资料来源：根据 Godfrey and Clarke（2003）改编。

与前述产品策略的实施一样，对于实施这些价格策略的有关工作的具体安排，营销管理者也可以图表方式列出，内容包括计划开展的行动项目、每一项行动的推出时间，以及每一项行动的具体责任人。

5. 渠道策略

在旅游目的地营销中渠道指的是流通渠道，即可供旅游消费者了解、预订、确认购买以及支付该地旅游产品的各种交换途径（routes of exchange）或流通途径。这些流通渠道中的中介组织或经销商可能有很多。就旅游目的地而言，这类中介角色包括该地的旅游局、游客问讯中心以及某些旅游企业；在客源地方面，这类中介角色包括业务与该目的地有关的组团旅行社、旅行代理商、邮轮公司、奖励旅游经营商、会议策划商等，甚至包括曾经到访过该目的地的旅游消费者。渠道策略是指旅游目的地营销者就如何运用流通渠道这一营销手段实现营销计划中制定的营销目标而作出的安排。

对于目的地营销工作中的渠道策略，营销者可根据自己对以下两个方面的考虑加以选定。

第一，就流通渠道中所涉及的推介或销售网点的类型与数量而言，可供挑选的渠道策略分为三种：

● 密集型渠道策略（intensive distribution strategy）。这种策略指的是尽可能多地增加推介或销售本目的地旅游产品的网点。

● 精选型渠道策略（selective distribution strategy）。这种策略指的是在推介或销售本目的地旅游产品方面，有条件地挑选足够数量的流通网点。

● 专用型渠道策略（exclusive distribution strategy）。这种策略指的是在推介或销售本目的地旅游产品方面，只选用为数不多的中间商或专销点。

一般来讲，实行高端定位的旅游目的地会选择使用专用型渠道策略。这样做的目的在于通过对流通网点的严格选择强化本目的地的高端定位。但是，对于大多数旅游目的地来说，一般可根据自己的经济实力选用密集型或精选型渠道策略，以便尽可能地伸展自己的市场触角。由于不少旅游产品同时面向多个目标客源地市场，因此在旅游目的地营销实践中混合型的渠道策略也较常见。

第二，就渠道工作的开展方式而言，可供挑选的策略分为两种：

● 推动型策略（push strategy）。旅游目的地营销组织开展渠道工作的重点是联络和鼓励客源地的中间人，由这些中间人面向该地群众进行推介和销售。换言之，旅游目的地营销组织的重点工作不是自己直接面向目标客源地的群众进行推介和宣传。

● 拉动型策略（pull strategy）。旅游目的地营销组织的工作重点是自己直接面向客源地的群众开展推介和宣传。由此激发的购买需求由流通渠道中的中间商受理。显然，这种拉动型的渠道策略与营销传播策略有着密切的关联。也正因为如此，大多数旅游目的地都将渠道策略和营销传播策略结合起来使用。

在一个旅游目的地中，各旅游企业都会有自己的销售渠道。由于这一原因，各旅游目的地营销组织在介入渠道工作方面的情况不尽相同。譬如，有的旅游目的地营销组织扮演配角，起着辅助或补充的作用；有的旅游目的地营销组织则作为主角承担重任，尤其是在推介和招徕会议客源方面。

不论属于哪一种情况，旅游目的地营销组织在考虑和选择渠道策略时都需要重视以下几方面。

（1）本目的地目前所使用的渠道组合的现状。在这方面涉及的主要内容包括：本目的地当前使用的是哪些类型的渠道？每一类渠道有多少条？与该渠道带来的旅游收入相比，渠道维护工作的代价如何？使用该渠道的旅游消费者是哪些人群？该渠道适用于国内旅游业务还是入境旅游业务？通过该渠道实现的提早预订量、届时购买量以及淡季预订量的交叉比较情况如何？

（2）存在渠道冲突的可能性。渠道冲突指的是由于流通渠道中的中间人或经销商都有自身的发展目标，因而有可能与目的地营销组织的工作目标不一致。对于旅游目的地营销组织来说，比较明智的做法是开辟并维持多元化的渠道组合，以避免形成对某类渠道的过度依赖。

（3）与营销传播渠道重叠的情况。前面曾提到，在旅游目的地营销中，很多营销传播手段都可同时兼扮流通渠道的角色。譬如，不论是在广告中还是在其他各种旅游宣传品中，常常会附有联系人的姓名、地址、电话、电子邮箱或网址等。此外，对于旅游目的地营销组织的工作人员来说，应注意提高自己在信函写作以及电话沟通方面的素养与技巧，以便以专业的方式与客源地方面进行沟通。在沟通过程中，旅游目的地营销组织应注意将所获信息及时存入自己的数据库，以备后用。

（4）与相邻目的地在渠道建设方面是否有合作的机会。倘若有机会合作，将使有限的营销预算发挥更大的效用。

（5）使用电子渠道的机会。一般来讲，对于旅游目的地营销组织来说，以旅游网站为代表的电子渠道尤其适用于面向散客进行宣传和推销。

（6）对旅游宣传品的散发及监控情况。旅游目的地营销组织散发宣传品的途径有很多，包括：在旅交会上散发，通过客源地的图书馆散发，通过民间特殊兴趣社团进行散发，利用与本目的地相关的各种盛会活动散发，向来访过的旅游者或查询信息的消费者散发，等等。

为了方便读者理解，表 12－6 中列举了某旅游目的地在营销计划中制定的渠道策略。

表 12－6　某旅游目的地的渠道工作目标和渠道策略举例

未来三年（2022—2024 年）战略性营销计划中的渠道战略 ● 减轻对目标客源地大型组团旅行社的过度依赖。 ● 在目标客源地中增加擅长组织淡季客源的推介网点或流通网点的数量。 ● 根据销售收入/成本费用情况，对所使用的推介或销售网点的类型及数量进行精简。
年度营销计划中的渠道工作目标（2022 年） ● 在不伤害本地旅游企业的前提下，到 2022 年 12 月，将来自目标客源地三大组团旅行社的客源量所占的比例从目前的 60％减至 50％。 ● 到 2022 年 12 月，将目标客源地中的 A 类流通网点从目前的 15 个增至 25 个，将 B 类流通网点从目前的 5 个增至 15 个。 ● 到 2022 年 12 月，将在目标客源地中用于散发旅游宣传品的 C 类散发点从目前的 20 个减为 3 个，撤销所有的 D 类和 E 类散发点。
年度营销计划中的渠道策略（2022 年） ● 双管齐下，一方面增加为本目的地输送散客和专项旅游团队的旅行社数量，另一方面与原有的三大组团旅行社重新谈判合作的条件。 ● 发展新的 A 类和 B 类流通网点成员，条件是：（1）擅长在现有主要客源地域中组织淡季客源；（2）能够在本目的地目前尚未介入的两个新兴客源地域中组织淡季客源。 ● 旺季期间最后一次检测各宣传品散发点的实际绩效，并据此对有关的数据库进行调整，9—12 月份拿出宣传品散发渠道的精简方案以及有关的情况说明。

资料来源：根据 Godfrey and Clarke（2003）改编。

同样，在落实与此有关的各项工作方面，旅游目的地营销组织也可以图表方式逐一列明在营销计划执行期内所需实施的各项行动，以及每一项行动的推出时间及责任人。

第4节 旅游目的地营销工作的焦点

一、营销传播的正式渠道和非正式渠道

旅游目的地营销工作的开展最终将聚焦于信息传播或促销宣传。与旅游企业的信息传播一样，旅游目的地信息传播的实现通常涉及两类不同的传播渠道。

一类传播渠道属于非正式渠道（informal channel）。通常所称的口碑传播客观上都会起到传播目的地信息的作用，然而，对于经由非正式渠道传播的信息，营销者无法加以控制，换言之，这些信息可能是有关该目的地的正面信息，也可能是负面信息。这意味着，营销者无法有把握地将这类非正式渠道的信息传播作为自己的营销手段。

另一类传播渠道则是正式渠道（formal channel），即营销者利用各种正式的营销传播工具去传递自己所希望传递的营销信息。如同第10章中所介绍的，这些能够由营销者控制的传播手段——诸如广告、公共关系、销售促进、人员推销、印刷品促销等——整合到一起，构成正式的营销传播组合或促销组合。

对于旅游目的地营销者来说，在营销传播或促销宣传工作中，针对自己所选用的每一种营销传播工具，都应根据具体情况分别制定营销传播工作计划。营销传播工作计划的内容一般包括：营销传播工作的目标受众、所要实现的目标、拟采用的战略和战术、经费预算的分配，以及有关绩效评价与控制工作的安排。

在这方面，根据近年来的情况变化和世界各地的经验，旅游目的地营销组织要注意以下三点：

第一，世界各地的很多成功经验表明，在开展目的地营销传播方面，旅游目的地营销组织或旅游行政组织已不再像过去那样自己打拼。越来越多的情况是：旅游目的地营销组织通过创造便利条件引导该地旅游企业共同参与。譬如，在编印目的地的旅游宣传册方面，旅游目的地营销组织往往先拿出该宣传册的设计框架，留出足够的余地供该地旅游企业去酌情补充有关的内容；在就整个目的地开展广告宣传方面，旅游目的地营销组织往往会与有关的媒体单位进行价格谈判，购买较大的版面，以该目的地的标识为统领，在刊登该目的地主题广告的同时，留出一定的版面供那些感兴趣的旅游企业分享。

第二，在打响促销宣传战役时，为了实现营销传播的效用最大化，旅游目的地营销者应注意对利用各种形式开展的营销传播活动进行一体化整合，使各项营销传播活动能够彼此支持。这一做法即是学术文献中所称的整合营销传播（IMC）。譬如，在推出销售促进活动的同时，以相应的广告宣传加以支持；在推出广告宣传的同时，通过开展与之相关的公关活动加以支持；在以赞助某会展活动的形式开展目的地促销宣传时，则需要由预先计划好的其他营销传播活动方案加以配合和扩大影响，否则这一机会有可能被浪费。

第三，旅游目的地营销组织应努力寻找机会，与本目的地的相关旅游行业以及其他

旅游目的地联手合作，围绕共同感兴趣的主题联合开展宣传活动。活动的开展方式乃至活动中的各种用品都应努力追求一致。一些地方性旅游目的地在分设自己的游客问讯中心时，采用同样的标识设计，统一员工着装，提供服务的方式也大同小异。这些举措不仅极大地方便了外来游客，而且有助于游客问讯中心充分发挥作用。

以上三点的提出其实都是基于对成本效益的考虑。在我国，大多数旅游目的地营销组织在开展工作时面临的问题是经费有限。所以，对以上三点的落实将有助于解决营销预算不足的问题，使有限的营销预算最大限度地发挥效用。

二、营销传播工作的目标受众

在旅游目的地的营销传播工作中，最明显的目标受众无疑是客源地的潜在旅游消费者。此外，旅游目的地营销者还需要与其他利益相关者进行沟通，因而这些利益相关者也会成为旅游目的地营销传播工作的目标受众。可能涉及的外部利益相关者包括：客源地的旅行社企业、传媒、政府、旅游局等；可能涉及的内部利益相关者包括：当地某些工商企业、社会团体以及对本地旅游业发展具有影响作用的其他行业。对于旅游目的地营销者来说，要想使自己传递的信息能够有效地抵达目标受众，一项重要的工作就是充分了解目标受众喜欢接触哪些媒体。

在营销传播工作的目标受众为客源地潜在旅游消费者的情况下，旅游目的地的营销传播往往会涉及一个两步走的过程（two-step process）。也就是说，在作为信息发送者的目的地营销者与作为目标受众的客源地潜在消费者中间，往往会有意见领袖的介入。这里所称的意见领袖（opinion leader）指的是客源地居民中在旅游方面见多识广、其意见对该地居民的出游决策有重要影响的人员。这些人员往往是经常光顾有关目的地的旅游者，或者是经常率先尝试新旅游目的地的先行者。对于旅游目的地营销者来说，识别客源地中的这类意见领袖，以及使用可以影响这些意见领袖的传媒渠道，有助于改进自己的营销传播工作。

此外，旅游目的地营销者还应认识到，即使是面向外部受众开展的营销传播，本地的居民以及旅游业员工也会成为这些信息的衍生受众（secondary audience）。由于这些内部受众最了解本目的地的实情，因此在目的地营销者对外开展的营销传播中，任何言过其实或名不副实的宣传都很容易被他们发现，并且很容易受到他们的指责，从而使这些信息宣传不仅没有对这些内部受众产生激励作用，而且有可能通过他们的口碑传播最终对外部受众产生负面影响。

本书第 10 章提到，旅游消费者的购买决策是循着“得知情况→引发兴趣→产生购买意愿→付诸购买行动”这一过程得出的。因此，在开展营销传播或促销宣传方面，旅游目的地营销者需要了解自己的目标受众是哪些人，这些目标受众对目的地的知晓程度，他们对目的地的情感和态度，他们追求的哪些活动最适合在目的地开展，他们哪些方面的利益追求最容易在目的地获得满足。了解这些情况将有助于目的地营销传播工作的成功开展。如果目标客源人群根本不了解旅游目的地能为自己提供哪些有价值的活动，那么不论营销者宣传旅游项目多么丰富、价格多么低廉都将无济于事。

三、营销传播工作的目标

对于旅游目的地营销者来说，在营销传播方面希望实现的目标可能有很多。对于不同的目标，适合采用的传播手段有所不同。一般来讲，广告和公共关系这两种营销传播手段比较适用于打造旅游目的地的知名度，以及培养目标受众对该旅游目的地的兴趣。销售促进和人员推销这两种手段则比较适用于激发目标受众的购买意愿，促使其采取购买行动。

在旅游目的地营销中营销传播工作的目标包括：

- 增进目标受众对目的地以及旅游产品的了解、兴趣，激发购买意愿和购买行动，或助推目标受众从这一过程中的某一个阶段走向下一个阶段。
- 巩固或改变目的地现有的形象。
- 告知目标受众目的地能够为其提供哪些利益。
- 改变目标市场对某些购买标准的看重程度，例如，弱化旅游购买者在决策过程中对价格的关注度。
- 某一危机事件（例如目的地发生游客食物中毒、自然灾难等负面事件）过去之后，恢复游客对目的地的信心。
- 向客源市场提供值得访问该地的理由，促使旅游消费者将该地纳入其出游目的地的选择范围。
- 提高市场转化率。即刺激更多的潜在旅游消费者去查询有关详情，并促使更多的人购买或预订。
- 改变游客来访的行为格局，鼓励淡季来访，或鼓励提早预订，尽可能拉长购买与消费之间的时间间隔。
- 鼓励目标受众尝试目的地的某一旅游产品。
- 向客源市场投放某一新的旅游产品，或在目的地范围内面向已经到访的游客力推现有的某一产品。
- 刺激和诱导到访游客进行更多的计划外购买，以延长其在该地的停留时间。
- 激励或提醒游客重访。
- 改变游客在目的地活动的行为格局，以减小因结构性超载而产生的负面影响。

以上传播目标只是为了举例说明，并非面面俱到。与制定营销目标时的情况一样，在营销传播工作计划中传播目标应内容具体、时间明确、能够测量。例如，通过该场宣传活动的开展，提升本市在周边地区来访旅游者中的知名率，从 2021 年 12 月的 30%提升至 2022 年 12 月的 40%。

四、营销传播策略

营销传播策略是指开展营销传播或促销宣传工作的方略安排，就旅游目的地营销而言，即目的地营销者确定在营销计划执行期内如何使用广告、公共关系、销售促进、人员推销、印刷品促销等营销传播或促销宣传手段，制定行动计划并组织实施。关于这些方面的决策以及有关促销工作的开展，第 10 章有比较详细的讨论，本章不再赘述。需要提醒的是，第 10 章的讨论主要基于旅游企业这一微观层面的营销工作，在相对宏观的旅游目的地营销中，营销者可根据情况进行变通。事实上，不论是旅游企业的营销传播还是旅游目的地营销组织的促销宣传，所使用的技术基本相同。

五、营销预算

我们在第 7 章中提到，市场营销活动的开展需要有足够的经费预算加以支持。在旅游目的地营销中，营销预算一般是指预计为实现营销目标而需开展的全部营销活动的经费总额，外加一定比例的应急预算。从用于确定这一预算的各种方法的科学性来看，最好采用目标任务法，即根据实现营销目标所需开展的各项工作或活动，估算每一项工作或活动所需的经费，然后汇总得出营销预算的总额。营销者还需要将这一预算总额在不同的目标客源市场之间以及不同的营销组合手段之间分解。尽管从理论上讲目标任务法最科学，但出于务实的考虑，在大多数旅游目的地营销组织的营销计划中，营销预算通常都是按预算金额在该地旅游收入中所占的百分比进行确定。

第 5 节 营销绩效的监测、评价与控制

一、概念解释

在营销计划编制工作中，旅游目的地营销者不仅需要制定计划执行期内所要实现的营销目标，谋划并确定实现这些目标的战略和战术，而且需要回答“如何才能知道这些目标是否已经实现”这一问题，也就是说，还需要就如何检查这些目标的落实程度作出安排。这方面涉及的工作内容便是监测、评价和控制营销计划的执行及落实情况。

1. 监测工作

这里所称的监测是指在旅游目的地营销计划的执行过程中，对该营销计划的执行情况特别是所实现的绩效进行跟踪测量。营销者首先需要将计划实现的营销目标按不同的时间段进行分解，譬如将其分解为周目标、月目标、季度目标等。然后在执行过程中对照这些阶段性目标检查，并与实际取得的业绩进行比较。此举的目的在于及时发现差距和问题。

2. 评价工作

这里所说的评价是指在营销计划执行期结束时，以及在营销计划执行期间的特定阶段，检查和评定总目标或阶段性目标是否实现。用于开展这一评价工作的手段就是营销审计（marketing audit）。旅游目的地营销者可通过营销审计来评价相应时期的营销工作绩效（Morrison，2010）。

3. 控制工作

这里所说的控制是指根据上述监测和评价工作中发现的业绩差距和存在的问题，采

取必要的战术行动加以弥补或纠正。在采取纠正措施之前，目的地营销者首先需要分析出现差距或未完成目标业绩的原因，譬如，是由于始料未及的竞争者行动、遭遇了异常的天气，还是其他的原因。为了保证控制措施行之有效，营销者需要事先有所准备，也就是说，针对各类可能的情况，营销者应备有应急预案。

对于在这些方面所要开展的各项具体工作，目的地营销者可以图表方式列出各项工作的先后顺序、开展时间以及负责人。一般来讲，市场营销工作的开展涉及四个“M”：一是人力（men）的投入，二是资金（money）的投入，三是时间（minutes）的投入，四是测量工作（measurement）的开展。第四个“M”旨在对前三项资源的使用情况进行跟踪监测，以确保这些资源的使用效率。

二、基本工作内容

对营销工作的绩效进行监测、评价和控制，最基础、最重要的工作是跟踪监测营销计划的执行情况，尤其是营销绩效的情况。在这方面，旅游目的地营销者需做好以下几项工作：

1. 做好有关业绩数据的统计和记录

这类统计数据包括游客来访量（人次）、游客消费额、游客停留天数、游客在停留期间的活动格局等。将这些方面的实际数据与计划实现的周目标、月目标或季度目标进行比较，便可发现是否存在差距。

2. 对游客满意度进行跟踪监测

这一工作的目的是发现游客满意度的实际情况与计划目标之间的差异，以及变化趋势。开展这方面的工作所使用的方法是连续（定期）调查。

3. 监测游客对目的地的态度、情感、印象等方面的变化

通常采用的方法是：结合每一场促销宣传活动的推出开展调查，了解此前和此后重点客源市场对目的地的态度、情感、印象等方面的变化，从而根据调查结果评价该场促销宣传活动的成效。

4. 对营销工作的效率进行跟踪监测

这一工作的目的是了解相关情况的变化趋势，以及实际绩效与目标绩效之间是否存在差异。通常采用的方法是计算有关工作的投入产出比率，譬如：特定流通渠道所带来的营业收入与维系该渠道的成本之间的比率及变化趋势；在某一特定媒体上刊发/播放广告之后，所带来的消费者查询人数与所付广告费之间的比率及变化趋势；某一特定旅游网站的点击次数与维持该网站所付出的成本之间的比率及变化趋势；等等。

5. 设立用于衡量营销工作绩效的重点指标，并按这些指标定期跟踪监测

常用的指标包括游客人均广告费、游客人均促销费、各种形式的旅游宣传品所实现的游客转化率（conversion rate）等等。

在对市场营销的工作绩效进行跟踪监测时，目的地营销者首先需要从自己的工作记录中收集某些基本类别的数据资料，有些类别的数据可能需要开展专项调查去获取（做专项调查可选用的工具参见第 6 章)。在汇总整个目的地旅游业的营销业绩方面，有的旅游目的地营销组织的做法是，由该地各旅游企业逐级上报来进行统计。但这种做法很容易出错，其中一个重要原因是，出于竞争的考虑，旅游企业有时会认为自己的某些数据资料具有敏感性，因而不愿对外透露。由于这类原因客观存在且难以避免，旅游目的地营销组织不宜依靠这种方法跟踪监测该地旅游营销的绩效表现，而应当设法开发自己有较大控制力的其他替代方法。

关键术语

旅游目的地要素组合（destination mix）
产品组合（product portfolio）
交换途径（routes of exchange）
正式渠道（formal channel）
非正式渠道（informal channel）
转化率（conversion rate）
意见领袖（opinion leader）
营销审计（marketing audit）
精选型渠道策略（selective distribution strategy）
旅游目的地营销组织（DMO）
产品线（product line）
地方特色（local identity）
推动型策略（push strategy）
拉动型策略（pull strategy）
密集型渠道策略（intensive distribution strategy）
专用型渠道策略（exclusive distribution strategy）

思政阅读材料

1. 于帆．传承好、弘扬好中华优秀传统文化．中国文化报，2021－12－14(1).
2. 王晓霞．对外文化和旅游交流书写美丽中国新画卷．中外文化交流，2021(4)：49－50.
3. “美丽中国”文化旅游周活动亮相乌兹别克斯坦．改革与开放，2019(17)：132.
4. 高英子．美丽中国体验日是“旅游外宣”新创举．商业文化，2015(25)：87.
5. “美丽中国，古老长城”旅游宣传推广活动在巴西圣保罗市举行．中国西部，2015(22)：88.
6. “美丽中国：2015 丝绸之路旅游年”启动．中国国家旅游，2015(2)：24.

复习与思考

1. 名词解释：密集型渠道策略、精选型渠道策略、专用型渠道策略、推动型策略、拉动型策略、意见领袖、整合营销。
2. 一个地域作为旅游目的地需具备哪些基本要素？
3. 人们对旅游地生命周期理论有哪些评价？
4. 你认为旅游目的地营销工作的开展会涉及哪些层次？
5. 解释旅游目的地营销组织的概念。
6. 试比较国内外地方层次的旅游目的地营销组织有哪些异同。

7. 与旅游企业的市场营销工作相比，旅游目的地营销组织在开展目的地营销方面有何不同之处?

8. 旅游目的地营销计划中通常涉及哪些内容?

9. 在营销目标中，硬目标和软目标分别指什么?

10. 在识别和选择重点客源市场方面，需要遵循哪两项最根本的标准?

11. 在开展旅游目的地定位工作方面，营销者须评价的内容有哪些?

12. 解释产品线的长度、宽度和深度。

13. 在旅游目的地营销中，营销传播工作的开展旨在实现哪些目标?

14. 在对营销计划的执行情况特别是对营销绩效进行跟踪监测方面，目的地营销者需注意做好哪些工作?

/ 第13章 /

数字化直复营销

学习目标

- 掌握直复营销、数字营销和数字化直复营销的概念和特点。
- 了解传统直复营销和数字化直复营销的主要应用形式。
- 了解数字化直复营销背景下旅游市场需求、旅游供给和旅游营销的新变化。
- 了解数字化直复营销背景下的信息问题。

思政要点

- 紧扣数字经济时代新特征，开拓旅游数字营销新局面。
- 《关于深化“互联网＋旅游”推动旅游业高质量发展的意见》的政策内涵。

第1节　数字化直复营销的概念、特点和形式

一、直复营销

1. 直复营销的概念

当前国际上广泛认可和采纳的直复营销概念主要有两个。

一是美国学者德雷顿·伯德（Drayton Bird）在《直复营销概论》中提出："直复营销是指将你的目标对象及现有客户当成独立个体的条件下，任何能创造并开拓你们之间直接关系的广告活动。"

二是美国直复营销协会给出的定义："直复营销是一种互动的营销系统，运用一种或多种广告媒介在任意地点产生可衡量的反应或交易。"

从上述定义中可以看出，直复营销的核心是以特定的沟通策略、营销技巧和让利政策等对顾客进行定制化双向沟通，激励顾客立即作出反应，进而实现销售盈利的目的。

因此，完整的直复营销过程可理解为：营销者运用特定的信息传递工具将定制化的产品信息传递给顾客或潜在顾客，满足其独特需求；在一对一的直接沟通中促成顾客的即时订货行为，收取款项（少数商家为货到付款）；再通过便利的方式将产品或服务送达顾客手中，与顾客长期保持良好关系，确立以直复为核心建立的营销行为和营销系统，在内部的科学预测与外部的真实评价中得到完善和提高。

直复营销的英文为"direct marketing"，它是个性化需求的产物，是传播个性化产品和服务的最佳渠道。1872年，蒙哥马利·华尔德（Montgomery Walder）创办了美国第一家邮购商店，标志着这种全新营销方式的产生，但在20世纪80年代之前，直复营销并不为人重视，甚至被看成是一种不正当的营销方式。80年代后，直复营销得到飞速发展，其独有的优势也日益为企业和消费者所接受。

2. 直复营销的特点

直复营销的沟通和销售模式具有以下几个特点。

（1）互动性。直复营销作为一种相互作用的营销体系，特别强调商家与顾客之间的双向信息交流。它根植于这样的思想：与每一个客户建立学习型关系，即企业与客户打一次交道就多一分见识、长一分智慧。企业可根据顾客提出的需求来改进产品或服务，双方在互动中提高了营销沟通的质量和效果，自然也有助于提高顾客满意度和忠诚度。

（2）方便快捷性。直复营销力图通过传递个性化设计的产品和服务信息来促使消费者予以回复。在这一过程中，企业的信息收集、促销和销售工作合而为一，不仅大大提高了工作效率，节约了企业成本，而且消除了中间环节，令企业可直接控制销售状况和业绩。

（3）空间广泛性。直复营销活动可以发生在任何地点，只要是直复营销者选用的沟通媒介能够到达的地方。客户在任何地点都可以通过直复方式与营销商互动，实现浏览、订购、反馈建议等。

（4）隐蔽性。直复营销属于一种比较隐蔽的营销策略，因为它不是大张旗鼓地开展营销推广，而是通过邮件、电话、传真、网络等供需双方私下互动的方式进行，不易被竞争对手察觉。同时，直复营销的广告和销售几乎同时进行，竞争对手发现此策略时往往就为时已晚。

（5）可预测性。直复营销鼓励客户收到营销信息后以各种联络方式立即回复，订购或索取更多信息。由目标客户是否回应可直观看出直复营销的效果。在这一过程中，营销者还可对直复营销活动进行监控，通过评价各种途径的回复情况识别最有效的信息传递方式。

3. 传统的直复营销形式

当传统的“广告＋人员销售＋门店”销售模式遇到困难时，企业营销人员便想到通过便利的邮寄、电话、电视等方式进行产品的直接推销和销售。结合相应的技术支持条件，传统的直复营销形式应运而生。传统的直复营销形式主要有以下几种类型。

（1）直接邮寄营销。直接邮寄营销（direct-mail marketing）是指将产品、宣传单、纪念品或其他东西寄到特定的实体地址或虚拟地址，也称“长着翅膀的销售人员”。它的优点在于：

第一，它是最具体的一对一沟通，使一切显得真实。它方便进行评估且具有柔性，可根据评估结果锁定最理想的潜在顾客。

第二，直接邮寄的应用范围比较广，可以成功地推广各种产品，比如图书、服装、美食、保险、礼品、旅游线路等。

第三，信息便于持有和保存，还能用于派发样品。邮件便于与顾客创建一种特殊的情感联系，收到邮寄品后，顾客可能会被吸引，还会日后回味、引起联想等。

直接邮寄营销的缺点是：对邮件不感兴趣的人会把珍贵的邮件当作垃圾或视为骗人的把戏，所以一定要选准目标人群，提高邮寄营销的质量。

（2）购物目录营销。最初的购物目录营销（catalog marketing）是基于印刷品的购物目录展开的，就是将所要销售的产品印刷成小册子，对外宣传并提供直接订购。我们走在街上经常会遇到有人将销售产品的目录和打折优惠的宣传单塞到你的手上，或看到商场的墙上贴着销售产品的目录和优惠政策等，这些都属于目录营销的范畴。旅行社门店的宣传单标明了旅游线路、价格、游览景点的内容、享受服务的质量等，也属于目录营销。

随着互联网的迅猛发展，纯网络购物目录商已经出现。大多数传统的印刷目录商将网络目录和智能手机分类购物应用加入自己的营销组合。在淘宝、京东、天猫等网站上，你查看想买的某一类商品，网站会列出一批产品的目录供你选择。

在营销实践中，虽然网络目录有很大的优势，但印刷目录仍然不可替代。无论你逛街、在饭店吃饭还是坐公交，它随时都能吸引你的眼球。国外的研究显示，印刷目录是促进网上销售的最佳途径之一，因为约 58%的网购者会浏览印刷目录来寻找感兴趣的商品；31%的买家网购时手边有一份零售商目录；使用印刷目录的人每次登录零售商网站浏览的页面数量和浏览时间是普通访客的两倍以上。

（3）电话营销。电话营销（telemarketing）是指使用电话对顾客进行直接销售，主要有两种类型。

第一类是拨出电话，一般是由企业向比较熟悉的老客户打电话直接销售。比如，顾客以前参加过旅行社的组团旅游，曾表示有兴趣到某地旅游。当旅行社推出该地旅游线路时，就可以通过电话向老顾客进行推荐。

第二类是接听电话，指接听由电视宣传、印刷广告、直接邮寄、购物目录等激发的订单电话。接听电话这一工作非常重要。如果企业其他方面都做得很好，投入了大量资金和人力，询问电话接连不断，但电话接听人员的态度和业务能力较差（如烦躁易怒、不够耐心，对产品不熟悉，缺乏营销技巧等），则会前功尽弃，同时会影响企业的形象。

电话营销的最大缺点是，一旦顾客拨打了询问电话，销售商就会穷追不舍，经常打电话进行询问或推销，严重影响顾客的正常生活。为此，美国出台了相关法规，要求对有关电话进行注册，如违反规定，企业将被处以高额罚款。

（4）电视直销。传统的电视直销（direct-response television marketing）包括直接答复的电视广告（direct-response television advertising）和电视导购片（infomercial）两种。

直接答复的电视广告在我国主要体现为电视购物，指以在电视上持续播放广告片的方式宣传产品。其信息带有劝诱性，试图通过屏幕上显示的免费电话或网址促成订购。电视购物类公司发展虽快，但其销售额只占国内商品零售额的1%左右。

电视导购片由厂家或者代理商直接操作，经过精心设计和包装，以商业信息片的形式出现，有故事、有情节，兼具信息和广告，欣赏性、娱乐性较强，通常选在收视率较高的频道和时段插播。

这两种电视直销形式的主要区别在于：直接答复的电视广告以提高销售额为宗旨，多是零售商家的行为；而电视导购片着眼于长远利益，更重视打造企业的形象和产品的品牌知名度，多是产品生产企业的行为。但随着企业也利用电视导购片来销售其产品、向顾客推荐零销商等，二者之间的界限逐渐模糊。

如今，电视直销发展出一种新的互动电视广告（iTV）形式，让观众可与电视节目和广告互动。通过连接网络的智能电视、智能手机、平板电脑，消费者可以边看电视边获取更多的信息或通过电视广告推荐的渠道进行购买。

（5）信息亭营销。这里所说的信息亭（kiosk）指的是运用数字和触摸屏技术，信息提供方（如政府、企业、零售商）为顾客设立的获取信息的机器。

这种信息亭可放在商店、机场、旅馆、校园等人员聚集的地方的角落。信息亭拥有独立开发的“大脑”，具有无线功能。比如，可以通过自助服务酒店和航空公司的值机设备购买商品，可以通过设在商场、学校的自动售货机购买急需的商品，等等。一些自动售货机甚至可以运用人脸识别软件猜测使用者的性别和年龄，据此进行推销。信息亭营销随处可见，具有广阔的发展前景。

苏州市政府从2005年开始建立公共信息亭，到2016年已有340个。其中运营比较成功的是“名城苏州”，几乎垄断了苏州所有的网络广告，并支持对苏州各主要目的地信息的搜集、存储、加工和传递。当然，互联网和信息科技的快速发展使得作为传统直复营销实施载体的信息亭如今也面临被逐步取代的问题，信息亭原本的订票、缴费、充值等功能已被互联网和移动终端所取代。苏州的部分信息亭已经闲置。

图 13－1 综合展示了直复营销的内在特点及传统应用形式。

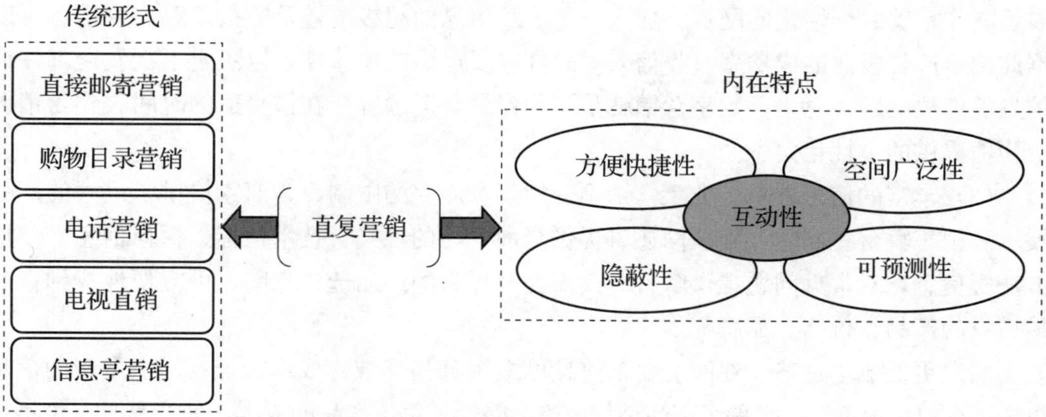

图 13－1　直复营销的特点和传统形式

二、数字营销

1. 数字营销的概念

数字营销（digital marketing）是指借助互联网、通信技术和数字交互式媒体来实现营销目标的一种营销方式。

更确切地讲，数字营销充分发挥计算机技术和现代通信技术的巨大作用，把营销的全过程都置于这些先进技术的掌控之下。它让企业的神经末稍遍布产品营销的每个角落，让企业营销的每一个终端都布满产品营销的传感器，从而改变企业和营销者之间的信息不对称状态，实现每件商品销售的可统计和市场变化的可预知。这样，营销大数据被用于指导企业的生产和营销策略的制定实施，有利于实现企业在市场竞争中知己知彼、百战不殆。

简言之，数字营销旨在尽可能地利用各种数字传播渠道，最有效、最经济地谋求新的市场开拓和消费者挖掘，是一种及时、相关、定制化和节省成本的高层次营销活动。这里的数字传播媒介的范围很广，包含互联网（即网络营销）及非互联网的沟通渠道。多种营销元素被数字营销理念囊括和有效整合。

此外，需要指出，数字营销不仅是技术手段（涉及信息交换、网上购买、网上出版、电子货币、网上广告、网上公关等功能）的革新，更是深层次营销观念的革新。它是目标营销、直复营销、分散营销、客户导向营销、双向互动营销、远程或全球营销、虚拟营销、无纸化交易、客户参与式营销等理念的综合，必将成为企业的主要营销方式和发展趋势。

2. 数字营销的特点

从以上对数字营销的解释可以看出数字营销的一些特点，为了更清晰地理解，可将其特点归纳为以下四个方面。

（1）精准定位。数字营销使营销人员在有效搜索客户资源的基础上对意向客户分类整理，并根据每类客户的不同消费习惯和偏好提供个性化产品。比如发送邮件或短信，展示制作精美、个性化的网页，加入相关产品信息的超级链接及链接追踪。营销者可以据此确定广告投放的成功率、收信人对邮件以及产品的关注度，以决定下次发送邮件或信息的定位问题。总之，数字营销就是要确保最合适的客户在最合适的时间收到营销人员为他提供的个性化信息。

（2）丰富的信息展示。数字营销不受货架和库存的限制，为商家提供了巨大的产品展示和销售舞台。同时，互联网还可提供当前产品的规格、技术指标、保修信息、使用方法等信息，对常见问题提供解答。用户拥有极大的产品选择空间，可方便地找到自己最满意的产品、价格、品牌等。

（3）更低成本优势。在网上发布信息可缩短分销环节，成本较低；网上发布的信息可任由客户自由索取，扩展了产品销售范围，降低了单位产品的成本，使产品具有价格竞争力。此外，浏览者大多是对此类产品感兴趣的客户，受众准确，既避免了许多无用的信息传递，也可节省营销成本。企业还可根据订货情况及时调整库存量，降低库存费用。

（4）优化服务。数字营销的一对一服务留给客户更多的自由考虑空间，客户可以在进行比较后再做决定，避免冲动购物。从客户咨询到购买过程，再到售货服务，商家都能及时提供服务和指导（网上服务可以是24小时的）。而且，消费者拥有了更大的话语权，如果对商品或服务不满意，可以在网络平台上发表评论。商家必须认真对待、及时反馈，否则可能遭受声誉损失。

思政专栏

习近平总书记关于数字经济的论述对旅游营销的启示

数字营销这一营销发展趋势深植于数字经济这一宏观的时代背景之中。习近平总书记关于数字经济的论述已经为我们在营销工作中积极应用数字技术指明了方向。2012年11月党的十八大胜利召开，以习近平同志为核心的党中央作出我国经济发展进入新常态的重大战略判断，数字经济成为推进供给侧结构性改革以适应与引领新常态的重要着力点和战略支撑点。2013年7月习近平在视察中国科学院时指出：“浩瀚的数据海洋就如同工业社会的石油资源，蕴含着巨大生产力和商机，谁掌握了大数据技术，谁就掌握了发展的资源和主动权。”习近平总书记还积极倡导数字经济技术创新，大力实施“互联网＋”行动计划，全力推动网络强国战略与国家大数据战略建设，着力打造“数字中国”，培育壮大数字经济新兴产业，有效发挥数字经济赋能作用，加快转变经济发展方式，加速推进产业数字化转型升级，全面提高社会经济发展的质量和效益。习近平总书记的相关论述始终坚持科学引领，以五大发展理念作为行动纲领，持续推动产业创新融合发展，有效破解发展难题，努力增强发展后劲。习近平总书记强调："中国高度重视发展数字经济，在创新、协调、绿色、开放、共享的新发展理念指引下，中国正积极推进数字产业化、产业数字化，引导数字经济和实体经济深度融合，推动经济高质量发展"，为数字经济高质量发展理顺了发展主线、明确了发展路径（田刚元，陈富良，2021）。

旅游企业或旅游目的地应清醒地意识到数字经济的时代发展趋势，积极在营销工作中融合数字技术，勇于开展数字化创新，借助数字技术深入洞察旅游者需求、旅游消费趋势和市场潮流，实施精准营销，打造满足旅游消费需求、引领旅游消费市场的精品旅游产品和服务。实际上，主动拥抱数字营销已经成为全球旅游营销人员谋求创新的重要途径。例如由石基信息编译的《2020 年旅游目的地数字化营销策略趋势报告》就显示，50%的旅游营销人员认为根据游客的喜好或者购买途径可精准定位用户，有的放矢地去做营销；超过 65%的旅游营销人员表示会通过旅行者的历史消费记录、预订和实时网络搜索的旅游意向信号等信息，来为其推送个性化的广告；21%的旅游营销人员预留了更多的广告预算用于新渠道效果的测试和创新，很多人都在关注新兴渠道和技术进步，以确定下一步的投资方向；交互视频、智能分析受众和聊天机器人是未来五年旅游营销人员最看重的三大投资；近一半（47%）的旅游营销人员采取了"时刻在线"营销策略，以吸引那些总在搜索和预订的旅行者。由此可见，未来的旅游营销人员必须跟上快速发展的技术环境以保持自身在旅游营销工作上的竞争力。尤其是国内的旅游营销人员，更应该积极思考如何利用数字营销不断提升我旅游业的国际竞争力。

三、数字化直复营销的兴起

实际上，如今的直复营销工作多基于大数据开展，而数字营销很大程度上采用了直销的做法。

进入 21 世纪，直复营销和数字营销进一步融合，数字化直复营销已成为成长最快的营销模式，在企业营销支出中的占比激增。以淘宝、京东、天猫、同程、携程为代表的网站实际上都是以数字化直复营销的模式发展壮大的。

1. 数字化直复营销的概念

数字化直复营销的成功运用取决于三个关键点。

第一，精心挑选对产品感兴趣、具有高购买潜力的消费者或顾客社群。怎样挑选这样的消费者？这就涉及数字营销的精准目标市场识别功能——基于大数据的消费者洞察。其流程主要包括：（1）建立消费者数据库。收集整理消费者数据，筛选有价值的数据建立数据库。（2）绘制消费者画像。利用数据挖掘技术，依据消费者的需求和偏好特征对他们进行归类，贴上相应的标签等。（3）针对消费者特征制定营销策略。根据消费者标签找到目标受众，制定个性化的营销策略，涉及产品挑选、包装、文案策划、口号设计等。

第二，与目标顾客充分互动以期获得其即时反应。这是直复营销的核心内容，但也需要基于营销反馈信息对消费者洞察和营销方案进一步完善。因此，在数字化直复营销中完整的消费者洞察包括四个流程（见图13-2）。亚马逊等直复营销巨头的经验显示，其成功并不在于拥有多少线上和线下资源，而是在线上或线下（主要是线上）把握住了顾客购买前一对一互动的阶段。在这个阶段，营销者的时间是极为有限和宝贵的，因为顾客的购买决定不是逐渐趋于模糊，就是逐渐趋于坚定。营销者必须牢牢吸引顾客，防止其精力分散和目标转移，促使其下决心购买。

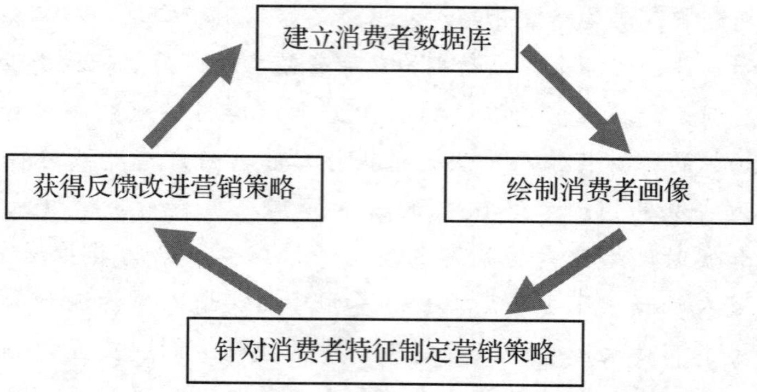

图13-2　基于大数据的消费者洞察流程

第三，建立持久的顾客关系。这一点比较复杂，既包含直复营销的内容，又囊括了数字营销的基本要素。具体涉及商家是否诚信经营，工作人员业务水平如何，消费者洞察工作是否全面深入，售前、售中、售后服务是否优质贴心，是否掌握建立品牌-顾客关系的技能，等等。

结合以上分析，数字化直复营销可定义为：通过收集、分析、整理、执行从数据中得来的洞察结果，精心设定不同类型的顾客参与，在一对一的互动中建立起与顾客的持久关系，树立品牌形象，依靠技术进步和顾客的口碑实现营销目标和营销战略。简言之，数字化直复营销就是以数字（或大数据）分析为前提或背景的直复营销。

2. 数字化直复营销的特点

数字化直复营销除了具有直复营销与数字营销的主要特点外，还具有以下特点。

（1）顾客口碑带来“声誉经济”。声誉经济是指依靠顾客评价形成的口碑来带动更多的人参与，从而获得经济效益。

企业每一次与顾客一对一沟通，无论顾客是否即时作出购买决定，在数字化直复营销环境下都是有价值的，都不可忽视。因为在此环境下企业的生存发展、与同行的竞争靠的是顾客的口碑，以及由此形成的舆论力量。比如，人们在选择旅馆时会在网上认真查看旅客的评价记录，会挑选有更多人推荐的旅馆，令该旅馆获得优势，这就是声誉带来的经济效益。

互联网形成的网络效应使口碑的传播快速有效，无所不至。用户会倾向于信任那些作为知识来源的其他用户、评价符合实际的用户、亲朋好友等。企业营销的首要任务就是锁定这些顾客的影响力，将这些信任源放大，产生连锁反应，就像病毒式营销一样。

因此，企业应致力于形成网络传播的良好口碑，培育顾客的购买忠诚和口碑宣传意愿。购物网站的商家希望顾客给予好评就是这个道理。

（2）形成辐射力极强的全方位营销。数字化直复营销不仅重视那些购买力较强的公司、金牌客户，而且能触及被传统商家认为规模太小、难以接触的消费者，即能更快速、更经济地触及微市场。因此，即便是一个规模很小、供货量有限的小公司也能接触到全球范围内的潜在客户，在全球施展自身的营销才能，短时间内聚集规模庞大的客户群。

数字化直复营销拓展了传统营销的 4P 理论，产生了营销的第五个 P——participation（即参与）。参与涉及传统营销 4P 的每个环节：体现在产品上，顾客可以根据自己的需求和偏好提出修改建议，要求提供定制化的产品；体现在价格上，顾客可以在互动中讨价还价或得到奖励、返现等；体现在渠道上，互动中商家将竭力为每个顾客提供最便捷的购买渠道；体现在促销中，优惠活动因地制宜、因人制宜、适时营销等。商家对更广阔的顾客市场的吸引辐射力很大程度上取决于顾客与品牌的互动。

消费者购买意愿的“传染”能力也能发挥较大作用。在数字化直复营销中，顾客平等地与他人讨论、合作、分享，他们不是处于被控制状态，而是不断地被吸引和激发。营销专家彼得·德鲁克有一句名言：“商业的目的就是创造顾客。”数字化直复营销就是要创造能够创造其他顾客的顾客。在不断创造顾客的同时，企业的营销目标比较隐蔽地得到实现，企业获得预期的经济收益。

（3）不断演进，前景广阔。如今企业营销部门只需点击一下，便可将自己的产品和服务呈现在数亿人面前，并且在数字分析工具的帮助下能迅速得到营销活动的反馈，进而不断发展、调整和完善这些营销活动。数字化直复营销的兴起是以现代化科技为支撑的，更加强调新技术的转化和应用，所以，数字化直复营销是时时演进、不断发展的。随着新数码技术和分析工具的问世，融合新技术的全新营销模式在不久的将来必会出现。这些技术将帮助企业更高效地传递信息，更好地识别营销活动的成败，进一步引导投资决策和市场定位。比如，2017 年第四届世界互联网大会提出了未来的人工智能操作系统，这一新技术在营销领域会有什么新发展，我们拭目以待。

3. 数字化时代直复营销的新形式

近年来，令人眼花缭乱的新的数字化营销工具大量涌入营销领域，进一步丰富了其内涵（见图 13－3）。

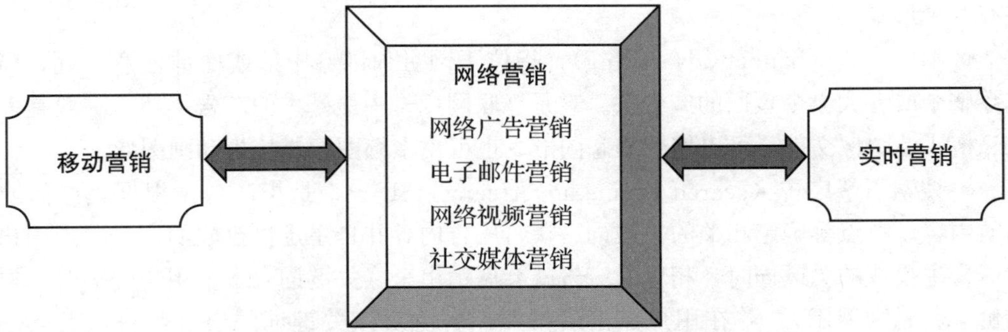

图 13－3　数字化时代直复营销的新形式

（1）网络营销。网络营销（online marketing）指商家通过互联网，借助公司主页、线上广告和促销、电子邮件、网络视频和社交媒体等渠道进行的营销。

从消费者的角度看，网络营销的作用就是使大量客户通过互联网找到商家的网站或商铺，查看商品，通过电话、电子邮件、QQ 等方式联系到卖家及厂家，或在网上直接下单，从潜在客户转变成有效客户。

开展网络营销的第一步是建立一个网站。如今大多数企业的网站都属于营销网站（marketing web site），是以网络营销为核心目标而建设的网站，专门吸引顾客，推动他们直接购买或对其进行吸引、说服。不同于传统企业网站的设计理念（主要报道企业新闻、展示领导人风采等），营销网站重视明确营销职能、丰富产品和服务信息。比如，欧莱雅的官方网站醒目地展示针对女士和男士设计的产品类型（如护肤、彩妆、护发、染发、造型），设有专家测试、申请小样、你的专属推荐等激发客户互动、提供访问体验的栏目。

还有一些网站称为品牌社群网站（branded community web site），其侧重点不在于介绍和销售产品，主要是通过信息、视频、博客、促销宣传等展现品牌特色、传递品牌故事、宣讲企业文化，旨在通过引起消费者共鸣来建立顾客-品牌社群。本章主要关注企业的营销网站。

企业设立营销网站要明确以下几点：第一，网站的定位和主题名称。客户定位要精准，主题要小而精，目标不要太高，应选自己擅长的题材。第二，网站的 CI 形象。确定 CI 形象就是通过视觉来统一企业的形象。一个优秀的网站和实体公司一样，需要整体的形象包装和设计。第三，网站的结构。确立网站栏目和目录结构，栏目要紧扣主题，目录层次要清晰。第四，网络的深度和链接模式。确定网络链接可以深入的层次水平及链接结果，选择树状或星状。网站建好后，便可运用以下具体的网络营销手段激发顾客访问企业营销网站主页。

1）网络广告营销。顾名思义，网络广告是在网上做的广告，是通过网络广告投放平台，利用网上的广告横幅、文本链接、多媒体等方法发布广告，通过网络传递到互联网用户的一种高科技广告运作方式。与传统的四大传播媒体（报纸、杂志、电视、广播）广告相比，网络广告具有得天独厚的优势，是实施现代营销媒体战略的重要方式。

网络广告的本质是向互联网用户传递营销信息，对用户的注意力资源合理利用，主要有两种形式。

- 横幅广告（banner advertising），指位于网页顶部、中部或底部任意一处，横向贯穿整个或者大半个页面的广告条。它是互联网广告中最基本的广告形式，一般是使用 GIF 格式的图像文件，可以使用静态图形，也可用多帧图像拼接为动画图像。
- 搜索引擎广告（search engine advertising，SEA），是指广告主根据其产品或服务的内容、特点等确定相关的关键词、撰写广告内容并自主定价投放的广告。当用户搜索广告主投放的关键词时，相应的广告就会展示出来（关键词有多个用户购买时，根据竞价排名原则展示），并在用户点击后按照广告主对该关键词的出价收费，无点击不收费。

关键词广告（adwords）是目前应用最广泛的付费搜索引擎推广模式，具有以下优势：立竿见影；灵活自主；推广费用相对较低；用户定位程度高；广告形式简单，制作成本低；广告投放及管理效率较高；引导用户到达页面的针对性强；广告效果一目了然；实现搜索引擎优化；增加网络营销竞争壁垒。

2）电子邮件营销。电子邮件营销是在用户事先许可的前提下，通过电子邮件的方式向目标用户传递价值信息的一种网络营销手段。电子邮件营销有三个基本因素：用户许可、电子邮件传递信息、信息对用户有价值，三个因素缺一不可。

电子邮件营销虽然很古老，但仍是数字化直复营销的有效工具。电子邮件营销具有应用范围广、操作简单且效率高、成本低、针对性强、反馈率高等特点。Radicati 在 2019 年初发布的数据显示，全球范围内活跃的电子邮件用户总数已达 39 亿，这表明全球有超过一半的人在使用电子邮件。

电子邮件营销成功的五个要素是：第一，有明确的营销目标，分众、分时段发送电子邮件，避免狂轰滥炸；第二，使用合适的沟通策略，让客户愿意接受并且喜欢；第三，在整体目标客户中抓住 20%的黄金客户；第四，设计有吸引力的电子邮件，有价值、个性化，能引起客户的关注；第五，注重分析效果，不断尝试和改进，尊重客户。

3）网络视频营销。网络视频营销是通过数码技术将产品营销现场实时的视频信号和企业形象的视频信号传至互联网，以达到一定宣传目的的营销手段。网络视频广告类似于电视短片，只是播放平台是互联网。视频与互联网的结合使网络视频广告同时具备了二者的优点，是创新营销的新形式。

随着网民的个人价值观和网络行为特征日趋多元化和复杂化，网民的视频消费结构将展现出丰富化和个性化的特点。中国互联网络信息中心（CNNIC）公布的数据显示，近年来我国网络视听用户规模快速增长，受新冠肺炎疫情的影响，2020 年上半年网民娱乐需求从线下转移至线上，网络视听用户规模进一步增长。截至 2021 年 6 月，我国网络试听用户规模达 9.44 亿人。我国短视频行业自 2016 年开始兴起，发展快速，短视频用户规模快速增长。CNNIC 公布的数据显示，截至 2021 年上半年，我国短视频用户规模达 8.73 亿人，网民使用率达 88.3%。

营销商希望视频得到正面的曝光，产生良好的效果。例如，2008 年北京奥运会组委会制作了一系列视频向国内外播放以宣传中国文化，吸引国内外游客 652 万人次观看比赛。

4）社交媒体营销。社交媒体也称社会化媒体，指多个独立的商业化社交网络为消费者提供了一个可以彼此聚集并交换想法和信息的网络虚拟空间。它允许人们分享各自的意见、经验和观点，也可以互相讨论和评价，主要包括社交网站、微博、微信、博客、论坛等。

社交媒体在互联网的沃土上蓬勃发展，所传播的信息已成为人们浏览的重要内容，不仅制造了人们社交生活中的一个个热门话题，更吸引了传统媒体争相跟进。

特雷西·塔腾（Tracy L. Tuten）与迈克尔·所罗门（Michael R. Solomon）在《社会化媒体营销》一书中指出："社会化媒体通过沟通、创造、加入、合作、工作、分享、社交、游戏、购物、销售和学习等方式使人们积极参与到相互联系、相互依存的社交网络中学习。这是一个激动人心的时刻。”因此，社交媒体看似与营销无关，却能潜移默化地对消费者的品牌兴趣和偏好产生巨大影响，是一种高层次营销。品牌可以通过介入各种社交媒体或自行创立媒体社区来开展网络营销。

企业在进行社交媒体营销时要注意以下几点：

● 选择最需要的社交媒体网络。企业需要到多个社交媒体网络上发掘营销机会，更主要的是辨别出哪一个网络能满足自己的特殊需求。知名网站是首选，但有特色的小网站也值得关注。例如，旅游景点可选择旅游爱好者十分活跃的网站开展营销。

● 拥有自己的网络媒体社区。企业要想在社交媒体上取得成功，自建一个活跃的媒体社区非常重要。在这个社区里，可以更加重视社区成员的反馈，即时阅读每封邮件，得到真诚的评论、建议及其他回复。

● 培育社区活跃者。企业在社交网络上推广店铺或产品时，要重点关注活跃的顾客，了解他们为什么购买产品、在博客或论坛上分享了哪些链接、作出了怎样的评论等。总之，要与影响力较大的社区活跃者建立良好的人际关系，助力企业销售。

● 重视图像的展示。在社交媒体上，图像对于人们感知一款产品至关重要。对于零售商而言，图像不仅可以形象地展示产品，还能有效地增加营销的机会。据调查，图片帖比一般发帖带来的点赞多53%，可使订单量增加20%左右。使用图像标签和关键字，便于潜在客户很容易地找到商家的产品。

● 切忌过度夸张。媒体营销活动的营销目的不能太明显，否则容易令顾客反感。有20%的促销内容得到顾客的认可就很不错了。营销者在介入社交媒体时应将营销目的隐藏起来，致力于开展一些活动，鼓励大家参与讨论、分享观点。比如网上发布的帖子称，格力要出资让每位员工住上100平方米的房子，活得有尊严。这消息立刻引起了网友的热议。人们看到了格力的实力和魄力，更加相信格力品牌。帖子间接起到了推销格力产品的作用。多想多做顾客感兴趣的事情，确保他们将讨论的内容分享给其他人，做到这一点，企业的营销就成功了一大半。

// 案　例 //

重庆市洪崖洞旅游景区是以巴渝传统建筑吊脚楼为主体，集休闲旅游、餐饮娱乐、时尚商业为一体的国家4A级旅游景区，也是重庆历史文化的见证和重庆城市精神的象征。洪崖洞的迅速走红得益于2018年初抖音上出现的短视频，独具特色的夜景风貌使洪崖洞在当年五一小长假期间吸引了超过14万游客前来“打卡”。马蜂窝旅游网、墨迹天气联合发布的《2018五一出行趋势报告》显示，洪崖洞一举冲到榜单第二，成为热度仅次于北京故宫的旅游景点，迅速成为公认的“网红景区”。

事实上，洪崖洞景区于2006年就已建成，2007年11月被评定为国家4A级旅游景区。然而，在2018年之前，洪崖洞景区的经营一直都不温不火。重庆小天鹅集团总裁、洪崖洞景区创始人何永智曾提道：“第一年亏、第二年亏、第三年亏，前面亏了五年，到了2016年的时候我都快不行了……”2018年出现了转机。这一年，小天鹅集团投入巨资，重新打造了洪崖洞的灯光系统。夜晚的洪崖洞经过炫彩灯光的加持，层层叠叠的房子变得琼楼玉宇般，如梦似幻，仿佛一座天空之城。自此，在外地游客发布的抖音视频中，洪崖洞的短视频成了主角，各社交媒体平台也纷纷转发，洪崖洞摇身一变成为重庆的流量明星。在众多网友之中还盛传着一种说法，那就是夜晚的洪崖洞看起来就像是经典动画片《千与千寻》中的汤屋，这也成为许多喜爱该影片的人慕名前往的原因之一。洪崖洞景区成为一个公认的网红景区与其旅游产品创新策略有着密切的关系，但不可否认的是，以抖音为代表的社交媒体的信息传播发挥了至关重要的作用。

像洪崖洞景区一样因社交媒体的助力而人气攀升的景区不在少数，然而网红景区也面临一些不可忽视的问题。例如，到访人数的增加导致一些景区原有的旅游接待能力不足，接待量严重超过景区的承载力，影响了游客体验，引发游客的负面评价。另外，很多社交媒体并非旅游企业或旅游目的地能够直接控制，旅游信息在传播过程中难以被有效掌控，游客"滤镜"式的拍照很可能诱发潜在旅游消费者对旅游产品产生不切实际的期望，反而会引发实际体验后的失望，乘兴而来、败兴而归，导致照片变"照骗"的怨言。因而旅游企业或旅游目的地在尝试借助社交媒体谋求流量效应的同时，应努力在提升接待力、保障服务质量等常规工作上下足功夫，避免网红景区沦为昙花一现。

资料来源：http://www.k1u.com/trip/92544.html.

（2）移动营销。移动营销（mobile marketing）指面向移动终端（手机或平板电脑）用户，依托移动互联网在移动终端上直接向目标受众精准地传递个性化即时信息，通过与消费者的信息互动实现市场营销目标。

移动营销的过程实质上是针对目标市场定位，通过具有创意的沟通方式，依托移动互联网向受众传递某种品牌价值，以获益为目的的过程。移动营销行业的主体包括广告主、移动营销服务商、移动媒体和受众；营销行为基于移动互联网完成；核心目的是帮助广告主推广其产品或服务的相关信息。

移动设备的独特之处在于可以对人的行为进行空间和时间上的记录。比如，小米手环具有查看运动量、监测睡眠质量、智能闹钟唤醒等功能，可通过手机应用实时查看运动量，监测走路和跑步效果，还可通过云端识别更多的运动项目。通过移动端返回的数据，可以分析用户在地理位移、生活习惯、购物意图、信息接收方式等众多维度的状态，在合适的时间、地点和情境下更精准地推送广告信息。目前，位置服务（LBS）与线上线下服务（O2O）的结合构成了场景营销的雏形。

据统计，近年来移动设备在美国家庭的渗透率已经超过100%（许多人拥有不止一部移动设备），大约40%的美国家庭是没有固定电话的纯粹移动家庭。约70%的美国人拥有智能手机，并有200多种移动应用，平均每部手机安装25种以上应用，美国人每天查看手机150次，平均6分半钟一次。《中国移动互联网发展报告（2021）》显示，我国移动互联网用户稳步增长。2020年我国4G用户总数达到12.89亿户，占移动电话用户数的80.8%。我国5G用户规模快速扩大，5G终端连接数突破2亿户。截至2020年12月，中国手机网民规模已达9.86亿，较2020年3月增长8 885万，占整体网民的99.7%。

对于消费者来说，一部智能手机就相当于一个购物伙伴，随时可以获得最新的产品信息、价格对比、来自其他消费者的意见和评论，以及便利的电子优惠券。对于商家而言，移动设备的广泛采用和移动网上流量的迅猛增加使得移动营销成为一种营销利器。商家利用移动营销来刺激当前购买、简化购买过程、丰富品牌体验。比如，麦当劳利用移动营销来发送互动广告，推广夏季特定的促销组合；梅西百货用一款流行的智能手机应用发起一场体验式促销活动；在星巴克，顾客的智能手机可以当作星巴克卡来便捷地完成购买；等等。

艾媒咨询（iMedia Research）显示，2019年中国广告经营额达到8 674亿元，增长率趋于平缓。在广告市场投放渠道方面，数字广告占据主要地位，其中移动广告占比56.9%。艾媒咨询的分析师认为，数字营销趋于成熟，而随着互联网的推广普及，更多企业选择互联网渠道进行营销投放，数字广告市场变得愈发重要。

未来移动营销的发展方向主要体现在以下三个方面：

● 信息的渗透力更强，用户体验更精准。广告就像是为用户量身定做的，消费者接收到的一般都是真正需要的信息，信息的准确率、有效率都在70%以上。

● 企业自身的数据与营销服务商挖掘的数据相结合，将找到更多的营销应用场景，丰富营销的形式和内涵，得到更全面的用户画像。

● 营销的全过程都可以进行数字化分析。采买、创意素材、受众分析、效果监测等全流程均融入云计算系统，结果更准确，数据价值转化为效益价值的速度更快。

（3）实时营销。把实时营销列为数字化直复营销的范畴，主要是因为它具有数字化直复营销利用现代化科技手段的特征。事实上，实时营销的范围更宽泛，所包含的内容更丰富。

实时营销（real time marketing）是指根据特定消费者当前的个性化需求为其提供商品或服务，在该商品或服务的消费过程中可自动收集消费者信息，分析了解消费者的偏好和习惯，自动调整产品或服务功能，实时地适应消费者需求的变化。

实时营销是营销概念内涵的发展，它与现代营销的相同之处在于：以消费者为中心，以消费者需求为出发点，以消费者满足为终点。二者的不同之处在于，实时营销对消费者需求的概念进行了新的定义：既包括当前需求，又包括未来发展变化的需求。实时营销中的消费者需求是一种动态的概念。

1）实时营销的特点。

● 及时满足特定消费者当前的个性化需求，适应消费者需求的多样化和个性化。

● 满足未来消费者和潜在消费者的需求。追踪、分析当前消费者的需求偏好与消费习惯及其变化，总结未来的消费趋势，提供具有超前意识的产品。

● 顾客对产品的反馈分散在每一个具体产品上，即信息反馈模式为顾客-产品层面。所建立的是相对独立的关系系统，企业得到的信息更加准确。

● 产品适应是在公司和消费者无意识的状态下完成的，不需要消费者反馈信息和公司介入。

2）实时营销与相关概念。在营销理论中，与实时营销联系最直接的是定制营销和关系营销。实时营销是二者的理论交汇点，但又不是简单的集合物。

● 实时营销与定制营销的关系。定制营销的目标消费者只有一个，即企业为特定的顾客提供产品或服务。20 世纪 80 年代后期，新生产技术的应用允许企业在保持早期大规模生产所达到的单位成本水平下生产各种满足个性化需求的产品。许多汽车生产商，例如宝马和丰田汽车公司，预先测定个别顾客所需的汽车规格，然后为其设计和生产。实时营销借鉴了定制营销满足消费者个性化需求的成功经验，但其个性化过程是基于产品（或服务）层面的，每个产品与其使用者之间构成一个独立的信息反馈系统。顾客信息由产品或服务本身主动收集，产品对动态需求的适应也是脱离公司的直接控制完成的。

● 实时营销与关系营销的关系。20 世纪 80 年代中期，企业大规模实施关系营销的能力提高了。公司可通过大型数据库、电子邮件、电话、座谈会、销售渠道和其他中介与消费者保持联系。关系营销的主要优势是：在与顾客保持关系期间，通过频繁的接触努力与顾客偏好保持一致。其缺点是：顾客与产品之间的信息联系是间接的，信息传递可能存在滞后和被曲解的问题，关系的维护成本较高。

实时营销借鉴了关系营销的信息反馈系统，实现“信息反馈→产品改进→适应新需求”这样一个动态优化过程。但实时营销的产品适应与关系营销的产品适应有着本质的不同，体现在实时性上。实时营销的产品适应完成于消费者新需求产生的时间点上，满足了消费者需求的时间性要求，不存在时间间隔。不像关系营销中顾客与公司形成以公司为中心、集中式的关系系统，在实时营销中顾客与所购买的产品或服务构成一个独立的反馈系统，分散化是其关系的主要特点。

实时营销要与品牌和顾客生活中的重要时刻和重大事件联系起来，以集中激发消费者的实时需求。比如，一位老人的 80 大寿会激发本人及其子女、亲朋好友的消费需求。又如，2016 年上海迪士尼乐园度假区开业仅一周，就接待游客 1 000 多万人次。

由此可知，实时营销需要综合利用各种营销手段，为满足特殊时刻派生出来的特殊需求（如重大事件、重大节庆活动、个人生活或工作中的重要时刻等），开展全方位的营销活动。各种营销举措还要相互配合、共同作用，以取得预想的效果。旅游业的各种重大事件和活动都十分重视实时营销，比如海南黎族的三月三节庆活动、南京的梅花节、曲阜的孔子诞辰祭奠等。

第 2 节　数字化直复营销下的旅游业

同其他行业的发展一样，我国旅游业的数字化直复营销也经历了起步阶段、快速增长阶段、转型升级阶段、高速发展阶段、基本成熟阶段。

● 起步阶段（1997—2001 年）。1997 年由中国国际旅行社总社参与投资的华夏旅游网成立，标志着我国旅游业与互联网的融合。之后，携程网、艺龙网及其他小型旅游网站纷纷涌现，呈现出欣欣向荣的景象。

- 快速增长阶段（2002—2004 年）。2002 年 5 月，全国机票中央预订系统启用，标志着以在线预订为核心的早期旅游网络营销全面展开。在此阶段，携程和艺龙分别上市，淘宝和腾讯也进入旅游业。应用服务以在线预订为主要模式。
- 转型升级阶段（2005—2009 年）。2005 年 5 月，去哪儿网成立，成为我国第一家旅游搜索引擎网站，实现了网民在线比较国内机票和酒店价格的功能。在此阶段，芒果网、途牛网和同程网等相继融资成立。旅游市场的利润模式呈现多样化，O2O 模式出现，支付宝开始使用。
- 高速发展阶段（2010—2015 年）。2010 年，我国的旅游网络化发展进入快车道，携程网、艺龙网和去哪儿网等重要旅行服务网站继续进行投资、融资、收购、合作、上市等。中国铁路客户服务中心 12306 网站成立，开始实行网络售票。线上和线下的结合更加紧密，网络之间合作频繁。
- 基本成熟阶段（2016 年至今）。数字化直复营销体系的网络营销模式（网络广告、电子邮件、网络视频、社交媒体）、移动营销模式和实时营销模式全面出现并逐渐趋于成熟。特别是以智能手机为主的网络移动终端在我国全面普及。在此阶段，形成了三类旅游网络服务平台：旅游中介服务平台、传统旅行社的信息网站和综合门户网站旅游频道。总体上看，数字化直复营销时代给我国旅游业带来的发展变化主要体现在如图 13－4 所示的几个层面上。

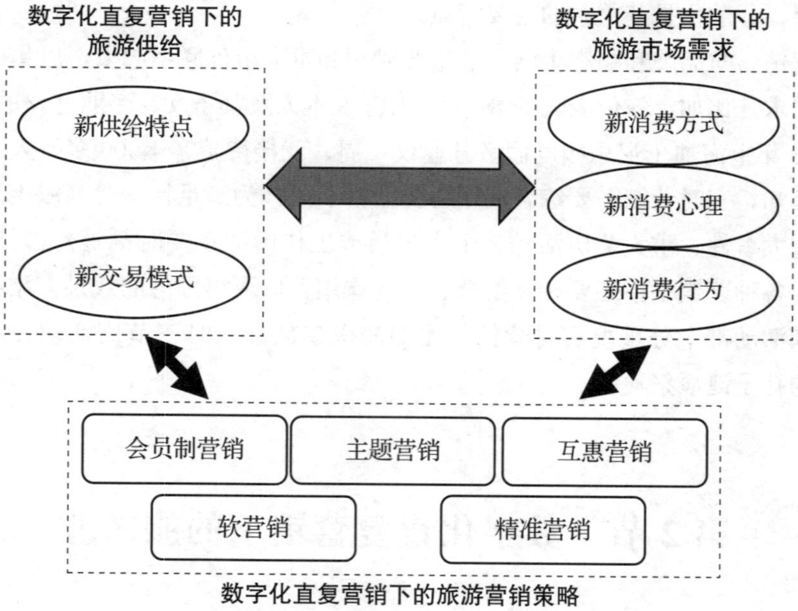

图 13－4　数字化直复营销下的旅游业变化

一、数字化直复营销下的旅游市场需求

数字化直复营销下旅游市场需求的核心在于，产品投入市场后可迅速形成需求方的

规模经济。需求方的规模经济是指企业的产品投入市场后，消费者认可该产品并给予积极评价，这种评价不断积累，就会影响更多消费者的购买意愿，从而促使需求方的数量快速增长。这就会使企业的产品规模不断扩大、市场份额迅速增长，在市场中取得竞争优势。

一般情况下，通过数字化分析、加工后推向市场的产品定位精准，会产生消费者的正反馈效应。特别是旅游产品（具有示范效应和价值表征功能），消费者评价的影响力远大于对一般消费性产品的评价功效。一旦企业的产品获得 80%以上的好评，实现需求方的规模参与并转化为后续的规模经济就是顺理成章的。但是，要获得这种规模参与及需求叠加效用，必须先了解并顺应数字化直复营销时代旅游者消费方式、消费心理和消费行为的变化。

1. 旅游者消费方式的变化

旅游者的消费方式已转变为以现代科技为基础的互联网消费和移动消费。中国旅游研究院（文化和旅游部数据中心）《2019 年旅游市场基本情况》显示，2019 年我国国内、入境、出境旅游三大市场的旅游人次达到 63.06 亿，旅游消费规模达到 6.63 万亿元。《2019 年度中国生活服务电商市场数据报告》也显示，2019 年在线旅游市场交易规模约为 10 059 亿元，在线旅游用户规模达 4.13 亿人。2019 年，涉及全国旅游行业的相关信息达 2.96 亿条，其中来自微博的信息 1.91 亿条，占全部信息的 64.58%，成为旅游行业相关信息最主要的传播平台。仅以酒店点评为例，2019 年中国消费者全年在 OTA 等平台上产生了 3 500 多万条各种类型的酒店点评，平均每天 10 万条，平均每小时 4 167 条，平均每分钟 70 条。有数据显示超 8 成年轻人会通过用户评价进行消费选择。

只有在数字化直复营销环境下，游客才能接收到商家通过数字化技术精准分析、分类发送的产品信息，游客才能参与并获得商家根据其需求和喜好量身定制的一对一旅游行程设计。定制旅游产品在国外比较流行，在我国刚刚起步。这种方式削弱了中间商的作用，节约了商家的成本；对游客来说也是理想的个性化服务，提高了消费满意度。我国目前有携程网、同程网、驴妈妈、欣欣旅游网等正在尝试开展定制化旅游行程业务。

互联网为消费者带来了海量的产品信息，扩大了游客的选择空间。丰富的在线体验、及时的个性化服务、便利的支付过程为旅游消费者带来了新的体验感受、新的消费动力、新的安全保障、新的理性思维，旅游消费方式定会更加合理。

2. 旅游者消费心理的变化

在数字化直复营销环境下，游客的消费心理会发生变化：面对互联网与手机上大量的信息超载（information overload），游客做决策时会受到有限理性（bounded rationality）的制约（指在进行决策时受限于自身的认知能力）。当游客面对超出自己处理能力的复杂信息时，有限理性就会出现，于是便会寻找一种无须考虑所有信息便可作出最优决策的方法——满意决策，尽最大努力作出一种自己可接受但不一定是最好的选择，遵从的是一分价钱一分货、选择熟悉的品牌等原则。这种决策方法称为启发式方法（heuristics）或薄片撷取（thin slicing）。采取这种方法时会忽略很多可接触到的信息，只选择一些显著的线索，再根据经验原则作出直觉上的决策，自我心理上感到满足和安全即可。能被消费者以启发式方法择定的产品具有获取需求方规模经济的销售优势。

然而，使用上述方法选择产品并不是凭空作出决定的，而是有大量的科学参照物——信息、广告、评论、视频、博客等。大数据时代，游客购买决策显现出权威、名人、旅游达人、博客达人等带动下的羊群效应。除此之外，数字化直复营销背景下，追求顾客利益最大化、获得最有价值产品的心理得以强化。一些游客通过与商家互动、谈判，以最低成本获取最符合自身需要的定制化产品/服务。这些游客会将其经验以游记或攻略等方式在网上分享，进一步助推需求方规模经济的产生。

3. 旅游者消费行为的变化

下面通过分析数字化直复营销环境下消费者购买旅游产品的过程，来全面理解旅游者消费行为的变化。

（1）需求认知阶段。需求认知阶段也就是需求的产生阶段，它是内部驱动和外部刺激共同作用的结果。旅游目的地或旅游企业的数字化直复营销活动就是强大的外部刺激因素，主要通过旅游网站和社交媒体来激发消费者的旅游动机。

旅游网站的刺激表现在旅游供应商网站、旅游中间商网站、旅游目的地网站、旅游门户网站的旅游频道等发布的宣传文字、景点图片、优惠信息、视频短片等。这些信息可能通过网络广告、电子邮件直接触及消费者，还可能通过移动终端出现在生活场景中（如公交车上）。有些宣传会吸引消费者的注意力，令其忍不住去看一看。当消费者看到符合自己需求的旅游产品时，刺激就产生了。这种刺激作用会加快动机的产生，并有助于将动机转化为消费。

社交媒体的刺激表现为微博、博客、社区论坛上发布的文章、评论、照片、视频、音频等。这个虚拟空间描绘了旅游者的真实体验，令人如同置身其中，体验了一次美妙的旅行。当自我憧憬与陶醉达到高峰时，消费者必然萌生旅行的欲望。

（2）信息收集阶段。营销者的各种网络刺激对根本不想旅游或缺乏旅游必备条件的人可能收效甚微，但对于迫切希望旅游或者旅游愿望模棱两可的人，作用就会很明显。

收集信息的途径很多：通过旅游搜索引擎发现有价值的旅游企业网站、目的地营销网站等；利用标签、RSS快速浏览最新的旅游咨询信息；通过博客、社区平台了解其他旅游者的计划和体验，从中发现更加实用的信息；了解亲朋好友的旅游经历，接受其推荐的旅游产品。信息收集过程不仅涉及消费者的浏览和感知，还可以有互动。总之，方便、快捷、海量、互动是这一阶段的最大特点。

（3）判断选择阶段。在收集一定数量的信息后，就要对这些信息进行分析和判断，确定哪些可以直接忽略，哪些可供进一步筛选。在可供选择的信息中，还需要比较旅游线路的优劣，比较价格折扣，比较奖励内容，比较一体化服务流程等。互联网提供的海量信息增加了这一过程的复杂性，所以消费者会选择有限理性的薄片撷取策略——以自我感觉良好为标准。在这一过程中顾客会与商家互动并浏览旅游社区、论坛、博客、游记等，据此修正自己的信息处理结果。总之，在此阶段顾客涉及的海量信息评价及由此引发的互动询问、参照比较等信息处理简化行为在传统营销环境中并不突出。

（4）购买决策阶段。消费者在分析判断可供参考的信息后，会进一步与旅游经营者互动，询问一些细节，以使自己的个性化需求得到“虚拟的满足”（指旅游产品和服务与自己虚拟的旅游体验相一致），这源于当代消费者日益成熟以及由媒体信息和互动作用所派生出的理想消费愿望。这是数字化直复营销的一个关键阶段，如果在该阶段信息互动和信息反馈没有做好，前期努力可能会付之东流。这种虚拟的满足是促使顾客下决心购买的关键，也是挖掘企业优势、实现深度差异化的重要机遇。所以，令顾客得到虚拟的满足是数字化营销成败的关键。

（5）购买评价阶段。在体验旅游产品之后，消费者会衡量产品和服务是否达到预期，并反馈给营销者。这种评价可以是直接的互动，也可以通过旅游网站发布微博、社区评论等。这些消费者的评论对其他旅游者有参考价值，对营销者至关重要，关系到产品和企业的声誉、竞争力甚至生存。这也是数字化直复营销环境下消费者评论所独有的力量。Statista 2020 年的一项调查显示，网购者中近 53%的人会将产品评级和点评视为网上购物体验中最重要的属性。

与传统营销模式下的五个阶段相比，这五个阶段的核心区别是：消费需求精准识别，消费者主动参与，消费者的话语权和地位大大提高，改变了过去只是被动接受的境况。但有些消费者并未完整经历五个阶段。

二、数字化直复营销下的旅游供给

旅游市场中的供给由旅游者之外的旅游供应商、经营商、代理商等旅游企业负责。传统经济环境下，由于资源短缺、信息不对称，旅游企业一般根据资源状况和自身的开发能力生产旅游产品。旅游供给掌控在旅游企业手中，其地位远高于需求方（即旅游者）。企业只要规模大、掌控的资源多、产品质量可靠且价格适中，就会取得竞争优势，形成供方规模经济。

数字化直复营销下的旅游供给是消费者参与、双方平等、选择范围广阔的旅游市场，形成买方规模经济；消费者的话语权一定程度上决定规模经济的大小，制约企业营销的成败。

1. 旅游产品与服务供给的新特点

（1）整合产品与服务形成一体化。数字化营销下的旅游产品与服务融入了消费者与商家充分互动过程中的买方意见，是全新的供给过程。它将营销者涉及的内部管理流程与消费者涉及的购买流程有机统一成一个整体，构成供给的全部内容，延伸了服务范围。消费者得到的是量身定制的产品，而且是全流程服务的综合优惠，提高了满意度。不像传统的旅游产品那样服务模棱两可、内容含糊不清，让人难以把握。

以同程网的“六合一”网络平台为例。“六合一”是一款旅行社管理软件，指建立产品、销售、计调、资源、客户、财务六大中心，实现旅行社业务流程的规范化。“六合一”的优势体现在：第一，将内部管理与营销渠道的拓展结合起来，形成一体化的供给。内部管理随着营销渠道的扩大及时调整，减小管理滞后对营销的影响。前台网站支持线路显示、查看、预订、支付，并与“六合一”系统的业务流程完全无缝对接，保证线路及时自动更新，减少了人工操作。同时，“六合一”强化了分销商的作用，分销商、公共旅行零售商都可以帮助批发商揽客。第二，可以规范旅行社内部管理，提高旅行社门店与总部的沟通效率。实现旅行社门店与旅行社网站的信息共享，建立旅行社客户管理系统，防止客户流失。扩大旅行社门店服务范围（包括散客订酒店、订门票、订全国旅游线路），与内部的供给管理体系配套。同时，通过“六合一”可以低成本进入同行分销市场，增强旅行社竞争力。

（2）产品供给呈扁平化。扁平化由美国哈佛大学商学院教授迈克尔·波特（Michael E. Porter）提出，指的是提高组织效率，实现组织结构层级的扁平。在产品供给上，扁平化指的是减少流通环节，营销者直接面对消费者，以降低成本和减少信息传递的失真。更具体地说，旅游产品供给的扁平化就是在整个供应链条中不需要中间商，营销者直接与消费者沟通，直接签订营销合同。旅游产品通过一定的技术手段直接辐射到每一位有购买欲望的消费者（产生旅游动机的消费者）和潜在的消费者（通过刺激产生旅游动机的消费者）。

供给扁平化之前，企业销售空间很宽广，且往往是纵向层级关系，每个层次有很大的伸展空间。扁平化之后，销售渠道被压缩。营销者无论规模大小，所经营的旅游产品都可以直接辐射到所有地域的消费者，地域营销者没有办法像以前那样获得指定范围内的市场空间。营销渠道多又广，而且非常便利，每个人在获得资讯面前是平等的，竞争相对较大。优势来源于品牌的声誉，而不是地域限制。

我国互联网与移动技术在旅游营销中的应用参差不齐，目前产品的网络供给多采用电子商务方式，也有采用O2O和App方式的。

1）B2B（business-to-business）旅游产品供给模式。中文简称为“商对商”，主要包括以下几种类型：第一，旅游企业之间的产品代理。营销商代理涉及旅游的交通、住宿、景点等要素，整合为综合性的产品投向市场。第二，组团之间的相互拼团。各个旅行社接待的同一旅游线路的游客较少，可将客源合并组成一个旅游团。第三，旅游地商家批量订购当地的客房和景点门票，承接各地送达的团体游客。第四，客源地组团与目的地接团之间建立委托关系，进行利益分配。

2）B2C（business-to-consumer）旅游产品供给模式。中文简称为“商对客”，指的是旅游企业通过互联网直接面向顾客销售产品和服务的商业零售模式。在此模式下，旅游企业发布的产品可以辐射到每一位消费者。顾客可以搜索、了解大量的商家服务信息，可对产品进行比较、选择，具有话语权。这是当前旅游企业营销的主要渠道和大量旅游交易的实现方式，市场需求潜力较大。

3）C2B（consumer-to-business）旅游产品供给模式。中文简称为“客对商”，指的是通过网络将庞大的用户形成一个采购集团，以此来改变B2C模式中一对一价格谈判的弱势地位，使消费者享受到以大批发商的价格买到单件商品的实惠。在此模式下，可以由旅游者提出服务要求，然后由旅游企业按需求组织“生产”。旅游者根据自身需求定制旅游产品，一般涉及产品的设计、组合、价格、服务内容、服务标准等。对旅游者而言，个性化需求得到满足；对旅游企业而言，实现可接受成本下的定制化加工。因此，该模式是旅游供给的重要发展方向。

4）B2E（business-to-enterprise）旅游产品供给模式。中文简称为“商对企”，指的是旅游企业为非旅游类企业、机构、机关、大型公司等提供旅游管理、公务出差、会议展览、奖励旅游等服务。这种旅游供给一般都是根据企业的特定需要策划产品组合，目的地和服务项目由企业确定，产品开发要符合企业形象和发展目标。

5）O2O（online to offline）旅游产品供给模式。也称“在线离线”或“线上线下”供给模式，指的是将线下的商务机会与互联网结合，让互联网成为实现线下服务的交易平台。更具体地说，O2O 就是把线上的消费者带到实体商店中去：在线支付线下商品和服务，再到线下去享受。通过打折（如团购）、提供信息、预订服务等方式，把线下商店的消息推送给互联网用户，并将他们转换为自己的线下客户来拓展客户需求。这样线下服务就可以在线上揽客，消费者可以在线上筛选服务，在线结算。

6）App（application）旅游产品供给模式。App 多指智能手机第三方应用程序。只要在手机上下载携程网、同程网、驴妈妈、去哪儿网、艺龙网、穷游网等网站的 App，就可以搜索、选择、组合自己所需要的旅游产品。在智能手机上安装旅游 App 来挑选产品是旅游者的明智选择。App 提供的旅游产品比其他方式提供的旅游产品优惠更大，越来越多的旅游者通过 App 预订旅游产品。2020 年 9 月尤途互动发布的《中国消费者旅游意向调研报告》显示，触达中国消费者的有效渠道以移动方式为主，包括微信和旅游 App，在预订过程中，在线旅游机构是消费者的首选。

2. 旅游产品与服务的新交易模式

同其他行业一样，旅游产品的数字化直复营销极大地改变了人们的交易习惯，网银支付、第三方支付、移动支付成为主要的支付方式。

（1）网银支付。网银支付是指用户在银行开通银行卡的网银支付功能，支付时在网银页面输入银行卡信息并验证支付密码，显示支付成功即可。

网银支付是最成熟的在线支付功能之一，也是网民在线支付的首选方式，具有稳定易用、安全可靠的特点。目前国内 20 多家银行都开展了网银支付业务。用户可以高效、低成本地接入银行，各银行网银的专属性强，网卡与银行紧密集成，建立了一个从用户到银行的安全通道。

（2）第三方支付。第三方支付是一些和国内外各大银行签约并具备一定实力和信誉保障的第三方独立机构提供的交易支付平台。买方选购商品后，使用第三方平台提供的账户进行支付，由第三方通知卖家货款到账、要求发货；买方收到货物、检验货物，并且进行确认后，就可以通知第三方付款，第三方再将款项转至卖家账户。

相对于传统的异地资金划拨交易方式，第三方支付方便、快捷、效率高，退换货的规定有效地保障了货物质量。在整个交易过程中第三方可对交易双方进行约束和监督，一定程度上保证了交易的诚信度。

在欧美，PayPal 是十分流行的在线付款业务平台。在我国，用户数量最大的第三方支付平台是支付宝。截至 2019 年，支付宝已经登录 54 个国家和地区，用户不仅能够直接用支付宝扫码支付，还能在全球35个国家和85个机场用支付宝退税。

（3）移动支付。移动支付是允许用户使用其移动终端（通常是手机）对所消费的商品或服务进行账务支付的一种服务方式，更具体地说，是指单位或个人通过移动设备直接或间接向银行金融机构发送支付指令，产生货币支付与资金转移行为，从而实现移动支付功能。移动支付将终端设备、互联网、应用提供商以及金融机构相融合，为用户提供货币支付、缴费等金融服务。

移动支付分为近场支付和远程支付两种。近场支付（如用手机刷卡坐车、买东西等）很便利。远程支付是指通过发送支付指令（如网银、电话银行、手机支付等）或借助支付工具（如汇款）进行的支付方式，如“掌中付”推出的掌中电商、掌中充值、掌中视频等。

国家统计局发布的《中华人民共和国2021年国民经济和社会发展统计公报》显示，截至2021年末，我国互联网上网人数为10.32亿，其中手机上网人数达10.29亿，2021年全年移动互联网用户接入流量2 216亿GB，同比增长33.9%，这意味着移动支付有着庞大的人群基础。央行发布的2021年支付数据也显示，移动支付业务为1 512.28亿笔，金额为526.98万亿元，同比分别增长22.73%和21.94%。

三、数字化直复营销下的旅游营销策略

任何营销策略的确定都需要立足于企业自身的产品特点、经营环境、资源优势、资金状况、管理水平和技术支持等。数字化直复营销下的旅游市场营销也不例外，以下各种新的旅游营销策略的选择和实施都要基于它们与这些因素的契合。

1. 会员制营销策略

会员制营销策略为旅游市场营销者普遍采用，非常成功。第一步，以营销网站或高附加值的旅游产品为主题，将客户吸引进来注册成为会员；第二步，针对这个会员团体制定相关的旅游宣传、产品介绍、打折优惠、好评奖励等销售政策。为这一高价值会员团体提供差异化服务，提升这部分会员对企业的信任感，有助于树立企业品牌形象。一般情况下，会员都享有比普通游客更多的优惠（10%～50%）。比如，截至2019年，携程网拥有注册会员3亿人以上，这些人既是携程网的忠实粉丝，又可以为携程网带来呈几何级数增长的参与者。

2. 主题营销策略

主题营销策略是指以特定的活动、民俗节日、体育赛事等作为旅游活动的主题，然后通过创新性的设计在互联网、媒体、移动平台上快速高效地进行传播的营销策略。通过高空轰炸式的广告刺激、媒体相关节目展播、博客评论等造声势、设噱头、留悬念，有目的地挖掘出潜在的客户，达到预定的营销效果。

3. 互惠营销策略

互惠营销策略是营销活动中常用的策略，数字化直复营销中的互惠营销策略与传统营销中的互惠营销策略有所不同：后者是单层互惠，前者是双层互惠。双层互惠的第一层指的是：产品的价格在数字分析的基础上整合了价格的离散性，提供的是体验产品全

过程的综合价格。这一点只有互联网、移动经销商才能做到。双层互惠的第二层指的是：在第一层的基础上，游客在满足个性化需求时可以自主组合旅游产品。自主组合的旅游产品往往比其他选择有更优惠的价格。

4. 软营销策略

软营销策略是指在互联网环境下企业向顾客传递的信息及采用的促销手段更理性，更易于被顾客接受，进而实现信息共享与营销整合。

软营销可有效提升品牌曝光率，与消费者达成更加紧密的供需平衡关系，增强企业与消费者的互动性，拓宽切入点的范围。与产品、品牌、价值等相关的话题都是切入点，这种切入点是站在游客的角度去感受和体验的，会更理性地让游客主动接受企业的各种营销活动。

5. 精准营销策略

精准营销策略是指充分利用互联网、媒体、移动终端比较准确地将营销信息推送给受众群体，既能节省营销成本，又能使营销效果最大化。

精准营销的核心是精确、精密、可衡量。要做到这些方面，必须采用可量化的精确的市场定位技术，锁定准客户与潜在客户；必须利用大数据、网络通信技术实现与客户的长期个性化沟通，使营销达到可度量、可调控等精准要求；必须不断满足客户的个性化需求，建立稳定的忠实客户群，实现客户链式反应增值，从而使企业形象长期稳定、营销目标得以实现。

实施精准营销策略，首先要解决营销目标问题，不能只考虑赚钱，而要着眼于长远利益；其次要明确自己的客户在哪里；再次确定用什么方法去吸引客户，是借助互联网、媒体、移动全面启动，还是突出重点兼顾全面，应根据企业的实力和产品的特点来确定；最后弄清楚客户凭什么选择企业的产品，应依靠长期的诚信建立起品牌效应。

延伸阅读

《关于深化“互联网 + 旅游”推动旅游业高质量发展的意见》解读

为深入贯彻落实习近平新时代中国特色社会主义思想，坚定不移建设网络强国、数字中国，持续深化“互联网＋旅游”，推动旅游业高质量发展，经国务院同意，文化和旅游部、国家发展改革委、教育部、工业和信息化部、公安部、财政部、交通运输部、农业农村部、商务部、市场监管总局等十部门联合印发了《关于深化“互联网＋旅游”推动旅游业高质量发展的意见》（以下简称《意见》）。《意见》包括总体要求、重点任务、保障措施三部分内容，提出到 2022 年，建成一批智慧旅游景区、度假区、村镇和城市，全国旅游接待总人数和旅游消费恢复至新冠肺炎疫情前水平。到 2025 年，国家 4A 级及以上旅游景区、省级及以上旅游度假区基本实现智慧化转型升级，全国旅游接待总人数和旅游消费规模大幅提升，对境外游客的吸引力和影响力明显增强。结合新时期“互联网＋旅游”发展面临的新形势、新机遇和新挑战，提出加快建设智慧旅游景区、完善旅游信息基础设施、创新旅游公共服务模式、加大线上旅游营销力度、加强旅游监管服务、提升旅游治理能力、扶持旅游创新创业、保障旅游数据安全等八项重点任务。《意见》强调，要坚持正确导向，实现社会效益和经济效益有机统一。坚持市场主导，充分发挥市场在资源配置中的决定性作用。坚持技术赋能，深入推进旅游领域数字化、网络化、智能化转型升级。坚持开放共享，加快形成以开放、共享为特征的旅游业发展新模式。坚持安全有序，筑牢互联网和旅游业融合发展的安全防线，依托互联网技术全面提升旅游监管和服务水平。坚持包容审慎监管，为老年人等特殊群体保留线下服务，优化使用体验。《意见》的印发实施，有利于全面推进“互联网+旅游”发展，推动旅游业发展质量、效率和动力变革，更好发挥旅游业在促进经济社会发展、满足人民美好生活需要等方面的重要作用，助力构建以国内大循环为主体、国内国际双循环相互促进的新发展格局。

资料来源：廖冉（2020）.

第3节　数字化直复营销下的信息问题

一、游客隐私保护

数字化直复营销过程中，互联网服务提供商、网站服务商、网络即时交易平台、网络销售方、第三方支付平台、物流企业都会获取游客信息，恶意软件发布者、黑客等也有可能侵犯游客的隐私权。游客从旅游动机的产生到体验旅游产品的全过程中会涉及很多个人信息，一旦营销者非法利用或披露个人信息，就会侵犯游客的隐私权。侵犯游客隐私权主要有以下几类：非法收集、分析、利用、披露、出售游客的个人数据信息；非法发送垃圾邮件和信息，盗取、查看他人的电子邮件、QQ和个人网络空间；监听、窥探和跟踪游客的上网活动；等等。

通过手机收集消费者位置信息的行为已经十分普遍，手机中的预制软件甚至会在机主完全不知情的情况下，通过Wi-Fi、基站定位技术收集手机的定位信息，使消费者个人隐私遭到侵犯。

《2021年App个人信息使用态势分析报告》显示，在近万款活跃App中，共计有56.3%的App疑似存在违规收集使用个人信息的问题，平均每个App存在0.8个违规风险。其中，手机游戏App、出行旅游App、生活购物App，成为App违规风险“重灾区”。在有违规风险的App中，高达64.6%的App疑似存在“未经用户同意收集使用个人信息”的情况；另有26%的App疑似存在“违反必要原则，收集与其提供服务无关的个人信息”的情况；还有10%的App疑似存在“未明示收集使用个人信息的目的、方式和范围”的情况；有5.2%的App疑似存在“未经同意向他人提供个人信息”的行为。

二、网络诈骗成为重灾区

2021 年 1 月公安部披露，2020 年以来共破获电信网络诈骗案件 25.6 万起，抓获犯罪嫌疑人 26.3 万名，拦截诈骗电话 1.4 亿个、诈骗短信 8.7 亿条，为群众直接避免经济损失 1 200 亿元，打击治理工作取得显著成效。这也反映出犯罪分子网络诈骗的花样层出不穷，让人防不胜防。

2016 年 5 月 11 日，最高人民检察院下发《关于切实做好打击整治电信网络诈骗犯罪有关工作的通知》，要求全国各级检察机关加大对电信网络诈骗犯罪的打击力度，确保打击实效。检察机关在打击治理电信网络诈骗工作中，对于电信网络诈骗案件，一律依法快捕快诉；对于重大电信网络诈骗案件，一律组成专班集中办理；对于重点整治地区，一律加大源头治理和综合治理的力度，重点打击出售、非法提供、非法获取公民个人信息，非法生产、销售、使用“伪基站”“黑广播”及手机恶意程序等犯罪活动。诈骗活动仍然存在，打击治理任重道远。

三、网上评论的可信度

选择旅游产品之前，上网浏览他人的评价已成为旅游者的消费习惯。正是大量游客在网络上传递、分享自己的旅游体验感受才造就了一些目的地的需求方规模经济。但是，这些网上评论的可信度究竟有多高呢？对于大多数产品，打开网页一看，98%以上都是好评，有少量的差评也是无足轻重。即使是被曝光的旅游产品，前一天还是好评如潮。这令潜在的游客感到很困惑。

网上好评有的是游客真实感受的反馈，网络游记和攻略大都如此，但也有不少旅游经营者的好评是靠“返现”换来的。无论游客感受如何，只要是好评就可以返还一定的现金，难免出现很多违心评论者。有的旅游企业甚至安排本企业职工或雇人冒充游客，在互联网、微信、社区论坛上频频发布关于自己的好评。由此可见，整顿网上评论市场也应成为相关信息管理部门的重要任务。

关键术语

直复营销（direct marketing）
购物目录营销（catalog marketing）
电视直销（direct-response television marketing）
网络营销（online marketing）
品牌社群网站（branded community web site）
关键词广告（adwords）
移动营销（mobile marketing）
信息超载（information overload）
直接邮寄营销（direct-mail marketing）
电话营销（telemarketing）
信息亭（kiosk）
数字营销（digital marketing）
营销网站（marketing web site）
横幅广告（banner advertising）
搜索引擎广告（search engine advertising，SEA）
实时营销（real time marketing）
有限理性（bounded rationality）

启发式方法（heuristics）
薄片撷取（thin slicing）
B2B（business-to-business）
B2C（business-to-consumer）
C2B（consumer-to-business）
B2E（business-to-enterprise）
O2O（online to offline）

思政阅读材料

1. 习近平在中共中央政治局第三十四次集体学习时强调把握数字经济发展趋势和规律推动我国数字经济健康发展．信息技术与信息化，2021(11)：1.

2. 推动我国数字经济健康发展，习近平作出最新部署．理论导报，2021(10)：27－28.

3. 田刚元，陈富良．习近平数字经济发展思想的历史逻辑、核心要义及其时代价值．理论导刊，2021(1)：4－9.

4. 习近平总书记论加快发展数字经济．网络传播，2019(5)：24－25.

5. 廖冉．十部委联合发布《关于深化“互联网＋旅游”推动旅游业高质量发展的意见》．商业文化，2020(36)：106－111.

复习与思考

1. 解释下列概念：直复营销、数字营销、数字化直复营销。
2. 直复营销的沟通和销售模式主要有哪些特点？
3. 数字营销的沟通和销售模式主要有哪些特点？
4. 数字化直复营销相对于传统的直复营销方式有什么优势？
5. 数字化直复营销下旅游市场需求的新特点有哪些？
6. 数字化直复营销下旅游供给的新特点有哪些？
7. 数字化直复营销下新的旅游营销策略有哪些？
8. 数字化直复营销下如何进行信息管控？

参考文献

[1] Aaker D A，1996. Building strong brands. New York：Free Press.

[2] Aaker J L，1997. Dimensions of brand personality. Journal of Marketing Research，34 (3)：347－356.

[3] Ansoff H I，1957. Strategies for diversification. Harvard Business Review，35 (5)：113－124.

[4] Baker M J，Macmillan P，1985. Marketing strategy and management. Basingstoke：Macmillan.

[5] Berlyne D，1972. Aesthetics and psychobiology. New York：Appleton-Century-Crofts.

[6] Borden N H，1965. The concept of the marketing mix//Schwartz G(ed). Science in marketing. Chichester：Wiley.

[7] Butler R W，1980. The concept of a tourist area cycle of evolution：implications for management of resources. Canadian Geographer，24 (1)：5－12.

[8] Cohen E，1972. Toward a sociology of international tourism. Social Research.

[9] Cooper C，Fletcher J，Gilbert D，Wanhill S，1993. Tourism：principles and practice. London：Longman.

[10] Coulson-Thomas C J，1983. Marketing communications. Oxford：Heinemann.

[11] Crompton J，1979. Motivations for pleasure vacations. Annals of Tourism Research，6 (4)：408－424.

[12] Dann G，1981. Tourist motivation an appraisal. Annals of Tourism Research，8 (2)：187－219.

[13] Dickinson B，Vladimir A，2004. The complete 21st century travel and hospitality marketing handbook. Boston：Pearson Custom Publishing.

[14] Drucker P，1973. Management：tasks，responsibilities，practices. New York：Harper & Row.

[15] Fridgen J D，1990. Dimensions of tourism. East Lansing，MI：Educational Institute of AM&HA.

[16] Gilbert D C，Bailey N，1990. The development of marketing：a compendium of historical approaches. Quarterly Review of Marketing，15 (2)：6－13.

[17] Godfrey K，Clarke J，2003. The tourism development handbook. London：Thomson.

[18] Grönroos C，1984. Strategic management and marketing in the service

sector. Bromley：Chartwell-Bratt.

[19] Grönroos C，1991. Service management and marketing：managing the moments of truth in service competition. Lexington，MA：Lexington Books.

[20] Grönroos C，2000. Service management and marketing：a customer relationship management approach. 2nd ed. New York：Wiley & Sons.

[21] Grubb E L，Grathwohl H L，1967. Consumer self-concept，symbolism and market behavior：a theoretical approach. Journal of Marketing，31（4）：22－27.

[22] Gunn C，1988. Tourism planning. 2nd edition. New York：Taylor and Francis.

[23] Gunn C，1994. Tourism planning：basics，concepts，cases. 3rd edition. Bristol，PA：Taylor and Francis.

[24] Gunn C，1988. Vacation scape：designing tourist regions. 2nd ed. Austin：Bureau of Business Research，University of Texas.

[25] Howard J，Sheth J，1969. The theory of buyer behavior. New York：Wiley.

[26] Iso-Ahola S，1982. Towards a social psychology theory of tourism motivation：a rejoinder. Annals of Tourism Research.

[27] Jefferson A，Lickorish L，1991. Marketing tourism：a practical guide. London：Longman.

[28] Keith R J，1981. The marketing revolution//Enis B M，Cox K K(eds). Marketing Classics. 4th edition. London：Allyn and Bacon.

[29] Kotler P，Bowen J，Makens J，1996. Marketing for hospitality and tourism. Upper Saddle River，New Jersey：Prentice Hall.

[30] Kotler P，1988. Marketing management：analysis，planning，implementation and control. Englewood Cliffs，NJ：Prentice Hall.

[31] Levitt T，1960. Marketing myopia. Harvard Business Review，82（7/8）：138－149.

[32] Lovelock C，1991. Services marketing. Englewood Cliffs：Prentice-Hall.

[33] Maslow A，1943. A theory of human motivation. Psychological Review，50：370－396.

[34] Mayo E，Jarvis L，1981. The psychology of leisure travel. Effective marketing and selling of travel services. Boston：CBI.

[35] Middleton V T C，Clarke J，2001. Marketing in travel and tourism. Oxford：Butterworth-Heinemann.

[36] Middleton V T C，1988. Marketing in travel and tourism. Oxford：Butterworth-Heinemann.

[37] Middleton V T C，1994. Marketing in travel and tourism. 2nd ed. Oxford：Butterworth-Heinemann.

[38] Middleton V T C，1994. The tourist product//Witt S F，Moutinho L，eds.

Tourism marketing and management handbook. Hemel Hempstead: Prentice Hall International.

[39] Middleton V T C, 1998. New marketing conditions, and the strategic advantages of products similar to destination//Keller P, ed. Destination Marketing-Reports of the 48th AIEST Congress.

[40] Mill R C, Morrison A M, 1985. The tourism system: an introductory text. London: Prentice Hall International.

[41] Mill R C, Morrison A M, 2009. The tourism system. 6th ed. Dubuque, Iowa: Kendall Hunt Publishing Company.

[42] Milman A, Pizam A, 1995. The role of awareness and familiarity with a destination: the central Florida case. Journal of Travel Research.

[43] Palmer A, 1994. Principles of service marketing. Maidenhead: McGraw-Hill.

[44] Parasuraman A, Zeithml V A, Berry L L, 1985. A conceptual model of service quality and the implication for future research. Journal of Marketing (Autumn).

[45] Parasuraman A, Zeithml V A, Berry L L, 1988. SERVQUAL a multiple-item scale for measuring consumer perceptions of service quality. Journal of Marketing (Spring).

[46] Pearce P L, 1988. The ulysses factor. New York: Springer-Verlag.

[47] Pike S, 2004. Destination marketing organizations. Oxford: Elsevier.

[48] Porter M E, 1980. Competitive strategy. New York: Free Press.

[49] Porter M E, 1998. Competitive strategy: techniques for analyzing industries and competitors. New York: Free Press.

[50] Prentice R, 1994. Sales promotion in tourism//Witt S F, Moutinho L, eds. Tourism marketing and management handbook. Upper Saddle River, New Jersey: Prentice Hall.

[51] Ritchie B, Crouch G, 2003. The competitive destination. Cambridge: CABI Publishing.

[52] Rogers E M, 1962. Diffusion of innovation. New York: Free Press.

[53] Rogers H A, 1995. Pricing practices in tourist attractions. Tourism Management, 16 (3): 217 - 224.

[54] Seaton A V, 1994. Promotional strategies in tourism//Witt S F, Moutinho L, eds. Tourism marketing and management handbook. Upper Saddle River, New Jersey: Prentice Hall.

[55] Smith S L J, 1994. The tourism product. Annals of Tourism Research, 21 (3): 582 - 595.

[56] Spotts D M, 1997. Regional analysis of tourism resources for marketing purposes. Journal of Travel Research, 35 (3): 3 - 15.

[57] Thomsen T U, Sørensen E B, 2006. The first four-wheeled status symbol: pram consumption as a vehicle for the construction of motherhood identity. Journal of

Marketing Management，22（9－10）：907－927.

[58] Yeshin T，1995. Marketing communications strategy. Chartered Institute of Marketing Handbook，Marlow.

[59] 阿拉斯泰尔·莫里森，2012. 旅游服务业市场营销：第4版．北京：中国人民大学出版社．

[60] 查尔斯·格德纳，布伦特·里奇，2008. 旅游学：第10版．北京：中国人民大学出版社．

[61] 陈嘉睿，2021. 旅游目的地新媒体营销策略研究．商场现代化，(5)：118－120.

[62] 戴李，2021. 世界主要国家现代服务业的发展及对我国的启示．江苏商论，(5)：44－47＋55.

[63] 菲利普·科特勒，加里·阿姆斯特朗，2016. 市场营销：第16版．北京：中国人民大学出版社．

[64] 黄奇帆．以新发展理念开创旅游发展的新境界．中国旅游报，2016－09－14（1）.

[65] 黄胜兵，卢泰宏，2003. 品牌个性维度的本土化研究．南开管理评论，(1)：4－9.

[66] 克里斯托弗·霍洛韦，2006. 旅游营销学．北京：旅游教育出版社．

[67] 菲利普·科特勒，等，2002. 旅游市场营销：第2版．北京：旅游教育出版社．

[68] 莱斯·拉姆斯顿，2004. 旅游市场营销，大连：东北财经大学出版社．

[69] 林南枝，李天元，1995. 旅游市场学．天津：南开大学出版社．

[70] 林兆木，2018. 正确认识我国社会主要矛盾的转化．人民周刊，(8)：54－56.

[71] 罗纳德·奈基尔，2002. 饭店与旅游服务业市场营销：第3版．北京：中国旅游出版社．

[72] 马尔科姆·沃纳，1999. 工商管理大百科全书：第3分册．沈阳：辽宁教育出版社．

[73] 梅奥，等，1987. 旅游心理学．天津：南开大学出版社．

[74] 帕洛格，2007. 旅游市场营销实论．天津：南开大学出版社．

[75] 沈雪瑞，李天元，曲颖，2016. 名人代言对旅游目的地品牌资产的影响研究：基于代言人可信度的视角．经济管理，38（4）：138－148.

[76] 沈雪瑞，李天元，臧德霞，2016. 旅游目的地品牌象征性意义对到访意向的影响研究．旅游学刊，31（8）：102－113.

[77] 孙金龙，黄润秋．以习近平生态文明思想为指引 推动生态文明建设实现新进步．学习时报，2021－08－06（1）.

[78] 唐继刚．乡村振兴背景下乡村旅游的创新发展．中国旅游报，2021－08－09（3）.

[79] 唐嘉倩，王静，李雪松，2020. 基于SWOT定量分析的云南健康旅游目的地构建战略研究．保山学院学报，39（6）：76－81.

[80] 特雷西·塔腾，迈克尔·所罗门，2014. 社会化媒体营销．北京：中国人民

大学出版社.

[81] 王思贝，刘悦，吕兴洋，2020. 基于品牌个性的体育旅游目的地差异化定位研究：以三个滑雪旅游目的地为例. 浙江体育科学，42 (4)：37-43.

[82] 威廉·瑟厄波德，2001. 全球旅游新论. 北京：中国旅游出版社.

[83] 维尔，2010. 休闲和旅游供给：政策与规划. 北京：中国旅游出版社.

[84] 维克多·密德尔敦，2001. 旅游营销学. 北京：中国旅游出版社.

[85] 西顿，班尼特，2004. 旅游产品营销：概念、问题与案例. 北京：高等教育出版社.

[86] 徐惠群，2009. 旅游营销. 北京：中国人民大学出版社.

[87] 阳翼，2017. 大数据营销. 北京：中国人民大学出版社.

[88] 杨路明，陈昱，刘明，等，2015. 旅游电子商务：理论及应用. 北京：化学工业出版社.

[89] 张军扩. 牢固树立和深入贯彻新发展理念. 人民日报，2016-08-11 (7).

[90] 张木子，李君轶，张高军，2015. 孰优孰劣：旅游在线调查与田野调查对比分析. 旅游学刊，30 (4)：95-104.

图书在版编目（CIP）数据

旅游市场营销 / 沈雪瑞，李天元，曲颖编著. -- 3 版. -- 北京：中国人民大学出版社，2022.7
中国旅游业高等教育教材
ISBN 978-7-300-30688-9

Ⅰ.①旅… Ⅱ.①沈… ②李… ③曲… Ⅲ.①旅游市场－市场营销学－高等学校－教材 Ⅳ.①F590.82

中国版本图书馆 CIP 数据核字（2022）第 096567 号

中国旅游业高等教育教材
旅游市场营销（第 3 版）
沈雪瑞　李天元　曲　颖　编著
Lüyou Shichang Yingxiao

出版发行	中国人民大学出版社		
社　　址	北京中关村大街 31 号	邮政编码	100080
电　　话	010－62511242（总编室）		010－62511770（质管部）
	010－82501766（邮购部）		010－62514148（门市部）
	010－62511173（发行公司）		010－62515275（盗版举报）
网　　址	http://www.crup.com.cn		
经　　销	新华书店		
印　　刷	北京密兴印刷有限公司	版　　次	2013 年 1 月第 1 版
开　　本	787 mm×1092 mm　1/16		2022 年 7 月第 3 版
印　　张	21.25 插页 1	印　　次	2025 年 6 月第 4 次印刷
字　　数	472 000	定　　价	52.00 元

中国人民大学出版社　管理分社

教师教学服务说明

中国人民大学出版社管理分社以出版工商管理和公共管理类精品图书为宗旨。为更好地服务一线教师，我们着力建设了一批数字化、立体化的网络教学资源。教师可以通过以下方式获得免费下载教学资源的权限：

- 在中国人民大学出版社网站 www.crup.com.cn 进行注册，注册后进入“会员中心”，在左侧点击“我的教师认证”，填写相关信息，提交后等待审核。我们将在一个工作日内为您开通相关资源的下载权限。

- 如您急需教学资源或需要其他帮助，请加入教师 QQ 群或在工作时间与我们联络。

中国人民大学出版社　管理分社

教师 QQ 群： 648333426(工商管理)　114970332(财会)　648117133(公共管理)
教师群仅限教师加入，入群请备注(学校+姓名)

联系电话： 010-62515782，82501868，82501048，62514760

电子邮箱： glcbfs@crup.com.cn

通讯地址： 北京市海淀区中关村大街甲 59 号文化大厦 1501 室（100872）

管理书社　　人大社财会　　公共管理与政治学悦读坊